普通高等教育"十一五"国家级规划教材

 面向21世纪课程教材

中国石油和化学工业优秀教材一等奖

化工技术经济

第五版

宋 航 主编
杜开峰 郎五可 付 超 副主编

化学工业出版社

·北京·

内 容 简 介

《化工技术经济》（第五版）以技术经济学的基本原理和方法，结合化学工业及其相关工业例如制药、生物、材料、轻工等行业的特点，系统地介绍这些领域中技术经济以及项目管理的基本理论和方法。本书第三版是"十一五"国家级规划教材，本次修订，为了更好地符合我国工程教育认证以及相关专业质量建设国家标准的要求，将项目管理与技术经济有机融合，并进一步优化结构、更新内容。全书共九章，包括绪论、化工技术经济与项目管理的基本要素、化工技术经济的基本原理与项目组织、技术经济评价、项目不确定性分析及风险管理、技术经济预测方法、项目可行性研究与决策、项目技术创新的经济分析与质量管理、项目范围与时间管理及生产运营管理。

《化工技术经济》（第五版）可作为高等学校化工、制药及相关专业的本科生和研究生教材，也可供相关行业生产、管理、科研等有关人员参考。

图书在版编目（CIP）数据

化工技术经济/宋航主编；杜开峰，郎五可，付超副主编．—5版．—北京：化学工业出版社，2023.7（2024.8重印）
普通高等教育"十一五"国家级规划教材　面向21世纪课程教材
ISBN 978-7-122-43225-4

Ⅰ.①化…　Ⅱ.①宋…②杜…③郎…④付…　Ⅲ.①化学工业-技术经济-高等学校-教材　Ⅳ.①F407.737

中国国家版本馆CIP数据核字（2023）第056722号

责任编辑：杜进祥　徐雅妮　马泽林　　　　文字编辑：向　东
责任校对：刘曦阳　　　　　　　　　　　　　装帧设计：韩　飞

出版发行：化学工业出版社（北京市东城区青年湖南街13号　邮政编码100011）
印　　装：河北延风印务有限公司
787mm×1092mm　1/16　印张18¼　字数470千字　2024年8月北京第5版第2次印刷

购书咨询：010-64518888　　　　　　　　　售后服务：010-64518899
网　　址：http://www.cip.com.cn
凡购买本书，如有缺损质量问题，本社销售中心负责调换。

定　价：49.90元　　　　　　　　　　　　　　　　　　　　版权所有　违者必究

前　言

自 2002 年第一版教材出版以来，一直被全国众多院校采用，满足了化工类及相关专业对于本科生、硕士研究生有关技术经济及项目管理教学的需求。本书是在《化工技术经济》（第四版）的基础上修订。近年来随着我国工程教育人才培养的发展以及中国工程教育认证的实施，技术经济和项目管理的知识体系已经成为我国工科类各专业培养计划必备的内容，也是目前我国不少工科专业的质量建设国家标准中要求的训练内容。第四版教材对有关项目管理的内容作了必要的补充，但技术经济与项目管理的内容安排还不很协调。

针对上述问题，依据技术经济及项目管理学科的新进展，第五版对原有章节和内容进行适当调整和整合，使技术经济和项目管理这两部分的内容及编排能更好地协调，以满足我国工科人才培养发展的要求。为适合更多不同训练的需要，对思考题及习题的内容作了适当新增和调整。新增了拓展阅读材料，有利于读者延伸思考和阅读空间，获取更广泛、深入的信息。此外，还对个别排版、遗漏等作了修正。

第五版教材由宋航主编，杜开峰、郎五可和付超副主编，此外还有李子元、姚舜等参加了本书的编写。在本次编写工作中，听取并采纳了一些读者和教师的意见和建议，对此表示感谢。同时，编者衷心感谢化学工业出版社的大力支持。

希望本书能为读者提供更好的教材和参考书，但由于编者水平有限，难免有不足之处，热忱欢迎指正。

编者
2023 年 3 月于成都

第一版序

《化工类专业人才培养方案及教学内容体系改革的研究与实践》为教育部（原国家教委）《高等教育面向 21 世纪教学内容和课程体系改革计划》的 03-31 项目，于 1996 年 6 月立项进行。本项目牵头单位为天津大学，主持单位为华东理工大学、浙江大学、北京化工大学，参加单位为大连理工大学、四川大学、华南理工大学。

项目组以邓小平同志提出的"教育要面向现代化，面向世界，面向未来"为指针，认真学习国家关于教育工作的各项方针、政策，在广泛调查研究的基础上，分析了国内外化工高等教育的现状、存在问题和未来发展。四年多来项目组共召开了由 7 所高校化工学院、系领导亲自参加的 10 次全体会议进行交流，形成了一个化工专业教育改革的总体方案，主要包括：

——制定《高等教育面向 21 世纪"化学工程与工艺"专业人才培养方案》；
——组织编写高等教育面向 21 世纪化工专业课与选修课系列教材；
——建设化工专业实验、设计、实习样板基地；
——开发与使用现代化教学手段。

《高等教育面向 21 世纪"化学工程与工艺"专业人才培养方案》从转变传统教育思想出发，拓宽专业范围，包括了过去的各类化工专业，以培养学生的素质、知识与能力为目标，重组课程体系，在加强基础理论与实践环节的同时，增加人文社科课和选修课的比例，适当削减专业课分量，并强调采取启发性教学与使用现代化教学手段，因而可以较大幅度地减少授课时数，以增加学生自学与自由探讨的时间，这就有利于逐步树立学生勇于思考与走向创新的精神。项目组所在各校对培养方案进行了初步试行与教学试点，结果表明是可行的，并收到了良好效果。

化学工程与工艺专业教育改革总体方案的另一主要内容是组织编写高等教育面向 21 世纪课程教材。高质量的教材是培养高素质人才的重要基础。项目组要求教材作者以教改精神为指导，力求新教材从认识规律出发，阐述本门课程的基本理论与应用及其现代进展，并采用现代化教学手段，做到新体系、厚基础、重实践、易自学、引思考。每门教材采取自由申请及择优选定的原则。项目组拟定了比较严格的项目申请书，包括对本门课程目前国内外教材的评述、拟编写教材的特点、配套的现代化教学手段（例如提供教师在课堂上使用的多媒体教学软件，附于教材的辅助学生自学用的光盘等）、教材编写大纲以及交稿日期。申请书在项目组各校评审，经项目组会议择优选取立项，并适时对样章在各校同行中进行评议。全书编写完成后，经专家审定是否符合高等教育面向 21 世纪课程教材的要求。项目组、教学指导委员会、出版社签署意见后，报教育部审批批准方可正式出版。

项目组按此程序组织编写了一套化学工程与工艺专业高等教育面向 21 世纪课程教材，共计 25 种，将陆续推荐出版，其中包括专业课教材、选修课教材、实验课教材、设计课教材以及计算机仿真实验与仿真学习教材等。本教材是其中的一种。

按教育部要求，本套教材在内容和体系上体现创新精神、注重拓宽基础、强调能力培养，力求适应高等教育面向 21 世纪人才培养的需要，但由于受到我们目前对教学改革的研究深度和认识水平所限，仍然会有不妥之处，尚请广大读者予以指正。

化学工程与工艺专业的教学改革是一项长期的任务，本项目的全部工作仅仅是一个开端。作为项目组的总负责人，我衷心地对多年来给予本项目大力支持的各校和为本项目贡献力量的人们表示最诚挚的敬意！

中国科学院院士、天津大学教授

余国琮

2000 年 4 月于天津

第一版前言

技术经济学，是技术科学和经济科学相互渗透和外延发展形成的一种交叉性学科，它是研究为达到某一预定目的可能采取的各种技术政策、技术方案和技术措施的经济效果，从而选出技术上先进、生产上适用和经济上合理的最优方案，为科学决策提供依据。

化工技术经济学是技术经济的一个分支学科，它是应用技术经济学的基本原理和方法，结合化学工业的特点，研究化学工业发展中的规划、设计、建设、生产以及科研等各方面和各阶段的经济效益问题，它的任务就是将化工技术与经济有机地结合和统一，以取得最佳的经济效益。随着我国经济运行机制的转变，如何处理好技术与经济的对立统一，以取得良好的技术和经济效果的问题日益突出，化工技术经济学在我国也就作为一门新兴应用性边缘学科受到重视。

化学工业生产过程，不仅涉及多学科知识和技术的综合运用，它的运行还必须具有经济效益和社会效益。因而，化工专业技术人员的培养，仅有技术和工程知识及能力是不够的，还需具有一定的经济知识。

本书以技术经济学的基本原理和方法为出发点，结合化学工业的特点，系统地介绍了化工领域中技术经济分析的基本理论和解决问题的方法，并导入该领域最新的进展，博采众长。力求使本书具有如下特点。

1. 强调基本原理和方法，拓宽知识面

为了更好地满足"面向 21 世纪人才培养方案"关于培养"基础厚、专业宽、能力强、素质高"的化工专业人才的要求，新教材继续保持注重基本原理和方法的特点，也适当增加一些新内容，拓宽知识面，以适应我国经济体制的发展和变化。

2. 注重基本知识的综合运用，培养学生分析和解决问题的能力

工科学生学习技术经济的主要目的是应用。本书注意了理论与实践的联系，强调实用性和可操作性，使学生能用化工技术经济的理论和方法，去解决实际的技术经济问题。例如，在例题和习题中特别增加了一些综合性的内容，有针对性地培养学生综合运用所学的基本原理和方法，去解决实际的问题，提高学生分析和解决问题的能力。

3. 注意介绍学科的新发展，体现内容的先进性

化工技术经济学是一门技术科学和经济科学相互渗透和外延发展形成的一门交叉性应用学科。随着技术的创新、社会经济的发展，以及化工技术经济学研究的深入，尤其在我国近年来该领域的一些重要的新观点、新方法的出现，不少经济和技术法规获得了修订及进一步完善。本书将这一领域的新进展和更新及时地在教材中反映出来，保持了内容的新颖性和先进性。

4. 注重启发式教学，便于学生自学

新教材的内容更为丰富，但课内学时将可能减少，部分内容要求学生自学。为了适合教学的需要，本书各章增加了例题，各章的思考题、习题的覆盖面也增大。一方面可作为教师教学时选择使用，另一方面也给学生提供了较为全面的学习指导，便于学生巩固和加深所学内容，掌握学习重点，有利于自检学习效果。

5. 合理安排结构，增强系统性

本书在内容的安排方面，注意了学习的循序渐进原则，从基础到应用，从较简单的到较

综合或复杂的内容。首先，介绍化工技术经济的基本概念和基本原理，再进一步介绍技术经济常用的方法。在此基础上，以工程项目可行性研究为重点，全面地介绍了化工技术经济在化学工业领域中的具体应用，并进一步介绍了化工技术改造及设备更新中的技术经济问题。最后，对化工生产的优化和化工研究与开发中的技术经济分析作了介绍，并就化学工业可持续发展，以及面临知识经济时代的有关问题进行了讨论。

为了适合教学需要，本书各章均附有思考题及习题，便于启发思路、引导自学，供读者巩固和加深学习选用。

本书的主要内容曾在国内多所高等院校本科生、硕士研究生和工程硕士研究生的教学中讲授。该书可作为高等院校化工和应用化学类专业及相近专业的研究生、本科生、大专生等技术经济课程的教材或教学参考书，也可作为企业管理人员、工程技术人员的参考用工具书。

全书由十个章节和一个案例分析构成。宋航主编并执笔第一～六章、第八章和第十章。付超执笔第七章、第九章和附录"案例分析"。本书在编写和出版过程中，得到余国琮院士，四川大学党洁修教授、西南财经大学技术经济学教授赵一锦以及华南理工大学王乐夫教授等有关专家学者的帮助，并获得四川大学教务处和化学工业出版社等的支持。在此，一并表示衷心的感谢。

本书在撰写过程中参考了有关的国内外文献资料，由于篇幅有限，书的最后仅列出其中的一部分。在此向有关著作者表示深切的感谢。

技术经济学是一门涉及多学科领域的综合性科学，化工技术经济学属发展中的学科，一些问题还有待于进一步研究，加之作者水平所限，书中难免存在不足或错误，敬请读者提出批评和建议。

编者

2002 年 4 月

目 录

第一章 绪论 ······· 1
本章要点及学习目的 ······· 1
第一节 化学工业的特点和地位 ······· 1
一、化学工业的概念 ······· 1
二、化学工业的特点 ······· 2
三、化工产业的主要组织形式 ······· 4
四、化学工业的地位 ······· 4
第二节 化工技术经济学概述 ······· 5
一、技术经济学 ······· 5
二、化工技术经济学的形成与发展 ······· 5
三、化工技术经济学的研究内容和特点 ······· 6
第三节 化工项目管理和风险管理概述 ······· 8
一、化工项目管理 ······· 8
二、化工项目风险管理 ······· 9
第四节 学习化工技术经济学的作用 ······· 9
一、现代化工类产业对人才综合能力的要求 ······· 9
二、化工技术经济与项目管理对职业发展的重要作用 ······· 10
思考题及习题 ······· 11

第二章 化工技术经济与项目管理的基本要素 ······· 12
本章要点及学习目的 ······· 12
第一节 经济效益 ······· 12
一、经济效益的概念 ······· 12
二、经济效益的分类 ······· 13
三、经济效益的评价原则 ······· 13
四、技术经济指标的分类和体系 ······· 14
第二节 投资与资产 ······· 17
一、投资的基本概念 ······· 17
二、项目资产 ······· 18
三、固定资产投资的估算 ······· 19
四、流动资金的估算 ······· 23
第三节 固定资产的折旧 ······· 25
一、折旧的含义 ······· 25
二、固定资产折旧的计算方法 ······· 25
三、各种折旧方法的比较 ······· 27

四、无形资产和其他资产估算 ………………………………………………… 29
　第四节　产品成本与项目成本 …………………………………………………… 29
　　一、产品成本及费用的概念 ……………………………………………………… 29
　　二、产品成本、费用的估算 ……………………………………………………… 32
　　三、项目成本及其管理 …………………………………………………………… 33
　第五节　销售收入、税金和利润 ………………………………………………… 36
　　一、销售收入 ……………………………………………………………………… 36
　　二、税金 …………………………………………………………………………… 36
　　三、利润 …………………………………………………………………………… 39
　　四、销售收入、成本、利润与税金之间的关系 ………………………………… 39
　思考题及习题 ……………………………………………………………………… 40

第三章　化工技术经济的基本原理与项目组织 … 43
　本章要点及学习目的 ……………………………………………………………… 43
　第一节　化工技术经济的基本原理 ……………………………………………… 43
　第二节　可比性原则 ……………………………………………………………… 45
　　一、满足需要可比 ………………………………………………………………… 45
　　二、消耗费用可比 ………………………………………………………………… 47
　　三、价格可比 ……………………………………………………………………… 48
　　四、时间可比 ……………………………………………………………………… 49
　第三节　资金的时间价值 ………………………………………………………… 49
　　一、资金时间价值的概念 ………………………………………………………… 49
　　二、资金时间价值的作用 ………………………………………………………… 50
　　三、资金时间价值的衡量 ………………………………………………………… 50
　　四、利息与利率 …………………………………………………………………… 50
　第四节　现金流量及现金流量图 ………………………………………………… 52
　　一、现金流量的概念 ……………………………………………………………… 52
　　二、现金流量的构成 ……………………………………………………………… 52
　　三、现金流量图与现金流量表 …………………………………………………… 53
　第五节　资金的等效值及其计算 ………………………………………………… 54
　　一、资金等效值的概念 …………………………………………………………… 54
　　二、一次支付类型等效值的计算 ………………………………………………… 55
　　三、等额分付类型等效值的计算 ………………………………………………… 56
　　四、等差序列公式 ………………………………………………………………… 59
　　五、等比序列现值公式 …………………………………………………………… 62
　　六、等效值计算公式汇总 ………………………………………………………… 63
　第六节　项目组织 ………………………………………………………………… 64
　　一、项目组织结构的设计 ………………………………………………………… 64
　　二、项目经理的职责和要求 ……………………………………………………… 65
　　三、项目团队的建设与管理 ……………………………………………………… 67

思考题及习题 ··· 68

第四章　技术经济评价 ·· 70
　　本章要点及学习目的 ·· 70
　　第一节　经济评价概述 ·· 70
　　　　一、经济评价概念及类别 ·· 70
　　　　二、项目经济评价指标分类 ··· 71
　　第二节　静态评价方法 ·· 72
　　　　一、静态投资回收期法 ·· 73
　　　　二、静态投资效果系数法 ·· 75
　　　　三、评价标准 ··· 78
　　第三节　动态评价方法 ·· 79
　　　　一、动态投资回收期法 ·· 80
　　　　二、动态投资效果系数法 ·· 83
　　　　三、净现值法和净现值比率法 ··· 83
　　　　四、年值法 ·· 86
　　　　五、内部收益率法 ·· 89
　　第四节　多方案评价与选择 ·· 94
　　　　一、方案的分类 ·· 94
　　　　二、独立型方案的评价与选择 ··· 95
　　　　三、互斥型方案的评价与选择 ··· 97
　　　　四、混合型方案的评价与选择 ·· 103
　　　　五、其他类型方案的评价与选择 ··· 105
　　思考题及习题 ··· 106

第五章　项目不确定性分析及风险管理 ·· 109
　　本章要点及学习目的 ·· 109
　　第一节　不确定性问题及分析方法 ·· 109
　　　　一、不确定性的概念 ·· 110
　　　　二、不确定性分析的基本含义 ·· 110
　　　　三、不确定性分析的一般步骤 ·· 111
　　第二节　盈亏平衡分析 ·· 111
　　　　一、盈亏平衡分析的概念 ·· 111
　　　　二、线性盈亏平衡分析 ··· 111
　　　　三、非线性盈亏平衡分析 ·· 115
　　　　四、优劣盈亏平衡分析 ··· 118
　　　　五、盈亏平衡分析的应用范围及特点 ··· 120
　　第三节　敏感性分析 ··· 121
　　　　一、敏感性分析的概念 ··· 121
　　　　二、判别因素敏感性的基本方法 ··· 122

  三、敏感性分析结果在项目决策分析中的应用 …………………………… 123
  四、单因素敏感性分析 …………………………………………………… 124
  五、多因素敏感性分析 …………………………………………………… 126
  六、敏感性分析的局限性 ………………………………………………… 129
 第四节 概率分析 …………………………………………………………… 129
  一、概率分析的目的 ……………………………………………………… 129
  二、概率分析步骤和方法 ………………………………………………… 129
  三、期望值与标准差 ……………………………………………………… 129
  四、投资方案风险分析 …………………………………………………… 130
 第五节 项目风险管理 ……………………………………………………… 132
  一、项目风险规划 ………………………………………………………… 132
  二、项目风险识别与分析 ………………………………………………… 133
  三、项目风险应对与监控 ………………………………………………… 134
 思考题及习题 …………………………………………………………………… 135

第六章 技术经济预测方法 …………………………………………………… 137
 本章要点及学习目的 …………………………………………………………… 137
 第一节 技术经济预测概述 ………………………………………………… 137
  一、预测的概念及作用 …………………………………………………… 137
  二、预测的特点及分类 …………………………………………………… 138
  三、预测的基本步骤 ……………………………………………………… 139
 第二节 定性预测方法 ……………………………………………………… 140
  一、专家调查法 …………………………………………………………… 140
  二、集合意见法 …………………………………………………………… 141
 第三节 定量预测方法 ……………………………………………………… 142
  一、时间序列法 …………………………………………………………… 142
  二、回归分析法 …………………………………………………………… 146
 思考题及习题 …………………………………………………………………… 152

第七章 项目可行性研究与决策 …………………………………………… 154
 本章要点及学习目的 …………………………………………………………… 154
 第一节 可行性研究概述 …………………………………………………… 154
  一、工程项目的特点及分类 ……………………………………………… 154
  二、可行性研究的产生与发展 …………………………………………… 155
  三、可行性研究的范围及手段 …………………………………………… 156
  四、可行性研究的重要性 ………………………………………………… 157
  五、可行性研究的步骤与阶段 …………………………………………… 157
  六、可行性研究的内容 …………………………………………………… 159
 第二节 市场研究与生产规模 ……………………………………………… 162
  一、市场研究的概念 ……………………………………………………… 162

二、市场研究的内容 … 162
　　三、市场研究的步骤及方法 … 162
　　四、生产规模的确定 … 163
　第三节　原料路线和工艺技术的选择 … 164
　　一、原料路线的选择 … 164
　　二、工艺技术的选择 … 165
　第四节　厂址选择 … 165
　　一、概述 … 165
　　二、厂址选择的原则 … 165
　　三、厂址选择的步骤和内容 … 166
　第五节　投资估算和资金筹措 … 167
　　一、投资估算 … 167
　　二、资金筹措 … 167
　第六节　项目的财务评价 … 171
　　一、财务评价的作用及任务 … 171
　　二、财务评价的步骤 … 171
　　三、财务评价的内容 … 172
　第七节　项目的国民经济评价 … 174
　　一、概述 … 174
　　二、国民经济评价的费用和效益 … 176
　　三、费用和效益计算中的价格 … 177
　　四、国民经济评价的步骤 … 181
　　五、国民经济评价的方法 … 182
　　六、国民经济评价结果的判断 … 183
　第八节　项目的评估、决策及审查与章程 … 184
　　一、项目评估 … 184
　　二、项目决策 … 184
　　三、项目审查与项目章程 … 185
　思考题及习题 … 185

第八章　项目技术创新的经济分析与质量管理 … 187
　本章要点及学习目的 … 187
　第一节　技术改造及其经济评价 … 187
　　一、技术改造概述 … 187
　　二、技术改造项目的经济效益及其评价的特点和原则 … 190
　　三、技术改造项目经济效益评价的计算 … 191
　第二节　设备更新及其决策 … 194
　　一、设备更新概述 … 194
　　二、设备磨损和设备寿命 … 194
　　三、设备寿命的计算 … 197

四、设备更新方案的评价与决策 ··· 201
　第三节　技术创新与产品创新 ·· 207
　　一、技术创新 ·· 207
　　二、产品创新 ·· 215
　　三、化工研究开发的技术经济分析 ······································· 221
　第四节　项目质量管理 ·· 229
　　一、项目质量管理概述 ·· 229
　　二、项目质量保证 ·· 229
　　三、项目质量控制 ·· 230
　　四、项目质量管理制度 ·· 230
　思考题及习题 ·· 231

第九章　项目范围与时间管理及生产运营管理 ······················· 234
　本章要点及学习目的 ·· 234
　第一节　项目范围管理 ·· 234
　　一、项目范围管理概述 ·· 234
　　二、收集需求 ·· 234
　　三、定义范围 ·· 235
　　四、创建工作分解结构 ·· 235
　　五、项目范围确认 ·· 237
　　六、项目范围控制 ·· 238
　第二节　项目时间管理 ·· 238
　　一、项目时间管理概述 ·· 238
　　二、项目进度计划编制与分级管理 ······································· 239
　　三、项目进度计划的优化与控制 ·· 242
　第三节　生产运营计划的技术经济分析及优化 ······················· 244
　　一、项目与运营的区别 ·· 244
　　二、生产计划及其优化 ·· 245
　　三、生产作业计划及优化 ··· 255
　思考题及习题 ·· 261

附录 ·· 263

参考文献 ··· 280

第一章 绪　论

本章要点及学习目的

绪论是全书的总纲，其作用在于使读者对于化工技术经济和项目管理学科的概貌有初步的了解，认识该学科发展的由来以及学习目的、意义、基本方法和内容等。

化学工业的特点和地位——从化学工业的含义和范围介绍入手，简要阐述化学工业的五个基本特点，化学工业在国民经济中的重要地位。

化工技术经济学的形成与发展——通过介绍化工技术经济学科的形成和发展过程，简要阐述化工技术经济学具有综合性、应用性、预测性以及定量性四个显著的特性，指出该学科的掌握和应用对于化工及相关行业管理人员和技术人员的重要作用。

化工技术经济学研究的内容和方法——结合化工及相关行业的特点，应用工业技术经济的基本原理和方法，对项目、新技术和产品开发、生产技术管理等进行系统与全面的分析和评价，从而做出正确的决策，是化工技术经济学的基本内容；概要介绍技术经济分析与评价的科学程序和原则方法。

化工项目管理的基本原理——介绍项目的定义、特点和分类，了解化工项目在其中所处的位置；分析项目干系人的种类，了解其在项目过程中的作用和管理方法；初步理解化工项目管理的定义、过程、生命周期、知识体系和主要特点。

第一节　化学工业的特点和地位

一、化学工业的概念

广义的化学工业是指以天然物质或其他物质为原材料，利用这些物质的性质或形态变化，或以这些物质组合、加工成对国计民生有价值的化学产品的一类工业，其产品化工产品或化学品，有的可以直接使用，有的作为其他行业的原料使用，涵盖人类生活、生产的方方面面。化工产品包括无机物和有机物、化肥和农药、合成材料和纤维、制药中间体及化学合成原料药、轻工食品类化学合成添加剂，等等，涉及多个细分行业，例如石油加工、制药、造纸等均属化学工业的范畴，其中有些已形成独立的工业部门，这些统称为"大化工"或本书所指的广义化工。化工生产主要表现为以化学反应过程为核心的流程工业，具有共同的生产技术特点，以及由此所决定的相同的技术经济规律。因此，本书讨论的化工技术经济的内容，对于广义的化学工业是适用的。

实际上，世界各国所指的化学工业其基本含义相同，但包括的范围却

拓展阅读：
工业分类

有较大的差异。根据美国标准工业分类法（SIC），化学工业包括生产基本化工产品的企业和产品加工的企业，以及与石油加工有关的企业。这些企业的产品可分为三大类：一是基本化工产品，如酸、碱、盐以及有机化工产品等；二是需进一步加工后使用的化工产品，例如合成纤维、塑料、橡胶等；三是能直接消费的化工产品，如药品、洗涤剂、油漆及涂料等。

在我国，化学工业一般理解为包括石油化学工业在内的生产部门。我国化学工业可按三种方式分类：第一种是不受现行管理体制的局限，将化工产品分成 19 大类，该分类方式与国外化学工业的可比性较大；第二种是与上述产品基本相对应的行业分类，将化学工业分为 20 个行业；第三种是国家统计部门在统计工作中对我国化工行业的分类，较为粗略，但与国际上的通行分类较接近。详细分类如表 1-1 所示。

表 1-1　我国化学工业的分类

序号	按产品分类	按行业分类	统计部门的分类
1	化学矿	化学矿	基本化学原料制造业
2	无机化工原料	无机盐	化学肥料制造业
3	有机化工原料	有机化工原料	化学农药制造业
4	化学肥料	化学肥料	有机化学品制造业
5	农药	化学农药	合成材料制造业
6	高分子聚合物	合成纤维单体	日用化学产品制造业
7	涂料、颜料	涂料、颜料	其他化学工业
8	染料	染料和中间体	医药工业
9	信息用化学品	感光和磁性材料	化学纤维工业
10	试剂	化学试剂	橡胶制品业
11	食品和饲料添加剂	石油化工	塑料制品业
12	合成药品	化学医药	
13	日用化学品	合成树脂和塑料	
14	黏合剂	酸、碱	
15	橡胶和橡塑制品	合成橡胶	
16	催化剂和助剂	催化剂、试剂和助剂	
17	火工产品	煤化工	
18	其他化学产品	橡胶制品	
19	化工机械	化工机械	
20		化工新型材料	

二、化学工业的特点

由于化工过程生产技术的特殊性，以及化学工业在国民经济中的作用，决定了化学工业具有许多不同于其他工业部门的特点。

1. 原料广泛、产品品种繁多、工艺多样、流程复杂

传统的原料包括无机矿物类，例如硫、磷、盐等数百种原料，后来拓展到动物化石类资源，例如石油和天然气及其衍生产物等数千种原料。近期又进一步拓展到可再生的生物资源以及越来越多的可利用微生物。可供利用的生物原料种类数以万计，可供利用开发的微生物更是难以计数。而且可利用开发的原料因不同发展时期、不同区域而发生程度不等、快慢不同的变化。原料不同或其改变将导致工艺路线和生产装置有较大甚至根本的变化。

2. 装置型工业

化工生产过程通常是在若干种设备构成的整套装置中进行，是以装置为中心进行生产，生产装置占总投资的比例很大。一般化工装置投资费是生产能力的 0.6~0.7 次方倍。不同类型产品的最佳单套生产装置的规模可能有较大差异，具有产品的装置规模经济性。当市场发生变化时，生产装置的生产能力也难以作相应的调整。对改建、扩建或新建化工类企业均有必要进行规模分析。

3. 能源消耗高

化学工业是高能耗的产业，2021 年能耗总量约 7.2 亿吨标准煤（其中原料用能量占比约 30%），约占全国工业耗能总量的 20%，年耗电量约 5097 亿千瓦时，约占全国工业用电总量的 9%。化学工业的能源消费主要集中在基本化学原料制造业、化学肥料制造业和有机化学品制造业，三个行业的能耗量占化学工业总能源消费量的比重较大。能源短缺必然导致化工生产受制约。所以，化工企业必须进一步搞好节能降耗，加强节能管理，或者在能源具有优势的区域建设化工类能耗项目，同时要大力开发节能型工艺技术和装备。传统能源的紧张一方面制约化工发展，另一方面也给化工发展提供了机遇，例如合成燃料甲醇、乙醇、二甲醚以及清洁能源氢气等新型替代燃料获得了一定的市场认可，已开始为化工新能源提供了良好的发展前景。

4. 资金、知识、技术密集型工业

装置型工业的特点，决定了化学工业是资金密集度较高的工业。除了一次性投资很高外，由于多数化工产品的生产工艺流程较长，流动资金的占用时间也长。此外，化工生产过程往往涉及高温、高压、低温、真空以及较强的腐蚀性等苛刻条件，每年必须花费的设备维修费也常常高于其他工业。化工产品品种繁多，原料路线和工艺技术的多样性及复杂性，特别是化工生产朝着自动化程度更高的智能生产过程发展，这就要求化学工业知识、技术密集程度高。社会及经济的迅速发展，要求化学工业提供品种更加广泛、性能更为优良和质量更好的化工产品，这就对技术和知识提出了更高的要求。知识的扩大、产品和技术的更新速度均超过许多其他的工业部门。

5. 污染大户

产生污染最多的工业部门之一是化学工业。化学工业在生产产品的同时也会有副产物甚至是"三废"，处理和排放需要重视。此外，有一些作为工业原料的化工产品本身对人体健康和生态环境也是有害的，处理不当将对人类和生态环境产生严重的影响。所以近年来，倡导环境保护，发展循环经济，走绿色化工之路，从工艺技术方面做到降低污染源的产生，从源头上控制污染物的排放，才能实现可持续发展。

6. 安全问题

化工生产多涉及高温、高压，以及有害试剂的使用，操作不当或出现使用故障，容易造成事故，导致伤害。安全对化工企业至关重要，化工厂从技术开发到工程设计都要遵循本质安全的设计理念，严格执行安全生产的法律法规，制定和实施安全生产的操作规程。国家继 2002 年 11 月实施《中华人民共和国安全生产法》后，又出台了《危险化学品安全管理条例》，并进行了危险化学品的专项整治。随着一系列相关法律法规的进一步颁布和实施，对化工企业的约束力加大，要求每个企业必须走新型工业化的道路，以循环经济的理念发展绿色化工，才能实现可持续发展。

7. 化工科研和新产品开发费用高

化工科研和新产品开发费用比较高，需要高投入。投入高，风险也大，收益也大。很多新产品研发周期比较长，并且需要占用大量的资金、人力、物力等。所以，一般大公司比较注重新产品的开发，一般小公司无法承担这些投入和风险。比如，2003年德国BASF公司投入研究费用11.05亿欧元，占销售额的3.3%。其中，38%用于新产品开发，20%用于改进产品，31%用于新工艺，11%用于新方法（分析、计算和测试）实施。

三、化工产业的主要组织形式

化学工业的主要组织形式可以依次分为作坊式企业、工业化企业、集群工业化企业及集团企业4类组织形式。

拓展阅读：企业和事业单位

拓展阅读：企业与公司的区别和联系

（1）作坊式企业　一般按照老板的个人意志制定门规或行规，没有真正意义上的制度成分。由于受这种管理逻辑的指导，作坊式管理含有其他的一些关联特点，如家族色彩，管理随意性大，缺乏团队意识等。这类企业在我国化学工业基础比较薄弱的时期，起到了积极的作用，随着化学工业的不断发展，将被逐步淘汰。

（2）工业化企业　技术含量高，组织更为规范，经济效益好，资源消耗低，污染少，人力资源基本能够得到充分发挥的企业。工业化企业体现了以人为本，经济与社会、城乡、地区、资源与环境和国内外均衡协调的科学发展观，是我国当前发展道路的理性选择。

（3）集群工业化企业　指同一特定产业或具有直接上下游产业关联的企业以及相关支撑机构在地理上集中在一起，形成具有强劲、持续竞争优势的一种企业组织形式。其特点具有专业化分工和协作的特点，能够以某一种或几种产业为主导带动区域内其他产业的发展。集群工业化企业有利于资源集中，提高产品质量并降低产品成本，优化产品结构，从而在市场竞争中取得优势。

（4）集团企业　指某企业成为另一个企业的股东，结成资本关系或相互派遣人员，员工最终都成为集团的一员。从另外一个角度就是由多个小的同类或不同类企业组成的"大企业"，也就是所说的集团。

四、化学工业的地位

化学工业与国民经济各部门有着密切的联系，在国民经济中占有十分重要的地位。它的影响涉及农业、工业和国防，它的产品与人们的日常生活息息相关。

化学工业为现代农业的发展提供了十分重要的物质条件。化学肥料、农药、农用除草剂、植物生长剂、饲料添加剂、农用薄膜等已成为现代农业必不可少的生产资料。

化学工业为其他的工业部门提供了大量的基本原料和材料。化学合成纤维、染料、纺织助剂等均是纺织工业的基本原料。化学工业生产的塑料、合成橡胶和其他合成材料，也是许多工业部门必需的基本原材料。半导体材料、磁记录材料、感光材料和其他特殊功能材料等，为现代科技的发展提供了重要的基础条件。

化学工业也直接和间接地提供了国防所需的物质条件，如新型的导弹推进剂、大型运载火箭的燃料等。许多化学工业的产品，例如药品、洗涤用品、化妆品、食品添加剂，以及涂料、颜料和油漆等已成为人们日常生活中不可缺少的必需品。

可以说，没有现代化学工业，就没有现代的社会生活。当今世界面临人口膨胀、资源匮乏和环境污染日益严重的问题，需给不断增长的人口提供足够的食物、衣着和其他物质，提供更好的医药和保健物品。这些都需依赖于化学工业的发展。

化学工业是既古老又年轻的工业，一直都充满着发展的蓬勃生机，化学工业的发展水平已经成为衡量一个国家综合国力的主要标志之一。化学工业必须保持较高的发展速度，才能适应整个国民经济发展的需要。所以，认真研究和处理好化学工业中的技术经济问题，对化学工业乃至对整个社会的经济效益和发展都有重要的意义。

第二节　化工技术经济学概述

一、技术经济学

技术经济学，是研究人类社会生产过程中技术的经济问题的科学，是技术科学和经济科学相互渗透及外延发展形成的一种交叉性学科，属性上属于经济学范畴，资源的稀缺性和资源的最佳配置要求同样是技术经济学分析问题的依据和追求的目标。事实上，技术从来都是以经济为出发点和归宿的。

技术经济学主要研究和解决这三个方面的问题：

一是经济领域的技术发展规律（本书不涉及）；

二是技术活动的经济规律；

三是在研究技术经济问题的过程中提出一些"解决问题的思路和方法"，使得技术经济学科又有了一些"管理学"的特征，比如在化工项目实施的过程中如何在技术经济理论的指导下进行科学的项目管理。

技术经济学的研究内容十分丰富，它既包括工程经济学、部门经济学、经济性工学、业绩分析等内容，也包括管理经济学、公共经济学、经营工学、生产工学，以及生产组织学、技术定额学的部分内容。技术经济学的研究范围也十分广泛，从宏观到微观，如涉及国民经济的生产、分配、交换、消费的各个领域，又涉及国民经济的各个部门，还涉及具体投资建设、工程项目的各个阶段。

技术经济学研究、分析、评价问题以定量为主，所以其研究方法和经济学基本研究方法一致。随着计算机及数学的发展，技术经济及管理学科在方法与方法论的研究方面有很大进展，使技术经济评价方法日趋完善。20世纪50年代我国曾从国外（主要是苏联和东欧）引进了技术经济论证方法、投资计算方法，70年代末期又从西方引进了可行性研究方法、价值分析法、系统分析法等。技术经济分析方法以数学为基础，比如涉及统计学、运筹学等方法。

总的来说，技术经济学是研究为达到某一预定目的可能采取的各种技术政策、技术方案和技术措施的经济效果；通过计算、分析、比较和评价，选出技术上先进、生产上适用和经济上合理的最优方案。技术经济学研究的另一个重要方面是结合社会条件和自然条件，探讨技术进步和技术选择及其对经济、社会、资源、环境生态等的影响，以促进技术、经济和社会三者的协调发展。

拓展阅读：技术经济学在技术政策制定中的应用

二、化工技术经济学的形成与发展

技术经济学是应用型学科，在不同领域的应用形成了工业技术经济学、农业技术经济学、商业技术经济学、建筑技术经济学、能源技术经济学、交通运输技术经济学、邮电技术经济学、环境保护技术经济学等。在化工领域中的应用称为化工技术经济。化工技术经济学是技术经济学的一个分支学科，它是结合化学工业的技术特点，应用技术经济学的基本原理和方法，研究化学工业发展中的规划、科研、设计、建设和生产各方面及各阶段的经济效益问题，探讨化工生产过程和整个化学工业的经济规律，提高能源和资源的利用率以及局部和整体效益问题的一门边缘学科。简而言之，它的任务就是从经济的角度评价技术，将化工技术与经济有机地结合和统一，以取得最佳的经济效益。

对于技术与经济的研究，可以追溯到1926年。当时，查普林·泰勒（Chaplin Tyler）出版了《化学工程经济学》一书。尽管工程经济学的名称和技术经济学的名称不同，但所研究的内容大致是相同的。该书的出版标志着化工技术经济学的诞生。第二次世界大战以后，化工技术经济的研究取得了重大的进展，有不少的论著发表，如涅克拉索夫的《化学工业经济学》(1959年)、胡尔的《实用化学过程经济学》(1956年)、哈伯尔的《化学过程经济学》(1958年)等。化工技术经济学早已成为西方主要工业国家中化工类本科生和研究生的必修课之一。

随着我国从计划经济向市场经济的转变，如何处理好技术与经济的对立统一，以取得良好的技术和经济效果的问题日益突出，化工技术经济学在我国也就作为一门新兴应用性边缘学科受到重视，并取得了一些重要的研究成果。

化工技术经济学主要经历了三个阶段。

1. 1953～1966年

20世纪50～60年代，我国对156项重点项目进行了工程经济分析，取得了很好的效益。比如，长春第一汽车制造厂建设项目，建设前期的经济论证，用了三年，使建设周期大大缩短。在这个时期，对重点项目进行技术经济论证，取得了较好的经济效益，但此时的论证是静态的。另外，当时的主要工作是关于建筑工程经济评价，一些大学如同济大学，开创了建筑经济专业。此时工程经济作为一个单独的学科列入了规划，初期的研究也是从建筑新材料、新结构、新工艺、新设备的技术经济分析入手的。

2. 1966～1976年

这一期间，国家经济工作受到严重影响，造成人力、物力和财力的巨大浪费，致使许多建设项目投资效益很低。在此阶段，虽然遭受一些曲折，但是工程技术经济还是有了一些进步，理论联系实际，开辟了设计经济、技术定额、计划管理、劳动管理、施工组织、建筑工业及运筹学等相关研究。

3. 1976年至今

许多行业部门都在逐步发展和应用技术经济学。1978年成立了中国技术经济研究会。国家对项目经济评价的程序、方法和指标等做了明确的规定，制定和发布了相应的文件，1987年发改委和建设部发布第一版《建设项目经济评价方法和参数》，2006年发布第三版。技术经济学不管是从实践还是从理论研究上，都有了长足的发展。其间扩展到多个行业，结合我国实际情况，逐渐形成了一套工程技术经济的理论体系和方法。近年来，随着我国大型工程项目的增加，工程经济学理论逐步得到应用和普及，为工程经济学的发展提供了更广阔的空间。

三、化工技术经济学的研究内容和特点

（一）化工技术经济学的研究内容

化工技术经济学研究的内容有两大类：一类是宏观技术经济问题，它是指涉及化学工业整体性的、长远的和战略性的技术经济问题，例如化学工业的布局，化工技术结构的选择，

化工技术发展战略的规划，以及化工技术政策和技术引进策略的制定等；另一类是微观技术经济问题，是指一个企业、一个局部的技术经济问题，例如，化工企业的技术改造、建设项目的可行性研究、设备更新、产品生产的优化等。关于技术与微观或局部经济效果的关系，它与化工企业经营管理学产生一些交叉。相对于宏观技术经济，微观技术经济的技术性较强。本书的重点是研究化工领域的微观技术经济问题，如化工建设项目投资计算、财务分析和国民经济分析等。换句话说化工领域的技术经济问题的分析对象是项目，所以本书涉及部分项目管理的内容。

总的来讲，化工技术经济学所研究的内容，就是运用技术经济学的基本原理和方法，结合化学工业的特点，对化学工业中的项目建设、新技术开发、技术改造和产品方向的选择等方面进行系统的、全面的分析和评价，以作出经济、合理的选择。

（二）化工技术经济学的特点

1. 综合性

如前所述，技术经济学本身就是技术科学和经济科学的交叉学科，又由于化工生产涉及化学、物理、工程和自动控制等学科知识和技术的综合运用。因而，化工项目的经济效益除了要分析、考虑企业自身的各种因素外，还需要考虑许多宏观的影响。这就使化工技术经济学所研究的对象大都具有多因素和多目标的特点。既要分析其中的技术因素，又要分析经济因素；既要研究技术方案实现后的直接效果，也要考虑其间接效果和连锁效果；对技术方案的评价不仅要进行技术经济评价，还要做社会、政治、环境效益的评价；不仅有静态评价，还要有动态评价等；评价中既要运用技术科学的知识，又要运用经济学和管理学的知识，还要借助于现代数学方法和电子计算机技术。所有这些，使化工技术经济学具有较高的知识综合性。

2. 应用性

化工技术经济学是一门综合性的应用学科，它所研究的基本内容都是化学工业中亟待解决的现实问题，对其进行分析和评价，为将要采取的行动提供决策依据。它使用的资料、数据等来源于化工生产实践，所得出的结论又直接地应用于实践，并接受实践的验证。它的基本理论和方法大都是实践经验的总结与提高。化工技术经济学研究的成果，通常表现为规划、计划、方案、设计以及项目建议书和可行性研究报告等形式，直接应用于化工生产实际，因而具有显著的应用性质。

3. 预测性

化工技术经济学主要是对将要实施的技术政策、技术路线和技术方案进行评价，是在事件发生之前进行的研究工作。因此，化工技术经济学具有很强的预测性。为了尽可能正确地预计事件发生的趋势和结果，减少或避免决策的失误，这就需要充分收集、掌握必要的信息，用科学的方法对这些信息进行分析、评价。由于具有预测性质，它的研究结果也就具有一定的近似性和不确定性，而不能要求其结果绝对准确地与实际情况一致。

4. 定量性

定量分析与定量计算，是化工技术经济学的重要研究手段，化工技术经济学是一门以定量分析为主的学科。与其他学科相同，定性分析在化工技术经济中也是不可缺少的，但它大部分用以分析和评价的指标都是定量化的。即使有某些定性分析，也都是以定量的计算为依据。在化工技术经济分析过程中，往往要采用一些数学方法，建立各种数学模型和公式，并对许多数据进行处理与计算。计算机技术的应用，使定量分析更加快速、完善，也使一些原来认为难以定量化的因素，逐渐地定量化。

第三节　化工项目管理和风险管理概述

一、化工项目管理

1. 项目管理的基本含义及作用

项目是由一组有起止时间的、相互协调的受控活动所组成的,并也是达到符合规定要求的特定目标的、受到特定条件约束(例如时间、成本、资源等)的特定过程,或者说是在限定的资源及限定的时间内需完成的一次性任务,例如可以是一项工程、服务、研究课题及活动等。项目管理是管理学的一个分支学科,项目管理是指:项目活动中运用专门的知识、技能、工具和方法,使项目能够在有限资源限定条件下,实现或超过设定的需求和期望的过程。项目管理是对一些成功地达成一系列目标相关的活动(譬如任务)的整体监测和管控。这包括策划、进度计划和维护组成项目的活动的进展。

项目管理的主要作用包括:

(1) 项目管理有助于企业提升项目本身的经济效益。通过控制项目成本,有效调配资源,实现资源的更优配置,提升工作效率。并且在发现企业员工能力不足之处,及时给予员工相应的培训,帮助员工提升人员的综合能力,实现个人价值,进一步提高企业整体实力和市场竞争力。

(2) 项目管理有助于保证项目进度。尤其是在施工企业工程项目管理中,施工进度必须要达标,只有进度符合要求,才能收到阶段性的款项,回笼资金。做好进度管理可以保证项目健康运行下去,有利于项目按时完成,防范资金风险。

(3) 项目管理有助于保证项目质量。好的项目管理可以保证质量,在交付后提高客户满意度,提高公司声誉,加强公司的行业竞争力,创造更多潜在商机。

2. 项目管理的基本内容

项目管理的内容和知识体系包括:整体综合管理、范围管理、时间管理、成本管理、质量管理、风险管理、人力资源管理、沟通管理和采购管理九个领域。项目管理的三大要素是:时间、成本和质量。

(1) 时间管理　项目时间管理包括使项目按时完成必须实施的各项过程,包括项目内容排序、活动持续时间估算、制定进度表以及进度控制。

(2) 成本管理　项目成本管理包括成本预算、成本控制。前者是指将每个计划的成本估算进行汇总,以便成为项目效益评估的衡量标准,后者将预期的成本超支控制在可接受的范围内。

(3) 质量管理　项目质量管理包括质量规划、实施质量保证以及实施质量控制。

3. 化工项目管理的过程与生命周期

科学的项目管理对化工企业十分重要。无论化工企业的规模大小、经济效益好坏,均须有科学的项目管理过程,这是化工企业实现其核心价值、获得持续发展的必要途径。只有重视并加强项目管理,化工企业方能走上成功之路。对化工企业而言,项目管理是指在化工项目活动中,合理、科学地运用化工专业以及在项目开展过程中涉及的其他领域的知识、技能、工具和技术,以满足化工项目的需要,包括启动、规划、执行、监控和收尾五个过程。化工项目的生命周期是指该项目中按时间顺序排列、但有时可能互相交叉的各个阶段的集合,通常具有项目启动、项目组织与准备、项目执行和项目结束的生命周期结构。

化工项目管理具有以下主要特点:

（1）它是一种管理模式，是以化工项目为对象的系统管理方法，强调专业知识、技能、工具和技术方法的运用，而非经验管理或任意的管理过程；

（2）其目的是实现或超过化工项目干系人的需要和目标，虽然不同项目干系人的需要和目标有所不同，但应争取满足每个项目干系人的期望；

（3）在化工项目实施过程中，工期、成本和质量相互制约，有时甚至相互矛盾，科学、有效的项目管理应控制三者之间保持平衡，即尽可能以最短的工期和最低的成本来获得最高的质量；

（4）客户的期望包括显性的（项目任务书或合同中明确必须满足的需求）和隐性的（项目任务书或合同中没有明示的其他需求），前者是化工项目评价的主要对象和标准，后者虽不作为评价指标，但会对化工项目产生一定的影响，因此化工项目管理需要在显性需求和隐性需求之间取得平衡。

二、化工项目风险管理

1. 项目风险管理基本含义

项目风险管理是指通过风险识别、风险分析和风险评价去认识项目的风险，并以此为基础合理地使用各种风险应对措施、管理方法技术和手段，对项目的风险实行有效的控制，妥善地处理风险事件造成的不利后果，以最小的成本保证项目总体目标实现的管理工作。风险管理与项目管理的关系通过界定项目范围，可以明确项目的范围，将项目的任务细分为更具体、更便于管理的部分，避免遗漏而产生风险。在项目进行过程中，各种变更是不可避免的，变更会带来某些新的不确定性，风险管理可以通过对风险的识别、分析来评价这些不确定性，从而向项目范围管理提出任务。

2. 项目风险管理基本内容

项目风险管理是识别和分析项目风险及采取应对措施的活动。包括将积极因素所产生的影响最大化和使消极因素产生的影响最小化两方面内容。项目风险管理的内容主要包括：

（1）风险识别，即确认有可能会影响项目进展的风险，并记录每个风险所具有的特点。

（2）风险量化，即评估风险和风险之间的相互作用，以便评定项目可能产出结果的范围。

（3）风险对策研究，即确定对机会进行选择及对危险做出应对的步骤。

（4）风险对策实施控制，即对项目进程中风险所产生的变化作出反应。这些程序不仅相互作用，且与其他一些区域内的程序互相影响。每个程序都可能涉及基于项目本身需要的一个人甚至一组人的努力。在每个项目阶段，这些程序都至少会出现一次。

风险管理在药品生产管理中的深层含义就是对于药品在生产中的质量管理，对药品的质量、存在的风险进行评估、监督，从而有效地提高质量风险管理的目的，保证人民群众的用药安全，从而有效地促进我国制药业的快速发展。

化工项目管理和风险管理与技术经济分析以及项目可行性分析密切相关，其中的风险管理基本内容将在项目不确定性分析一章中介绍，项目管理的主要内容将在第八章和第九章介绍。

第四节　学习化工技术经济学的作用

一、现代化工类产业对人才综合能力的要求

随着科学技术的发展，新兴交叉学科不断出现，科学技术在更高层次上走向综合化和整

体化。现代工程项目中的纯技术工作和纯经济工作几乎已不存在。参与项目管理的工程技术人员应该具备技术、经济和管理的综合能力。

为了满足现代工程项目的要求，化学工业技术人员应具备的工程经济知识与能力包括：

（1）了解社会需求及需求变化的规律，做好工程项目的可行性研究工作。熟悉工程项目的资金筹措方式和合理调整资金结构的技巧。

（2）能够运用经济分析方法，对拟建项目计算期内的投入和产出等诸多因素进行调查、分析、研究、计算和论证，并利用资金时间价值概念和价值工程原理、成本-效益分析等技术经济分析方法，进行投资方案与更新方案的比较和选择，在达到产品必要的使用功能的前提下，有效地控制工程项目投资。

（3）熟悉工程项目的风险分析方法，能够及时识别项目的风险大小，制订相应的风险对策，控制风险对项目的影响程度。

（4）掌握工程项目的财务评价方法，了解国民经济评价方法。财务评价是从企业角度分析项目的经济效益；而国民经济评价是从整个国家、民族角度分析项目的经济效益。对一个项目应该从这两个方面对工程项目进行分别评价。

（5）具有获得工程信息和资料的能力，并能运用工程信息系统提供的各类技术与经济指标，结合工程项目的特点，对已完成项目进行后评估。我们在对项目进行可行性分析、经济评价过程中，需要大量的数据和信息，而有效数据和信息的获取对评价的准确性至关重要。

（6）客观公正、遵守国家法律法规。要有法律法规意识，不违纪违法，遵守国家有关法律、法规、政策，认真按企业规章和各种制度办事，行为规范，不出任何质量安全事故。

二、化工技术经济与项目管理对职业发展的重要作用

化工技术经济学与项目管理是化工及相关领域内重要的软科学，它们不仅对于这些领域的产业发展具有十分重要的作用，而且对于各个层次人员的职业发展也具有积极的益处。

1. 高层，行政管理

对于化学工业的高层管理者来说，发展化学工业的技术政策和技术路线的制定，离不开化工技术经济学的指导。只有运用化工技术经济学的科学原理和方法，对化学工业发展的布局、投资规模及投资方向等进行充分的研究，才能做出正确的决策，以促进化学工业与国民经济的协调发展。比如，在能源问题、污染问题突出的今天，国家引导发展绿色化学，采用新型反应器、新工艺，走高效、节能、减排、清洁的循环经济路线等。

2. 中层，企业高层决策

作为化工生产企业的决策者，对于新产品的开发、新技术及新设备的采用，必须运用化工技术经济学的原理和方法，进行科学的论证之后，才能作出正确的决策。否则，很可能导致决策失误，给企业的生产和经营造成重大的损失。

3. 底层，技术人员

对于从事化学工业的专业技术人员来说，在化工产品和技术研究开发以及设计和生产运行过程中，不仅要考虑技术方案的先进性和适用性，还必须懂得技术方案或措施实施后的经济效果。具备化工技术经济的良好素质，对于化工科研选题、现有企业技术改造方案的制定和新建项目的设计等，都具有重要的作用，有利于化工科研成果能更好地转化为生产力。

所以，无论从事化工领域技术开发研究的专业技术人员，还是生产经营管理人员，都需要学习和掌握化工技术经济学的基本原理和方法，这也是现代化工高等教育不可缺少的专业基础之一。

思考题及习题

1-1　化学工业包括哪些行业？试说出至少八个行业的名称。
1-2　化学工业的主要特点是什么？并举例说明化学工业及其相关产业的重要性。
1-3　什么是技术经济学？其基本作用是什么？
1-4　化工技术经济学与技术经济学之间有何异同？
1-5　化工技术经济学研究的主要内容是什么？有何特点？
1-6　何为项目？项目有何特点？化工项目属于哪类项目？
1-7　何为项目管理？化工项目管理有哪些特点？
1-8　试述化工项目管理的五个过程和九大知识体系。
1-9　何为项目风险？化工项目管理有哪些基本内容？
1-10　化工技术经济学与项目管理的知识和能力，对于职业发展有何作用？

第二章

化工技术经济与项目管理的基本要素

本章要点及学习目的

经济效益和评价——经济活动中产出与投入的比较，是经济效益的基本含义；对于经济效益的评价，须遵循四个基本原则，运用财务评价和国民经济评价两类指标体系来进行。

投资与资产——投资具有狭义和广义的概念以及投资的基本构成，投资估算的方法各有其特点和应用范围。总投资在项目建设后，会形成资产：固定资产、无形资产、其他资产，流动资产。

设备的折旧——三种常用的折旧计算方法：直线折旧法、年数总和计算法和余额递减法，它们各有其特点和适用条件。

产品成本与费用——成本与费用是不同的概念，其构成也不相同；成本与费用有多种各具特点的估算方法。

销售收入、税金和利润——销售收入、税金和利润的概念显著不同，但却具有十分紧密的相互关系。

项目成本管理的基本内涵——项目成本的管理和控制与产品成本有所区别，在了解项目成本的定义及构成的基础上，学习项目成本管理的基本过程和方法。

通过本章的学习，要求学生能掌握技术经济分析中涉及的基本经济概念，了解技术经济分析的指标体系和基本内容，掌握获得技术经济分析要素的基本方法，为后续学习技术经济分析和项目管理奠定基础。

第一节 经济效益

一、经济效益的概念

在人类社会活动中，从事任何实践活动都是为了达到一定的目的，取得预想的效果。由于所从事的实践活动的性质不同，所取得效果的性质也不同。尽管如此，无论从事何种实践活动，也不管取得什么性质的效果，都必须消耗劳动。也就是存在着对取得的效果与所消耗的劳动的评价问题。这种对效果与劳动消耗的比较和评价，即是通常所指的经济效果问题。经济效果亦可称为经济效益，两者没有严格的区别。

提高经济效益或经济效果，是经济工作的核心。分析和评价与技术相关的经济活动的经济效益，是技术经济的主要任务。因为要取得任何有用的成果，即取得一定的使用价值，必须付出一定的代价，也就是说必须消耗一定数量的劳动。所谓经济效益，是指经济活动中所取得的使用价值或经济成果与获取该使用价值或经济成果所消耗的劳动的比较，或者说经济效益是经济活动中产出与投入的比较。

可见，经济效益必须将取得的经济成果与为此所付出的劳动耗费相联系。所以，经济效益通常可表达为：

$$E(相对经济效益) = \frac{V(使用价值)}{C(劳动消耗)} \tag{2-1}$$

式(2-1)中的E称为相对经济效益，表示单位消耗所获得的使用价值。除此之外，还可以用下述方式表达经济效益：

$$E(绝对经济效益) = V - C \tag{2-2}$$

这是以绝对量形式表示的经济效益，称为绝对经济效益。经济效益表达式中的劳动消耗包括活劳动消耗和物化劳动消耗两部分。活劳动消耗是指劳动者在经济活动中所耗费的劳动量；物化劳动消耗是指经济活动中所耗费的实物量，包括所消耗的设备、工器具、材料、燃料、动力等。不同的技术方案所取得的使用价值，应该从各方面来衡量，譬如产品的产量、质量、满足社会对产品品种或功能的要求、减轻劳动强度、保持环境的效果，以及对化工生产可持续发展的价值等。这些使用价值有的能够用一定的数量，以货币表示。但也有的则不能用货币形式表示，例如对环境保护的长远效益，对提高大众健康水平的作用，或对增强国防能力的作用等。对这些非常重要的因素，只能进行定性的分析。因此，使用价值应从可定量的和不可定量的两方面予以衡量。

对技术方案进行评价时，不仅要计算分析可以用货币表示的成果，而且要分析那些不能用货币表示的成果；不仅要重视可以计量的成果，也要对那些非数量化效果进行分析。在有的情况下，非数量化效果甚至成为决定方案取舍的决定性因素。

二、经济效益的分类

依据评价角度及分析对象的不同，经济效益可以有不同的分类。

1. 企业经济效益和国民经济效益

根据受益分析对象不同可以分为企业经济效益和国民经济效益。站在企业立场上，从企业的利益出发，分析得出的技术方案为企业带来的效果称为企业经济效益。而技术方案对整个国民经济以至整个社会产生的效果称为国民经济效益。由于分析的角度不同，对同一技术方案的企业经济效益评价结果与国民经济效益评价结果可能会不一致，这就要求不仅要做企业经济效益评价，而且还要分析国民经济效益。对技术方案的取舍应主要取决于国民经济评价的结果。

2. 直接经济效益和间接经济效益

一个技术方案的采用，除了给实施企业带来直接经济效益外，还会对社会其他部门产生间接经济效益。如水电站建设，不仅给建设单位带来发电和旅游收益，而且给下游带来防洪收益。一般来说，直接经济效益容易看得见，不易被忽略。但从全社会角度，则更应强调后者。

3. 有形经济效益和无形经济效益

有形经济效益是指能用货币计量的经济效益，比如利润等；无形经济效益是指难以用货币计量的经济效益，例如技术方案采用后对改善环境污染、保护生态平衡、提高劳动力素质、填补国内空白等方面产生的效益。在技术方案评价中，不仅要重视有形经济效益的评价，还要重视无形经济效益的评价。

三、经济效益的评价原则

1. 技术、经济和政策相结合

某项技术是否要采用，并不完全取决于技术本身，而还要看其是否具有生产上的适用性和经济上的合理性，并且要分析它对国民经济发展的促进作用。此外，宏观上还要求它能符合国家技术政策和经济政策。对经济效益的评价应充分地考虑技术、经济和政策诸方面的效果。

2. 宏观经济效益与微观经济效益结合

宏观经济效益指的是社会效益或国民经济效益，而微观经济效益则是指企业或项目本身的经济效益。一般情况下，两者是一致的，但有时也有矛盾。在评价经济效益时，应使局部利益服从整体利益，选择宏观经济效益好的方案。

3. 短期经济效益与长期经济效益相结合

短期经济效益体现眼前的利益，长期经济效益应体现长远利益。在评价技术方案时，不仅要看到眼前的利益，也要分析和考察长远利益。只顾眼前利益，不符合社会的发展趋势，最终会葬送自己的利益，这样的技术方案不具有持久的生命力；只讲长远利益，人们得不到应有的眼前利益，会损害人们的积极性。因此，正确处理好短期经济效益与长期经济效益的关系是很重要的，是保证化学工业可持续发展的重要内容。

4. 定性分析和定量分析相结合

经济效益有的是可以定量化的，有的则不能定量化，因而在评价技术方案时，不仅要从定量方面去衡量其经济效益的大小，而且还要从定性方面分析经济效益的优劣。由于某些定性的效果往往也可以通过定量的数值指标反映出来，所以，定量分析比定性分析更加有效和重要。定量分析是定性分析的基础，定性分析又为定量分析指出方向，二者是相辅相成的。

四、技术经济指标的分类和体系

（一）技术经济指标分类

从不同的角度，对评价技术方案经济效益的指标，可以有不同分类方法。

1. 按投入、产出和综合分类

（1）劳动成果类指标　这类指标反映采用技术方案或实施项目后可直接获得的有用成果，表征劳动成果的有数量指标、质量指标、品种指标以及时间指标等。

① 数量指标　是表示技术方案在一定时间所能提供的产品或产值数量水平的指标。产量指标包括可以直接、具体地反映技术方案在一定时期内能提供的劳动成果的数量，即实物量指标，也包括价值量指标，例如工业企业总产值、工业净产值等。

② 质量指标　是表示产品满足必要功能的程度。判别产品质量的优劣是看其是否符合国家和部门规定的质量标准。工业产品的质量通常包括性能、寿命、可靠性、安全性等要素。

③ 品种指标　是表示在基本功能相同的条件下，能满足社会各种特别需求从而在性能、形状等方面有明显差别的产品品种数量。例如化学肥料可分为氮肥、磷肥和钾肥，而氮肥又可进一步分为尿素、碳酸氢铵、稀氨水等品种。产品品种的数量、新品种增加的速度等反映了一个国家技术水平和满足国民经济需要的程度。

④ 时间指标　是表示与时间因素紧密相关的指标，通常包括产品设计和制造周期、工程项目建设周期、使用年限、投资回收期、贷款偿还期等。

（2）劳动耗费指标　劳动耗费指标可分为反映劳动消耗的指标和反映劳动占用情况的指标。这类指标可用实物量，也可用价值量表示。

① 劳动消耗经济效益指标　主要有反映活劳动消耗的指标，例如劳动生产率指标，全员劳动生产率，以及反映物化劳动消耗的指标，如原材料消耗、燃料和动力的消耗、单位产

品折旧等。

② 劳动占用经济效益指标 主要有厂房和设备等固定资产占用和原材料储备、在制品等流动资金的占用量。

(3) 综合经济效益类指标 综合经济效益类指标反映了劳动收益与劳动耗费的相互比较。这类指标包括利润率、投资收益率等。

2. 按指标性质分类

(1) 技术指标和经济指标

① 技术指标 各种技术方案都需要有一些技术指标来反映各自的技术特性和水平。例如：生产率、工作速度、功率、效率、压力、温度、流量、能耗等，一般称为技术参数。技术指标具有三个用途。第一，技术参数的选择，首先就是技术方案本身必须研究和解决的问题，它们是技术经济分析的基础数据，是进行技术经济计算的主要参数和变量。第二，技术指标可以说明技术方案在技术上的优劣，论证在技术上是否可行，因此用来作为技术方案的技术评价指标。第三，技术参数又是进行经济指标计算的依据和必要条件。

② 经济指标 经济指标说明技术方案的经济合理性，通过经济指标的计算可以综合反映技术指标的经济意义。因此，经济指标首先用来衡量技术方案的经济效果；其次，为达到技术上先进、经济上合理、生产上适用的要求，经济指标在对方案取舍问题做最终评价时具有重大作用。

(2) 数量指标和质量指标 从技术经济计算的角度来看，数量指标较之质量指标起着更大的作用。产品的质量一般是可以定量化的，例如：某些产品的物理性能和化学成分等，就可以用数量指标来表示；某些机器设备的使用性能、可靠程度、使用的经济性等，也都可以通过数量指标反映出来。但是，也有很多质量因素很难量化，例如：美观、舒适、食品味道等。

(3) 实物指标和货币（价值）指标 实物指标是用实物量表现的技术经济指标，例如：产量可用吨表示，生产面积的占用用平方米表示等。实物指标的意义比较明确，也很直观。实物指标是经济指标计算的基础，经济指标的计算都必须以实物量为依据。另外，利用实物指标还能够计算实物的平衡。例如，产需平衡、物资以及能源的平衡等。

货币（价值）指标在技术经济分析与计算中占有特别重要的地位。在讨论技术方案经济效益评价标准时，基本上都是利用货币（价值）指标体系作为判定依据。货币指标的最大优点是，它能够将各种形式的实物指标通过价值量的计算汇总相加而统一起来，因而给技术经济计算和技术经济评价带来很大的方便。

(4) 综合指标和单项指标 无论是技术指标或经济指标，还是实物指标或货币指标，都可区分为综合指标和单项指标。单项指标便于计算和反映技术方案某个方面或某个部分的技术经济情况，同时它也是综合指标的必要组成部分。局部指标的缺点在于，它们不能全面反映技术方案的经济性，而且某个局部指标和另一个局部指标有时还可能发生矛盾。综合指标的优点是，它可以概括局部指标因而能够比较全面地反映技术方案的技术经济特性。所以各种综合性的技术经济指标在技术方案评价中是广为采用的评价指标。

(5) 绝对数量指标和相对数量指标 在技术经济分析中根据实际的需要，可以采用绝对数量指标或相对数量指标。例如：某个工程项目的总投资额，某个技术方案的产量规模，原材料消耗量等，属于绝对数量指标；而投资利润率、劳动生产率等，属于相对数量指标。相比较，相对数量指标的应用比较广泛，如不同技术方案的比较一般采用相对数量指标更直观。除采用绝对的总数量指标之外，还经常采用相对的单位数量指标，如单位生产能力的投资额、单位产品成本、单位产品的材料消耗定额等。它有特定的用途，例如，当相互比较的技术方案其产量规模有着显著差别时，在技术经济计算中就需要采用单位数量指标进行比较和分析。

(6) 静态指标和动态指标　不考虑资金的时间价值，这类指标称为静态指标。考虑资金的时间价值，称为动态指标。详细的介绍见本书相关章节。

(7) 微观指标和宏观指标　主要反映项目自身经济效果和效率的指标称为微观指标，主要反映社会或全民的经济效果和效率的指标称为宏观指标。两者的视角、期望均有所不同，但一般来说均需要兼顾，或者针对项目的目的不同，微观指标与宏观指标兼顾的轻重程度可有所差异。

(二) 技术经济指标体系及其作用

评价经济效益的指标体系，按照其应用范围可分为财务评价技术经济指标体系和全社会的国民经济评价指标体系两大类。前者用于从投资者角度对于项目的经济效益进行评价，后者用于从社会或全民角度对于项目的经济效益进行评价。

不同的技术方案各有其特点，由此造成技术经济评价的复杂性，从而也决定了考察技术方案指标的多样性。对技术方案应从不同的方面去比较、分析才能反映其全貌，全面地评价技术方案，为技术经济决策提供科学依据。因此，就应该采用多种技术经济指标，从技术和经济的不同角度反映技术经济活动的效果，所有的技术经济指标就构成了衡量经济效益的指标体系，如图 2-1 所示。这些指标体系是全面、客观地衡量技术经济方案经济效益的基本依据。

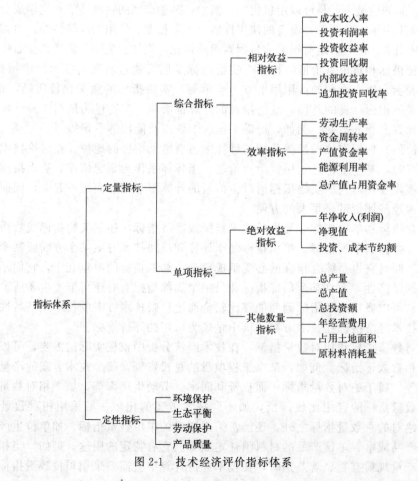

图 2-1　技术经济评价指标体系

由上可见，衡量经济效益的指标体系是由一系列指标构成。实际运用时，应根据技术方案或项目的特点，合理选择一些最重要的指标来衡量企业经济效益和国民经济效益。

第二节　投资与资产

一、投资的基本概念

一般来讲，投资是指人们一种有目的的经济行为，即以一定的资源投入某项计划，以获取所期望的回报。投资可分为生产性投资和非生产性投资，所投入的资源可以是资金，也可以是技术、人力或者其他形式，如产品品牌、商标等。上述投资的概念是广义的投资。本书所讨论的是狭义的投资，是指人们在社会经济活动中，为某种预定的生产、经营目的而预先支出的资金等。

在建设项目的技术经济分析评价中，根据计算的范围和用途，可将投资分为几种，其构成也有所不同。

建设项目总投资，是指建成一座工厂或一套生产装置、投入生产并连续运行所需的全部资金，它主要由固定资产投资、建设期贷款利息以及流动资金构成。对有的项目，还应包括固定资产投资方向调节税，如图2-2所示。

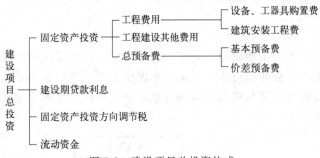

图 2-2　建设项目总投资构成

1. 固定资产投资

固定资产投资，是指按拟定的建设规模、产品方案、建设内容等，建成一座工厂或一套装置所需的费用，包括工程费用、工程建设其他费用和总预备费。工程建设其他费用包括项目可行性研究费用、土地征用费、设计费，以及生产准备和职工培训等项目实施期间发生的费用。总预备费包括基本预备费和涨价预备费。

2. 固定资产投资方向调节税

固定资产投资方向调节税，是国家为了引导和控制社会投资方向和规模，使其符合国民经济和社会发展规划及产业政策而采用的税收杠杆。对于限制投资的项目，将征收这种调节税。

3. 流动资金

流动资金是使建设项目生产经营活动正常进行而预先支付并周转使用的资金。流动资金用于购买原材料、燃料动力、备品备件，支付工资和其他费用，以及垫支在制品、半成品和制成品所占用的周转资金。在一个生产周期结束时，流动资金的价值一次全部转移到产品中，并在产品销售后以货币形式返回。从而流动资金在每一个生产周期完成一次周转。在项目寿命期内始终被占用，到项目寿命结束时，全部流动资金才能以货币形式回收。流动资金的构成如图2-3所示。

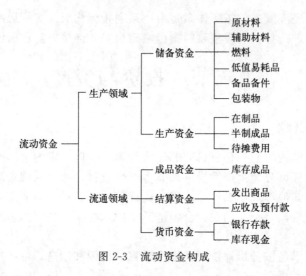

图 2-3 流动资金构成

按我国的有关规定，固定资产投资又可分为基本建设投资和更新改造投资。基本建设投资，是指完成新建和扩建项目全部工作所需的资金，即包括从项目建设书的提出、可行性研究、勘察设计到施工、竣工、试车验收为止发生的所有费用。而更新改造投资是指用于现有企业已有设施进行技术改造和固定资产更新，以及相应的配套工程的投资。

二、项目资产

建设项目建成后将形成企业的资产，它是企业从事生产经营活动的物质基础，并以各种形态分布或占用在生产经营的全过程。根据资本保全原则，当项目建成投产运营时，固定资产投资、固定资产投资方向调节税和建设期贷款利息将形成企业的固定资产、无形资产以及其他资产三部分，如图 2-4 所示。

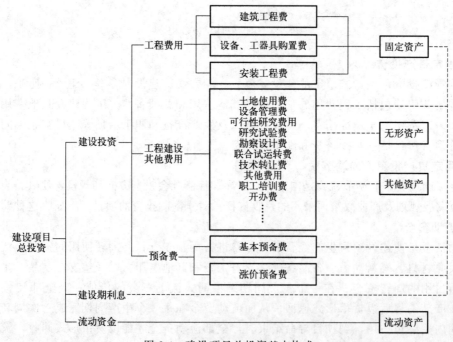

图 2-4 建设项目总投资基本构成

1. 固定资产

固定资产是指使用期限超过一年，单位价值在规定标准以上，并且在使用过程中保持原有物质形态的资产。固定资产原值包括：工程费用（即建筑工程费、设备购置费和安装工程费）、固定资产其他费用、预备费、建设期利息等。固定资产其他费用，包括建设管理费、建设用地费、可行性研究费、研究试验费、勘察设计费、环境影响评价费、劳动安全卫生评价费、场地准备及临时设施费、引进技术和引进设备其他费、工程保险费、联合试运转费、特殊设备安全监督检验费、市政公用设施费等。

2. 无形资产

无形资产是指企业长期使用但没有实物形态的可辨认非货币性资产，无形资产原值包括：技术转让费或技术使用费（含专利权和非专利技术）、商标权、商誉等。

3. 其他资产

其他资产原称为延递资产，是指除流动资产、长期投资、固定资产、无形资产以外的其他资产。按有关规定，递延资产是指不能全部计入当年损益，应当在以后年度内分期摊销的费用，包括开办费、固定资产的改良支出、租入固定资产的改良支出以及摊销期限在一年以上的其他待摊费用。开办费是指企业在筹建期间发生的费用，包括筹建期间人员工资、办公费、差旅费、培训费、印刷费、注册登记费以及不计入固定资产和无形资产购建成本的汇兑损益与利息支出等。

4. 固定资产价值

一般将项目建成后按有关规定核定的固定资产价值称为固定资产原值，包括前述固定资产、无形资产和其他资产三个部分的总和。按我国的现行规定，用基本建设贷款或基本建设拨款购建的固定资产，以建设单位交付使用的财产明细表中确定的固定资产价值为原值；而以专项拨款、专项基金和专用贷款购建的固定资产，以实际购建成本为原值；无形资产通常以取得该项资产的实际成本为原值。

在总投资中，无形资产和其他资产的占比和固定资产相比通常很小，有时为了简化计算，可以将无形资产和其他资产的价值归入固定资产价值。

三、固定资产投资的估算

固定资产投资费用的估算，是技术经济分析和评价的基础资料之一，也是投资决策的重要依据。在项目建议书阶段，不允许也不必要花费较多的时间和精力去做详细的投资估算，可依据同类已有工厂的资料进行粗略的估算。在项目可行性研究阶段和初步设计阶段，可做较为详细的测算。下面将分别介绍几种常用的计算方法。

（一）单位生产能力估算法

如果拟建的工厂与已建成的工厂产品品种和生产工艺相同，可用已知工厂单位生产能力的投资费用为基础，估算拟建工厂的投资额。其估算公式为：

$$I_1 = \frac{I_2}{Q_2} Q_1 \tag{2-3}$$

式中，I_1 为拟建工厂投资额；I_2 为现有工厂投资额；Q_1 为拟建工厂生产能力；Q_2 为现有工厂生产能力。

若拟建工厂的生产能力是已知同类工厂的两倍以上或不到其 1/2，这种方法不宜采用。另外，地区的差别也不能忽略。厂址位于未开发地区，其投资费可能比已开发地区多 25%～40%，而在现有厂址基础上扩建，投资额则可能比全部新建少 20%～30%。此外，由于通货膨胀的影响，不同年份的投资额应按物价变动率作适当的修正。

(二) 装置能力指数法

拟建工厂与已知工厂的生产工艺相同，也可用下式估算拟建工厂的投资：

$$I_1 = I_2 \left(\frac{Q_1}{Q_2}\right)^n \tag{2-4}$$

式中，n 为规模指数，是一个经验数据。

表 2-1 和表 2-2 给出了一些装置和化工设备的规模指数。在没有文献可参考时，一般对于靠增加装置设备尺寸扩大生产能力的，可取 $n=0.6\sim0.7$；靠增加装置设备数量扩大生产能力的，可取 $n=0.8\sim1.0$；石油化工项目，通常取 $n=0.6$。同时，也不能忽略物价变动的影响。

表 2-1 装置的规模指数

装置类别	指数	装置类别	指数
烧碱	0.40	丙烯	0.70
氯气	0.40	丙烯腈	0.60
盐酸	0.68	催化裂化	0.55
氢气	0.75	催化重整	0.61
氰化钠	0.71	延迟焦化	0.45
过氧化氢	0.75	乙烯	0.58
硝酸	0.58	甲醛	0.55
氧气	0.68	甲醇	0.71
磷酸	0.60	低压聚乙烯	0.67
硫酸	0.65	高压聚乙烯	0.90
尿素	0.68	聚丙烯	0.70
合成氨	0.71	氯乙烯	0.80
硝酸铵	0.59	丁二烯	0.59
磷酸铵	0.68		

表 2-2 一些化工设备的规模指数

设备	指数	设备	指数
固体混合器	0.55	加热器	0.78
鼓风机(低压头)	0.63	换热器(空冷)	0.80
压缩机(离心式)	0.80	(管壳式,小型)	0.45
(往复式)	0.40	(管壳式,大型)	0.75
离心机	0.55	泵	0.72
传送机	0.65	冷冻装置	0.72
干燥器(鼓型)	0.38	贮槽	0.52
(转型)	0.80	容器	0.50
(喷型)	0.22	塔器(直径5m以下)	0.55
蒸汽喷射器	0.52	(直径5m以上)	0.70
过滤器	0.57		

(三) 费用系数法

费用系数法是以方案的设备投资为依据，分别采用不同的系数，估算建筑工程费、安装费、工艺管路费以及其他费用等。其计算式为：

$$K_{固}=[K_{设备}(1+R_1+R_2+R_3+R_4)]\times 1.15 \qquad (2-5)$$

式中，$K_{固}$ 为建设项目固定资产总投资额；$K_{设备}$ 为设备投资额；R_1、R_2、R_3、R_4 分别为建筑工程费用系数、安装工程费用系数、工艺管路费用系数以及其他费用系数，分别表示该项费用额相对于设备投资额的比值；1.15 为综合系数。

设备投资额 $K_{设备}$ 的估算方法，一般是取各主要设备的现行出厂价之和，然后再乘以与次要设备、备品配件的投资及运杂费相关的附加系数，通常该系数可取为 1.2。

【例 2-1】 已知某化工项目的主要设备总出厂价费用为 300 万元。根据同类项目建设决算资料分析结果，知其建筑工程费用系数 $R_1=0.72$，安装工程费用系数 $R_2=0.15$，工艺管路费用系数 $R_3=0.35$，其他费用系数 $R_4=0.37$。试估算该化工项目的总投资。

解 设备投资额 $K_{设备}=300\times 1.2=360$（万元）

项目固定资产总投资为：

$$\begin{aligned}K_{固}&=[K_{设备}(1+R_1+R_2+R_3+R_4)]\times 1.15\\&=[360\times(1+0.72+0.15+0.35+0.37)]\times 1.15\\&=1072（万元）\end{aligned}$$

（四）编制概算法

建设项目的一个阶段称为初步设计，编制概算法就是根据建设项目的初步设计文件内容，采用概算定额或概算指标、现行费用标准等资料，以单位工程为对象，按编制概算的有关规则和要求，分单项工程测算投资，最后汇总形成项目固定资产总投资。

编制概算法的计算依据较为详细、准确，是一种较精确的投资测算方法，应用最为广泛。该方法通常分以下几个步骤进行。

1. 单项工程和单位工程的划分

单项工程是指具有独立设计文件，建成后可以独立发挥生产能力或产生效益的工程，如项目建设中的各个车间、仓库、公用工程和宿舍工程等；单位工程是指具有独立施工条件的工程，如机修车间、一幢宿舍楼等。一项建设项目可由两个或多个单项工程构成，而每一个单项工程又由一个或若干单位工程组成。以单位工程为对象，分别进行建筑安装工程概算、设备及工器具购置概算。

2. 编制设备工器具购置概算

设备工器具购置费由设备原价和运杂费构成。

（1）设备原价 在确定设备原价时，国产设备与引进设备有所不同，而标准设备和非标准设备的原价也不相同。

对于国产标准设备，其设备原价即是设备制造厂的交付价格或出厂价格。化工建设工程中，非标准设备的占比较大，对非标准设备的原价，一般可根据非标准设备的类别、材质、质量等按设备单位质量规定的估价指标计算，或者对于施工现场制作的非标准设备，按照国家建设部 2000 年发布的《全国统一安装工程预算定额》和《全国统一安装工程量计算规则》计算。

引进设备原价，一般由货价、国外运费、运输保险费、关税、银行财务费等组成。上述货价是指设备采购合同规定的设备价格。如果该货价是指到岸价，则已包括了国外运费和运输保险费，在计算引进设备原价时应扣除这两项费用。其他费用应按有关规定计算。

（2）运杂费 设备运杂费是指设备在国内的运输费用，包括运输费（含基本运费、装卸费、搬运费、保险等杂费）、货物包装费、运输支架费、设备采购手续费等。

设备运杂费可如下计算：

$$设备运杂费 = 设备原价 \times 设备运杂费率 \qquad (2\text{-}6)$$

式(2-6)中的设备运杂费率可参考《化工建设设计概算编制办法》中的有关规定。依据建厂所在地区不同，运杂费率有所差异，大多数为3%~16%。

根据设计文件所给出的设备、工器具清单，逐项计算出其购置费，汇总可得单位工程的设备、工器具费用。

3. 编制建筑安装工程概算

建筑安装工程费在建设工程造价的构成中占有重要的分量。为与计划、财务和统计部门数据一致，国家规定建筑安装费用由直接费用、间接费用、计划利润和税金等组成，如图2-5所示。

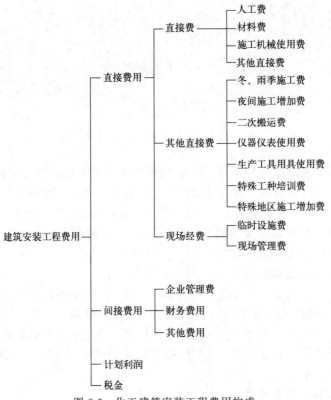

图2-5 化工建筑安装工程费用构成

直接费用是指直接耗用在建筑安装工程上的各种费用，其中，直接费包括人工费、材料费、施工机械使用费和其他直接费。其中的人工费是指列入概预算定额的直接从事建筑安装工程施工的生产工人的工资、工资附加费及劳保费等。材料费是指列入概预算定额的材料、构件、零配件和半成品的用量以及周转材料的摊销量，按相应的预算价格计算的费用。施工机械台班量按相应机械台班定额计算的建筑安装工程施工机械使用费。其他直接费用是指概预算定额分项定额规定以外的，而施工又需要的属于工程直接性质的费用，包括的内容可能较多，详见图2-5。

间接费用是建筑安装企业为了施工的组织和管理所需消耗的人力和物力的费用。它包括企业管理费、财务费用和其他费用。计划利润和税金，按现行有关规定计算。

依据项目方案所提出的建筑安装内容，逐项计算其费用，汇总可得单位工程的建筑安装工程费用。

4. 编制单项工程概算和工程费用概算

将构成该单项工程的各单位工程的概算汇总，即可得单项工程概算。再将构成工程建设项目的各单项工程概算汇总，可得工程费用概算。

5. 编制其他费用概算

工程建设其他费用，是指在建设工程总费用中，除设备、工器具购置费和建筑安装工程费用以外的一切费用。工程建设其他费用是设计概算的独立组成部分，不包括在单位工程设计概算内，不直接作为建筑安装工程的成本，但属于项目总费用不可缺少的部分。

工程建设其他费用包括土地、青苗等补偿费和安置补助费、耕地占用税和城镇土地使用税、研究试验费、勘探设计费等，应根据项目建设的具体情况予以确定。

6. 编制建设项目固定资产投资概算

由图2-2可知，建设项目固定资产投资，包括工程费用、工程建设其他费用以及总预备费。总预备费包括基本预备费和价差预备费。

基本预备费，是指在初步设计和概算中难以预见的工程费用。价差预备费是指由于工程建设期间设备、材料等价格上涨而发生的价差。

7. 编制建设项目固定资产总投资概算

建设项目固定资产总投资除主要为固定资产投资外，还应包括建设期贷款利息以及固定资产投资方向调节税。这三项费用之和亦称为建设项目总造价。将前述已编制出的各项费用汇总，即得建设项目的全部固定资产投资。

四、流动资金的估算

流动资金是建设项目总投资的重要组成部分，是维持项目正常运营和产品流通的必不可少的周转用资金。流动资金的需要量估算，是指为使项目生产和流通正常进行所必须保证的最低限度的物质储备量和必须维持在制品与产成品量的那部分周转用资金，亦称为定额流动资金。在技术经济分析和评价中，对项目流动资金量的估算，主要是估算定额流动资金额。

估算流动资金的方法有多种，但可大致分为两类。一是类比估算法，二是分项详细估算法。

（一）类比估算法

由于项目的流动资金需要量与项目的产业类别及产业特点有密切的内在联系，所以可以参照同类现有企业的流动资金占销售收入、经营成本、固定资产的比率以及单位产量占用流动资金的数额等，来估算拟建项目的流动资金需要量。属于此类的具体估算方法有多种，运用时需结合具体项目的情况和特点，选用适宜的估算方法。

1. 按经营成本估算

$$流动资金额 = 经营成本流动资金率 \times 年经营成本 \tag{2-7}$$

经营成本流动资金率是指企业的流动资金额与年经营成本的比值。例如，对于我国矿山类项目和其他部分项目，其经营成本流动资金率可取为25%左右。

2. 按建设投资估算

$$流动资金额 = 固定资产投资流动资金率 \times 固定资产投资 \tag{2-8}$$

国内外大多数化工项目的固定资产投资流动资金率为12%~20%。

3. 按销售收入估算

$$流动资金额 = 销售收入流动资金率 \times 年销售收入 \tag{2-9}$$

我国化工行业的销售收入流动资金率一般较国外偏高，可取为15%~25%。

4. 按生产成本估算

国内无可借鉴的新建项目时，可按生产成本估算：

$$流动资金额 = 生产成本流动资金率 \times 年生产成本 \quad (2\text{-}10)$$

一般生产成本流动资金率可取为 1.5～3 个月的生产成本与年生产成本的比率。

（二）分项详细估算法

对建设项目的流动资金额需要进行比较详细估算时，可按照流动资产和流动负债各细项的周转天数或年周转次数来估算各细项的流动资金需要量。

按有关规定，可采用下述方式进行估算：

$$流动资金额 = 流动资产 - 流动负债 \quad (2\text{-}11)$$

其中：

$$流动资产 = 应收账款 + 预付账款 + 存货 + 现金$$

$$流动负债 = 应付账款 + 预收账款$$

从而

$$流动资金额 = 应收账款 + 预付账款 + 存货 + 现金 - 应付账款 - 预收账款 \quad (2\text{-}12)$$

$$流动资金本年增加额 = 本年流动资金 - 上年流动资金 \quad (2\text{-}13)$$

1. 流动资产估算

（1）**应收账款** 应收账款是指企业销出商品、提供劳务等应收而尚未收回的本企业的资金，其计算式为：

$$应收账款 = \frac{年经营成本}{应收账款周转次数} \quad (2\text{-}14a)$$

其中：

$$周转次数 = \frac{360d}{最低周转天数} \quad (2\text{-}14b)$$

（2）**预付账款** 预付账款是指企业为购买各类材料、半成品或服务所预先支付的款项，其计算式为：

$$预付账款 = \frac{外购商品或服务年费用}{预付账款周转次数} \quad (2\text{-}15)$$

（3）**存货** 存货是指企业在日常生产经营过程中持有以备出售，或者仍然处在生产过程，或者在生产或提供劳务过程中将消耗的材料或物料等，包括各类材料、商品、在制品、半成品和制成品等。为简化计算，项目评价中仅考虑外购原材料、燃料、其他材料、在制品和制成品，并分项进行计算。各项计算式为：

$$存货 = 外购原材料和燃料动力 + 其他材料 + 在制品 + 制成品 \quad (2\text{-}16a)$$

$$外购原材料和燃料动力费 = \frac{年外购原材料和燃料动力费}{周转次数} \quad (2\text{-}16b)$$

$$在制品费 = \frac{年外购原材料和燃料动力费 + 年工资及福利费 + 年修理费 + 年其他费用}{在制品周转次数} \quad (2\text{-}16c)$$

$$制成品费 = \frac{年经营成本 - 年其他营业费用}{制成品周转次数} \quad (2\text{-}16d)$$

$$备品备件费 = \frac{年备品备件费}{周转次数} \quad (2\text{-}16e)$$

（4）**现金** 现金是指企业库存的现金，包括人民币和外币。其计算式为：

$$现金 = \frac{年工资及福利费 + 年其他费用}{现金周转次数} \quad (2\text{-}17a)$$

其中

$$年其他费用 = 制造费用 + 管理费用 + 财务费用 + 销售费用 -$$
$$(工资及福利费 + 折旧费 + 修理费 + 摊销费) \quad (2\text{-}17b)$$

2. 流动负债估算

流动负债是指将在1年（含1年）或者超过1年的一个营业周期内偿还的债务，包括短期借款、应付票据、应付账款、预收账款、应付工资、应付福利费、应付股利、应交税金、其他暂收应付款项、预提费用和1年内到期的长期借款等。在项目评价中，流动负债的估算可以只考虑应付账款和预收账款两项。

（1）应付账款 应付账款是指因购买原材料、商品或接受劳务等而应支付的款项或债务。其计算式为：

$$应付账款 = \frac{外购原材料、燃料和动力以及其他材料年费用}{应付账款周转次数} \quad (2\text{-}18)$$

（2）预收账款

$$预收账款 = \frac{预收的营业收入年金额}{预收账款周转次数} \quad (2\text{-}19)$$

流动资金通常应在投产前开始筹集。为便于估算，按规定在项目建成投产运营的第一年就开始按达到产量设计的百分比安排同比例的流动资金，流动资金借款部分按全年计算利息。流动资金的利息应计入财务费用。

第三节 固定资产的折旧

一、折旧的含义

固定资产在使用过程中不可避免地发生有形磨损和无形磨损，造成其使用价值和价值的损耗。与原材料、燃料等消耗一样，这种损耗的价值以某种形式转移到产品中去，构成产品的成本。为了补偿固定资产磨损，应将转移到产品中去的这部分价值收回。但固定资产的价值不是一次全部转移，而是分次逐渐转移到产品中去的。在产品销售后，将分次逐渐转移到产品中去的固定资产价值回收称为固定资产折旧。

在生产过程中，为了保证设备的正常运转，还要进行维护保养和修理。也就是说，除了设备磨损的价值损耗外，还有额外的耗费。将转移到产品中去的额外耗费从产品价值中收回，称为大修理折旧。

二、固定资产折旧的计算方法

折旧既涉及产品的成本，又涉及设备和技术更新的速度，因而，折旧是生产经营活动中一项很复杂而重要的工作。按财税制度规定，企业固定资产应当按月计提折旧，并根据用途计入相关资产的成本或者当期损益。财务分析中，按生产要素法估算总成本费用时，固定资产折旧可直接列支于总成本费用。

计算固定资产折旧时应当考虑三个因素：固定资产原值、残值和使用寿命。

（1）固定资产原值 这里指固定资产投入时的账面成本。比如某年购买并安装一套设备花费了1000万，这1000万就是该固定资产原值。

（2）残值　预计设备使用寿命结束时可售价值减去拆卸费用和处置费用。固定资产成本与残值的差额称为折旧基础。比如说刚才所提到的设备使用寿命结束时，减去处置费后，回收得到 100 万元，这 100 万元就是残值。

（3）使用寿命　固定资产在其报废处置之前所提供的服务单位的数量，服务单位既可用固定资产的服役时间表示（如年、月），也可以用固定资产的业务量或产出量表示（如机器小时、钢铁的数量、汽车行驶的里程）。

固定资产的折旧方法可在税法允许的范围内由企业自行确定。一般采用直线法，包括年限平均法和工作量法。我国税法也允许对某些机器设备采用快速折旧法，即双倍余额递减法和年数总和法。

固定资产折旧年限、预计净残值率可在税法允许的范围内由企业自行确定或按行业规定。项目评价中一般应按税法明确规定的分类折旧年限，也可按行业规定的综合折旧年限。

折旧的计算方法很多，下面介绍几种我国目前常用的方法。

（一）直线折旧法

直线折旧法是在资产的折旧年限内，平均地分摊资产损耗的价值，即假定资产的价值在使用过程中以恒定的速率降低。直线折旧法包括年限平均法和工作量法两种。

1. 年限平均法

年限平均法计算年固定资产折旧额 D 的计算公式为：

$$D = \frac{\text{资产原值} - \text{预计资产残值}}{\text{折旧年限}} = \frac{P-S}{n} \tag{2-20a}$$

由式(2-20a)可导出年折旧率 r 的计算公式：

$$r = \frac{P-S}{nP} \tag{2-20b}$$

若残值 S 可以忽略不计，式(2-20b)可简化为：

$$r = \frac{1}{n} \tag{2-20c}$$

可见，折旧率可以用折旧年限的倒数来估算，设备的折旧年限在我国通常是由主管部门根据设备分类、企业的承受能力以及设备更新的速度等因素规定的。

各种化工设备的具体折旧年限可参阅有关的资料。在缺乏资料情况下，可以按下述估算最短折旧年限。

房屋、建筑物等固定资产：20 年；

火车、轮船、机器、机械和其他生产设备类资产：10 年；

电子设备和火车、轮船以外的运输工具以及与生产经营有关的器具、工具、家具等资产：5 年。

2. 工作量法

工作量法分为如下两种。

（1）按照行驶里程计算折旧：

$$\text{单位里程折旧额} = \frac{\text{原值} - \text{预计净残值}}{\text{总行驶里程}} \tag{2-21a}$$

$$\text{年折旧额} = \text{单位里程折旧额} \times \text{年行驶里程} \tag{2-21b}$$

（2）按照工作小时计算折旧：

$$每单位工作小时折旧额 = \frac{原值 - 预计净残值}{总工作小时} \qquad (2\text{-}22a)$$

$$年折旧额 = 单位工作小时折旧额 \times 年工作小时 \qquad (2\text{-}22b)$$

(二)年数总和法

年数总和法的方法假定折旧额随着使用年数的增加而递减。它是根据折旧总额乘以递减分数来确定折旧额的。

$$年折旧率 = \frac{(折旧年限 + 1) - 已使用年限}{折旧年限(折旧年限 + 1) \times 0.5} \qquad (2\text{-}23)$$

$$年折旧额 = (固定资产原值 - 预计净残值) \times 年折旧率 \qquad (2\text{-}24)$$

(三)双倍余额递减法

双倍余额递减法也叫定率法,是按固定的折旧率 r 与各年固定资产的净值之乘积来确定该年的折旧额 D_t。余额递减法的折旧率为:

$$r = 1 - \sqrt[n]{\frac{S}{P}} \qquad (2\text{-}25a)$$

对于双倍余额递减法,其折旧率 r 为:

$$年折旧率 = \frac{2}{折旧年限} \qquad (2\text{-}25b)$$

设折旧率 r 为,则各年折旧额为:

第 1 年　　$D_1 = rP$

第 2 年　　$D_2 = r(1-r)P$

第 3 年　　$D_3 = r(1-r)^2 P$

……

第 t 年　　$D_t = r(1-r)^{t-1} P \qquad (2\text{-}26)$

式(2-26)是余额递减法的通式。

实行双倍余额递减法的,应在折旧年限到期前两年内,将固定资产净值扣除净残值后的净额平均摊销。

三、各种折旧方法的比较

折旧的计算方法根据其主要特点,基本上可以分为三种:

第一种是平均分摊法,通常称为直线法,是在设备使用年限内,平均地分摊设备的价值。我国目前大都采用这种方法。

第二种是加速折旧法,其基本思想是在设备使用初期提取的折旧额比后期多,逐年递减。由于递减的方式不同,又有年数总和法、余额递减法以及双倍余额递减法等。

依据目前有关规定,对于下述几类可以实行加速折旧法,但一般不允许采用缩短折旧年限法。①在国民经济中具有重要地位、技术进步快的化工生产企业、医药生产企业的机器设备;②对促进科技进步、环境保护和国家鼓励投资项目的关键设备,以及常年处于震动、超强度使用或受酸、碱等强烈腐蚀的机器设备;③外购达到固定资产标准或构成无形资产的软件等,但资产折旧或摊销年限最短为 2 年。

以上两种方法计算简便,但都未考虑资金的时间价值。

第三种是复利法,它考虑资金的时间价值,有年金法、偿债基金法等。在国内目前很少应用，故本书介绍从略。

【例 2-2】 有一设备原值 10000 元，估计残值为 2000 元，使用期限为 5 年。试分别用下述方法算出各年的折旧额及折旧率。(1) 直线折旧法；(2) 年数总和法；(3) 双倍余额递减法。

解 (1) 直线折旧法 由式(2-20) 可算出各年的折旧额 D：

$$D = \frac{P-S}{n} = \frac{10000-2000}{5} = 1600 (元)$$

各年折旧率为：

$$r = \frac{P-S}{nP} = \frac{10000-2000}{5 \times 10000} = 0.16$$

(2) 年数总和法 由式(2-23) 和式(2-24) 可算出各年的折旧额和折旧率：

第 1 年：$r_1 = \frac{(折旧年限+1)-已使用年限}{折旧年限(折旧年限+1) \times 0.5}$

$$= \frac{(5+1)-1}{5(5+1) \times 0.5} = 0.333$$

$D_1 =$（固定资产原值－预计净残值）×年折旧率
$= (10000-2000) \times 0.333 = 2664 (元)$

第 2 年：$r_2 = \frac{(5+1)-2}{15} = 0.267$

$D_2 = (10000-2000) \times 0.267 = 2136 (元)$

其余各年的折旧额和折旧率用同样的方法计算出，列于表 2-3 中。

(3) 双倍余额递减法 首先，由式(2-25) 算出双倍余额递减法的年折旧率：

$$年折旧率 = \frac{2}{折旧年限} = \frac{2}{5} = 0.40$$

代入式(2-26)，计算出各年的折旧额。

第 1 年：$D_1 = rP$
$= 0.40 \times 10000 = 4000 (元)$

第 2 年：$D_2 = r(1-r)P$
$= 0.40 \times (1-0.40) \times 10000 = 2400 (元)$

第 3 年：$D_3 = r(1-r)^2 P$
$= 0.40 \times (1-0.40)^2 \times 10000 = 1440 (元)$

最后两年即第 4 年和第 5 年：

将固定资产净值 $(10000-4000-2400-1440)$ 元 $= 2160$ 元扣除净残值 2000 元后为 $(2160-2000)$ 元 $= 160$ 元，再将其平均摊销到最后两年，即各 80 元。上述结果一并列于表 2-3 中。

表 2-3 用三种折旧方法计算的各年折旧率及折旧额

t 年末	直线折旧法		年数总和法		双倍余额递减法	
	折旧率/%	折旧额/元	折旧率/%	折旧额/元	折旧率/%	折旧额/元
1	16.0	1600	33.3	2664	40.0	4000
2	16.0	1600	26.7	2136	40.0	2400
3	16.0	1600	20.0	1600	40.0	1440
4	16.0	1600	13.3	1067	40.0	80
5	16.0	1600	6.7	533	40.0	80
合计		8000		8000		8000

四、无形资产和其他资产估算

在本章第二节中已明确，固定资产原值包括有形固定资产、无形资产和其他资产三个部分的总和。有形固定资产应按上述的折旧方法计算，对于无形资产和其他资产，按我国的现行规定，无形资产从开始使用之日起，在有效使用期限内平均摊入成本。法律和合同规定了法定有效期限或者受益年限的，摊销年限依从其规定，否则摊销年限应注意符合税法的要求。无形资产的摊销一般采用平均年限法，不计残值。

其他资产的摊销可以采用直线折旧法（平均年限法），不计残值。摊销年限应注意符合税法的要求。

第四节　产品成本与项目成本

一、产品成本及费用的概念

（一）产品成本的概念及构成

产品成本费用是在产品的生产和销售过程中所消耗的活劳动与物化劳动的货币表现。在财务评价中，通常以年为单位计算成本费用。产品成本费用的高低，反映了投资方案的技术水平，也基本决定了企业利润的多少，它是一项极其重要的经济指标。实际的产品成本费用是发生在项目建成投产之后。在项目正式建设前计算出的产品成本费用，是为了提供技术经济分析，作为评价项目经济效益的依据之一。目前计算总成本费用有两种方法，即制造成本法和要素成本法。制造成本法计算较为复杂，但能反映不同生产技术条件下的产品成本，有利于对各部分成本进行分析；要素成本法则较简单，易于掌握。这两种方法各有其特点，它们的构成如图2-6所示。本书主要介绍制造成本法。

（二）制造成本

按制造成本法核算的产品成本，称为制造成本，亦称生产成本。它是指在生产经营过程中为生产产品或提供劳务等实际消耗的直接材料、直接工资、其他直接支出费用以及制造费用等费用之和。

1. 直接材料

（1）原材料　原材料包括主要原材料和辅助材料。主要原材料是指经过加工构成产品实体的各种物料，通常在化工产品成本中占有最大的比例；辅助材料是指虽不构成产品实体，但能直接用于生产，有助于产品形成，或使产品具有某些性能的物料，如催化剂、助剂等。

（2）燃料及动力　燃料指直接用于产品生产过程的各种固体、液体和气体燃料。动力包括直接用于生产过程的水、电、蒸汽（气）、压缩空气等。化工是耗能大户，因此，燃料及动力的费用在化工产品成本中占比相当大。

2. 直接工资

直接工资包括直接从事产品生产人员的工资、奖金、劳保，以及按比例提取的其他补贴。

3. 其他直接支出费用

其他直接支出费用包括直接从事产品生产人员的福利费等。

4. 制造费用

制造费用是企业各生产单位，如车间、分厂为管理和组织生产活动而开支的各项业务费用和管理费用。制造费用包括车间固定资产折旧费、车间维修费和车间管理费。车间折旧费是指按规定对车间拥有并管理的全部固定资产所提取的基本折旧费；维修费是指中、小修理费；管理费包括车间管理人员工资及附加费、劳动保护费、分析化验费、低值易耗品购置费等。制造费用相当于以往成本计算中的车间经费。

上述的直接材料费、直接工资和其他直接支出费用等都是生产及直接费用，直接计入产品制造成本或生产成本；而制造费用是间接费用，应按一定的标准分配后计入产品制造成本。

5. 副产品收入

副产品是指在生产主要产品的同时附带生产的、具有一定经济价值的非主要产品，这是化工生产的一个重要特点。副产品回收的净收入，应从主产品成本中扣除。

在项目技术经济评价和分析中，制造成本或生产成本可计算如下：

$$制造成本（生产成本）＝原材料费＋燃料及动力费＋工资及福利费＋制造费用－副产品收入 \tag{2-27}$$

（三）费用的概念及构成

费用是指建设项目在生产经营活动中除生产成本以外的其他支出，包括管理费用、财务费用和销售费用等，这些亦统称为期间费用。

1. 管理费用

管理费用是指企业行政管理部门组织和管理全厂生产经营活动中支出的各项费用，包括企业管理人员的工资及附加费、办公费、职工教育经费、劳动保险费、失业保险费、审计费、排污费、土地使用费、无形资产摊销、开办费摊销、业务招待费、坏账损失、存货亏损以及其他的各项管理支出。管理费用包括的细项较多，在项目可行性研究阶段，可根据现有企业或类似项目情况，按其占总成本的一定比例估算。

2. 财务费用

财务费用是指企业为筹集生产经营所需资金而发生的各项支出，包括贷款的利息支出、汇兑损失、金融机构手续费、调剂外汇手续费，以及为筹集资金而支出的其他财务费用。

3. 销售费用

销售费用是指企业销售产品和促销产品而发生的费用支出，包括运输费、包装费、广告费、保险费、委托代销费、展览费，以及专设销售部门的经费，例如销售部门职工工资、福利费、办公费、修理费等。

在我国的财务管理中，管理费用、财务费用及销售费用，作为期间费用不计入产品成本，而直接计入当期损益，直接从当期收入中扣除。

（四）总成本费用和经营成本

1. 总成本费用

总成本费用是指建设项目在一定时期（一年）为生产和销售产品而支出的全部成本和费用。其计算式为：

$$总成本费用＝制造成本＋管理费用＋财务费用＋销售费用 \tag{2-28}$$

在计算总成本费用时，应扣除消耗的原材料中的自产自用部分，避免重复计算。

2. 经营成本

经营成本是指建设项目的总成本费用扣除固定资产折旧费、摊销费用、贷款利息以后的成本费用。其计算式为：

$$经营成本 = 总成本费用 - 折旧费 - 摊销费 - 贷款利息 \tag{2-29}$$

需要指出的是，经营成本是为便于进行建设项目的技术经济分析和计算，以及进行项目财务评价而设置的一种产品成本的形式，与企业财务会计中的产品总成本有所差异。图2-6给出了总成本费用、经营成本、制造成本（生产成本）等相互关系和主要构成。

（五）固定成本

固定成本，是指在一定生产规模范围内，总成本费用中不随产品产销量的增减而变化的那部分成本费用，如图2-6所示。就产品成本的总额而言，固定成本是不随产量变化的，但将该部分成本分摊到单位产品中，则单位产品的固定成本是可变的，并与产品产量呈反比变化。

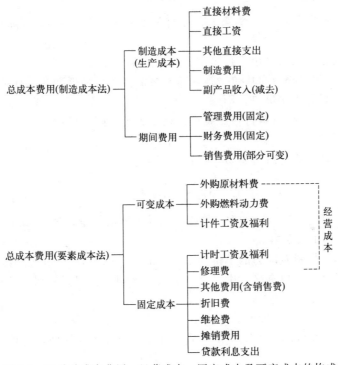

图2-6　两种总成本费用、经营成本、固定成本及可变成本的构成

（六）可变成本

可变成本亦称为变动成本，是指产品成本费用中随产品产销量变化而变动的成本费用。一般包括构成产品实体的原材料费、燃料及动力费、计件工资及福利费等；催化剂要根据具体情况，计入固定成本或可变成本。可变成本显著的特点是其成本总额与产量的增加或降低成比例地变化。但对单位产品而言，这部分成本则与产量多少无关，是固定的。

有些成本费用介于固定成本和可变成本之间，称为半可变成本或半固定成本。例如化工生产中的一些催化剂的活性与产品的产量有关，但也与催化剂本身寿命周期有关。从而催化剂的费用不与产量成比例。通常也可以将半可变成本进一步分解为固定成本和可变成本两部分，所以产品总成本费用仍可划分为固定成本和可变成本。

长期借款利息应视为固定成本。流动资金借款和短期借款利息可能部分与产品产量相关,其利息应视为半可变成本。为简化计算,一般也将其作为固定成本。

将产品成本费用区分为固定成本和可变成本,可计算达产期各年的成本,以及对项目进行盈亏平衡分析等,在项目技术经济分析和评价中有重要的作用。图 2-6 也给出了产品总成本费用(要素成本法)中的固定成本和可变成本的构成。

二、产品成本、费用的估算

(一) 直接材料费

1. 原材料费

原材料费可如下计算:

$$C_M = \sum_{i}^{n} Q_i P_i \tag{2-30}$$

式中,C_M 为原材料总费用;Q_i 为第 i 种原材料消耗量;P_i 为第 i 种原材料单价;n 为原材料种类数。

外购原材料价格一般为其出厂价另加到厂的运杂费,即:

$$\text{原材料价格} = \text{出厂价} + \text{运输费} + \text{装卸费} + \text{运输损耗} + \text{库存损耗} \tag{2-31}$$

如果所用原材料是直接进口,则

$$\text{原材料价格} = \text{到岸价格} + \text{关税} + \text{国内运杂费} \tag{2-32}$$

2. 燃料及动力费

该项费用的计算与原材料费类似,即:

$$C_P = \sum_{i}^{n} Q_i P_i \tag{2-33}$$

式中,C_P 为燃料及动力费;Q_i 为第 i 种燃料及动力的消耗量;P_i 为第 i 种燃料及动力的单价;n 为燃料及动力的种类数。

需要指出的是,燃料及动力的单价因来源、品质不同而有很大的差异。如蒸汽有自备专用锅炉和废热锅炉之别,也有高、中、低压蒸汽之区别,它们应分别估算和计价。

(二) 直接工资

直接工资包括直接从事生产人员的工资、津贴及奖金等附加费,可按下式计算:

$$C_W = CN \tag{2-34}$$

式中,C_W 为生产工人工资及附加费;C 为生产工人年平均工资和附加费;N 为工人定员。

(三) 其他直接支出费用

其他直接支出费用主要是福利费,按有关现行规定,可按直接工资总额的 14% 计取。其计算式为

$$C_F = 14\% \times C_W \tag{2-35}$$

(四) 制造费用

制造费用类似原来所指的车间经费,一般为基本折旧费、维修费和其他费用构成。

(1) 基本折旧费 基本折旧费按本章第三节介绍的有关方法计算。

(2) 维修费 维修费亦可称为修理费,允许在成本中直接列支。如果当期的数额较大,

可以实行预提或摊销的办法。维修费可按固定资产原值的一定比率例如4%计取,或者按基本折旧额的一定比率例如50%提取。

(3) 其他费用　其他费用也可按基本折旧额的一定比率计取。

除了上述方法外,为简化计算,制造费用也可按直接材料费、直接工资及其他直接支出费用总额的一定比例计取。通常该比例为15%~20%,即:

$$制造费用=(直接材料费+直接工资+其他直接支出费)\times(15\%\sim20\%)$$
$$=(C_M+C_P+C_W+C_F)\times(15\%\sim20\%) \quad (2\text{-}36)$$

(五) 副产品收入

化工副产品的净收入应在主产品成本中扣除,其净收入可按下式估算:

$$副产品净收入 S_F=销售收入-税金-销售费用 \quad (2\text{-}37)$$

由以上各项,可计算出产品制造成本或生产成本:

$$制造成本(生产成本)=原材料+燃料动力费+工资及福利+制造费用-副产品收入$$
$$=(C_M+C_P+C_W+C_F)\times(1.15\sim1.20)-S_F \quad (2\text{-}38)$$

(六) 管理费用

管理费用的多少,与企业组织管理形式、水平等有关。对于化工企业,可按下式估算:

$$管理费用=制造费用\times(6\%\sim9\%) \quad (2\text{-}39)$$

(七) 财务费用

对建设项目,财务费用主要是贷款利息,因而财务费用可用贷款利息来估算。贷款利息的具体计算方法可参见本书第三章相关部分。

(八) 销售费用

销售费用各行业可能相差较大,对大多数化工企业,其销售费用可按销售收入的一定比例估算。例如可计算如下:

$$销售费用=销售收入\times(1\%\sim3\%) \quad (2\text{-}40)$$

分别计算以上费用后,产品的总成本费用可计算如下:

$$总成本费用=制造成本+总费用$$
$$=制造成本+管理费用+财务费用+销售费用$$

在对项目进行技术经济计算和分析时,为简便起见,总成本费用也可按下式计算:

$$总成本费用=原材料费+燃料及动力费+工资及福利费+修理费用+$$
$$折旧费用+摊销费用+利息支出+其他费用 \quad (2\text{-}41)$$

其他费用可按工资及福利费的2~3倍估算。如果有副产品净收入,应从上式中扣除该项收入。

技术经济分析中重要的参数经营成本可计算如下:

$$经营成本=总成本-折旧费用-摊销费用-利息支出$$

三、项目成本及其管理

(一) 项目成本的定义及构成

项目成本是指在项目开展的全过程中,消耗和占用资源的数量与价格的总和,是项目达到一定的标准、实现一定的目的或交付一定的成果所必须耗费的资源的货币表现。其范围包括：市场调研费、可行性分析费等启动成本；施工图预算、投资估算等规划成本；采购、研制、开发、建设、质量控制等实施成本；竣工验收、调试测试、试生产等终结成本。

项目成本由以下要素构成。

（1）人工费　参与项目工作的各类人员的工资、津贴、奖金等报酬；

（2）材料费　为项目实施而购置各种原材料的费用；

（3）设备费　因项目实施而产生的设备、仪器或其他工具的折旧、修理、运行、租赁等费用；

（4）分包费　将项目中的非核心工作内容分包出去所产生的费用；

（5）其他费用　因项目实施而产生的其他费用，包括但不局限于差旅费、不可预见费、分包商的合理利润等。

（二）项目成本管理

项目成本管理是指项目团队在项目过程中所做的预测、计划、控制、调整、核算、分析和考核等管理工作，其目的是使项目成本控制在计划目标之内，确保在批准的预算内完成项目，通过资源规划、成本估算、成本预算和成本控制四个过程而实现。

1. 资源规划

资源规划是指对开展项目活动所需的人力、设备、资金、材料等资源以及所需数量的规划，通过分析和识别项目的资源需求，确定项目所需的资源种类、所需数量和投入时间，从而制订项目资源计划。编制项目资源计划的主要方法包括：①预算法。以工料消耗量进行工料汇总，再统一以货币形式反映其项目开展的消耗水平。②技术节约措施法。以该项目计划采取的技术组织措施和节约措施所能取得的经济效果作为项目成本降低额，以计算项目计划成本。③成本习性法。将成本按照成本习性分为固定成本和变动成本，分别计算后再进行加合。

2. 成本估算

成本估算是指对完成项目所需费用的估计和计划，主要依据项目资源计划中确定的资源需求以及市场上各种资源的价格。成本估算分为初步估算、控制估算和最终估算三类，它们各自的特征如表 2-4 所示。

表 2-4 三类成本估算的特征

项目	初步估算	控制估算	最终估算
执行时期	可行性研究后期	项目计划阶段	项目实施阶段
主要依据	可行性研究报告	最新的市场价格	项目进程中一些重大工作的详细、最新估算或预测
要点	粗略	比较精细	非常详细
作用	为管理部门提供初步经济情况和筹措资金的依据	为筹措资金提供依据，亦可明确责任和实施成本控制	为不同时期的项目管理提供精确信息，以控制项目成本
算法	概念估算、可能性估算、量级估算	自上而下估算、分析估算、预测估算	详细估算、基于工作分解结构的估算、工程估算

成本估算的主要方法如下。

（1）经验估算法/专家意见法　当信息不全面、无法进行详细估算时采取的经验型方法，可以很快给出大概的数额，是一种粗略的、近似的猜测，常用于项目概念阶段或定义不明确的项目。

（2）类比估算法 以过去类似项目的成本数据作为依据，根据新旧项目之间的差异进行适当的调整，包括项目类型、产品功能、项目规模、物价变化等因素上的差异，以此来估算新项目的成本，常用于项目初期或项目信息不足时。

（3）参数估算法 利用历史项目的数据建立合理的数学定量模型，以此来估算新项目的成本。

（4）基于工作包的估算法 根据项目的工作分解结构（详见第九章项目范围管理的内容）而确定的工作包，自下而上地对每个工作包的成本进行估算，项目经理再将所有工作包的估算成本进行汇总，即可得整个项目的估算成本。该法工作量最大，但估算结果最精确、最可靠，可使项目人员更加准确地了解资源需求状况，亦有助于获得项目发起人的接受。

（5）工程量清单法 根据详细的项目施工图中确定的工程量，得到各项资源的需求量，再获取每项资源的单价，形成工程量清单，从而实现施工总价格的估算。作为合同的重要组成部分，工程量清单既是投标报价时计算标价的主要基础，又是分包商与项目团队核算工程款的重要依据，同时还是评估工程变更和工程结算的依据。

此外，在成本估算中还应有储备分析，加入不可预见费，用于弥补估算错误、遗漏或不确定性发生时的需求。储备分析分为预算储备和管理储备两类：前者是指为未规划、但可能发生的变更提供的补贴，通常由人员流失、天气变化等已知风险引起，又称为应急储备；后者是指针对未规划的、无法查明或估计的、不能确定是否发生的未知风险事件而做出的准备，例如市场竞争、供应商破产等。

3. 成本预算

成本预算是指将各个工作包或单个项目活动的估算成本进行汇总，从而建立一个经批准的成本基准。反过来，也可认为成本预算是指将批准的项目总成本估算，分配到各项具体活动或各个工作包，以此作为测量项目实际执行的成本基准。成本预算决定了项目可以使用的资金，也决定了考核项目成本绩效的标准，一般通过设定目标成本而实现，具体设定方法包括目标利润法、技术进步法和按实计算法。

目标利润法是指根据项目产品或交付物的价格扣减目标利润，从而得到相应的目标成本，可直接反映成本控制对利润的影响关系。技术进步法是指以项目计划采取的技术组织措施和节约措施所能取得的经济效果作为成本降低额，从成本估算值中扣减掉这部分成本降低额，从而得到项目的目标成本，可以此鼓励项目团队的积极性，创造更多的利润。按实计算法则是以项目的实际资源消耗为基础，结合各项资源的价格，详细地计算各项活动的目标成本。

在成本预算管理中，需按成本构成要素、项目构成的层次、项目进度计划或上述标准的组合，自上而下、由粗到细地分解（与成本估算中基于工作包的估算法相反），将项目成本以此分解、归类，形成互相联系的分解结构，编制成本预算。分解时，可按项目组成将总预算分解到子项目、子项目下的主交付物、主交付物下的次级交付物，直到最低级、不可再分的交付物或工作包；或根据成本要素，将总预算分解为直接费用和间接费用，进一步分解为人工费、材料费、设备费、管理费等内容；亦可根据进度计划，将总预算分解到年、季度、月、周或日等不同时间单位，绘制事件-成本累计曲线，直观地将总预算随项目开展时间变化的关系展现出来，便于使资金的应用和筹集配合起来，减少资金的占用和利息支出，平衡资金的时间价值和项目进度压力之间的矛盾。

4. 成本控制

这部分管理工作包括成本分析、具体的成本控制措施和成本决算。成本分析是通过本期成本数据与预算成本数据之间的相互比较,评价成本预算的执行情况,分析成本差异或变动的原因,重点在于分析影响成本变动的主要因素,通常包括外部市场因素和项目管理因素,采用的方法主要有综合成本分析法和目标成本差异分析法。

针对各种影响成本的因素和条件,采取一系列的预防和调节措施,控制项目预算的变更,并做出及时的调整,以达到成本控制的目的。成本控制的具体措施主要有:①采取成本节约的实施方案,包括选择低成本的设计方案、充分利用低成本的人工或材料资源、节约采购成本、消化先进技术等;②完善工程造价,例如可通过减少招标文件中的暂定项、为可预见的变更预先约定可操作的安排等手段完善招标文件,建立准确、完整的工程量清单,预先建立纠错机制,合理分担造假风险等;③控制采购成本,以最小的采购成本获得项目所需产品或服务;④主动发现成本执行偏差,积极采取相应的纠偏措施,事先控制,以减少后来活动的成本;⑤动态跟踪因项目计划或设计方案修改而造成的成本变化,以此为依据对成本预算及时做出调整;⑥企业应制定成本管理制度,确定各项目干系人的责任和权力,项目经理应建立相应的制度、规范和流程等文件,并以此为依据进行科学的成本管理决策。

在项目的收尾阶段,需对所有支出进行核算,即成本决算,从而通过计算从项目启动到结束为止的全部费用,确定实际成本是否超出预算成本,为项目验收提供依据。成本决算的结果,反映了整个项目的全部实际支出费用和项目实际投入与投资的效益,是竣工验收报告的重要组成部分,也是核定企业新增固定资产和流动资产价值的重要依据。

第五节 销售收入、税金和利润

一、销售收入

衡量生产成果的一项重要指标,是年销售收入或年产值。销售收入是产品作为商品售出后所得的收入:

$$销售收入 = 商品单价 \times 销售量 \tag{2-42}$$

在经济评价中,销售收入是根据项目设计的生产能力和估计的市场价格计算的,是一种预测值。在进行项目的企业财务评价时,商品单价可采用现行市场价格;在进行国民经济评价时,应使用计算价格。

$$年产值 = 不变价格 \times 产品产量 \tag{2-43}$$

在年产值中采用不变价格是为了消除各时期、各地区价格差异而造成产值不可比较的缺点。不变价格由国家有关部门定期公布。

二、税金

税金是国家依据税法向企业或个人征收的财政资金,用以增加社会积累和对经济活动进行调节,具有强制性、无偿性和固定性的特点。无论是盈利或亏损,都应照章纳税。税金是企业盈利的重要组成部分。与项目的技术经济评价有关的税种主要有增值税、城市维护建设税、教育费附加、资源税和所得税等。

1. 增值税

增值税是以商品生产流通和劳务服务各个环节的增值因素为征税对象的一种税。实行价外税,由消费者负担,有增值才征税没增值不征税。增值税的计算公式为:

$$增值税额 = 销项税额 - 进项税额 \tag{2-44}$$

其中

$$销项税额 = \frac{含税销售收入}{1+税率} \times 税率 \quad (2\text{-}45a)$$

进项税是指纳税者或企业在购进原材料等时已支付的增值税额，或者购买各种物资而预交的税金，应从出售产品所交纳的增值税额中扣除。所以，应该从应交纳增值税额中扣除。进项税额的计算为：

$$进项税额 = \frac{购入品的外购含税成本}{1+税率} \times 税率 \quad (2\text{-}45b)$$

上述式中的税率即增值税率。目前按国家近期税制规定对于增值税一般纳税人，税率可分为13%、9%、6%以及0%。大多数化工类企业适用于13%的税率；低税率9%适用于某些农用化工产品，如饲料、化肥、农药、农用薄膜等的生产和销售；6%的税率适用于服务和金融业。

此外，对于增值税小规模纳税人的企业，还专门有一个增值税"征收率"。小规模纳税人适用征收率，征收率为3%。对于小规模纳税人：

$$应纳税额 = 销售额 \times 征收率 \quad (2\text{-}46a)$$

$$销售额 = \frac{含税销售额}{1+征收率} \quad (2\text{-}46b)$$

2. 城市维护建设税

《中华人民共和国城市维护建设税法》自2021年9月1日起施行，同时废止《中华人民共和国城市维护建设税暂行条例》。在中华人民共和国境内缴纳增值税、消费税的单位和个人，为城市维护建设税的纳税人，应当依照本法规定缴纳城市维护建设税。

对于生产企业，其税额为：

$$城市维护建设税额 = 增值税额 \times 城建税率 \quad (2\text{-}47)$$

城建税率因地而异，纳税者所在地是城市市区的为7%，县城、镇为5%，其他地区为1%。

3. 教育费附加

$$教育费附加 = 增值税额 \times 3\% \quad (2\text{-}48)$$

通常，增值税、城市维护建设税和教育费附加，三税一起征收。

4. 资源税

资源税是调节资源级差收入，促进企业合理开发国家资源，加强经济核算，提高经济效益而开征的一种税，征收对象是涉及自然资源开发利用的项目。《中华人民共和国资源税法》规定，在中华人民共和国领域和中华人民共和国管辖的其他海域开发应税资源的单位和个人，为资源税的纳税人，应当依照本法规定缴纳资源税。《中华人民共和国资源税法》由中华人民共和国第十三届全国人民代表大会常务委员会第十二次会议于2019年8月26日通过，自2020年9月1日起施行，同时废止1993年12月25日国务院发布的《中华人民共和国资源税暂行条例》。

目前，对开发能源矿产、金属矿产、非金属矿产、水气矿产和盐的企业征收，如原油、天然气、煤炭等资源开发企业。资源税按照资源税法中的《税目税率表》实行从价计征或者从量计征。

实行从价计征的，应纳税额按照应税资源产品（以下称应税产品）的销售额乘以具体适用税率计算。实行从量计征的，应纳税额按照应税产品的销售数量乘以具体适用税率计算。表2-5列出了部分资源税的税目税率表。

表 2-5 资源税的部分税目税率表

序号	税目		征税对象	税率/%
1	能源矿产	原油	原矿	6
2		天然气,页岩气,天然气水合物	原矿	6
3		煤	原矿或者选矿	2~10
4		煤成(层)气	原矿	1~2
5		油页岩,油砂,天然沥青,石煤	原矿或者选矿	1~4
6		地热	原矿	1~2,或者每立方米 1~30 元
7	金属矿产	黑色金属 铁,锰,铬,钒,钛	原矿或者选矿	1~9
8		有色金属 铜,铅,锌,锡,镍等	原矿或者选矿	2~10
9		有色金属 铝土矿	原矿或者选矿	2~9
10		金,银	原矿或者选矿	2~6
11	非金属矿产	矿物类 高岭土	原矿或者选矿	1~6
12		石灰岩	原矿或者选矿	1~6,或者每吨(或每立方米)1~10 元
13		磷	原矿或者选矿	3~8
14		萤石,硫铁矿,自然硫	原矿或者选矿	1~8
15		天然石英砂,脉石英等	原矿或者选矿	1~12
16		叶蜡石,硅灰石,透辉石等	原矿或者选矿	2~12
17		其他黏土	原矿或者选矿	1~5,或者每吨(或每立方米)0.1~5 元

5. 环保税

2018 年 1 月 1 日起,《中华人民共和国环境保护税法》施行。法规规定,环保税的纳税人为在中华人民共和国领域和中华人民共和国管辖的其他海域,直接向环境排放应税污染物的企业事业单位和其他生产经营者。应税污染物为大气污染物、水污染物、固体废物和噪声。

与现行排污费制度的征收对象相衔接,环境保护税的征税对象是大气污染物、水污染物、固体废物和噪声等 4 类应税污染物。具体应税污染物依据税法所附《环境保护税目税额表》《应税污染物和当量值表》的规定执行。

6. 所得税

所得税是对有销售利润的企业普遍征收的一种税。依据《中华人民共和国企业所得税法》(2008 年 1 月),对依法在中国境内成立,或者依照外国(地区)法律成立但实际管理机构在中国境内的企业即居民企业,所得税率为 25%;依照外国(地区)法律成立且实际管理机构不在中国境内,但在中国境内设立机构、场所的,或者在中国境内未设立机构、场所,但有来源于中国境内所得的企业即非居民企业,所得税率为 20%。

对于符合条件的小型微利企业,减按 20% 的税率征收企业所得税。国家需要重点扶持的高新技术企业,减按 15% 的税率征收企业所得税。

所得税额应如下计算:

$$所得税额 = 应纳税所得额 \times 所得税率 \qquad (2-49)$$

企业每一纳税年度的收入总额，减除不征税收入、免税收入、各项扣除以及允许弥补的以前年度亏损后的余额，为应纳税所得额。

此外，国家对重点扶持和鼓励发展的产业和项目，给予企业所得税优惠。企业的某些支出，可以在计算应纳税所得额时可以加计扣除或一定比例抵扣应纳税所得额。例如：创业投资企业从事国家需要重点扶持和鼓励的创业投资；企业综合利用资源，生产符合国家产业政策规定的产品所取得的收入；企业购置用于环境保护、节能节水、安全生产等专用设备的投资额；开发新技术、新产品、新工艺发生的研究开发费用以及符合条件的技术转让所得等。

拓展阅读：附加税

拓展阅读：城市维护建设税

拓展阅读：教育费附加

三、利润

利润是劳动者为社会劳动所创造价值的一部分，是反映项目经济效益状况的最直接、最重要的一项综合指标。利润以货币单位计量，有多种形式和名称，其中有：

$$毛利润[盈利]=销售收入-总成本费用 \tag{2-50}$$

$$\begin{aligned}销售利润[税前利润]&=毛利润-销售税金\\&=销售收入-总成本费用-销售税金\end{aligned} \tag{2-51}$$

$$\begin{aligned}利润总额[实现利润]&=销售利润+营业外收支净额-\\&\quad 资源税-其他税及附加\end{aligned} \tag{2-52}$$

$$税后利润[净利润]=利润总额-所得税 \tag{2-53}$$

上述销售税金是工业企业因发生销售业务而在销售环节缴纳的、直接从销售收入中支付的税金，包括增值税、消费税和城市维护建设税；其他税及附加包括调节税、教育费附加等。营业外收支是指与企业的业务经营无直接关系的收益和支出，又称营业外损益，是企业财务成果的组成部分。

拓展阅读：销售税金

拓展阅读：营业外收支

四、销售收入、成本、利润与税金之间的关系

如前所述，销售收入与成本等费用密切相关，企业的净收益（税后利润）与销售利润和税金相关，而税金额又以销售收入或销售利润等为计算依据之一。为了便于清楚它们之间的相互关系，可参见图2-7。

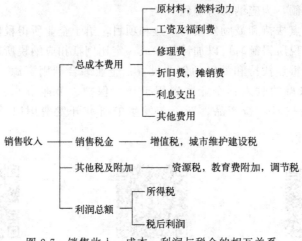

图 2-7 销售收入、成本、利润与税金的相互关系

思考题及习题

2-1 经济效益的基本含义是什么？绝对经济效益与相对经济效益各有何特点？
2-2 依据评价角度及分析对象的不同，经济效益可以有哪些分类？
2-3 评价经济效益的原则有哪些？其中的定性分析和定量分析有什么相互的关系？
2-4 技术经济指标体系有何意义？该体系由哪两大类指标体系构成？它们各从什么方面反映技术经济效果？
2-5 常用的技术经济指标有 7 类，试简要叙述它们的联系与区别。
2-6 简述投资的基本含义及工业项目总投资的基本构成。
2-7 流动资金有什么作用？其基本构成有哪些？
2-8 何谓企业的固定资产、无形资产及其他资产？它们是如何形成的？项目资产的价值如何构成？
2-9 建设投资的估算方法有哪些？它们各有何特点和适用条件？
2-10 估算建设项目流动资金的主要方法有哪两大类？它们各有何特点？流动资金的贷款利息应计入产品总成本的哪一部分费用？
2-11 什么叫折旧？有哪些较常用的折旧方法？各有什么特点？
2-12 简述成本和费用的基本概念及其主要构成。
2-13 何谓经营成本？它与产品总成本费用有何关系？
2-14 项目的成本与项目的费用有何异同？
2-15 项目成本与产品成本有何联系区别？
2-16 什么是产品的固定成本和可变成本？试指出产品总成本费用中哪些是固定成本？哪些是可变成本？
2-17 有人认为"固定成本与产量多少无关，所以生产每一件产品的固定成本也就不随产量变化"。试阐述你的理由及结论。
2-18 销售收入与产值有什么不同？试举例说明。
2-19 与项目技术经济分析有关的主要税种和附加费有哪些？
2-20 毛利润、销售利润、利润总额及净利润有什么相互关系？
2-21 销售收入、产品总成本费用、税金及利润之间有何相互关系？
2-22 衡量经济效益的常用指标有哪些？
2-23 试述投资的构成和流动资金的构成。
2-24 某拟建项目投资估算各项数据见表 2-6，估算该项目的建设投资、总投资及建成后形成的各类资产的价值。

表 2-6　　　　　　　　　　　　　　　　　　　　　　　　　　单位：万元

序号	费用项目	估算价值			
		建筑工程	设备购置	安装工程	其他费用
1	工程费用	18900	14300	2000	
1.1	主要生产项目	10000	8000	1000	
1.2	辅助生产车间	5000	4000	500	
1.3	公用工程	1000	1000	200	
1.4	环境保护工程	500	500	100	
1.5	总图运输	600	800	200	
1.6	服务性工程	300			
1.7	生活福利工程	1000			
1.8	厂外工程	500			
2	工程建设其他费用				15000
2.1	土地征用补偿费				6000
2.2	土地使用权出让金				5000
2.3	勘察设计费				1000
2.4	联合试运转费				500
2.5	专利转让费				1000
2.6	生产职工培训费等其他资产投资				1500
3	预备费				4000
3.1	基本预备费				3000
3.2	涨价预备费				1000
4	建设期贷款利息				2000
5	流动资金				4000

2-25　某拟建项目设计生产能力为 10 万吨产品，每吨产品消耗的原材料为 1.2t，原料价格为 800 元/t，每吨产品耗费的燃料及动力费 100 元、包装费 50 元、生产人员计件工资 500 元，非生产人员工资及福利费 100 万元/a，年修理费 200 万元，销售费、管理费等其他费用 300 万元/a，年折旧费、摊销费分别为 1000 万元、100 万元，年利息 400 万元。预计其投资运营后产品年产量（销量）为 10 万吨，则该项目投入运营后，每年的总成本费用、经营成本、固定成本、可变成本分别为多少？产品单位成本费用是多少？

2-26　某拟建项目建成后运营的某年购进的原料、燃料及动力费用等价款 5000 万元，生产的产品销售额为 14500 万元，外购货物和劳务的适用增值税率及销售货物适用的增值税率均为 13%，增值税的附加税，即城乡建设维护税、教育费附加税率分别为 7%、3%。在下面两种情况下分别计算当年的增值税及其附加税的税额：
(1) 外购货物和劳务的价款及产品销售额是按不含税价格计算的；
(2) 外购货物和劳务的价款及产品销售额是按含税价格计算的。

2-27　已知建设 5 万吨/a 的过氧化氢项目，投资额为 800 万元，试用指数法估算建设 10 万吨/a 的同类项目需投资多少元？

2-28　某企业购置一套节能设备需花费 20000 元，预计残值为 900 元，计算使用期为 5 年。试用下列方法计算各年的折旧费及折旧率。
(1) 直线折旧法；(2) 年数总和法；(3) 余额递减法。

2-29 某化工企业生产一种基本化工产品的费用如表 2-7 所示，请估算生产该单位产品的生产成本、期间费用和总成本费用。设销售价格为 1200 元/t，每吨产品的消耗额见表 2-7。

表 2-7 产品的消耗定额

项目	单位	单价/元	消耗额	项目	单位	单价/元	消耗额
1. 原材料				燃料	t	700.00	0.12
固体原料	t	60.00	1.826	电	度	0.50	250.00
液体原料	t	135.00	1.327	蒸汽	t	3.50	1.00
液体碱	t	500.00	0.136	3. 工资及附加费	元		50.00
自来水	t	0.50	50.00	4. 制造费用	元		260.00
包装袋	个	1.00	40.00	5. 企业管理费	元		20.00
2. 燃料及动力				6. 营业外损益	元		1.10

2-30 在 2-26 题中，设年销售该基本化工产品 5000t，销售价格为 1200 元/t。试估算每年该产品的经营成本、固定成本与可变成本、销售收入、销售税额、销售利润、净利润。

2-31 计算 2-26 题中各主要成本费用因素占总成本费用的比例，试分析该产品生产成本费用的主要特点是什么？如果营业外损益主要是副产品净收入，试分析、探讨进一步降低总成本费用的可能途径或措施，并简要说明理由。

2-32 某项目建设投资 4000 万元（不含建设期利息），其中土地使用权费为 800 万元，建设期为 1 年。建成后，除土地使用权费用外，其余建设投资全部形成固定资产。固定资产折旧期 15 年，残值 100 万元；无形资产摊销期为 5 年，建设投资中有 1100 万元来自于建设单位投入的资本金（其中 100 万元用于支付建设期利息），其余银行贷款（建设期年初借入），年利率为 10%，银行还款按 5 年后一次性还本、利息当年结清方式。项目建成后，生产期第 1 年销售收入为 2500 万元，外购原料、燃料及动力费 500 万元，工资及福利费 300 万元，修理费 100 万元，其他费用 200 万元，年销售税及附加为 200 万元，所得税率为 25%。计算生产期第 1 年利润总额、所得税及税后利润（净利润）。

第三章
化工技术经济的基本原理与项目组织

本章要点及学习目的

基本原理概要——效益原理，可比原理，优化原理，协调原理，资源最优配置原理，时间效应原理，标准原理，供求平衡原理，系统原理，信息、预测、决策一体化原理。

可比性原则——满足需要可比、消耗费用可比、价格可比和时间可比四项原则，是对不同技术方案或不同对象进行技术经济比较、评价时应遵循的基本规则。

资金的时间价值——资金时间价值的概念、作用及衡量；单利与复利，名义利率与实际利率。

现金流量与现金流量图——现金流入、现金流出、净现金流量的概念和构成；现金流量图的绘制方法。

资金的等效值及其计算——等效值的概念；一次支付类型、等额分付类型等效值的计算，以及等差和等比序列的计算式。

项目组织结构与项目团队——项目组织结构的三种形式及其优劣；项目经理的权力、责任和任务，以及项目经理必备的能力与素质；高效项目团队的建设方法。

通过本章的学习，读者应理解、掌握技术经济分析的基本原理，理解资金的时间价值并熟练掌握六种资金等效值计算方法；了解项目组织结构的三种形式及其优劣，明白项目经理的权责和能力、素质要求，以及建设项目团队的原则与方法，为后续学习如何应用奠定基础。

第一节 化工技术经济的基本原理

技术经济分析是多角度、多维度对项目进行全面的评价，所以涉及基本理论和应用的理论依据也是多方面的。在技术经济分析和研究中，以下十个基本原理构成了技术经济的基本理论和应用的理论依据。

1. 效益原理

技术经济关注的是技术的效益。技术经济的效益主要为经济效益和范围广泛的社会效益及环境生态效益等。其中经济效益是主要评价内容。

所谓经济效果，就是对人类为达到一定目的而进行的实践活动所作的关于资源耗费的节约或浪费的评价，可以表示为取得的劳动成果与劳动耗费之比。劳动成果即耗费劳动后所产生的结果；劳动耗费包括消耗的劳动量和占用的劳动，包括活劳动和物化劳动的消耗及占用，也包括未付出劳动前的资源占用和消耗。第二章已有详细描述。

2. 可比原理

进行技术经济分析很多时候要进行多方案比选，各个方案进行比较，要满足可比原理。

本章第二节将详细介绍多方案的可比性原则。

3. 优化原理

优胜劣汰是自然法则。技术经济分析评价和选择也不例外，要遵循优化原理。优化是相对的、有条件的，它是在一定时期和一定范围内，满足某指标或某目标时的优化。因此，优化的基本思路是先界定时间和范围，再确定目标或指标，最后分析评价、对比择优。

4. 协调原理

古希腊哲学家赫拉克里特曾经说过，美在于和谐。大自然的和谐美决定了艺术和科学的和谐。在科学和技术的发展中，也贯穿着和谐美的思想和观念。在技术经济中，和谐美的思想集中反映在技术、经济、社会、文化、生态、环境的综合协调发展上。

科学、技术、经济、社会、文化、生态、环境的协调发展是内在本质的必然联系，是不以人的主观意志为转移的客观规律性。只有如此，才能使人类社会经济与大自然在保持和谐关系的条件下，达到持续、稳定、协调发展。在处理技术经济问题时，要从系统的整体性出发来正确处理技术经济各层次、各环节、各方面、各因素间的相互关系，科学、合理、经济地解决各类技术经济问题。

5. 资源最优配置原理

资源最优配置原理是协调原理的深层内涵，是经济效益、社会效益、环境生态效益的统一。要对资源的用途作出选择，对资源的开发利用从布局、规划、规模、结构、顺序等诸方面进行最优决策。合理配置、科学组合、综合利用，以为社会提供更多更好的产品和服务为目的。从某种意义上说，资源最优配置就是提高资源的利用效果从而提高经济效益。

6. 时间效应原理

时间作为一切物质存在和运动的普遍形式，属于自然范畴。时间的自然属性表现为一维性，即单程连续、永不复返和永恒性。时间作为包括生产力和生产关系统一运动在内的经济过程和运动的特殊形式，属于经济范畴。时间的经济属性除具有一维性以外，还具有可分配性，即多个主体可在同一自然时间内各自进行特殊形式的运动，或同一主体在连续的自然时间内依次进行自己的各种活动。

在技术经济分析中，要遵循时间效应原理，应树立以下的时间观念：时间是生产力的观念；时间就是财富的观念；时间是管理对象的观念；时间管理是科学技术的观念。比如资金的时间价值，资金随着时间的推移发生增值的现象。

7. 标准原理

标准原理涉及两方面内容，一是技术经济比较、评价与优化时所具有的客观标准或指标；二是指技术、经济和科学等社会实践中的标准。

(1) 评价的技术经济标准与指标　评价的技术经济标准与指标是表明国民经济各部门、各企业对人、财、物利用效果和产、供、销状态结果所规定的指标。

① 标准　标准包括技术标准，即对工农业产品和工程建设的质量、规格、性能以及验收方法、包装、运输等方面所作的技术规定。技术标准包括基础标准、产品标准、辅助产品标准、工艺标准、工艺装备标准等，这是技术方案应满足的基本要求；技术标准按其适用范围不同，又可分为国际标准、国家标准、专业标准、地方标准和企业标准。

② 指标　用于评价方案技术经济效果的指标，是方案评价、选择时择优的依据。技术经济指标通常可分为价值指标和实物指标；数量指标、质量指标、品种指标和时间因素指标；静态指标和动态指标；微观指标和宏观指标；总量指标和差额指标等。各种指标只能从某一侧面反映方案的技术经济效果，有各自的适用范围和应用场合。

(2) 标准化　标准化是指在技术、经济和科学等社会实践中，对重复性事物和概念，通过制定、发布和实施标准，使之统一和简化，以获得最佳秩序和社会经济效益。

8. 供求平衡原理

技术经济分析应遵循供求平衡原理。供求的动态平衡过程就是消除短缺的过程。短缺主要有两种类型，一种为需求过度型短缺，这是由需求过度而造成的，可用以下关系式表达：

需求－实际购买＝0　　　即购买意向得到满足

需求－实际购买＞0　　　即需求过度

另一种为供给不足型短缺，这是由供给不足造成的。可用下述关系式表达

有效供给－实际需求＝0　　　即购买意向得到满足

有效供给－实际需求＜0　　　即供给不足

解决短缺、达到供给平衡的途径主要有增加投资、扩大生产能力、提高生产率、提高生产力等。而这些又涉及包括自然、技术、经济、社会和体制等多方面因素。这些都是技术经济理论与方法研究的内容。

9. 系统原理

技术经济系统是以技术、经济为主并涉及社会、生态和文化价值的一个大系统，因此，应符合和遵循系统原理。分析和研究中要将研究对象置于一个系统内进行研究，要将系统目标综合化、整体化、最优化，以整体最优为准则选择最佳方案。由此可派生出系统分析、因素分析、需求分析、人均分析、弹性分析等方法。它在社会经济发展战略、地区发展战略、技术发展规划及技术研讨、推广与应用等活动中应用广泛。

10. 信息、预测、决策一体化原理

用技术经济理论与方法分析处理各种技术问题，很多时候是对一个拟建项目进行分析和判断，这就需要掌握充分的信息，准确、合理预测各种技术经济数据，把信息、预测、决策有机地结合起来。信息是预测与决策的基础，决策是目的，要使决策准确可靠，就要使用科学的技术经济预测方法。

在技术经济分析中，这些原理的实际应用与项目技术经济分析各环节密切结合，本章仅就最基本的可比性原理、资金的时间价值和资金的等效值计算做详细介绍，其余的内涵及应用见其他参考文献。

第二节　可比性原则

为了达到某项目的经济目的，可采用不同的技术方案。在对这些可能的技术方案进行技术经济分析时，一方面需分析这些方案各自的经济效益，另一方面也要分析它们之间的相对经济效益。通过比较和分析，才能确定最佳的技术方案。可比性原则就是研究如何使不同的技术方案能建立在同一基础上进行比较和评价，从而保证技术经济评价结果的科学性和可靠性。

技术经济评价的可比性原则主要包括四个方面，即满足需要的可比性、消耗费用的可比性、价格的可比性和时间的可比性。认识和掌握这四项原则，是保证技术经济评价结论科学性、正确性的基础。

一、满足需要可比

任何技术经济方案的制订和实施都是为了达到一定的目的，即满足某种需要，例如为了提供一定数量的产品，或者为了提高产品质量，或者为了增加产品的花色品种，或者为了改善生产条件，或者为了提供某种劳动服务。所以，任何技术方案都是为满足预定的需要提出

的。而达到同一目的或满足某一需要,可采用多种多样的途径和方法,即有多个技术方案可以相互替代。技术方案不同,其各自的投入、产出即经济效益不同,因而就需对这些技术方案进行比较、评价,进而选优。要比较就必须具备相比较的共同基础,其中之一就是满足相同的需要。

比如合成氨,可以采用不同原料生产,可以用煤炭作为原料,也可以用天然气作为原料。究竟使用哪一种原料比较经济合理呢?这就需要对使用煤炭作原料的方案和使用天然气作原料的方案进行比较。虽然煤炭和天然气在化学组成和物理性质等方面不一样,其生产氨所需要的设备和工艺有所差别,但是对于合成氨来说,它们都能满足需要,因而是可比的。

一般来说,技术方案主要是以提供产品的品种、产量和质量来满足社会需要。因而,满足需要的可比性,应在产品的品种(功能)、产量、质量等方面可比。

1. 品种可比

要满足相同需要,首先是各技术方案所提供的产品品种或功能相同或基本相同,即具有产品品种可比性。对于这类技术方案,可直接进行技术经济比较和评价。

如果相比较的技术方案的产品品种结构差别较大,则各方案满足需要的效果将可能有较大的差别,不能相互比较,但可以作可比性处理。一般可采用分解法进行可比性处理,即对于一个单品种方案与一个多品种方案比较,需要把多品种方案分解成多个单品种方案,并合理地把费用分摊到分解出的各个单品种方案上,然后,与相应的单品种方案进行比较。例如,方案 A 满足动力供应需要,方案 B 满足动力供应和化工产品的需要,这两个方案不能直接比较,但可以把方案 B 分解为 B_1(动力供应)和 B_2(化工产品)两个独立的方案,然后,将 A 与 B_1 进行比较。

此外,某些技术方案涉及的产品品种从实物形态上看不相同,但其基本功能相同,仍可将这类技术方案进行可比性处理。譬如,煤炭与燃油不同,若均是作为燃料,其功能是相同的,对此可用效果系数加以修正。设 1t 煤炭的发热量约为 1t 燃油发热量的一半,可计算出煤炭与燃油的以发热量相比较的使用效果系数:

$$\alpha = \frac{E_{煤炭}}{E_{燃油}} = \frac{6500}{13000} = 0.5$$

然后,用使用效果系数 $\alpha=0.5$ 修正以燃油为燃料的方案的投资总额和年经营成本总额;在此基础上,再与以煤炭为燃料的方案的投资总额和年经营成本总额相比较,以此来进行两方案的技术经济分析和评价。

2. 产量可比

相比较的各方案在产品品种和质量相同的条件下,如果产品产量相等或基本相等,则具有产量可比性,可直接进行技术经济比较和评价。但当相比较的各方案生产规模不同、产品产量不相等时,则没有可比性。不能直接进行比较,需进行可比性的产品产量修正。

当相比较的方案产量相差不大时,可用单位产品指标进行比较和评价。可采用的单位产品指标包括单位产品投资额、单位产品经营成本及单位产品净收益等。例如,可如下计算方案 1、2 的单位产品指标,从而进行比较:

$$p_1 = \frac{P_1}{Q_1}, p_2 = \frac{P_2}{Q_2} \tag{3-1a}$$

$$c_1 = \frac{C_1}{Q_1}, c_2 = \frac{C_2}{Q_2} \tag{3-1b}$$

$$m_1 = \frac{M_1}{Q_1}, m_2 = \frac{M_2}{Q_2} \tag{3-1c}$$

式中，p_1，p_2 分别为方案 1 和方案 2 的单位产品投资额；c_1，c_2 分别为方案 1 和方案 2 的单位产品经营成本；m_1，m_2 分别为方案 1 和方案 2 的单位产品净收益；P_1，P_2 分别为方案 1 和方案 2 的投资总额；C_1，C_2 分别为方案 1 和方案 2 的年成本总额；M_1，M_2 分别为方案 1 和方案 2 的年净收益总额；Q_1，Q_2 分别为方案 1 和方案 2 的年产量。

对于相比较方案的产量指标相差较大时，可设想重复建设方案来满足产量可比原则。例如一个年产 10 万吨硫酸厂与一个年产 5 万吨硫酸厂的方案比较时，需用两个年产 5 万吨硫酸厂的方案与一个年产 10 万吨方案作比较，两者满足产量可比。

另外，对于这种产量指标相差较大的情况，也可以根据实际情况，选择一基准方案；以此基准方案的产品产量对其他方案的相应指标进行修正，得到在获得与基准方案相等产量时对应的折算投资总额及折算年成本总额等指标；再对其进行技术经济比较和评价。例如折算投资总额 $P_{折}$ 和折算年成本总额 $C_{折}$ 可用如下公式计算：

$$P_{折} = \frac{Q_{基}}{Q_{修}} P_{修} \left[1 - f_P \left(1 - \frac{Q_{修}}{Q_{基}} \right) \right] \tag{3-2}$$

$$C_{折} = \frac{Q_{基}}{Q_{修}} C_{修} \left[1 - f_C \left(1 - \frac{Q_{修}}{Q_{基}} \right) \right] \tag{3-3}$$

式中，下标"基"和"修"分别表示基准方案和修正方案；f_P 为总投资中固定费用所占比率；f_C 为产品总成本中固定成本所占比率。

3. 质量可比

相对比方案在品种和产量相同的条件下，产品的寿命或有效成分的含量等主要质量指标相同或基本相同，即具备质量可比，可直接进行技术经济比较和评价。但有的时候由于不同技术方案的技术性能有差异，产品质量也不一定相同。为了满足质量可比条件，一般可把质量问题转化为数量问题进行比较。

$$L_2' = \frac{\theta_2}{\theta_1} L_2 \tag{3-4}$$

式中，L_2' 为消除质量差别后的产量；θ_1，θ_2 分别为方案 1 和方案 2 的质量参数，$\theta_2 > \theta_1$；L_2 为方案 2 的产量。

例如，有两个生产化工阀门的方案，方案 1 为国内长期采用的技术，方案 2 为国外引进的新技术。两方案年产量均为 10 万件，规格相同。但方案 1 的产品使用寿命是 1 年，方案 2 的产品使用寿命是 3 年。两方案品种数量相同，但质量不同而不能直接比较。根据式(3-4)可得：

$$L_2 = \frac{\theta_2}{\theta_1} L_1 = \frac{3}{1} \times 10 = 30 (万件)$$

即 3 个方案 1 可与方案 2 比较，这样，就满足质量可比的要求。

二、消耗费用可比

消耗费用可比是指在计算和比较各技术方案的消耗费用时，必须考虑相关费用，以及各种费用的计算必须采取统一的规定和方法。

化工行业技术方案的实施，不仅对自身产生影响，也必然引起原材料供应和产品使用部门费用的变化。考虑相关费用就是要从整个国民经济出发，计算和比较因实施各技术方案而引起的生产相关环节或部门增加或减少的费用。如在计算磷酸生产方案的费用时，还应考虑到磷矿开采和运输量增加所需的费用，并应分析治理废水、废气和废渣对环境污染而增加的社会费用。

采取统一的规定和方法，是指各方案费用构成项目的范围应当一致，同时各方案费用的计算方法也应一致。例如，在计算投资指标时，也要将流动资金包括在内。又例如，对于上述磷酸生产方案费用计算，是否应将"三废"治理的社会费用考虑进去，各方案应当一致。如果不采用统一的计算范围和方法，计算的投资费用的差别是显而易见的，就不满足消耗费用可比。

三、价格可比

在计算各技术方案的投入费用和产出效益时，不可避免地涉及价格。价格可比就是要求采用合理、一致的价格。价格合理是指价格能够真实地反映产品的价值、有关产品之间的比价合理。由于我国的价格体系不够完善，存在着价格背离价值、比价不合理的现象。为了避免这些现象对经济效益分析的影响，需要对价格进行修正。

在技术经济分析中，对不可比价格进行可比性修正的有如下方式。

1. 确定合理价格

对于一些价格与价值严重背离的商品，为了合理地利用资源、保护环境，取得最佳的投入产出效益，使国民经济效益达到最优，可按如下基本方法确定合理价格：

$$合理价格＝单位产品社会必要成本＋单位产品合理盈利 \quad (3-5)$$

上式中单位产品社会必要成本包括单位产品中合理的劳动者为自己创造的价值，如工资及附加工资，也包括单位产品中合理的生产资料转移价值。

2. 采用国际贸易价格

对涉及产品进出口或利用外资、引进技术等项目的投入品或产出品的价格，可采用国际贸易价格进行方案的分析和评价。这种以国际贸易价格进行的价格可比性修正方式，有利于加速技术进步，优化资源配置及正确地对方案进行国民经济评价。

3. 采用折算费用

对一些投入品或者产品比价不合理的方案，可不用现行市场价格，而采用各项相关费用之和来达到价格的可比性，称为折算费用。采用折算费用能合理地分析和评价对比方案的经济效益。例如在"用煤方案"与"用电方案"比较时，由于目前我国电力和煤炭比价尚不合理，由此造成经济效益的失真。对这类方案，应采用折算费用，即对"用煤方案"采用煤炭开采、运输的全部消耗费用加上合理利润的煤折算费用，计算其经济效益；对"用电方案"也采用类似的折算费用。这样两种方案的价格具有可比性，从而能正确地比较和评价其经济效益。

4. 采用影子价格

影子价格是在最佳的社会生产环境和充分发挥价值规律作用的条件下，供求达到均衡时的产品和资源的价格，也称为最优计算价格或经济价格。影子价格比较准确地反映了社会平均劳动量的消耗和资源的稀缺程度，达到资源优化配置的目的，是发达国家较为普遍采用的一种价格可比性修正方式。在我国，对技术方案进行国民经济评价时，应采用影子价格计算项目或方案的效益、费用，并进行各方案的比较和评价。

5. 采用不同时期的变动价格

由于技术进步，劳动生产率提高，产品成本将降低，或者需求变化，价格将随时间的延长而发生变化。因而，在计算和比较方案的经济效益时，应考虑不同时间价格的变化。比如，近期方案相比较时，要采用现行价格或近期价格；远期方案相比较时，应采用预测的远期价格。当不同时期的方案相比较时，则应采用统一的、某一时期的不变价格，或者用价格指数折算成统一的现行价格，从而使相比较方案的价格具有可比性。

采用价格的可比性，对各方案经济评价结果影响较大，由于采用不合理的价格，很可能导致放弃最优的技术方案。方案经济评价结果对价格很灵敏。此外，决定价格的因素很多，有些因素是难以预测或掌握的，因而价格反映的价值只能是相近的或近似的，比价合理也是相对的，在实际工作中，如何得到合理的价格，是一个较复杂的问题。

四、时间可比

时间可比要求经济寿命不同的技术方案进行比较时，应采用相同的计算期。此外，技术方案在不同时期发生的费用支出和收益不能简单加和，而必须考虑时间因素的影响。

对经济寿命不同的技术方案的比较，可采取它们寿命周期的最小公倍数作为共同的计算期。例如，有甲、乙两方案，甲方案的经济寿命是 5 年，乙方案是 10 年。在两方案比较时，它们共同采用的计算期应为两方案经济寿命周期的最小公倍数 10 年。这就是设想甲方案重复建设一次，即以两个甲方案的费用支出和收益，与一个乙方案的费用支出和收益相比较，从而满足时间可比的要求。

考虑到时间因素的影响，即由于资金具有时间价值，各方案有关费用发生的时间不同，持续的时间长短不一致，各时期发生的数额不一样，因而所产生的费用和经济效益有差别。必须在同时期基准上，考虑资金的复利后，才能进行计算和比较。这将在下一节讨论。

第三节　资金的时间价值

一、资金时间价值的概念

将一笔资金作为存款存入银行或作为投资成功地用于扩大再生产或商业循环周转，随着时间的推移，将产生增值现象，这些增值就是资金的时间价值。资金时间价值最常见的表现形式，是借款或贷款利息和投资所得到的纯利润。

从资金时间价值的表现形式，资金时间价值还可以进一步从如下两个方面来理解。

首先，如果通过直接投资，可从生产过程中获得收益或效益。将资金用于某项投资，在资金的运动过程（流通、生产、流通）中获得一定的收益或利润，使资金得到增值，例如直接投资兴办企业等。

此外，通过间接投资，出让资金的使用权来获得利息和收益，例如存入银行、放贷、购买债券、购买股票等。

从上可以看出，如果放弃资金的使用权利，相当于失去收益的机会，也就相当于付出一定的代价。在一定时期内，这种代价就是资金的时间价值。

货币转化为资本进入流通领域并形成资本的循环是生产领域资金产生时间价值的根本原因。

在此过程中，主要经历了三个阶段。

第一个阶段：货币进入流通领域，通过购买过程，转化成生产要素；

第二个阶段：生产要素进入生产过程，经过投入一定的劳力与资源转化成商品；

第三个阶段：商品进入流通领域，提供可用的产品，满足人们的需要，从而回收更多的货币。

这样回收的货币与最初投入的货币之间的差值就是资金的时间价值。这个过程就是生产领域资金产生时间价值的原因。

二、资金时间价值的作用

认识资金的时间价值具有重要现实意义。资金的时间价值来源于劳动者在社会生产中所创造的价值。如果资金不投入到生产或流通领域,不与劳动者的劳动相结合,就不可能形成增值。也就是说,没有存入银行参与生产和商品流通的"呆滞"资金,是不可能增值的。这实际上是一种经济损失。

为了缩减不必要的开支,节约使用资金,为了最大限度、合理、充分有效地利用资金,取得最好的经济效益,应认识和树立资金时间价值的观念,注意对资金利用的动态分析。对方案的评价,不仅要看其投资是否节省,而且要看其投资运用是否合理、投资效益是否良好。这对于提高方案技术经济评价的科学性,促进全社会重视资金的合理利用和有效运作,以及资金运用的优化配置,具有重要意义。

三、资金时间价值的衡量

利息、纯利润或纯收益是体现资金时间价值的基本形式,因而可用此作为衡量资金时间价值的基本尺度。这种尺度可分为绝对尺度和相对尺度。

借贷的利息和经营的纯利润或纯收益,都可视为资金使用的报酬,体现了资金在参与生产流通运动过程中的增值,因此是衡量资金时间价值的绝对尺度。

作为绝对尺度的利息、纯利润或纯收益的数额与本金数额、原投入资金多少以及与时间长短有关。在单位时间内的利息额、纯利润或纯收益与本金或原投入资金额的比率,分别称为利率、盈利率或收益率,也统称为资金报酬率,是一种相对指标。这种相对指标反映了单位本金或单位原投入资金额的增值随时间变化,称为相对尺度,体现了资金随时间变化的增值率。技术经济分析中,在分析和计算资金的时间价值时,较多地采用相对尺度,单位时间通常为一年。

四、利息与利率

1. 利息与利率的计算

利息是指占用资金所付的代价。如果将一笔资金存入银行或借贷出,这笔资金就称为本金。经过一段时间后,储户或贷出者可在本金之外再得到一笔金额,这就称为利息。这一过程可表示为:

$$F = P + I \tag{3-6}$$

式中,F 为第 n 个计息周期末的本利和;P 为本金;I 为利息。

利率是在一个计息周期内所得的利息额与借贷金额或本金之比,一般以百分数表示,其表示式为:

$$i = \frac{I_1}{P} \times 100\% \tag{3-7}$$

式中,i 为利率;I_1 为一个计息周期的利息。

式(3-7)表明,利率是单位本金经过一个计息周期后的增值额;利息也通常根据利率来计算。

2. 单利和复利

单利是只用本金计算利息,即不把前期利息累加到本金中去计算出的利息。我国银行存款利息实行单利,其计算公式为:

$$F = P(1 + ni) \tag{3-8}$$

式中，n 为计息周期数。

计息周期是指计算利息的时间单位，如年、季度、月等。

复利是不仅本金要计算利息，而且先前周期中已获得的利息也要作为这一周期的本金计算利息。以这种方式计算出的利息叫作复利。一般复利的计算公式为：

$$F = P(1+i)^n \tag{3-9}$$

拓展阅读：七日年化收益率及理财小常识

在我国，银行贷款利息为复利。在技术经济分析中，一般是按复利计息的，因为复利计息比较符合资金在社会再生产过程中的实际运动状况。

3. 名义利率和实际利率

在技术经济分析中，利息的计算一般采用复利计算，利率是年利率，并以年为计息周期。但是在实际经济活动中，利率的时间单位可能与计息周期不一致，如计息周期可能是半年、一个季度或者一个月等，这样一年对应的计息周期可能是两次、四次或十二次等。由于一年内计算利息的次数不止一次，因此在复利的条件下，每计息一次，都要产生一部分新的利息，由此产生的实际本利和，利率也就不同了，因而产生了名义利率和实际利率的问题。

名义利率，是计息周期的利率与一年内的计息次数的乘积。是央行或其他提供资金借贷的机构所公布的未调整通货膨胀因素的利率，即利息（报酬）的货币额与本金的货币额的比率。名义利率通常以年为计息周期的利率。实际利率是一年内按复利计息的利息总额与本金的比率，是指物价水平不变，从而货币购买力不变条件下的利息率。计息周期有：年、半年、季、月、周、日等多种；当计息周期小于1年时，年实际发生的利率为实际利率。实际利率和名义利率的关系为：

$$i = \left(1 + \frac{r}{m}\right)^m - 1 \tag{3-10}$$

或

$$r = m\left[(1+i)^{\frac{1}{m}} - 1\right] \tag{3-11}$$

式中，i 为实际利率；r 为名义利率；m 为年计息次数。

按年计息时，名义利率与实际利率是相同的，但当按季度、月、周等计算时，两者则不一致。例如，年利率为12.0%，本金1000元，如果按年计息，一年后本利和为：

$$F = P(1+i)^n = 1000 \times (1+0.12)^1 = 1120(元)$$

实际年利率为：

$$i = \frac{1120 - 1000}{1000} \times 100\% = 12.00\%$$

可见，名义利率与实际利率相同。如果仍是年利率为12.0%，本金1000元，但按月计息，即每月的利率为 (0.12/12)×100%=1.0%。一年12个月，即计息12次，到一年后本利和为：

$$F = 1000 \times (1+0.01)^{12} = 1126.8(元)$$

实际年利率为：

$$i = \frac{1126.8 - 1000}{1000} \times 100\% = 12.68\%$$

这个12.68%是实际利率，高于名义利率（$r=12.0\%$）。

第四节　现金流量及现金流量图

一、现金流量的概念

我们将某一技术方案作为一个系统,对其在整个寿命周期内所发生的费用和收益进行分析和计量。在某一时间上,该系统实际支出的费用称为现金流出,该系统的实际收益称为现金流入。现金流入和现金流出的净差额,称为净现金流量。其计算式为:

$$\text{净现金流量} = \text{现金流入} - \text{现金流出} = \text{收入款} - \text{支出款} \tag{3-12}$$

净现金流量可以是正、负和零。正数表示经济系统在一定寿命周期内有净收益,负数表示只有净支出或亏损,零表示盈亏平衡。

需要指出,技术经济学中的现金流量与会计学中的财务收支有较大的区别,主要表现如下。

第一,技术经济中,由于考察的角度和范围不同,现金流量包括的内容也不同。例如企业缴纳的税金,从企业角度看是现金流出量,但从整个国民经济角度看则既不是现金流入也不是现金流出,因为社会的资源量没有变化,只是在国家范围内资金分配权和使用权的一种转移。而在会计学中税金则作为企业财务支出。

第二,在技术经济学研究中,现金流量中现金的含义不仅仅是现钞,也包括其他结算凭证,如转账支票等。而会计学中的现金,仅指现钞,即货币现金。

第三,技术经济学中流入或流出的现金流量都视为现金流量而一次性地计入发生的时点。例如固定资产投资和无形资产已在建设时发生的时点,作为一次性支出而列为现金流出。因此,就不应在生产经营期以产品成本费用中的折旧、摊销费的形式再作为现金流出,以免重复计算。但在会计核算中,却以产品成本费用要素的形式逐期计提和摊销。

第四,技术经济学研究的是拟建项目未来不同时间将发生的现金流量,其数值是预测出的,因而预测的准确性很重要。而会计学涉及的是已经发生了的财务收支的实际数据,因而统计记录的完整性和真实性很重要。

二、现金流量的构成

在项目技术经济分析与评价中,项目寿命周期内现金流量主要由以下要素构成。

(1) 固定资产投资及其贷款利息 I_P　除了项目固定资产投资在建设期全部投入外,固定资产投资贷款建设期利息实际上也已转为本金投入。所以,在技术经济分析和财务评价中,应将固定资产投资以及其建设期贷款利息都作为项目的现金流出项计算。

(2) 流动资金投资 I_F　在项目建成投产时还要投入流动资金,以支付试生产和正式投产所需的原料、燃料动力等费用,才能保证生产经营活动的正常进行。因而,在技术经济分析和财务评价中,应将流动资金投资作为现金流出项计算。

(3) 经营成本 C　经营成本是在项目建成投产后的整个运行期内,为生产产品或提供劳务等而发生的经常性成本费用支出。该经营成本应作为现金流出项计算。

(4) 销售收入 S　销售收入是项目建成投产后出售产品或提供劳务的收入。在技术经济分析和财务评价中,应将销售收入作为重要的现金流入项计算。

(5) 税金 R　国家颁布的税种有多种。在技术经济分析中,对项目进行财务评价时,税金作为重要的现金流出项计算。但在项目的国民经济评价时,税金既不属于现金流出,也不属于现金流入。

(6) 新增固定资产投资 $I_Φ$ 与新增流动资金投资 I_W 在项目建成投产后的运行过程中，如果需增加投资，则新增加的固定资产投资和追加的流动资金，在技术经济分析和评价中均作为现金流出项计算。

(7) 回收固定资产净残值 I_s 在项目经济寿命周期结束，固定资产报废时的残余价值扣除清理回收费用之后的余额，称为固定资产的净残值，应将其作为现金流入项计算。

(8) 回收流动资金 I_r 在项目经济寿命周期结束，终止生产经营活动时，应收回投产时以及投产后追加的流动资金，这部分回收的流动资金应作为现金流入项计算。

根据上述现金流量的构成要素，现金流量 CF 在不同时期的计算式可分别表示如下。

建设期：
$$CF = -I_P - I_F \tag{3-13}$$

生产期：
$$CF = S - C - R - I_Φ - I_W \tag{3-14}$$

最末年：
$$CF = S - C - R + I_s + I_r \tag{3-15}$$

三、现金流量图与现金流量表

现金流量图是以图形方式反映技术方案在整个寿命周期内各时间点的现金流入和流出状况，其特点是直观、清晰，便于检查核对，可减少或避免差错。现金流量图以纵轴表示现金流量，以横轴表示时间坐标。绘制现金流量图的规定与方法如下：

① 以纵轴为现金流量坐标，单位可取元、万元等。

② 以横轴为时间坐标，时间间隔相等，时间的单位可根据需要选取为年、季度、月、周、日等，但通常以年为时间单位。比如 0 表示第一年年初，1 表示第一年年末或者说第二年年初。

③ 现金流入为正，在横轴的上方，箭头向上；现金流出为负，位于横轴的下方，箭头向下。箭头线段的长短应反映出现金流入流出量的大小，最好能成比例，使其具有直观等优点。

④ 时间坐标的原点通常为项目建设期开始的时点，有时也可根据需要将坐标原点取为投产期开始的时点。

⑤ 为简化和便于比较，通常规定投资均是发生在年初，比如固定资产投资发生在 0 年；在利息周期发生的现金流量均作为是发生在周期终了时，如销售收入、经营成本、利润、税金、贷款利息等发生在各时期的期末。回收固定资产净残值与回收流动资金则在项目经济寿命周期末发生。

现金流量图形象地描述了项目在整个寿命周期内不同时间（年）的现金流收支情况，对于正确地进行经济效益分析和计算很有用。在实际工作中，一般也需将各年的现金流量列入表中再进行计算。图 3-1 反映了某化工项目的现金流量状况，其相应的现金流量表如表 3-1

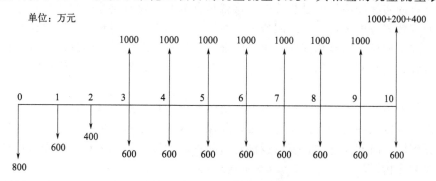

图 3-1 某化工项目现金流量图

所示。该项目建设周期为 2 年，生产期为 8 年。第 1、2 年初固定资产投资分别是 800 万元和 500 万元，第 3 年初开始投产，投入流动资金 400 万元。投产后，年销售收入 1000 万元，年经营成本和税金支出是 600 万元。生产期最后一年回收固定资产余值 200 万元和流动资金 400 万元。

表 3-1　某化工项目的现金流量表　　　　　　　　　　单位：万元

时间/年	现金流入	现金流出	净现金流量
0	0	800	−800
1	0	600	−600
2	0	400	−400
3	1000	600	400
4	1000	600	400
5	1000	600	400
6	1000	600	400
7	1000	600	400
8	1000	600	400
9	1000	600	400
10	1000＋200＋400	600	1000

第五节　资金的等效值及其计算

一、资金等效值的概念

由资金的时间价值可知，一笔资金投入社会流通或生产，随着时间的推移，在不同时间，其绝对值是变化的。假设有人今年存入银行 1000 元，在年利率为 4% 时，3 年后可得本利和为：

$$1000\times(1+0.04)^3=1124.9(元)$$

5 年后，本利和为：

$$1000\times(1+0.04)^5=1216.7(元)$$

尽管资金的绝对数额不等，但在年利率为 4% 的条件下，5 年后的 1216.7 元或 3 年后的 1124.9 元的实际经济价值与今年的 1000 元却相同。这表明不同数额的资金，折算到某一相同时点所具有的实际经济价值是相等的，这就是资金的等效值或等值的基本概念。

资金的等效值考虑了资金的时间价值，在同一系列中，不同时点发生的有关资金，即使数额不等，其价值仍可能是相同的。决定资金等效值有三个因素：一是资金的数额，二是资金发生的时间，三是利率。其中，利率是一个关键的因素，资金的等效值是以同一利率为依据的。

资金的等效值在技术经济评价中有着重要的作用。根据这一概念，可将不同时间点的现金流量分别换算成某一时间点的现金流量，并保持其价值相等。把不同时间发生的资金支出和收入换算到同一时间，这样，就可以满足时间可比的原则，便于对不同技术方案的经济情况进行比较和分析。

在资金等效值计算中，把将来某一时间点的现金流量换算成现在时间点的等效值现金流量,称为"折现"或"贴现"。一般把将来时间点的等效值现金流量经折现后的现金流量叫作"现值",而把将来时间点与现值具有同等价值的现金流量称为"终值"或"未来值"。

资金的等效值计算是以复利计算公式为基础,并经常使用现金流量图作为重要的辅助计算工具。等效值计算中的基准点一般选取计算期的起点,即最初存款、借款或投资的时间。

资金等效值的计算,根据现金流量的状况即是计算现值还是终值,可分为几种类型,包括一次支付类型等效值的计算、等额分付类型等效值的计算、等差序列现值计算,以及等比序列现值计算。下面分别介绍上述几种类型等效值的计算。

二、一次支付类型等效值的计算

一次支付又称为整付,是指流入或流出现金流量均在一个时点处一次发生,其典型的现金流量图如图 3-2 所示。在所考虑的资金时间价值的条件下,若流入项目系统的现金流量正好能补偿流出的现金流量。则 F 与 P 就是等值的。一次支付 F 的等效值计算公式有两个,下面分别介绍。

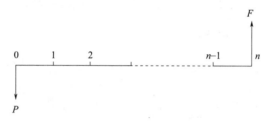

图 3-2 一次支付现金流量图

(一) 一次支付终值公式

一次支付终值公式就是前面求本利和的复利计算公式,亦称为一次支付复利公式。是等效值计算的基本公式,其他计算公式可由此为基础导出。

一次支付终值公式为:
$$F = P(1+i)^n = P(F/P, i, n) \tag{3-16}$$

式中,F 为资金的终值;P 为资金的现值;i 为利率;n 为计息周期。

式(3-16) 在形式上与式(3-9) 相同,但 F、P 是等效值概念上的终值和现值。i 可以是银行利率,更一般地说它是用于资金等效值计算的折现率,可取为银行利率,也可取为投资利润率,或者取为社会平均利润率。式中的 $(1+i)^n$ 称为一次支付终值系数,可用符号 $(F/P, i, n)$ 表示。在该类型符号中,斜线 "/" 右边的 P、i 和 n 为已知条件,其左边的 F 是所求的未知量。

式(3-16) 是用于已知支出本金(现值)P,当利率(报酬率或收益率)为 i 时,在复利计息的条件下,求第 n 期期末所取得的本利和,即终值 F。其现金流量图如图 3-3 所示。

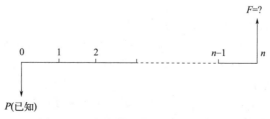

图 3-3 一次支付终值计算现金流量图

【例3-1】 某医药化工企业计划开发一条智能生产线以提高效益,如果向银行借贷款200万元,若综合年利率为5%,借期为5年。问5年后,应一次性归还银行的本利和是多少?

解 $F = P(1+i)^n = 200 \times (1+0.05)^5 = 255.3$(万元)

即,5年后应一次性归还银行255.3万元,是原借款的1.28倍。

(二)一次支付现值公式

一次支付现值公式实际上是一次支付终值公式的逆运算,表示如果欲在未来的第n期期末一次收入F数额的现金流量,在利率为i的复利计算条件下,求出现在应一次投入或支付的本金P是多少。其计算公式为:

$$P = F(1+i)^{-n} = F \frac{1}{(1+i)^n} = F(P/F,i,n) \tag{3-17}$$

式中的$\frac{1}{(1+i)^n}$称为一次支付现值系数,或称折现(贴现)系数,可用符号$(P/F,i,n)$表示。一次支付现值计算现金流量图如图3-4所示。

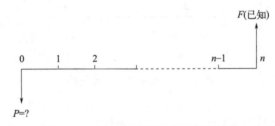

图3-4 一次支付现值计算现金流量图

【例3-2】 某医药化工企业拟在4年后购置一台新的紫外分析仪,估计费用为3万元。设银行存款一年期利率为2.0%,现在应存入银行多少元能够足够支付4年后的3万元?

解 $P = F(1+i)^{-n} = 3 \times (1+0.02)^{-4} = 2.772$(万元)

即,现在应一次性存入2.827万元。

三、等额分付类型等效值的计算

等额分付是多次支付形式中的一种。多次支付是指现金流入和流出在各个时点上发生,而不是仅在一个时点上。各时点上现金流量的大小可以不相等,也可以相等。当现金流量序列是连续的,并且现金流量大小相等,则为等额系列现金流量。下面介绍等额系列现金流量的四个等效值计算公式。

(一)等额分付终值公式

该公式用于对连续若干周期期末等额支付的现金流量A,按利率复利计算,求其第n周期期末的终值F,即本利和。该类计算在实际生活中也常常会遇到。例如,银行有一种储蓄称为零存整取,如果每年都存入等额现金A,利率为i,n年后可从银行取得多少现金?这一问题的现金流量图如图3-5所示。

从图3-5可知,在n期期末一次收回的总未来值(终值)F,应等于每期期末的等额支付序列值A对n期期末的终值之和,即

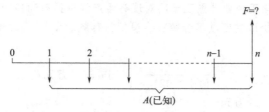

图 3-5　等额分付终值计算现金流量图

$$F = A(1+i)^0 + A(1+i)^1 + A(1+i)^2 + \cdots + A(1+i)^{n-1}$$
$$= A[1 + (1+i) + (1+i)^2 + \cdots + (1+i)^{n-1}] \tag{3-18a}$$

上式中 $[1+(1+i)+(1+i)^2+\cdots+(1+i)^{n-1}]$ 是一公比为 $(1+i)$ 的等比级数。根据等比级数的求和公式，可求出此等比级数的和为 $\dfrac{(1+i)^n - 1}{i}$。从而得到等额分付终值公式：

$$F = A \frac{(1+i)^n - 1}{i} \tag{3-18b}$$

式中，A 是连续的每期期末等支付的序列值，或称为等额年金序列值；$\dfrac{(1+i)^n-1}{i}$ 称为等额支付序列终值系数，亦可用符号 $(F/A, i, n)$ 表示。

【例 3-3】 某扩建项目的建设期为 4 年。在此期间，每年末均向银行借贷 100 万元，银行要求在第 4 年末一次性偿还全部借款和利息。若年利率为 5%，问第 4 年末一次性偿还的总金额为多少？

解　$F = 100 \dfrac{(1+0.05)^4 - 1}{0.05} = 431.01$（万元）

即，第 4 年末一次性偿还的总金额为 431.01 万元。

（二）等额分付偿债基金公式

这种情况与上述等额年金终值计算相反，是等额分付终值的逆运算，即按计划在第 n 年末需要资金 F，采用每年等额筹集的方式，在利率为 i 时，每年要存入多少资金 A？解决这样问题的计算公式为：

$$A = F \frac{i}{(1+i)^n - 1} = F(A/F, i, n) \tag{3-19}$$

式中，$\dfrac{i}{(1+i)^n - 1}$ 称为等额分付偿债基金系数，可用符号 $(A/F, i, n)$ 表示。其现金流量图如图 3-6 所示。

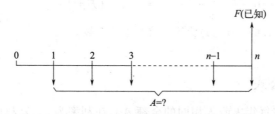

图 3-6　等额分付偿债基金计算现金流量图

【例 3-4】 某医药化工企业计划三年后对现有生产线进行自动控制技术改造,估计投资额为 200 万元。欲用每年提取的专项基金解决。设银行存款利率为 2%,问每年末至少应存入多少钱?

解 $A = F \dfrac{i}{(1+i)^n - 1} = 200 \dfrac{0.02}{(1+0.02)^3 - 1} = 65.35$ (万元)

即,每年至少应存入 65.35 万元。

(三) 等额分付资金回收公式

等额分付资金回收公式用于现在投入现金流量现值 P,在利率为 i,复利计算的条件下,在 n 期内与其等值的连续的等额支付序列值 A 的计算。其现金流量图如图 3-7 所示。

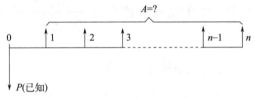

图 3-7 等额分付资金回收计算现金流量图

等额分付资金回收公式,可将一次支付终值公式(3-16)代入等额分付偿债基金公式(3-19)导出。

因 $F = P(1+i)^n$, $A = F\dfrac{i}{(1+i)^n - 1}$

故 $A = P(1+i)^n \dfrac{i}{(1+i)^n - 1}$

$\quad\quad = P \dfrac{i(1+i)^n}{(1+i)^n - 1}$

$\quad\quad = P(A/P, i, n)$ (3-20)

式中 $\dfrac{i(1+i)^n}{(1+i)^n - 1}$ 称为等额分付资金回收系数,可用符号 $(A/P, i, n)$ 表示。上式常用于现在投入一笔资金,在今后若干年的每年年末等额回收,求每笔回收资金 A 的数额。

【例 3-5】 某企业拟建一套水循环再利用系统,需投资 10 万元,预计可用 10 年,设期末无残值。如果在投资收益率不低于 10% 的条件下,问该系统投入使用后,每年至少应节约多少费用,该方案才合算?

解 已知 $P = 10$ 万元,$i = 10\%$,$n = 10$。

$A = P \dfrac{i(1+i)^n}{(1+i)^n - 1} = 10 \dfrac{0.1 \times (1+0.1)^{10}}{(1+0.1)^{10} - 1} = 1.627$ (万元)

即每年至少应节约 1.627 万元的费用,该方案才合算。

拓展阅读:商业贷款的还款方式及等额本息还房贷

(四) 等额分付现值公式

式(3-21)表示要在每年末收入相同的金额 A,在利率为 i、复利计息的条件下,现在必须投入多少资金(现金)P。常用于求分期付(收)款的现值,其流量图如图 3-8 所示。

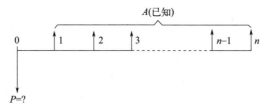

图 3-8　等额分付现值计算现金流量图

等额分付现值实际上是等额分付资金回收的逆运算，所以其计算公式可由式(3-20)得到为：

$$P = A\frac{(1+i)^n - 1}{i(1+i)^n} = A(P/A, i, n) \tag{3-21}$$

式中，$\frac{(1+i)^n - 1}{i(1+i)^n}$ 称为等额分付现值系数，可用符号 $(P/A, i, n)$ 表示。

【例 3-6】某企业在技术改造中欲购置一台废热锅炉，每年可增加收益 3 万元，该锅炉可使用 10 年，期末残值为 0。若预期年收益率为 10%，问该设备投资的最高限额是多少？如果该设备售价为 19 万元，是否应购买？

解　已知 $A = 3$ 万元，$i = 10\%$。根据式(3-20)得：

$$P = A\frac{(1+i)^n - 1}{i(1+i)^n} = 3 \times \frac{(1+0.1)^{10} - 1}{0.1(1+0.1)^{10}} = 18.43 (万元)$$

即设备投资最高限额为 18.43 万元，但设备的售价超过该限额，故不宜购买。

四、等差序列公式

等差序列是指按一个定数增加或减少的现金流量序列。例如，某项费用的支出逐年增加一个相同的数额，或某项收入逐年减少一个相同的数额，这些都是等差序列。图 3-9 表示逐期递增相同数额 G 的等差分付序列现金流量图。

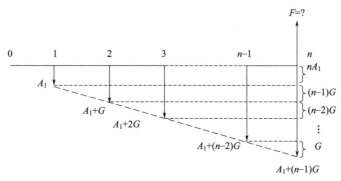

图 3-9　逐期递增等差支付序列终值现金流量图

从图 3-9 可见，现金流量可以分解为两部分：第一部分是由第 1 期期末现金流量 A_1 构成的等额分付偿债基金流量图，如图 3-10 所示；第二部分是由等差额 G 构成的递增等差分付终值现金流量图，如图 3-11 所示。所以，该类序列的计算可分别进行。

第一部分，如图 3-10 所示的等额值为 A_1 的终值计算式为：

$$F_{A_1} = A_1\frac{(1+i)^n - 1}{i} = A_1(F/A_1, i, n)$$

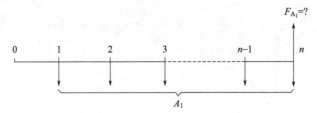

图 3-10　等额值为 A_1 的等额分付偿债基金流量图

第二部分，如图 3-11 所示的等差额为 G 的等差分付的计算。

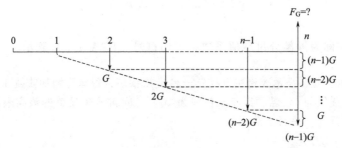

图 3-11　等差额为 G 的递增等差分付序列终值现金流量图

（一）等差分付序列终值公式

图 3-11 表示已知等差额 G 和 i、n，求终值 F_G，即等差分付序列终值计算。从图 3-11 可知，第 n 期期末与等差分付序列等值的终值，应为每期期末的等差分付现金流量值对第 n 期期末的终值的累计总和，即：

$$F_G = G(1+i)^{n-2} + 2G(1+i)^{n-3} + 3G(1+i)^{n-4} + \cdots + \\ (n-2)G(1+i)^{n-(n-1)} + (n-1)G(1+i)^{n-n} \tag{A}$$

将上式两边乘以 $(1+i)$ 得

$$F_G(1+i) = G(1+i)^{n-1} + 2G(1+i)^{n-2} + 3G(1+i)^{n-3} + \cdots + \\ (n-2)G(1+i)^2 + (n-1)G(1+i)^1 \tag{B}$$

式(B)－式(A) 得

$$F_G i = G[(1+i)^{n-1} + (1+i)^{n-2} + (1+i)^{n-3} + \cdots + \\ (1+i)^2 + (1+i)^1 + 1] - nG \tag{C}$$

再利用等比差级的求和公式，式(C) 可简化为：

$$F_G i = G \frac{(1+i)^n - 1}{i} - nG$$

即

$$F_G = \frac{G}{i}\left[\frac{(1+i)^n - 1}{i} - n\right] = G(F/G, i, n) \tag{3-22}$$

式中，$\frac{1}{i}\left[\frac{(1+i)^n - 1}{i} - n\right]$ 称为等差分付终值系数，可用符号 $(F/G, i, n)$ 表示。

（二）等差分付序列现值公式

用于已知等差额 G 和 i、n，求现值 P。该公式可直接由等差分付序列终值公式(3-22)

乘以相同条件下的折现系数导出：

$$P = F_G \frac{1}{(1+i)^n} = \frac{G}{i}\left[\frac{(1+i)^n-1}{i} - n\right]\frac{1}{(1+i)^n}$$

$$= G\frac{1}{i}\left[\frac{(1+i)^n-1}{i(1+i)^n} - \frac{n}{(1+i)^n}\right]$$

$$= G\frac{(P/A,i,n) - n(P/F,i,n)}{i}$$

$$= G(P/G,i,n) \quad (3\text{-}23)$$

式中，$\frac{1}{i}\left[\frac{(1+i)^n-1}{i(1+i)^n} - \frac{n}{(1+i)^n}\right]$ 称为等差分付序列现值系数，可用符号 $(P/G,i,n)$ 表示。

【例 3-7】 某工厂在技术改造中第一年的收益额为 100 万元，其后逐年进行技术改造、优化工艺参数等，使收益逐年递增。设第一年以后至第 8 年末收益逐年递增额为 3 万元。试求在年收益率 10% 的条件下，该厂 8 年的收益现值及等额分付序列收益年金值。

解 根据题意，这是递增等差分付序列，等差额 $G = 3$ 万元，其现金流量图如图 3-12 所示。

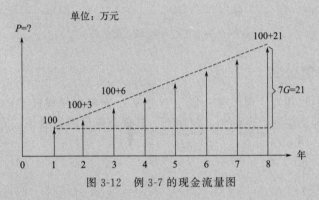

图 3-12 例 3-7 的现金流量图

图 3-12 的递增等差分付序列现金流量可分解为两部分。

第一部分：以第一年收益额 100 万元为等额值 A_1 的等额分付序列现金流量，如图 3-13 所示。根据等额分付现值公式(3-21)，得

$$P_1 = A_1 \frac{(1+i)^n-1}{i(1+i)^n}$$

$$= 100 \times \frac{(1+0.10)^8-1}{0.10(1+0.10)^8}$$

$$= 100 \times 5.33 = 533 \text{（万元）}$$

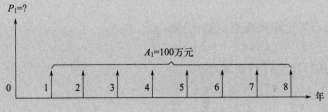

图 3-13 例 3-7 的分解现金流量图（一）

第二部分：以等差额 $G=3$ 万元的递增等差分付序列现金流量，如图 3-14 所示。根据等差分付序列现值公式(3-23)，得

$$P_2 = G \frac{1}{i} \left[\frac{(1+i)^n - 1}{i(1+i)^n} - \frac{n}{(1+i)^n} \right]$$
$$= 3 \times \frac{1}{0.10} \left[\frac{(1+0.10)^8 - 1}{0.10(1+0.10)^8} - \frac{8}{(1+0.10)^8} \right]$$
$$= 3 \times 16.03 = 48 (万元)$$

所以 $P = P_1 + P_2 = 533 + 48 = 581$（万元）。

因此，该厂通过逐年技术改造在 8 年内收益现值为 581 万元。

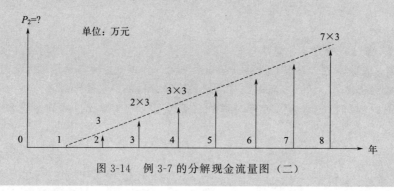

图 3-14　例 3-7 的分解现金流量图（二）

五、等比序列现值公式

有些技术方案的收益常呈现以某一固定百分率 h 逐年递增或递减的情形。这种情况下现金流量就表现为等比序列，也称为几何序列。其现金流量图如图 3-15 所示。

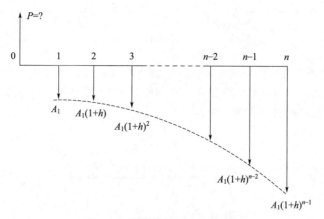

图 3-15　等比序列现金流量图

从图 3-15 可知，等比序列现金流量的通式为：

$$A_t = A_1 (1+h)^{t-1} \qquad t = 1, 2, \cdots, n \tag{3-24}$$

其总现值应等于各期等比支付的现值之和，即

$$P = A_1(1+i)^{-1} + A_2(1+i)^{-2} + \cdots + A_n(1+i)^{-n}$$
$$= A_1(1+i)^{-1} + A_1(1+h)(1+i)^{-2} + \cdots + A_1(1+h)^{n-1}(1+i)^{-n}$$
$$= A_1(1+i)^{-1} [1 + (1+h)(1+i)^{-1} + \cdots + (1+h)^{n-1}(1+i)^{-(n-1)}]$$

经进一步整理可得：

$$P = \begin{cases} A_1 \dfrac{1-(1+h)^n(1+i)^{-n}}{i-h} & i \neq h \\ A_1 \dfrac{n}{1+i} & i = h \end{cases} \quad (3\text{-}25)$$

其中的 $\dfrac{1-(1+h)^n(1+i)^{-n}}{i-h}$ 和 $\dfrac{n}{1+i}$ 称为等比现值系数，可表示为 $(P/A_1, i, n)$。

六、等效值计算公式汇总

为便于对等效值计算或复利公式的比较、分析和查阅，将各公式的类型、已知条件、要求的未知量、计算公式、复利系数及其符号等汇总于表 3-2。

表 3-2 资金等值计算公式汇总

类型		已知	求解	计算公式	复利系数及符号
一次支付	终值公式	现值 P	终值 F	$F = P(1+i)^n$	一次支付终值系数 $(1+i)^n = (F/P, i, n)$
一次支付	现值公式	终值 F	现值 P	$P = F(1+i)^{-n}$	一次支付现值系数 $(1+i)^{-n} = (P/F, i, n)$
等额分付	终值公式	年值 A	终值 F	$F = A \dfrac{(1+i)^n - 1}{i}$	等额分付终值系数 $\dfrac{(1+i)^n - 1}{i} = (F/A, i, n)$
等额分付	偿债基金公式	终值 F	年值 A	$A = F \dfrac{i}{(1+i)^n - 1}$	等额分付偿债基金系数 $\dfrac{i}{(1+i)^n - 1} = (A/F, i, n)$
等额分付	现值公式	年值 A	现值 P	$P = A \dfrac{(1+i)^n - 1}{i(1+i)^n}$	等额分付现值系数 $\dfrac{(1+i)^n - 1}{i(1+i)^n} = (P/A, i, n)$
等额分付	资金回收公式	现值 P	年值 A	$A = P \dfrac{i(1+i)^n}{(1+i)^n - 1}$	等额分付资金回收系数 $\dfrac{i(1+i)^n}{(1+i)^n - 1} = (A/P, i, n)$
等差序列	终值公式	G	终值 F	$F_G = \dfrac{G}{i}\left[\dfrac{(1+i)^n - 1}{i} - n\right]$	等差分付终值系数 $\dfrac{1}{i}\left[\dfrac{(1+i)^n - 1}{i} - n\right] = (F/G, i, n)$
等差序列	现值公式	G	现值 P	$P = \dfrac{G}{i}\left[\dfrac{(1+i)^n - 1}{i(1+i)^n} - \dfrac{n}{(1+i)^n}\right]$	等差分付现值系数 $\dfrac{1}{i}\left[\dfrac{(1+i)^n - 1}{i(1+i)^n} - \dfrac{n}{(1+i)^n}\right] = (P/G, i, n)$
等比序列	现值公式	A_1, h	现值 P	$P = A_1 \dfrac{1-(1+h)^n(1+i)^{-n}}{i-h}$ $i \neq h$; $A_1 n(1+i)^{-1}$ $i = h$	等比现值系数 $\dfrac{1-(1+h)^n(1+i)^{-n}}{i-h}$ $i \neq h$; $n(1+i)^{-1}$ $i = h$ $= (P/A_1, i, n)$

第六节 项目组织

一、项目组织结构的设计

1. 项目组织

组织通常是指各种生产要素相结合的形式和制度,前者表现为组织结构,反映了管理活动中各项职能的横向分工和层次划分;后者则表现为组织的工作制度,反映了组织结构运行的规则和组织的工作规则。由于各生产要素的结合是一种持续变化的行为,因此组织也是一个动态的、持续的管理过程。

在建立组织结构时,应遵循以下基本原则:①组织结构要能反映公司的目标和计划;②设计组织结构必须依据工作需要,要有明确的目的;③组织结构中要有合理的层次、位置设计,保证决策指挥的统一;④组织中的人员要做到人尽其才,通过适当的分工和分权,激发人员的主动性与创造力;⑤组织结构应包含各种汇报、报告和沟通的方式与制度,合理的管理跨度才能有力地控制全过程及全局。

而项目的组织形式除了必须满足以上一般组织的基本原则外,还须满足以下两点特殊的组织原则:①项目组织形式是为有效实现项目的各种任务而采取的一种组织手段,因此必须适应该项目的性质和规模,即手段服从于目的;②企业往往需要同时开展多个项目,但企业资源又是有限的,因此在各个项目对企业效益的影响存在差异的前提下,项目组织设计必须符合该项目在企业中的地位与重要性。项目组织结构通常由企业的高层管理者决定,项目经理在其中的影响力是有限的,但项目经理的工作在很大程度上会受到项目组织结构的影响,因此后者应当对项目组织结构的工作方式非常了解,使项目组织按照自己认为的最佳方式运行。

2. 组织结构形式

组织结构形式通常有项目型组织结构、矩阵型组织结构及职能型组织结构。项目型组织结构为项目专门配备了项目团队,是组织中一个独立的结构,其团队成员通常来自于企业的各个职能部门或从外部招募,其中项目经理是项目组织的最高领导者,决定了项目成员的工作安排和去留。例如某化工设备企业决定投资开发一种新型的自动化控制装置,可从研发部门、工程部门、财务部门等相关职能部门抽调一部分技术骨干组成研发项目团队,其目的和任务即为开发出这种新装置,其项目团队可采用如图3-16所示的模式。

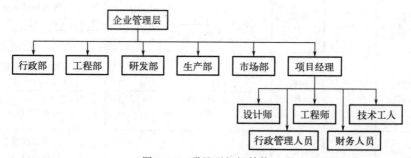

图3-16 项目型组织结构

矩阵型组织结构是一种混合的形式,项目管理结构覆盖在企业正常的职能层级上,依靠不同职能部门的资源完成项目任务。参加项目工作的人员不脱离所在的职能部门,利用部分时间和精力参与项目事务,并可在参与多个项目工作的同时,履行所在职能部门的职责。项目经理手下可能没有专职的项目成员,各个项目成员向两个直接上级汇报工作,即项目经理和所在职能部门负责人,例如图 3-17 所示的模式。

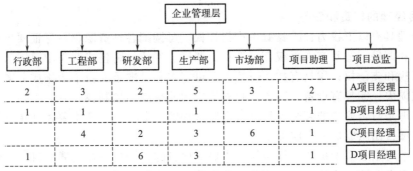

图 3-17　矩阵型组织结构

职能型组织结构是指企业不为项目成立专门的项目团队,而把项目任务分解到现有的各个职能部门来完成,后者相互独立地开展和完成各自负责的项目工作。参与项目的人员上方不设项目经理,在项目过程中起主导作用的职能部门负责人通常作为项目的协调人,但其要求只能由企业管理层通过企业管理和指挥系统下达,项目协调人本身没有命令其他职能部门的权力。

以上三种主要组织结构形式的优缺点如表 3-3 所示。

表 3-3　三种组织结构形式的优缺点

项目	优点	缺点	项目效率
项目型	1. 在不影响企业正常运营的前提下,可保证项目得到有效实施; 2. 项目经理对项目全权负责,具有决策权; 3. 团队内部各领域之间合作紧密,跨职能领域的集成水平高; 4. 团队目标统一,项目推进速度快	1. 成本较高,易丧失规模经济,资源难以在不同项目间共享; 2. 项目中获得的技术或知识难以积累并传递至以后的项目; 3. 项目成员与原职能部门的关系切断,使其之间的技术交流受限; 4. 项目结束时需重新安排团队成员的工作	高
矩阵型	1. 可充分利用企业现有资源,以满足同时开展多个项目的情况; 2. 促进了不同职能部门之间的信息交换与沟通协调; 3. 项目获得的技术或知识分散在整个企业中,在多个项目间共享,可累积并传递至以后的项目	1. 需要在人力资源协调上花费较多精力; 2. 容易与职能部门产生资源或业务冲突,增加项目延期的可能; 3. 项目经理为得到足够的资源和支持,可能会花费大量精力与职能部门进行权力争夺	中或高
职能型	1. 无需重新设计企业组织,对企业组织的冲击力最小; 2. 在员工的使用上具有较大的弹性,便于员工在本职工作和项目工作之间灵活转换; 3. 职能部门内的员工可维持其职业发展路径,不会因参与该项目而改变其职业发展路径	1. 项目工作分散,难以集中力量; 2. 业务集成弱,项目总体目标易被忽视; 3. 信息传递、决策和执行速度缓慢,项目历时较长; 4. 项目参与者易将项目工作视为本职工作之外的负担,缺乏积极性	低

二、项目经理的职责和要求

项目的负责人是项目经理,负责整个项目的规划、实施、控制和验收,是项目管理的核心,是项目的领导者、组织者、管理者、决策者和决策执行者,很大程度上决定了项目的成功与否，因此必须具有很高的管理技能和素质，能够积极与他人合作并激励和影响他人的行为，在各种项目干系人当中居于中心地位。项目经理和职能部门经理是不同的，前者是受企业或组织委派执行并实现项目目标和任务的个人，而后者则专注于监管或负责某个行政领域或核心业务。

1. 项目经理的权责和任务

项目经理具有以下权力：①具有生产指挥权，可调配各种资源，在保证项目目标的前提下进行优化和调整；②具有人事权，可选择、调度、考核、聘任或解聘项目团队成员；③具有财务决策权和支配权；④具有技术决策权，可审查和批准重大技术措施或方案，防止因决策错误造成损失；⑤具有设备、物资、材料等资源的采购和控制权。

项目经理是对企业中的某个项目进行全面管理的人员，其责任主要体现在对企业、对项目本身和对项目团队成员三个层面上。

项目经理对企业应承担的责任包括：①保证项目的目标与企业发展的目标一致，使项目的成功与实现企业的战略目标紧密结合；②管理企业分配给项目的各种资源，保证资源的充分、有效利用；③及时有效地与企业管理层沟通、汇报项目的开展情况，例如各种资源的耗费情况、项目实施的可能结果、对未来可能发生的问题的预测等，以获得并保证企业管理层对项目的支持。

项目经理对项目本身应承担的责任包括：①对项目的成功与否担负主要责任，规划、监督并控制项目的实施，保证项目在资源预算内按时达到预期结果；②保证项目的整体性，确保项目过程中始终以实现项目目标为最终目标，平衡利害，化解矛盾，解决冲突。

而项目经理对项目团队成员应承担的责任则由以下三个方面组成：①为项目团队成员提供良好的工作环境和氛围，使团队成员之间密切配合、相互协作，保证良好的团队精神；②公平地、有制度地对项目团队成员进行绩效监督与考核，以激励团队成员高质量、高效率地完成各自职责与任务；③应为项目团队成员的未来进行考虑，为其提供理想的归属，使之没有后顾之忧，确保安心完成各自的工作。

因此，项目经理的主要工作任务通常包括：①确定项目组织结构，并配备参与项目的各类人员，组建项目团队和项目经理部；②制定岗位责任制等各项规章制度，保证项目的开展有条不紊；③制订项目管理目标，制订并实施控制计划，保证项目管理目标的全面实现；④及时做出科学的决策，严格管理，履行合同义务，监督合同执行，处理合同变更；⑤协调项目团队内部及外部各方面的关系，代表项目发起人实施项目干系人管理；⑥建立完善的内部和外部信息管理系统和沟通机制，使信息畅通无阻，以确保项目的高效进行。

2. 项目经理的能力与素质要求

项目经理需要在企业赋予的权力的基础上，具备良好的技能和过硬的素质。尤其在大型项目中，项目经理会面对更多挑战，需要具有多方面的技能以调动各项资源、整合各种能够影响项目过程的力量，组建一支高效的项目团队，创造有利于项目开展的环境，因此需要具有以下方面的能力：①具有团队组建能力，科学地设计项目组织结构，确定各个岗位的设置，并为之配备适当的人员；②具有在相对松散的环境下领导一个团队的能力，有效处理与职能部门负责人的关系；③具有解决冲突的能力，准确判断冲突的性质是积极的还是消极的，及时采取干预措施，制订冲突化解的方法，降低冲突风险；④具有多方面的专业技术能力和管理知识，不能单靠管理技巧或专业技术知识；⑤具有计划编制能力，确定项目实际资源需求和必需的行政支持，并随着动态变化的项目过程，对项目计划做出及时、必需的修改；⑥具有良好的组织技能和企业家才干，能够站在全局高度综合考虑各种问题，具备足够的行政管理能力；⑦具有资源配置和风险管理的能力，充分考虑资源约束性和其他项目对资源的竞争性，保证各种资源按照进度要求及时到位，并能够识别项目风险，制订项目风险规避方案和应急计划，减少项目风险的发生及其造成的损失。

项目经理要达到项目管理的上述基本能力要求，就应当具备项目管理所需的各项基本素质，包括积极创新、勇于承担责任的精神，实事求是、任劳任怨、肯干肯拼的作风，以及强大的自信心。

三、项目团队的建设与管理

项目团队是一个由一组个体成员为实现具体的项目目标而组建的协同工作队伍，其根本任务是在项目经理的领导下，完成项目确定的各项工作任务，协调一致地高效工作，以实现项目的目标，具有目的性、临时性、团队性、渐进性、灵活性和双重领导性等特点。项目团队的管理工作主要由以下三个方面组成：①确定项目需要的人员类型、数量和能力要求，编制人力资源计划，界定团队的岗位、角色和职责；②寻找并调配或招募参与项目的人员；③通过绩效监督与考评，激励项目成员的积极性和创造性，建设高效的项目团队。

1. 人力资源计划的编制

项目的人力资源计划通常由角色与职责、项目组织结构图、人员配备管理计划三个部分组成，其核心工作是根据项目的工作分解结构及工作包描述（详见第九章关于项目范围管理的内容），确定项目所需人员的岗位、数量、时间和能力要求。每个团队角色或岗位必须有清晰的职位描述和明确的岗位目标、职责、权限和任职资格要求，以便将合适的人员配置到各个岗位上。人员配备管理计划则包括了如何满足人力资源需求的信息，以便制订调配计划，通过多种途径获取合适的团队成员，例如从企业职能部门抽调、外部招聘或劳务派遣等。

2. 绩效评价的原则

项目团队的工作绩效是决定项目效率与质量的关键因素，其考评方式不能脱离项目管理的目标，也不能照搬职能部门的考核方式，应遵循以下原则：①项目过程中的每个关键事件形成一个里程碑，所有里程碑事件的完成即标志着项目成功，而客户或项目管理团队通常在里程碑进行项目评价，因此团队成员绩效考核的时间应与项目中里程碑保持一致；②团队成员的工作完成情况通常由下达工作任务的上级人员考核，同时各成员的工作产出要与统一工作包内或其他工作包的产出结果进行集成，方可实现项目过程的推进，因此团队成员工作绩效的考评应由其直接管理者与业务集成者来实施；③工作包是一个有确切时间起止点的一系列有序活动，有着明确的资源要求和质量标准，具有良好的可操作性，既是项目团队成员的工作内容，也应将其作为绩效考核内容；④项目目标具有多重性，反映在进度、质量、成本等多个方面，因此项目团队成员的工作绩效考核标准也是多元的，应以这些关键因素作为考核标准，全面评价一个团队成员的工作绩效。

3. 高效项目团队的建设

如何建设一支高效的项目团队，是项目管理中的一项重要核心内容。一支高效的管理团队一般具有规模较小、团队成员技能互补、目标一致、手段与方法一致、沟通效率高、互相信任等特点。

建设高效的项目团队，首先，要不断提升项目经理的领导才能，增强和发挥项目经理的指导作用、沟通与协调作用以及激励作用，以保证项目目标的成功实现。其次，项目经理要灵活授权，让团队成员分担责任，使之更多地参与到项目的决策过程中，既能显示项目经理对团队成员的信任，奠定了团队信任的基础，又有利于充分发挥项目团队成员的积极性和创造性，还有利于团队成员及时决策，使项目经理的工作重心转向关键点控制和目标控制。最后，要充分发挥团队凝聚力，后者是将团队成员紧密联系在一起的无形精神力量，是团队精神的最高体现，可带来更高的团队绩效。团队凝聚力在项目团队内部表现为团队成员之间的融合度和团队士气，在团队外部则表现为团队成员对团队的荣誉感。

此外，还有一些因素可能会影响到团队绩效，继而影响项目团队的建设和发展，例如：项目经理领导不力，项目团队目标不明，项目团队成员的职责不清，项目团队缺乏沟通，项目团队的激励不足，以及项目规章不全和约束力不强等。在项目团队的建设过程中，不但应遵循前文所述的各种方法和原则，还应及时识别这些不利因素，并通过科学的方法克服它们，才可建设成一支高效的项目团队，保障项目的成功。

思考题及习题

3-1　进行技术经济评价时为什么要遵循可比性原则？可比性原则包括哪些方面？

3-2　要满足需要可比性，应在哪些方面做到可比？如果存在不可比因素，用什么方法进行修正？

3-3　在技术经济分析中，对不可比价格进行可比性修正的方法有哪些？它们的适用对象和特点是什么？

3-4　什么是资金的时间价值？任何资金都具有时间价值吗？为什么？

3-5　如何衡量资金的时间价值？这些方法各有何特点？

3-6　单利和复利有何不同？化工技术经济分析中常用哪一种计算方式？

3-7　名义利率与实际利率的含义是什么？它们之间有什么联系？

3-8　试述现金流量的含义及构成，技术经济分析中的现金流入、流出与财会学中的收支有什么区别？

3-9　什么是现金流量图？绘制现金流量图有哪些规定？

3-10　简述资金等效值的含义；影响资金等效值的要素有哪些？

3-11　资金等效值计算有哪些类型？各有什么特点？

3-12　某企业拟向国外银行商业贷款 1500 万美元，5 年后一次性还清。现有一家美国银行可按年利率 5% 贷出，按年计息。另一家日本银行愿按年利率 4.0% 贷出，按月计息。问该企业从哪家银行贷款较合算？

3-13　一企业年初从银行贷款 120 万元，并计划从第二年开始，每年年末偿还 25 万元。已知银行利率为 6%，问该企业在第几年时，才能还完这笔贷款？

3-14　某企业拟购买一套分析检测设备，若货款一次付清，需 10 万元；若分 3 年，每年年末付款 4 万元，则共付款 12 万元。如果利率为 5%，选择哪种支付方式经济上更有利？

3-15　一企业计划 5 年后更新一台设备，预计那时新设备的售价为 8 万元，若银行年利率为 5%，试求：（1）从现在开始，企业每年应等额存入多少钱，5 年后才能够买一台新设备？（2）现在企业应一次性存入多少钱，5 年后刚够买一台新设备？

3-16　在例 3-3 中，其他条件不变，仅是由原来的每年末向银行贷款变为每年初向银行贷款，则第 4 年末一次性偿还的总金额将为多少？与年末贷款相比有何变化？

3-17　一笔 100 万元借款，得到借款后第 5 年末需要还清，年利率 10%，按年计息。分别计算以下 4 种还款方式下的各年还款额、各年还款额中的本金和利息、5 年总还款额的现值和终值。

(1) 5 年中不还款，第 5 年年末一次性还清本息；

(2) 每年年末等额还本，利息当年结清；

(3) 每年年末等额还款（含本息）；

(4) 每年结清利息，本金在第 5 年年末一次性偿还。

3-18　现在市场上新出现一种性能更佳的高压泵，售价为 5.4 万元。如果用该新型的高压泵取代现有的同类设备，估计每年可增加收益 2 万元，使用期为 7 年，期末残值为 0。若预期年收益率为 10%，现用的老式设备的现在残值为 0.4 万元。问从经济上看，能否购买新设备取代现有设备？

3-19　某公司购买了一台机器，购置费用 20 万元，估计能使用 15 年，15 年末的残值为 20000 元，运行费用（维护维修费、燃料动力费等）每年 10000 元，每 5 年要大修一次，费用为 40000 元。设年利率 10%，试求机器的年等值费用。

3-20 某工厂拟更换一台设备,其新增的收益额第一年为 10000 元,以后连续 5 年因设备磨损、维护费用增大,使年收益逐年下降。设每年收益下降额均为 300 元,年收益率为 10%,试求该设备 5 年的收益现值。

3-21 在 3-20 题中,若每年的收益均比上一年降低 8%,试求在其他相同条件下,该设备 5 年的收益现值。

3-22 项目组织结构有哪些形式?分别有何优缺点?

3-23 项目经理的权责和任务有哪些?对项目经理的能力和素质有哪些要求?

3-24 项目团队在项目组织中有什么作用?如何构建一支高效的项目团队?

第四章

技术经济评价

本章要点及学习目的

基本概念——单方案评价与多方案评价;静态评价与动态评价。

静态评价方法——不考虑资金的时间价值的评价方法,简单直观,但不准确。包括静态投资回收期法和静态投资效果系数法。

动态评价方法——考虑资金的时间价值的评价方法,计算较复杂,但更符合经济实际。包括动态投资回收期法、动态投资效果系数法、净现值法和净现值比率法、年值法以及内部收益率法。

多方案评价与选择——可将方案分为独立型、互斥型、混合型以及其他型等多种类型;各种类型方案的评价与选择具有相应的方法和步骤。

通过本章的学习,读者应在理解静态评价法的基础上,重点掌握动态评价法及指标,特别是净现值法和内部收益率法。学习时应注意各评价指标的经济含义及计算方法,以及该指标存在的优缺点和适用范围。在熟练掌握基本评价指标的基础上,加深理解并掌握多方案评价法。

技术经济分析的重要内容,是对拟采用的技术方案预先进行经济效益的计算与评价。在经济效益评价中,有单方案经济评价和多方案经济评价。所谓单方案是指为达到某个既定目标,仅考虑用一种技术方案,对其经济效益的评价即是单方案经济评价。而实际上,为了满足某个需要或既定目标,可以采用几种不同的技术方案,这些方案可以互相代替以达到同一目的。在这种情况下,既要研究各方案自身的经济效益,又要分析和比较各方案之间的相对经济效益,从而选出最优方案,这就是所谓的多方案经济评价。

技术方案经济效益计算和评价的方法有多种形式。根据是否考虑资金运用的时间因素,可将这些方法分为两大类,即静态评价方法和动态评价方法,它们在技术经济分析中各有其特点。以上方法是从企业的角度,在现行国家财政税收和价格体系条件下,对技术方案的经济效益进行分析和评价,又称为项目的财务评价。下面将介绍其分析和评价的基本方法。

第一节 经济评价概述

一、经济评价概念及类别

项目经济评价是指在对影响项目的各项技术经济因素预测、分析和计算的基础上,评价投资项目的直接经济效益和间接经济效益,为投资决策提供依据的活动。对工程项目进行经济性评价,其核心内容是经济效果的评价。经济效益是一个综合性的指标,不能仅从一项指标中得到完整的评价,需要多个评价指标从评价对象的几个方面进行评价,只有这样才能做出全面、客观的评价。

依据出发点不同,经济评价方法也有不同的分类。

按评价角度、目标和费用与效益识别方法的不同,项目经济评价可分为财务评价和国民经济评价。财务评价与国民经济评价的主要区别在于角度不一样,财务评价是站在企业角度看盈亏,而国民经济评价是站在全民的角度去分析评价。本章介绍财务评价,其部分基本原理和方法也适用于国民经济评价。

根据所处的阶段不同,经济评价可以分为三类:投资前期评价,投资期评价,投资运行期评价。

投资前期评价属于预测性和探索性评价,如果投资项目的经济效益不佳,可另选项目;投资期评价属于进行中评价,在此期间若发现问题,可采用改进措施,或暂时终止,以保证预期投资效益的实现;投资运行期评价属于事后评价,是在项目投产后,将设计能力与实际生产能力、预计经济效益与实际达到的经济效益相比较,考察投资项目是否符合投资目标及设计要求。本章介绍的经济评价主要涉及投资前期评价。

二、项目经济评价指标分类

在第一章已经介绍了经济效益指标、技术经济指标的分类和体系。如前所述,经济效益是一个综合性指标,而任何一种具体的评价指标都只是反映项目的某一侧面或某些侧面,却忽视了另外的因素。因此,经济效益应采用不同的指标予以反映,从多个方面进行分析考察。目前国内外提出的经济评价指标和方法很多,在项目评价中常用的有几十种。本章就其中经常使用的项目技术经济评价方法和指标进行详细介绍。这些指标可以按照不同方法分类。

1. 根据资金的回收速度、获利能力及使用效率分类

依据资金的回收速度、获利能力及使用效率可以分为如下三类:

第一类是以时间作为计量单位的时间型指标,时间型指标兼顾了经济性和风险性,主要有静态评价指标、动态评价指标、投资回收期以及贷款偿还期等;

第二类是以货币单位计量的价值型指标,如净年值、净现值、费用现值和费用年值等;

第三类是反映资源利用效率的效率型指标,如投资收益率、净现值率、内部收益率和偿债备付率等,如图4-1所示。

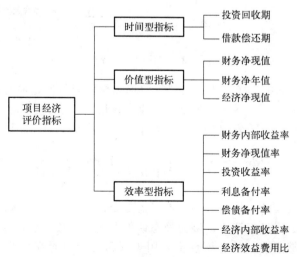

图4-1 按指标性质分类

2. 按经济评价指标是否考虑资金的时间价值分类

考虑资金时间价值的称为动态评价指标，反之则称为静态评价指标，这两类的主要指标如图 4-2 所示。

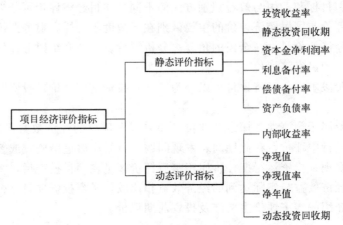

图 4-2　按指标是否考虑资金的时间价值分类

3. 按建设项目经济评价内容分类

项目评价的内容可以分为盈利能力、清偿能力以及财务生存能力三类，如图 4-3 所示。

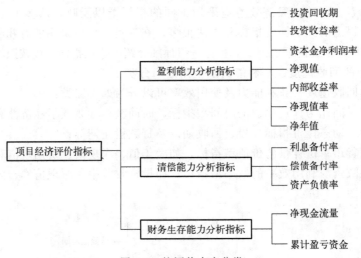

图 4-3　按评价内容分类

在项目经济评价指标中，净现值、内部收益率和投资回收期是最常用的项目经济评价指标。由于净现值反映项目投资所获得净收益的现值价值大小，它的极大化与企业经济评价目标是一致的，因此，净现值是项目经济评价时常用的首选评价指标，并且常用来检验其他评价指标。

第二节　静态评价方法

在评价项目经济效益的指标中，一类不考虑资金时间价值的指标，叫作静态评价指标。利用这类指标对技术方案进行评价，称为静态评价方法。一般地讲，静态评价比较简单、直观、运用方便，但不够准确。静态评价主要用于项目可行性研究初始阶段的粗略分析和评价，以及技术方案的初选阶段。

一、静态投资回收期法

投资回收期,也称为投资偿还期或投资返本期,是指技术方案实施后的净收益或净利润抵偿全部投资额所需的时间,一般以年表示。不考虑资金时间价值因素的投资回收期,称为静态投资回收期。

(一)静态投资回收期的计算

投资回收期是反映技术方案清偿能力的重要指标,希望投资回收期越短越好,其一般计算公式为:

$$\sum_{t=0}^{P_t}(CI-CO)_t=0 \quad (4-1)$$

式中,P_t 为以年表示的静态投资回收期;CI 为现金流入量;CO 为现金流出量;t 为计算期的年份数。

如果投产后每年的净收益 $(CI-CO)_t$ 相等,即

$$(CI-CO)_1=(CI-CO)_2=\cdots=(CI-CO)_t=Y$$

或者用年平均净收益计算,则静态投资回收期的计算可简化为:

$$P_t=\frac{I}{Y} \quad (4-2)$$

式中,I 为总投资;Y 为年平均净收益。

投资回收期的起点,一般从建设开始年份算起,也可以从投产年或达产年算起,但应予注明。

求得的技术方案的投资回收期 P_t 应与部门或行业的标准投资回收期 P_s 进行比较。当 $P_t \leqslant P_s$ 时,认为技术方案在经济上是可以考虑接受的;当 $P_t > P_s$ 时,认为技术方案在经济上不可取。

【例 4-1】 对某建设项目的计算结果显示,该项目第一年建成,投资 100 万元。第二年投产并获净收益 20 万元,第三年的净收益为 30 万元,此后连续五年均为每年 50 万元。试求该项目的静态投资回收期 P_t。

解 将已知条件代入静态投资回收期计算式(4-1)得:

$$\sum_{t=0}^{P_t}(CI-CO)_t=-100+20+30+50=0$$

即该项目的静态投资回收期从建设开始年算起为 4 年,若从投产年算起为 3 年。

静态投资回收期也可用财务现金流量表中累计净现金流量计算:

$$\text{静态投资回收期}(P_t)=\text{累计净现金流量开始出现正值年份数}-1+\frac{\text{上年累计净现金流量绝对值}}{\text{当年净现金流量}} \quad (4-3)$$

【例 4-2】 某项目建设方案的投资和收益情况如表 4-1 所列,若标准投资回收期为 5 年,试用静态投资回收期法评价此方案。

解 根据表 4-1 中的数据可计算出项目方案各年净现金流量及累计净现金流量如表 4-2。根据表 4-2 的结果和式(4-3)可得:

$$P_t=5-1+\frac{|0|}{40}=4.0(\text{年})$$

由于 $P_t < P_s=5$,故该项目方案可以接受。

表 4-1　例 4-2 的项目投资、收益情况

年份	投资/万元	净收益/万元	年份	投资/万元	净收益/万元
0	80	—	5	—	40
1	20	—	6	—	40
2	—	20	7	—	40
3	—	40	8	—	40
4	—	40			

表 4-2　例 4-2 的净现金流量及累计净现金流量

年份	净现金流量/万元	累计净现金流量/万元	年份	净现金流量/万元	累计净现金流量/万元
0	−80	−80	5	40	40
1	−20	−100	6	40	80
2	20	−80	7	40	120
3	40	−40	8	40	160
4	40	0			

（二）静态追加投资回收期

评价单一方案时，可以用静态投资回收期判断该方案在经济上是否可取。当多方案比较时，也可以分别计算每一方案的静态投资回收期，判断哪些方案在经济上是否可行；然后对经济上可行的方案进行比较和分析。在经济上可行的方案中可以选择一种方案为参比方案，其余的分别与它比较，从而选出最优方案。但当进行两方案比较时，经常会有这样的情况，即投资额大的方案经营费用少，而投资额小的方案经营费用多。这时，可采用追加投资回收期，即用投资额大的方案比投资额小的方案所节约的经营费用，来收回其多追加的投资额所需的时间，叫作追加投资回收期，也称为差额投资回收期。当两方案的生产能力相同时，即 $Q_1=Q_2$，其计算式为：

$$P_{2/1}=\frac{I_2-I_1}{C_1-C_2}=\frac{I_2-I_1}{Y_2-Y_1} \tag{4-4}$$

当两方案的生产能力（即年产量）不同时，即 $Q_1 \neq Q_2$，可用下式计算：

$$P_{2/1}=\frac{I_2/Q_2-I_1/Q_1}{C_1/Q_1-C_2/Q_2}=\frac{I_2/Q_2-I_1/Q_1}{Y_2/Q_2-Y_1/Q_1} \tag{4-5}$$

式中，$P_{2/1}$ 为追加投资回收期；I_1，I_2 分别为方案 1 和方案 2 的投资额，$I_2 > I_1$；C_1，C_2 分别为方案 1 和方案 2 的经营费用，$C_1 > C_2$；Q_1，Q_2 分别为方案 1 和方案 2 的年产量；Y_1，Y_2 分别为方案 1 和方案 2 的年均净收益。

用追加投资回收期进行方案优选，当 $P_{2/1} \leqslant P_s$ 时，投资额大的方案 2 较优；反之，则投资额小的方案 1 较优。

【例 4-3】 某企业在扩大生产能力时，有两种技术方案。第 1 种方案是再建一套现有的装置，投资额 $I_1=60$ 万元，经营费用 $C_1=40$ 万元；第 2 种方案是采用一套新型的装置，投资额 $I_2=80$ 万元，经营费用 $C_2=32$ 万元。两方案生产能力相同，问哪种方案经济效益较优（设 $P_s=5$ 年）？

解 两方案生产量相同，但 $I_2 > I_1$，$C_2 < C_1$，应采用追加投资回收期：

$$P_{2/1}=\frac{I_2-I_1}{C_1-C_2}=\frac{80-60}{40-32}=2.5(年)(<P_s=5)$$

故第 2 种方案较优。

需要指出，追加投资回收期只反映了两方案对比的相对经济效益，没有反映两方案自身的经济效益。为了正确地进行多方案的评价和选优，相比较的方案应是经济上可接受的，通常将其中投资额最小的方案作为参比方案。

（三）静态投资回收期法的特点

1. 主要优点

① 经济含义直观、明确，计算方法简单易行。

② 明确地反映了资金回收的速度，是投资者十分关心的指标之一。投资回收期的长短，在一定程度上反映了投资风险性的程度，也意味着项目盈利能力的大小。

③ 常用于方案的初选或概略评价，是项目评价的重要辅助性指标。

2. 主要缺点

① 由于没有考虑资金的时间价值，所以，计算方法不科学，计算结果不准确，以此为依据的评价有时不可靠。

② 没有反映投资回收后项目的收益和费用，而任何投资的目的不仅是收回投资，更主要的是要有收益。因此，静态投资回收期没有全面地反映项目的经济效益，难以对不同方案进行正确的评价和选择。

二、静态投资效果系数法

投资效果系数，又称为投资收益率或投资报酬率，是指项目方案投产后取得的年净收益与项目总投资额的比率。投资效果系数体现了项目投产后，单位投资所创造的净收益额，是考察项目投资盈利水平的重要指标。

在不考虑资金时间价值的条件下，得出的投资效果系数，称为静态投资效果系数。依据静态投资效果系数对项目进行评价，称为静态投资效果系数法。

（一）静态投资效果系数

静态投资效果系数 E 可按下式计算：

$$E = \frac{Y}{I} \tag{4-6}$$

式中，Y 为项目年平均净收益；I 为项目总投资额。

根据比较的基准或分析的目的不同，Y 也可以是年平均利润总额，或者年平均利税总额等。

用静态投资效果系数对项目进行评价时，应将计算出的项目静态投资效果系数 E，与部门或行业的标准投资效果系数 E_s 相比较。若 $E \geq E_s$，则表明在经济上该项目方案可以接受；反之，则在经济上不可取。静态投资回收期 P_t 与静态投资效果系数 E 有直接的联系。由式(4-2)和式(4-6)可得

$$E = \frac{1}{P_t} \text{ 或 } E_s = \frac{1}{P_s} \tag{4-7}$$

（二）静态投资效果系数的应用

实际工作中，应依据分析的项目具体情况，主要计算三种静态投资效果系数指标，即投资利润率、投资利税率及资本金利润率。

1. 投资利润率

投资利润率是指项目达到设计能力后的一个正常年份的年利润总额或生产期年平均利润

总额与项目总投资额的比率，它表示项目正常年份中单位投资每年所创造的利润。其计算公式为：

$$投资利润率 = \frac{年利润总额或年平均利润总额}{总投资} \times 100\% \qquad (4-8)$$

式中

年利润总额＝年产品销售收入－年总成本费用－年销售税金及附加

年销售税金及附加＝年增值税＋年城市维护建设税＋年教育费附加＋年资源税

总投资＝固定资产投资＋建设期借款利息＋流动资金＋固定资产投资方向调节税

计算出的项目投资利润率应与部门或行业的平均投资利润率进行比较，以判别项目的单位投资盈利能力是否达到本行业的平均水平。若项目的投资利润率大于或等于标准投资利润率或行业平均利润率，则认为项目在经济上是可以接受的；否则一般不可取。

2. 投资利税率

投资利税率是指项目达到设计生产能力后正常年份的年利税总额或生产期年平均利税总额与项目总投资的比率，它反映了在正常年份中，项目单位投资每年所创造的利税。其计算公式为：

$$投资利税率 = \frac{年利税总额或年平均利税总额}{总投资} \times 100\% \qquad (4-9)$$

式中

年利税总额＝年产品销售收入－年总成本费用
　　　　　＝年利润总额＋年销售税金及附加

计算出的项目投资利税率应与标准投资利税率或行业平均投资利税率进行比较。若项目的投资利税率大于或等于标准投资利税率或行业平均投资利税率，表明项目在经济上可接受；否则，一般不可取。

3. 资本金利润率

资本金利润率是指项目达到设计生产能力的正常年份的年利润总额或生产期年平均利润总额与资本金的比率，反映了投入项目的资本金的盈利能力。其计算公式为：

$$资本金利润率 = \frac{年利润总额或年平均利润总额}{资本金} \times 100\% \qquad (4-10)$$

式中，资本金是指项目的全部注册资金。

计算出的项目资本金利润率，应与标准资本金利润率或行业平均资本金利润率进行比较。若项目的资本金利润率大于或等于标准的或行业的平均资本金利润率，表明该项目在经济上可接受；否则，一般不可取。

【例4-4】 某拟建项目建设期为2年，第一年初投资150万元，第二年初投资225万元，固定资产投资全部为银行贷款，年利率为8%。该项目寿命周期为15年，生产期第一年达到设计生产能力，正常年份的产品销售收入为375万元，总成本费用225万元，增值税率为14%（设已经扣除进项税部分），忽略其他税金及附加，流动资金为75万元。若项目的全部注册资金为950万元，试求该项目的投资利润率、投资利税率及资本金利润率各是多少？

解 项目总投资＝固定资产＋建设期利息＋流动资金
　　　　　　　　＝$150 \times (1+0.08)^2 + 225 \times (1+0.08) + 75$
　　　　　　　　＝493（万元）

正常年份利润＝年销售收入－年总成本费用－年销售税金及附加
　　　　　　＝$375 - 225 - 375 \times 14\%$
　　　　　　＝97.5（万元）

$$正常年份利税总额 = 年销售收入 - 年总成本费用$$
$$= 375 - 225 = 150 \text{（万元）}$$

由此可计算出：

$$投资利润率 = \frac{年利润总额或年平均利润总额}{总投资} \times 100\%$$

$$= \frac{97.5}{493} \times 100\%$$

$$= 19.8\%$$

$$投资利税率 = \frac{年利税总额或年平均利税总额}{总投资} \times 100\%$$

$$= \frac{150}{493} \times 100\%$$

$$= 30.4\%$$

$$资本金利润率 = \frac{年利润总额或年平均利润总额}{资本金} \times 100\%$$

$$= \frac{97.5}{950} \times 100\%$$

$$= 10.3\%$$

（三）静态追加投资效果系数

静态追加投资效果系数，亦称静态差额投资效果系数，是指在不考虑资金时间价值条件下，相比方案的净收益差额与投资差额的比率，它表示单位差额投资所引起的年成本的节约额或年利润的变化值。在多方案分析中，常用于方案之间的比较和选优。

当两个方案的生产能力相同，即 $Q_1 = Q_2$ 时，静态追加投资效果系数可用如下公式计算：

$$E_{2/1} = \frac{C_1 - C_2}{I_2 - I_1} = \frac{Y_2 - Y_1}{I_2 - I_1} \tag{4-11}$$

当两个方案的生产能力不同，但相差不太大时，可用如下公式计算：

$$E_{2/1} = \frac{C_1/Q_1 - C_2/Q_2}{I_2/Q_2 - I_1/Q_1} = \frac{Y_2/Q_2 - Y_1/Q_1}{I_2/Q_2 - I_1/Q_1} \tag{4-12}$$

式中，$E_{2/1}$ 为静态追加投资效果系数；C、I、Q 和 Y 的含义与式(4-5)中相同；$C_1 > C_2$，$I_2 > I_1$，$Y_2 > Y_1$。

计算出的项目追加投资效果系数 $E_{2/1}$ 应与基准或行业的平均投资利润率 E_s 比较，当 $E_{2/1} \geq E_s$ 时，则投资额较大、净收益多、经营成本低的方案2较优；反之，方案1较优。

但需要注意的是，静态追加投资效果系数只反映两方案相对的盈利能力，并没有反映这些方案自身的盈利能力或经济效益是否可接受。所以，相互比较的方案应首先通过绝对经济效益的评价，即均是在经济上可接受的方案，然后用追加投资效果系数进行这些多方案的比较和选优。

（四）静态投资效果系数法的特点

1. 优点

① 经济含义明确、计算方法简单、使用方便。

② 明确地体现了项目的获利能力。投资利润率和投资利税率等都是以单位投资额的利

润或利税表示，从而便于同类项目的相互比较。

2. 缺点

① 由于没有考虑资金的时间价值因素，所以计算方法不科学，其结果不准确，评价结论的可靠性、准确性可能受到较大影响。

② 只反映了项目投资的获利能力，但投资所承担的风险性完全没有体现。一个获利能力很好的项目，若投资回收期较长，在科学技术迅速发展的时代，该项目在收回其投资时，项目的技术经济性能可能已经落后于那时的社会平均指标，从而难以取得原先所预期的盈利水平。

【例 4-5】 试用静态追加投资效果系数法，对例 4-3 的两方案进行经济效益比较。

解 两方案产量相同，由式(4-11)，得

$$E_{2/1} = \frac{C_1 - C_2}{I_2 - I_1}$$

$$= \frac{40-32}{80-60} = 0.4$$

例 4-3 中 $P_s = 5$ 年，即 $E_s = \frac{1}{P_s} = 0.2$，可见

$$E_{2/1} = 0.4 > E_s$$

故投资额较大的第 2 种方案较优，这与前述用静态追加投资回收期法的评价结果一致。

三、评价标准

从前面的分析和评价可知，无论是使用投资回收期还是追加投资回收期对项目方案进行评价、比较和选优时，都不可避免地要与标准的指标或参数进行比较。所以，如何保证评价标准的相对统一性、评价标准参数或指标取值的合理性，是决定项目方案评价结论可靠性和可比性的重要因素，应予以重视。

国家发展和改革委员会与建设部组织约 500 名专家、有关研究机构以及各行业对于财务基准收益率等进行了调研，于 2006 年 8 月发布了《建设项目经济评价方法与参数（第三版）》，化工及相关行业的有关结果列于表 4-3 中。其中的"基准投资回收期""平均投资收益率"以及"平均投资利税率"等指标可供在无其他数据时参考。

表 4-3 中的基准收益率 i_0 和基准投资回收期 P_s 可作为项目财务评价的基准判据；而平均投资收益率与平均投资利税率用来衡量项目的投资利润率和投资利税率是否达到本行业平均水平的依据，不一定作为判别项目是否可行的标准，但可依据行业的平均参数进行估算。

表 4-3 化工及相关行业经济评价参数

序号	行业	基准收益率 i_0/%		基准投资回收期 P_s/年	平均投资收益率 /%	平均投资利税率 /%
		融资前税前指标	项目资本金税后指标			
05	石油化工	12~14	13~16	9~12	4~15	11~20
051	原油加工及石油制品制造	12	13			
052	初级形态的塑料及合成树脂制造	13	15			
053	合成纤维单(聚合)体制造	14	16			
054	乙烯联合装置	12	15			

续表

序号	行业	基准收益率 i_0/%		基准投资回收期 P_s/年	平均投资收益率/%	平均投资利税率/%
		融资前税前指标	项目资本金税后指标			
055	纤维素原料及纤维制造	14	16			
06	化工	9~13	9~15	9~11	8~15	11~23
061	氯碱及氯化物制造	11	13			
062	无机化学原料制造	11	11			
063	有机化学原料及中间体制造	11	12			
064	化肥	9	9			
065	农药	12	14			
066	橡胶制品制造	12	12			
067	化工新型材料	12	13			
068	专业化学品制造（含精细化工）	13	15			
12	煤炭	12~13	3~15	8~13	14~18	11~19
121	煤炭采选	13	15			
122	煤气生产	12	13			
15	轻工	10~16	12~18	7~11	13~19	12~36
151	卷烟制造	16	18			
152	纸浆及纸制品制造	13	15			
153	变性燃料乙醇	13	15			
154	制盐	10	12			
155	家电制造	12	13			
156	家具制造	13	15			
157	塑料制品制造	13	15			
158	日用化学品制造	13	15			
17	医药	15~18	16~20	6~10	17~22	15~25
171	化学药品、原料制剂制造	15	16			
172	中成药制造	18	20			
173	兽用药品制造	18	20			
174	生物、生化制品制造	18	20			
175	卫生材料及医药用品制造	15	18			

第三节　动态评价方法

项目方案的动态评价，是指对项目方案的效益和费用的计算考虑了资金的时间价值因素，用复利计算的方式，将不同时点的支出和收益折算为相同时点的价值，从而完全满足时间可比性的原则，能够科学、合理地对不同项目方案进行比较和评价。而且，动态评价中采用的大多数动态评价指标考虑了项目在整个寿命周期内支出与收益的全部情况，使动态评价比静态评价更加科学、全面，其评价结论的科学性、准确性及全面性更好。动态评价方法是现代项目经济评价常用的主要方法。

动态评价方法，是依据项目的一系列动态指标，对项目进行评价。每一动态指标都从不同角度、不同范围体现项目的主要技术经济特点，从而形成了多种动态评价方法，它们各有其特点和适用条件，下面将分别介绍一些常用的动态评价方法。

一、动态投资回收期法

在采用投资回收期对项目进行评价时，为了克服静态投资回收期法未考虑资金时间价值的缺点，应采用动态投资回收期法。动态投资回收期，是指在考虑资金时间价值条件下，按一定利率复利计算收回项目总投资所需的时间，通常以年表示。

（一）动态投资回收期的计算

1. 以累计净收益计算

累计净收益计算方法是以现值法计算各时期资金流入与流出的净现值，由此计算出当其累计值正好补偿全部投资额时所经历的时间。这也是动态投资回收期计算的一般化方法，其计算式可从第三章的资金回收公式导出。

$$\sum_{t=0}^{P'_t}(CI-CO)_t(1+i)^{-t}=0 \qquad (4\text{-}13a)$$

或

$$\sum_{t=0}^{P'_t}Y_t(1+i)^{-t}=0 \qquad (4\text{-}13b)$$

式中，P'_t为动态投资回收期；Y_t为每年的净收益或净现金流量；i为贷款利率或基准收益率。

动态投资回收期也可直接从财务现金流量表中计算净现金流量现值累计值求出。其计算式为：

$$P'_t=净现金流量现值累计值开始出现正值的年份数-1+\frac{上年净现金流量现值累计值的绝对值}{当年净现金流量现值} \qquad (4\text{-}14)$$

2. 以平均净收益或等额净收益计算

如果项目每年的净收益可用平均净收益表示，或者能将各年净收益折算为年等额净收益Y，设I为总投资现值，则动态投资回收期P'_t的计算可简化为：

$$P'_t=\frac{\lg\left(1-\dfrac{Ii}{Y}\right)}{-\lg(1+i)} \qquad (4\text{-}15)$$

将计算出的项目动态投资回收期P'_t与标准投资回收期P_s或行业平均投资回收期比较。当$P'_t \leqslant P_s$时，表示项目在经济上可接受；反之，一般认为该项目不可取。

【例4-6】 试对例4-2的项目用动态投资回收期进行评价（设$i=8\%$）。

解 根据已知条件，可以利用式(4-14)，用计算表计算，见表4-4。根据表4-4的计算结果，利用内插法，由公式(4-14)得：

$$P'_t=5-1+\frac{20.22}{27.24}=4.74(年)$$

此外，由于该项目现金流量在第二年以后均相同，即每年的净收益相同，因而也可利用式(4-15)计算。其计算过程如下。

以第二年为基准时点的总投资为：
$$I = 80 \times (1+0.08)^2 + 20 \times (1+0.08) - 20 = 94.91 (万元)$$
由于第三年及其以后各年净收益相同，根据式(4-15) 得：

$$P'_t = -\frac{\lg\left(1-\frac{Ii}{Y}\right)}{\lg(1+i)}$$

$$= -\frac{\lg\left(1-\frac{94.91 \times 0.08}{40}\right)}{\lg(1+0.08)} = 2.74$$

所以，以建设开始为基准的投资回收期为 $2+P'_t = 2+2.74 = 4.74$（年）

即该项目的动态投资回收期为 4.74 年，比前述的静态投资回收期 $P_t = 4.0$ 年略长，但仍满足 $P'_t < P_s = 5$，所以该项目在经济上是可接受的。

表 4-4　动态投资回收期计算表　　　　　　　　　单位：万元

年份	净现金流量	8%的折现系数	净现金流量现值	净现金流量现值累计值
0	−80	1.000	−80	−80.00
1	−20	0.926	−18.52	−98.52
2	20	0.857	17.14	−81.38
3	40	0.794	31.76	−49.62
4	40	0.735	29.40	−20.22
5	40	0.681	27.24	+7.02
6	40	0.630	25.20	+32.22
7	40	0.583	23.32	+55.54
8	40	0.540	21.60	+77.14

【例 4-7】　某企业需贷款兴建，基建总投资（现值）为 800 万元，流动资金（现值）400 万元。投产后每年净收益为 250 万元，贷款年利率为 8%。试分别用静态投资回收期法和动态投资回收期法，对该项目进行评价（设基准投资回收期 $P_s = 5$ 年）。

解　(1) 静态法　根据题意，由式(4-2) 得
$$P_t = \frac{I}{Y} = \frac{800+400}{250} = 4.8(年)$$

(2) 动态法　利用式(4-15)，可得
$$P'_t = -\frac{\lg\left(1-\frac{Ii}{Y}\right)}{\lg(1+i)}$$

$$= -\frac{\lg\left(1-\frac{1200 \times 0.08}{250}\right)}{\lg(1+0.08)} = 6.3（年）$$

以上计算表明，用静态投资回收期法评价时，因 $P_t < P_s$，该项目可接受；但用动态投资回收期法评价，却因 $P'_t > P_s$，使该项目一般不可取。

（二）动态追加投资回收期

上述动态投资回收期法可用于对单一或独立方案的评价，以判别其在经济上是否可行。

对于多个方案的比较和评价，与静态方法类似，用动态追加投资回收期法对两方案进行比较并选优。

动态追加投资回收期，是指在考虑资金时间价值的条件下，用投资额大的方案比投资额小的方案所节约的经营费用或增加的年净收益，来收回其多追加的投资额所需的时间，亦称为动态差额投资回收期。其计算式可由等额分付现值公式导出。

$$P'_{2/1} = \frac{\lg \Delta C - \lg(\Delta C - i \Delta I)}{\lg(1+i)} \quad (4\text{-}16)$$

或

$$P'_{2/1} = \frac{\lg \Delta Y - \lg(\Delta Y - i \Delta I)}{\lg(1+i)} \quad (4\text{-}17)$$

式中，$P'_{2/1}$ 为动态追加投资回收期；ΔC 为相比较方案的经营费用差额，$\Delta C = C_1 - C_2$，且 $C_1 > C_2$；ΔI 为相比较方案的投资差额，$\Delta I = I_2 - I_1$ 且 $I_2 > I_1$；ΔY 为相比较方案的净收益差额，$\Delta Y = Y_2 - Y_1$，且 $Y_2 > Y_1$；i 为设定的利率。

将上述求出的动态追加投资回收期与基准或行业的平均投资回收期 P_s 相比较。如果 $P'_{2/1} \leqslant P_s$，表明该投资大、经营成本低或净收益高的方案 2 较方案 1 为优；否则，方案 1 较优。

动态追加投资回收期法主要用于互斥方案间的相互比较和选优。采用动态追加投资回收期进行多方案评价时应注意的是，动态追加投资回收期 $P'_{2/1}$ 仅反映了两个对比方案之间的相对经济效益，并不能确认这两个方案本身在经济上是否可行。因此，通常是先用动态投资回收期 P'_t 判别可行方案；然后再用动态追加投资回收期 $P'_{2/1}$ 进行比较和选择最优方案。

【例 4-8】 试用动态追加投资回收期法，对例 4-3 中的两方案进行选优（设 $i=10\%$）。

解 依据题意，知 $C_1 = 40$ 万元，$C_2 = 32$ 万元，$I_1 = 60$ 万元，$I_2 = 80$ 万元，$i = 10\%$。代入式(4-16)，得

$$\begin{aligned}P'_{2/1} &= \frac{\lg \Delta C - \lg(\Delta C - i \Delta I)}{\lg(1+i)} \\ &= \frac{\lg(40-32) - \lg[(40-32)-(80-60)\times 0.10]}{\lg(1+0.10)} \\ &= 3.0 \text{（年）}\end{aligned}$$

由于 $P'_{2/1} < P_s = 5$，即方案 2 优于方案 1。

（三）动态投资回收期法的特点

1. 优点

① 与静态法相同，经济意义明确、直观。

② 由于考虑了资金的时间价值，计算方法科学、合理，所反映的项目风险性和盈利能力也更加真实、可靠，是对投资方案进行技术经济评价的重要指标。

2. 缺点

① 与静态投资回收期法相比，当年净收益各不相同时，计算方法和过程较为复杂。

② 没有反映投资收回以后，项目的收益、项目使用年限和项目的期末残值等，不能全面地反映项目的经济效益。

静态投资回收期法和动态投资回收期法的评价标准相同，均应满足小于或等于 P_s。但前者的计算较简便，所以通常先快捷地计算静态投资回收期。在投资回收期不长的条件下，用静态法也可获得较可靠的结论。若静态投资回收期较长，这时动态投资回收期与静态投资

回收期相差较大,应进一步计算动态投资回收期。

二、动态投资效果系数法

动态投资效果系数,是指在考虑资金时间价值的条件下,按复利法计算出的项目净收益与总投资的比率,较真实地反映了单位投资额所能获得的收益,是项目的重要经济效益指标之一。

由于投资效果系数与投资回收期互为倒数关系,从而可直接由动态投资回收期计算式(4-15)导出。

$$E' = \frac{1}{P'_t} = -\frac{\lg(1+i)}{\lg\left(1-\frac{Ii}{Y}\right)} \tag{4-18}$$

式中,E'为动态投资效果系数。

动态投资效果系数法的判别原则,与静态投资效果系数法相同。将E'与基准或行业的平均投资收益率E_s相比较,当$E' \geqslant E_s$,则方案可接受;反之,一般不应采纳。动态投资效果系数法主要用于判别单一或独立方案是否可接受以及对盈利和风险程度的大致分析。

三、净现值法和净现值比率法

(一)净现值法

净现值法是动态评价最重要的方法之一。它不仅考虑了资金的时间价值,也考虑了项目在整个寿命周期内收回投资后的经济效益状况,从而弥补了投资回收期法的缺陷,是更为全面、科学的技术经济评价方法。

1. 净现值的概念及计算

净现值是指技术方案在整个寿命周期内,对每年发生的净现金流量,用一个规定的基准折现率i_0,折算为基准时刻的现值,其总和称为该方案的净现值(NPV)。

$$\begin{aligned} \text{NPV} &= \sum_{t=0}^{n}(\text{CI}-\text{CO})_t(1+i_0)^{-t} \\ &= \sum_{t=0}^{n}\text{CF}_t(1+i_0)^{-t} \end{aligned} \tag{4-19}$$

如果每年的净现金流量相等,投资方案只有初始投资I,则净现值可用等额分付现值公式导出为:

$$\begin{aligned} \text{NPV} &= \text{CF}\frac{(1+i_0)^n-1}{i_0(1+i_0)^n}-I \\ &= \text{CF}(P/A, i_0, n)-I \end{aligned} \tag{4-20}$$

式中,NPV为净现值;i_0为基准折现率;CI为现金流入;CO为现金流出;CF为净现金流量;n为项目方案的寿命周期。

其中,$(\text{CI}-\text{CO})_t = \text{CF}_t$称为第$t$年的净现金流量;$(1+i_0)^{-t}$称为第$t$年的折现因子,$\text{CF}_t(1+i_0)^{-t}$称为第$t$年的净现金流量现值。净现值的折算一般以投资开始为基准,通常按以下步骤进行计算。

① 列表或作图标明整个寿命周期内逐年现金的流入和现金的流出,从而算出逐年的净现金流量;

② 将各年的净现金流量乘以对应年份的折现因子,得出逐年的净现金流量的现值;

③ 将各年的净现金流量现值加和，即得该项目的净现值。

2. 净现值的经济意义及用于经济评价

净现值是反映技术方案在整个寿命周期内获利能力的动态绝对值评价指标。对于投资者来说，投资的目的除了要收回全部投资外，主要是期望能获得额外的盈利。净现值（NPV）直观、明确地体现了投资的期望。所以，净现值是表示项目经济效益最重要的综合指标之一。

根据净现值的经济含义，可对项目进行判别。

① 净现值大于零时，表明该方案的投资不仅能获得基准收益率所预定的经济效益，而且还能获得超过基准收益率的现值收益，说明该方案在经济上是可取的。净现值越大，表明获利能力越佳。

② 净现值等于零时，表明技术方案的经济收益刚好达到基准收益水平，说明在经济上是合理的，一般可取。

③ 净现值小于零时，表明方案的经济效益没有达到基准收益水平，说明方案一般不可取。

将净现值指标用于单方案评价时，如果 NPV≥0，方案通常可取；而用于多方案评价时，当各方案投资额的现值相等时，净现值最大的方案最优。因此，也可按净现值的大小对项目排队，优先考虑净现值大的项目。

【例4-9】 某项目各年净现金流量如表4-5所示，试用净现值评价项目的经济性（设 $i=8\%$）。

表4-5　某项目的现金流量　　　　　　　　　　　　单位：万元

项目	年份				
	0	1	2	3	4～10
投资	40	700	150	—	—
收入	—	—	—	670	1050
其他支出	—	—	—	450	670
净现金流量	−40	−700	−150	220	380

解　根据表4-5中的各年的净现金流量和式(4-19)，可计算净现值为：

$$NPV = \sum_{t=0}^{n} CF_t(1+i_0)^{-t}$$

$$= -40 - 700(P/F, 8\%, 1) - 150(P/F, 8\%, 2) + 220(P/F, 8\%, 3) + 380(P/A, 8\%, 7)(P/F, 8\%, 3)$$

$$= -40 - 700 \times \frac{1}{1+0.08} - 150 \times \frac{1}{(1+0.08)^2} + 220 \times \frac{1}{(1+0.08)^3} + 380 \times \frac{(1+0.08)^7 - 1}{0.08(1+0.08)^7} \times \frac{1}{(1+0.08)^3}$$

$$= 928.4 \text{（万元）}$$

由于 NPV>0，所以项目在经济上是可行的。

3. 基准折现率对 NPV 的影响

从净现值计算式知，在项目现金流量一定的条件下，净现值的大小与基准折现率 i_0 密切相关，即

$$NPV = f(i_0)$$

用净现值指标评价和选择方案时,正确选择和确定折现率很重要,这关系到方案评价的正确性和合理确定项目的盈利水平。目前常用的折现率主要有行业财务基准收益率和社会折现率。

行业财务基准收益率,是项目财务评价时计算财务净现值的折现率,以此折现率计算的净现值,称为行业评价的财务净现值。行业财务基准收益率体现了行业内投资应获得的最低财务盈利水平。表 4-3 给出了我国制定的部分行业的财务基准收益率,供实际使用时参考。有的情况下,也可以投资贷款利率为参考,制定适宜的折现率。

社会折现率,是项目进行国民经济评价时计算经济净现值的折现率,以此折现率计算的净现值,称为国民经济评价的经济净现值。社会折现率反映了从国家角度对资金机会成本、资金时间价值以及对资金盈利能力的一种估算。目前我国一般将社会折现率取为 12%。

(二)净现值比率法

用净现值评价投资项目时,没有考虑其投资额的大小,因而不能直接反映资金的使用效率。为此,引入净现值比率作为净现值的辅助指标。

净现值比率,又称净现值率或净现值指数,它是指净现值与投资额的现值之比值。其计算公式为:

$$NPVR = \frac{NPV}{I_p}$$

$$= \frac{NPV}{\sum_{t=0}^{n} I_t \times \frac{1}{(1+i_0)^t}} \tag{4-21}$$

式中,NPVR 为项目方案的净现值比率;I_p 为项目方案的总投资现值;I_t 为项目方案第 t 年的投资。

其余符号与式(4-19)相同。

净现值比率反映了方案的相对经济效益,即反映了资金的使用效率,它表示单位投资现值所产生的净现值,也就是单位投资现值所获得的超额净效益。

用净现值比率评价方案时,当 NPVR≥0 时,表示方案可行;当 NPVR<0,方案一般不可行。用净现值比率进行方案比较时,以净现值比率较大的方案为优。

【例 4-10】 设有 A、B 两种方案,它们的各自初始投资额和各年净收益见表 4-6。如果折现率 $i_0=0.1$,试分别用净现值和净现值比率比较方案的优劣。

表 4-6 例 4-10 的已知条件

方案	初始投资/万元	年净收益/万元				
		第 1 年	第 2 年	第 3 年	第 4 年	第 5 年
A	1000	290	290	290	290	290
B	500	150	150	150	150	150

解 (1) 用净现值

$$\begin{aligned}
NPV(A) &= 290 \times (P/A, 0.1, 5) - 1000 \\
&= 290 \times \frac{(1+0.1)^5 - 1}{0.1 \times (1+0.1)^5} - 1000 \\
&= 290 \times 3.7908 - 1000 \\
&= 99.33 \text{(万元)}
\end{aligned}$$

$$NPV(B) = 150 \times (P/A, 0.1, 5) - 500$$
$$= 68.62 \text{（万元）}$$

因为 NPV(A)>NPV(B)，故仅从净现值大小看，方案 A 较优。

(2) 用净现值比率

$$NPVR(A) = \frac{NPV(A)}{I_p(A)} = \frac{99.33}{1000}$$
$$= 0.09933$$

$$NPVR(B) = \frac{NPV(B)}{I_p(B)} = \frac{68.62}{500}$$
$$= 0.1372$$

因 NPVR(B)>NPVR(A)，故方案 B 较优。

  由计算结果可见，两种方法对方案的比较结果截然不同。但认真分析表 4-6 中的数据可知，方案 A 的投资是方案 B 的两倍，而其年净收益现值却不到方案 B 的两倍。根据净现值比率的含义，方案 B 除确保投资得到 10% 的基准收益率或偿还贷款利息外，每万元还带来 0.1372 万元的额外经济收益（现值），而方案 A 仅能带来 0.09933 万元的额外经济收益。实际上，方案 B 优于方案 A。

  以上表明，在进行多方案对比时，有时不能简单地根据净现值的大小来优选。因为净现值只反映了盈利额的多少，并没有指出这种盈利额所花费的投资额，也就是说没有直接反映资金的利用效率。因而，净现值大的方案不一定是经济效果最好的方案。只用净现值指标来评价方案的效益，对投资额大的方案有利，而可能忽略掉投资额较小、经济效益好的方案。因此，在用净现值评价方案时，还应同时计算净现值比率作为辅助评价指标。尤其是两方案的投资额相差较大时，净现值比率指标在优选方案时更显重要。

（三）净现值法和净现值比率法的特点

  ① 经济概念清晰、直观、容易理解。
  ② 不仅考虑了资金的时间价值，而且计算了项目整个寿命周期的现金流量，因而较全面地反映了项目方案的经济效益状况。
  ③ 评价多方案时，可初选净现值最大的方案，但还应计算净现值比率指标，才能正确地反映资金的使用效率，选出效益最优的方案。
  ④ 用净现值和净现值比率评价和比较方案时，各方案的寿命周期应基本相同，才能满足可比性。对不同寿命周期方案的比较，应采用适宜的方式将其寿命周期转换或折算成相同年限。

四、年值法

  当用净现值法比较和评价方案时，如果方案的寿命周期不同，需要转换成相同的年限，其过程较为烦琐。有的情况下，这种年限的处理结果不合理，难以正确地进行方案的比较。因此，经常采用年值法来解决此类问题。

  年值法是将项目方案在寿命周期内不同时间点发生的所有现金流量，均按设定的折现率换算为与其等值的等额分付年金。由于都换算为一年内的现金流量，而且各年现金流量相等，满足时间可比较性，从而可对方案进行评价、比较和选优。年值法一般可分为净年值法和年费用法两种。

(一) 净年值法

净年值是指将方案寿命期内逐年的现金流量换算成均匀的年金系列,也就是换算成等额净年金。净年值的计算公式为:

$$NAV = NPV(A/P, i, n)$$
$$= \left[\sum_{t=0}^{n} CF_t (1+i_0)^{-t}\right] \frac{i_0(1+i_0)^n}{(1+i_0)^n - 1} \quad (4-22)$$

当投资方案只有初始投资 I,而每年等额净收益为 CF,方案寿命周期结束时的残值为 F,上式可简化为:

$$NAV = CF + F(A/F, i_0, n) - I(A/P, i_0, n) \quad (4-23)$$

应用净年值法来评价对比方案时,一般是以净年均值为标准,故也称为净年均值法。

项目方案的净年值 NAV≥0,表明方案可行;当 NAV<0 则方案一般不可接受。在比较多方案时,因为净年值的大小体现了方案在寿命周期内每年除了能获得设定收益率的收益外,所获得的等额超额收益。所以,净年值法对于寿命不相等的各个方案进行比较和选择,是最便捷的方法。

【例 4-11】 某企业拟建一套生产装置,现提出两种方案,有关的经济情况列于表 4-7。如果选择 $i_0 = 12\%$,试比较和选择两方案。

表 4-7 例 4-11 的已知条件

方案	初始投资/万元	年收益/万元	寿命期/年
A	400	150	13
B	300	100	15

解 用净年值指标选择方案,因投资方案仅有初始投资 I,故可用式(4-23):

$$NAV(A) = 150 - 400(A/P, 0.12, 13)$$
$$= 150 - 400 \times \frac{0.12 \times (1+0.12)^{13}}{(1+0.12)^{13} - 1} = 150 - 400 \times 0.1557 = 87.73 \text{(万元)}$$
$$NAV(B) = 100 - 300(A/P, 0.12, 15)$$
$$= 100 - 300 \times 0.1468 = 55.96 \text{(万元)}$$

NAV(A)>NAV(B),故方案 A 优于方案 B。

在上例中,两方案的寿命周期不同。如果用前面介绍的净现值法,就需将计算期扩大到两方案寿命 13 年和 15 年的最小公倍数 13×15=195(年)。在这样条件下计算出的结果很难保证有实际意义。而采用净年值法,在对寿命期不同的多方案比较时,则避免了净现值法的不足。这是净年值法较其他评价方法独特的优点。

拓展阅读:运用 Excel 财务函数计算 NPV 等

(二) 年费用法

在对多个方案进行比较和评价时,如果各方案只有费用的差异,而产出效果相同,或者满足相同需要的程度基本相同,但其效益难以用价值形态计量(如教育、卫生保健、环境保护、国防等),可采用年费用法。

年费用法亦称年费用比较法，是按设定的收益率将各方案寿命周期内、不同时间点发生的所有支出费用换算为与其等值的等额分付年费用，从而以此年费用比较、评价和选择方案。其计算式为：

$$AC = PC(A/P, i_0, n)$$
$$= \left[\sum_{t=0}^{n} CO_t(P/F, i_0, t)\right](A/P, i_0, n) \quad (4-24)$$

式中，AC 为年费用或费用年值；CO_t 为第 t 年现金流出；PC 为费用现值。

年费用通常只用于多方案的比较和选择，其评判准则是：年费用或费用现值最小者为最优方案。

【例 4-12】 某拟定项目有三个方案可供选择，它们都满足同样的需求，其费用如表 4-8 所示。在基准折现率 $i_0 = 8\%$ 的条件下，试用年费用法和费用现值法选择最优方案。

表 4-8 三个方案的费用情况

方案	总投资(第 0 年)/万元	年运营费用(第 1 年至第 10 年末)/万元
A	200	60
B	250	50
C	300	30

解 依据题意和式(4-24)，各方案的费用现值为：

$$PC_A = 200 + 60 \times \frac{(1+0.08)^{10} - 1}{0.08(1+0.08)^{10}}$$
$$= 602.6 \text{（万元）}$$

$$PC_B = 250 + 50 \times \frac{(1+0.08)^{10} - 1}{0.08(1+0.08)^{10}}$$
$$= 585.5 \text{（万元）}$$

$$PC_C = 300 + 30 \times \frac{(1+0.08)^{10} - 1}{0.08(1+0.08)^{10}}$$
$$= 501.3 \text{（万元）}$$

可进一步计算各方案的年费用为：

$$AC_A = 602.6 \times \frac{0.08(1+0.08)^{10}}{(1+0.08)^{10} - 1}$$
$$= 89.81 \text{（万元）}$$

$$AC_B = 585.5 \times \frac{0.08(1+0.08)^{10}}{(1+0.08)^{10} - 1}$$
$$= 87.26 \text{（万元）}$$

$$AC_C = 501.3 \times \frac{0.08(1+0.08)^{10}}{(1+0.08)^{10} - 1}$$
$$= 74.71 \text{（万元）}$$

根据选优准则，费用现值和年费用的计算结果都表明，方案 C 最优，方案 B 其次，方案 A 最差。

费用现值与年费用的关系，类似于前述净现值与净年值的情况，两者是等效评价指标，但各有其计算特点及适用范围。

五、内部收益率法

内部收益率,又称内部报酬率。在技术经济评价方法中,除净现值法以外,内部收益率法是另一种最为重要的动态评价方法。

(一) 内部收益率的概念

对于任何一项技术方案在寿命周期内,其净现值通常是随着折现率的增大而减小。当折现率增大到某一特定的数值 $i_0 =$ IRR 时,净现值 NPV$=0$。这种使技术方案净现值为零时的折现率 IRR,称为该技术方案的内部收益率。内部收益率的表达式如下:

$$\sum_{t=0}^{n} CF_t (1+IRR)^{-t} = 0 \tag{4-25}$$

如果投资现值为 I,投产以后每年都取得相等的年净收益 CF,内部收益率 IRR 可如下计算:

$$CF(P/A, IRR, n) = I \tag{4-26}$$

将计算得到的内部收益率 IRR 与项目的基准收益率 i_0 相比较。当 IRR$\geqslant i_0$ 时,则表示项目方案的收益率已超过或者达到基本的或通常的水平。若 IRR$<i_0$,表明项目方案的收益率未达到设定的收益水平,不应接受。

内部收益率反映技术方案在该收益率的条件下,整个寿命周期内的净收益刚够补偿全部投资的本息。因而,内部收益率表示技术方案可能承受的最高贷款利率。当 IRR 等于或大于基准收益率 i_0 时,说明该方案的净收益达到或超过最低的要求。因此,内部收益率也可以理解为投资项目对占用资金的一种回收能力,其值越高,经济效益越好。

拓展阅读:外部收益率(ERR)

(二) 内部收益率的计算及方案评价

由于式(4-25)是一个高次方程,难以直接求解,常采用试差法求得 IRR 的值。一般的计算程序是:先假设一个初值 i 代入式(4-25),当净现值即式(4-25)的左边为正时,增大 i 值;如果净现值为负,则减少 i 值。直到净现值等于零,这时的折现率即为所求的内部收益率 IRR。

常采用的试差法有手算试差法和计算机迭代法两类。

1. 手算试差法

给定一初值 i 试算,直到两个折现率 i_1 和 i_2 之差一般不超过 2%~5%,且 i_1 和 i_2 所对应的净现值 NPV$_1$ 和 NPV$_2$ 分别为正和负,可以用下述插值公式计算 IRR。

$$\frac{IRR - i_1}{i_2 - i_1} = \frac{|NPV_1|}{|NPV_1| + |NPV_2|} \tag{4-27}$$

即

$$IRR = i_1 + \frac{|NPV_1|}{|NPV_1| + |NPV_2|}(i_2 - i_1) \tag{4-28}$$

2. 计算机迭代法

用计算机试差求内部收益率更快捷、准确,通常采用牛顿迭代法。其迭代公式为:

$$X_{k+1} = X_k - \frac{F(X_k)}{F'(X_k)} \tag{4-29}$$

迭代计算框图,如图 4-4 所示。

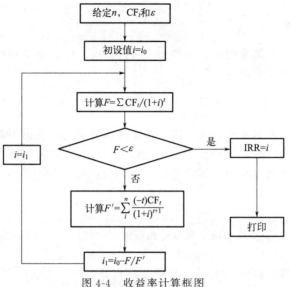

图 4-4 收益率计算框图

【例 4-13】 某技术方案在其寿命周期（$n=7$ 年）内各年的净收入列于表 4-9 中。试求该方案的内部收益率。

解 用试差法计算基本步骤为

(1) 先假设一折现率 i，计算出各年的折现系数 $\dfrac{1}{(1+i)^t}$；

(2) 计算出各年的现值 $NPV_t = CF_t \dfrac{1}{(1+i)^t}$；

(3) 将各年的现值加和而得到净现值 $NPV = \sum NPV_t$；

(4) 如果计算出的 NPV 大于零，则增大原假设的折现率 i，再从头计算，一直到新的折现率 i_2 使 NPV_2 小于零，前一个折现率为 i_1，净现值为 $NPV_1 > 0$；

(5) 代入式(4-28)，计算出内部收益率 IRR。

对本例，设 $i = 14\%$ 时，各年的折现系数及现值分别为

第一年：折现系数 $= \dfrac{1}{1+0.14} = 0.877$　现值 $= -1000 \times 0.877 = -877$（万元）

第二年：折现系数 $= \dfrac{1}{(1+0.14)^2} = 0.769$　现值 $= 200 \times 0.769 = 154$（万元）

……

各年的折现系数、现值列于表 4-9 的第三、四列中，将各年的现值加和，得：

$$NPV_1 = -887 + 154 + \cdots = 25.0(万元) > 0$$

又设 $i = 15\%$，此时也可算出各年的折现系数、现值等，相应的净现值 $NPV_2 = -3.0$ 万元 < 0，如表 4-9 的第五、六列所示。以上表明，使 $NPV = 0$ 的 IRR 一定位于 14%～15% 之间。用插值公式(4-28)计算：

$$\begin{aligned}
IRR &= i_1 + \dfrac{|NPV_1|}{|NPV_1| + |NPV_2|}(i_2 - i_1) \\
&= 0.14 + \dfrac{25.0}{|25.0| + |-3.0|}(0.15 - 0.14) \\
&= 0.149 \\
&= 14.9\%
\end{aligned}$$

表 4-9 例 4-13 的计算

年份	各年净收入 CF_t/万元	折现率 $i_1=14\%$ 折现系数	折现率 $i_1=14\%$ 现值 NPV_t/万元	折现率 $i_2=15\%$ 折现系数	折现率 $i_2=15\%$ 现值 NPV_t/万元
1	−1000	0.877	−877	0.870	−870
2	200	0.769	154	0.756	151
3	250	0.675	169	0.658	165
4	310	0.592	184	0.572	177
5	290	0.519	151	0.497	144
6	280	0.456	128	0.432	121
7	290	0.400	116	0.376	109
净现值 NPV/万元		$NPV_1=25.0$		$NPV_2=-3.0$	

（三）内部收益率方程多解的问题

内部收益率方程式(4-25)是一元高次方程。为清楚起见，令 $(1+IRR)^{-1}=X$，$CF_t=a_t$，则式(4-25)可变为：

$$a_0+a_1X+a_2X^2+\cdots+a_nX^n=0$$

即上式为一 n 次方程，n 次方程有 n 个复数根，其正数根的个数可不止一个。有可能出现多个解的情况，也可能出现无解。

内部收益率方程有解、无解，或出现多解，与项目现金流量的变化状况有关，可能有如下几种情况。

① 净现金流量序列的正负号变化一次，故只有一个正实数根。如例 4-13 中的净现金流量，见表 4-9。这类项目称为常规项目，内部收益率可得到有经济意义的唯一解。

② 净现金流量序列都是正值或负值，净现值曲线与水平轴不相交，内部收益率无解。这种情况极少出现。这是非常规项目的一种，不适宜用内部收益率法评价。

③ 净现金流量序列正负号变化一次以上，内部收益率仅有一个正实数根。如表 4-10 中的方案 A，其净现金流量正负号变化三次，从而内部收益率计算式可解出三个实数根分别为：$r_1=0.1297$，$r_2=-2.30$，$r_3=-1.42$。作为内部收益率方程的解，负数无实际经济意义，只有正实数根 r_1 可能为内部收益率。

④ 现金流量序列正负号变化一次以上，内部收益率方程有多个正实数根。如表 4-10 中的方案 B，其净现金流量变化三次，经计算求出三个正实数根分别为：$r_1=0.20$，$r_2=0.50$，$r_3=1.0$，如图 4-5 所示。这三个正实数根是否都是内部收益率，或者某些是内部收益率？这需要依据内部收益率的经济含义对这些根进行分析才能确定。

表 4-10 具有不同实数根的两个方案净现金流量　　　　单位：万元

方案	年份 0	1	2	3	4	5
A	−100	60	50	−200	150	100
B	−100	470	−720	360	0	0

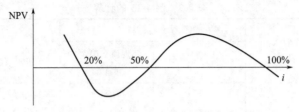

图 4-5 方案 B 的净现金流量曲线

对于多解时，判别或检验方程的根是否为内部收益率的法则为：在该折现率（实数根）条件下，项目寿命期内是否始终存在未被回收的投资，且只有在寿命周期末才完全收回。

依据上述法则，对表 4-10 中的方案 A 进行判别，计算在 $r_1=0.1297=12.97\%$ 条件下的净现金流量现值及其累计值，即资金回收状况，见表 4-11。

从表 4-11 可见，各年的净现金现值累计值在第 5 年刚好为零，即收回投资外，其余各年的累计值均为负，即均有未收回的投资余额。所以，方案 A 的解 $r_1=0.1297$ 是内部收益率。

表 4-11 方案 A 的净现金流量现值及其累计值   单位：万元

年份	0	1	2	3	4	5
净现金流量	−100	60	50	−200	150	100
净现金流量现值	−100	53.1	39.2	−138.7	92.1	54.3
净现金流量现值累计值	−100	−46.9	−7.7	−146.4	−54.3	0

依据上述判别法则，对方案 B 的三个正实数根分别进行检验，可知它们均不符合内部收益率的经济意义，所以都不是方案 B 的内部收益率。

（四）差额投资内部收益率的概念及计算

差额投资内部收益率，又称为追加投资内部收益率或增量投资内部收益率，是两个方案净现值差额为零时的折现率。对于方案 1 和 2 其计算式为：

$$\sum_{t=0}^{n}(CF_{t2}-CF_{t1})\times(1+\Delta IRR_{2/1})^{-t}=0 \tag{4-30}$$

如果方案各年的净收益相同，式(4-30) 可简化为：

$$\Delta CF(P/A,\Delta IRR_{2/1},n)-\Delta I=0 \tag{4-31}$$

式中，CF_{t2} 为投资额大的方案第 t 年的净现金流量；CF_{t1} 为投资额小的方案第 t 年的净现金流量；$\Delta IRR_{2/1}$ 为差额投资内部收益率。

$$\Delta CF=CF_2-CF_1$$
$$\Delta I=I_2-I_1$$

由上式可导出：$NPV_2-NPV_1=0$
即 $NPV_1=NPV_2$

可见，差额投资内部收益率也是两方案净现值相等时的内部收益率。

式(4-30) 也是一个高次方程，所以，求解差额投资内部收益率 $\Delta IRR_{2/1}$ 的方法与前述介绍的求解内部收益率 IRR 的方法相同。

（五）差额投资内部收益率用于多方案评价

设有两个技术方案，它们的内部收益率 i_1 和 i_2 均大于基准收益率 i_0，方案 1 的投资额比方案 2 的投资额大。如果 $\Delta\text{IRR}_{2/1} > i_0$，则表明投资额小的第 2 方案优于第 1 方案；如果 $\Delta\text{IRR}_{2/1} < i_0$，则表明投资额大的第 1 方案优于第 2 方案。

多方案评选时，首先从所有可供考虑的方案中选出 $\text{IRR} \geqslant i_0$ 的方案。然后对选出的方案，按初始投资额从小到大的顺序排列，从投资额最小的方案开始，与后一个投资额较大的方案进行比较，即计算前后两方案的差额投资内部收益率 $\Delta\text{IRR}_{(j+1)/j}$；如果 $\Delta\text{IRR}_{(j+1)/j} > i_0$，则选择投资额较大的方案；反之，则选择投资额较小的方案。将选出的方案再与后一个投资额较大的方案比较，计算出它们的 $\Delta\text{IRR}_{(j+1)/j}$。按上述方式依次比较，直至选出最优方案。

应当注意的是，差额投资内部收益率只能体现两对比方案的相对经济能力或经济效益。具体方案在经济上的可行性，应用内部收益率判别。此外，用差额投资内部收益率法比较和评选的方案，必须具有相同的寿命周期，即相同的计算期，以保证方案的时间可比性。

【例 4-14】 某化工厂拟处理生产中排放的废水并回收其中的有用成分，有如下三种技术方案可供选择（见表 4-12）。设基准折现率为 11.0%，方案寿命周期均是 5 年。试比较并选优。

表 4-12 例 4-14 的已知条件

技术方案	1	2	3
投资/万元	500	1000	1300
年净收益/万元	150	290	370

解 (1) 三种技术方案每年的年净收益相同，根据式(4-26)，各方案的内部收益率可计算如下。

方案 1：$150(P/A, \text{IRR}_1, 5) - 500 = 0$

即 $150 \times \dfrac{(1+i_1)^5 - 1}{(1+i_1)^5} - 500 = 0$

当

$$i_1 = 0.15, \quad \text{NPV}_1 = 2.83 \text{ 万元}$$
$$i_2 = 0.16, \quad \text{NPV}_2 = -8.86 \text{ 万元}$$

所以 $\text{IRR}_1 = 0.15 + \dfrac{|2.83|}{|2.83| + |-8.86|} \times (0.16 - 0.15)$

$= 0.1524 = 15.24\% \ (>11.0\%)$

方案 1 的投资内部收益率大于基准收益率，故方案 1 可行。

方案 2：$290(P/A, \text{IRR}_2, 5) - 1000 = 0$

用与方案 1 同样的试差法和插值公式解得：

$$\text{IRR}_2 = 13.82\% \ (>11.0\%)$$

表明方案 2 也是可行的。

方案 3：$370(P/A, \text{IRR}_3, 5) - 1300 = 0$

解得：$\text{IRR}_3 = 13.04\% \ (>11.0\%)$

方案 3 也是可行的。并且

$$\text{IRR}_1 > \text{IRR}_2 > \text{IRR}_3$$

(2) 尽管上述计算表明三种方案都是可行的，但它们的投资额不同，有的甚至相差较大，应计算差额投资内部收益率。

方案 2 与方案 1 相比较：

$$\Delta CF(P/A, \Delta IRR_{2/1}, 5) - \Delta I = 0$$

即 $(290-150)(P/A, \Delta IRR_{2/1}, 5) - (1000-500) = 0$

$$140(P/A, \Delta IRR_{2/1}, 5) - 500 = 0$$

用试差法解得：$\Delta IRR_{2/1} = 12.38\% > 11.0\%$

说明投资额大的方案 2 优于方案 1，故取方案 2。

方案 3 与方案 2 比较：

$$(370-290)(P/A, \Delta IRR_{3/2}, 5) - (1300-1000) = 0$$

即 $80(P/A, \Delta IRR_{3/2}, 5) - 300 = 0$

解得：$\Delta IRR_{3/2} = 10.43\% (<11.0\%)$

此差额投资内部收益率小于基准收益率，应选择方案 2。所以，方案 2 是最优方案。

需要注意的是，当用 NPV 和 IRR 对多方案进行评价和选优时，可能出现矛盾的情况，即 $NPV_1 > NPV_2$，而 $IRR_1 < IRR_2$。由于相比较方案的投资额不同，应用差额投资内部收益率 ΔIRR 来比较，其与用净现值大小比较、选优的结果一致。

但是，对例 4-14，因为：

$$IRR_1 > IRR_2 > IRR_3$$

若依据内部收益率大小选优，应认为方案 1 为最优方案。但它们的净现值分别为：

$$NPV_1 = 150 \times \frac{(1+0.11)^5 - 1}{0.11 \times (1+0.11)^5} - 500 = 54.4(万元)$$

$$NPV_2 = 290 \times \frac{(1+0.11)^5 - 1}{0.11 \times (1+0.11)^5} - 1000 = 71.8(万元)$$

$$NPV_3 = 370 \times \frac{(1+0.11)^5 - 1}{0.11 \times (1+0.11)^5} - 1300 = 67.5(万元)$$

可见，$NPV_2 > NPV_3 > NPV_1$，方案 2 为最优，这与用差额投资内部收益率选优的结果吻合，但却与用内部收益率法的选优结果不一致。所以，内部收益率一般不作为方案比较和选优的指标，即不能以内部收益率大小排序，来判别各方案的优劣。

第四节　多方案评价与选择

一、方案的分类

在实际工作中，为一项拟议的投资，通常要提出不止一个项目方案，因而就需对多方案进行比较和选优。根据方案的特点，可分为如下几种类型。

独立型方案，是指项目方案的采纳与否，只受自身条件的制约，不影响其他方案的采纳或拒绝。这种类型方案的现金流量是独立的，互不相关。如果评价的对象是单一方案，可以认为是独立型方案的特例。

互斥型方案，是指各方案之间存在互不相容、互相排斥的关系。对各个互斥方案只能选择其中之一，其余必须放弃。

混合型方案，是指在一组可选方案中，既有互斥型又有独立型方案的情况。

除了以上三种较常见的类型外，还有相互依存型、现金流相关型和互补型方案。

由于各方案的性质、类型以及相互之间的关系各不相同，使经济效益比较和评价有一定的复杂性。所以简单地使用前述介绍的一些评价指标和方法，有可能难以获得正确的结论。为此，本节将在投资方案类型认识的基础上，根据其类型、相互之间的关系等，进一步讨论如何运用前面介绍的各种指标和方法,对各方案进行全面的评价和选择。

二、独立型方案的评价与选择

独立型方案的评价与选择,可分为资金不受限制和资金有限两种情况。

(一)资金不受限制时的评价与选择

在资金不受限制的条件下,独立型方案的采纳与否,只取决于方案自身的经济效益如何。所以,只需检验它们能否通过净现值、净年值或内部收益率指标的评价标准,即方案在经济上是否可行。在这种条件下,独立型方案的评价和选择与单一方案是相同的。

【例 4-15】 两个独立型方案 A、B,其投资和各年净收益如表 4-13 所示。试对其进行评价,设 $i_0=10\%$。

解 运用式(4-20),两方案的净现值分别为:

$$NPV_A = CF_A(P/A, i, n) - I_A$$
$$= 70 \times \frac{(1+0.10)^{10}-1}{(1+0.10)^{10}} - 300 = 130.1(万元)$$

表 4-13 例 4-15 的方案投资和净收益情况　　　　　　单位:万元

方案	投资	第 1~10 年净收益
A	300	70
B	300	45

$$NPV_B = CF_B(P/A, i, n) - I_B$$
$$= 45 \times \frac{(1+0.10)^{10}-1}{(1+0.10)^{10}} - 300 = -23.5(万元)$$

由于 $NPV_A > 0$,而 $NPV_B < 0$,则方案 A 可接受,方案 B 予以拒绝。对于这类方案,也可用净年值 NAV 或内部收益率 IRR 进行评价,结论一样。

(二)资金有限时的评价与选择

对于资金有限的条件,不能保证通过绝对经济效益检验的所有方案被采纳,必须放弃其中一些方案。在这种条件下的评价与选择,应使一定的总投资发挥最佳的效益。为此,通常可采用两种方式。

1. 净现值比率排序法

这种方法是首先计算各方案净现值比率,然后将其比率大于或等于零的方案按净现值比率大小排序;最后依此排序情况从大至小选取方案,直到所选方案的投资总额接近或等于投资总额限制条件为止。这样,所选出的方案是在一定投资限制条件下,具有最大的净现值。

净现值比率排序法的基本思路是单位投资的净现值越大,在一定投资限额内能获得的净现值总额也越大。用这种方法比较和选优的特点是含义明确、计算简便、使用方便。但由于各方案投资额各不相同,有时很难保证所选出方案的投资累计额能达到计划的资金总额,从而也难以真正获得在一定总资产条件下的最佳效益。另外需注意的是,用这种方法比较和选择方案时,各方案的寿命周期应相同。如果不同,应用净年值的概念,或者将其计算期换算为相同。

【例 4-16】 有 5 个可供选择的独立型方案，各独立型方案的初始投资及年净收益列于表 4-14。总投资计划为 800 万元，试按净现值比率法对方案进行选择（$i_0=12\%$）。

表 4-14　各独立型方案的初始投资及年净收益　　　　　　　　　单位：万元

方案	初始投资	第 1～10 年净收益	方案	初始投资	第 1～10 年净收益
A	210	36	D	290	55
B	170	32	E	230	46
C	250	48			

解　依据表 4-14 的数据，由式(4-20) 和式(4-21) 计算出各方案的净现值及净现值比率，见表 4-15。根据表 4-15 的净现值比率，淘汰其比率小于零的方案 A，并进行排序。按净现值比率从大到小顺序选择方案，直到所选方案投资累计额满足计划总投资。这些方案依次为：E、C、D，所用资金总额为 770 万元。

表 4-15　各独立型方案的净现值比率及排序情况　　　　　　　　单位：万元

方案	净现值(NPV)	净现值比率(NPVR)	按 NPVR 排序方案
A	−6.6	−0.031	E
B	10.8	0.064	D
C	21.2	0.085	B
D	20.8	0.072	C
E	29.9	0.130	A

2. 互斥方案组合法

互斥方案组合法的基本思想是，将各独立型方案排列组合成若干相互排斥的方案组，再对各方案组用净现值进行比较，选出在满足投资总额限制条件下净现值最大的方案组合。

这种方法是实现独立型方案最优选择的可靠方法，能保证所选方案的净现值总额最大。

【例 4-17】 设有三个独立型方案 A、B、C，其初始投资及收益见表 4-16。基准收益率为 10%。若投资限额为 650 万元，试进行方案选择。

表 4-16　独立型方案 A、B、C 的投资及收益　　　　　　　　　单位：万元

方案	总投资	第 1～10 年净收益
A	450	87
B	370	74
C	150	33

解　该题可采用前面介绍的两种方法选择方案。

(1) 净现值比率排序法　采用该方法的计算结果见表 4-17。各方案的净现值比率均大于 0；按净现值比率大小顺序，应选择方案 C、B，其净现值总额为 132.5 万元，总投资 525 万元。

表 4-17　方案 A、B、C 的净现值比率

方案	投资/万元	第 1～10 年净收益/万元	净现值/万元	净现值比率	按净现值比率排序方案
A	450	87	84.6	0.188	C
B	375	74	79.7	0.213	B
C	150	33	52.8	0.352	A

(2) 互斥方案组合法

第一步：对于 k 个独立型方案，全部相互排斥的方案组合数共有 2^k 个。对本例有 $2^3=8$ 个，列于表 4-18 中。

第二步：计算各组合方案的总投资及净现值总额，具体结果列于表 4-18。

第三步：淘汰净现值总额≤0 或总投资总额超过总投资限制的方案组，并在余下的组合方案中选出净现值最大的可行方案组，即最优方案组合。从表 4-18 可见，方案组 1、5、8 应淘汰。

表 4-18　方案 A、B、C 的互斥组合方案及指标　　　　单位：万元

组合方案编号	组合方案构成 A B C	投资	第1~10年净收益	净现值
1	0　0　0	0	0	0
2	1　0　0	450	87	84.6
3	0　1　0	375	74	79.7
4	0　0　1	150	33	52.8
5	1　1　0	825	161	164.3
6	1　0　1	600	120	137.4
7	0　1　1	525	107	132.5
8	1　1　1	975	194	217.1

在余下的方案组 2、3、4、6 和 7 中，方案组 6 的投资总额接近计划资金限额，并且净现值总额最大，为 137.4 万元，高于按净现值比率法选出的方案 C、B，所以方案 A、C 为最优。

三、互斥型方案的评价与选择

对互斥型方案的评价与选择，通常包括两方面的内容：一是考察各方案自身的经济效益，即进行方案绝对经济效益检验；二是考察哪一个方案相对最优，亦称为相对经济效益检验。两种检验的目的和作用不同，通常缺一不可。只有在多个互斥方案中必须选择一个时，才可以只进行相对经济效益检验。

互斥方案经济效益评价的主要内容是进行多个方案的比较和选择。要进行方案比较，就应满足方案间的可比性。而实际工作中方案的寿命或计算期可能相同，但更多的是不相同。针对方案寿命周期是否相同，所采用的比较和评价指标也不一样，其方法也有差异。但无论采用何种评价指标和方法，都应满足方案间具有可比性的基本要求。

（一）寿命相等的互斥方案的评价与选择

对于寿命相等的互斥方案，通常将它们的寿命周期作为共同的计算期或分析期。可采用价值型指标如净现值、费用现值或费用年值进行方案比较评价，也可用效率型指标如追加投资内部收益率等，比较和评价方案。

1. 净现值、净年值等方法

【例 4-18】 有四个可供选择的互斥方案，其投资及现金流量如表 4-19 所示。设寿命周期均为 15 年，基准收益率为 10%，试用净现值对方案选优。

表 4-19　四个互斥方案的投资及现金流量　　　　　　单位：万元

方案	A	B	C	D
投资	350	275	220	180
年净现金流量	52	43	28	26

解　用净现值指标评价和选择方案的步骤为：

(1) 对各方案进行绝对经济效益检验，即分别计算各方案的净现值。根据表 4-19，运用式(4-20)，各方案的现值为：

$$NPV_A = 52(P/A, 10\%, 15) - 350 = 45.5 \text{ 万元}$$
$$NPV_B = 43(P/A, 10\%, 15) - 275 = 52.1 \text{ 万元}$$
$$NPV_C = 28(P/A, 10\%, 15) - 220 = -7.0 \text{ 万元}$$
$$NPV_D = 26(P/A, 10\%, 15) - 180 = 17.8 \text{ 万元}$$

由于 $NPV_A > 0$，$NPV_B > 0$，$NPV_D > 0$，$NPV_C < 0$，所以方案 C 被淘汰，而方案 A、B、D 的经济效果可接受。

(2) 对可行方案进行相对经济效益检验，即计算两方案的差额净现值：

$$NPV_{(B-A)} = NPV_B - NPV_A = 52.1 - 45.5 = 6.6 (\text{万元})$$

由于 $NPV_{(B-A)} > 0$，方案 B 较方案 A 好。再与方案 D 比较：

$$NPV_{(B-D)} = NPV_B - NPV_D = 52.1 - 17.8 = 34.3 (\text{万元})$$

$NPV_{(B-D)} > 0$，说明方案 B 也比方案 D 好。所以，方案 B 为最优方案，应选择之。

实际上，对本例有：

$$NPV_B > NPV_A > NPV_D > NPV_C$$

即方案 B 的净现值最大。

从上述可见，用净现值法对寿命相同的互斥方案进行评价和选择时，可依据 $NPV \geq 0$ 及净现值最大即为最优方案的原则来进行选优。

用净现值指标进行互斥方案评价的上述原则，可以推广至净现值的等效指标净年值，即净年值大于或等于零且净年值最大者为最优方案。对于各方案间只需计算费用差异的互斥方案，可只进行相对经济效益检验，选择的原则是：费用现值或费用年值最小者为最优方案。

2. 内部收益率法

【例 4-19】　对例 4-18 的方案，用内部收益率法评价和选择方案。

解　用内部收益率法评价和选择方案的步骤如下。

(1) 计算各方案的内部收益率，检验其绝对经济效益。根据题意和式(4-26)，可得

$$52(P/A, IRR_A, 15) - 350 = 0$$
$$43(P/A, IRR_B, 15) - 275 = 0$$
$$28(P/A, IRR_C, 15) - 220 = 0$$
$$26(P/A, IRR_D, 15) - 180 = 0$$

由上式可求得 $IRR_A = 12.2\%$，$IRR_B = 12.8\%$，$IRR_C = 9.5\%$，$IRR_D = 11.7\%$。由于 $IRR_C < i_0 = 10\%$，方案 C 被淘汰，其余方案的 IRR 均大于 i_0，经济上可行。

(2) 对可行方案进行相对经济效益检验，即计算它们的追加投资内部收益率。根据题意，结合式(4-30)，可得

$$(52-43)(P/A, \Delta IRR_{A/B}, 15) - (350-275) = 0$$

解得：$\Delta IRR_{A/B} = 8.5\%$。

由于 $\Delta \text{IRR}_{A/B} < i_0$,方案 B 优于方案 A。与方案 D 比较:
$$(43-26)(P/A, \Delta \text{IRR}_{B/D}, 15) - (275-180) = 0$$

解得:$\Delta \text{IRR}_{B/D} = 15.9\%$

由于 $\Delta \text{IRR}_{B/D} > i_0$,方案 B 也较方案 D 优。所以 B 为最优方案,应选择之。这与前面用净现值法的结论是一致的。

(二)寿命不等的互斥方案的评价与选择

寿命不等的互斥方案的评价与选择原则,与寿命相等的互斥方案的一样,均应通过绝对效益检验和相对效益检验。但检验的指标和方法有一定的要求。

1. 净年值法

对寿命不等的互斥方案进行评价和选择时,用净年值法是最为简便的方法。设 k 个互斥方案的寿命周期分别为 $n_1, n_2, \cdots, n_k$,方案 j ($j=1,2,\cdots,k$) 在其寿命周期内的净年值为:

$$\begin{aligned} \text{NAV}_j &= \text{NPV}_j (A/P, i_0, n_j) \\ &= \left[\sum_{t=0}^{n_j} \text{CF}_{tj} (P/F, i_0, t) \right] (A/P, i_0, n_j) \end{aligned} \quad (4\text{-}32)$$

式中,CF_{tj} 为方案 j 在第 t 年的净现金流量。

用净年值法评价和选择的准则为:净年值大于或等于零且净年值最大者为最优可行方案。对于只需计算费用现金流量的互斥方案,可以用费用年值指标进行评价和选择,其准则是:费用年值最小的方案为最优方案。

【例 4-20】 两个互斥方案 A、B 的产出相同,方案 A 的寿命周期 $n_A = 15$ 年,方案 B 的 $n_B = 10$ 年。两方案的费用现金流量列于表 4-20。若 $i_0 = 10\%$,试选择最优方案。

解 由于两方案的产出相同,是仅需计算费用现金流量的互斥方案。依据表 4-20 中的数据和式(4-24),可得各方案的费用年值分别为:

$$\begin{aligned} \text{AC}_A &= \text{PC}_A (A/P, i_0, n_A) \\ &= [100 + 110(P/F, 0.10, 1) + 42(P/A, 0.10, 14) \\ &\quad (P/F, 0.10, 1)](A/P, 0.10, 15) \\ &= (100 + 110 \times 0.9091 + 42 \times 7.367 \times 0.9091) \times 0.13147 \\ &= 63.3 \text{ (万元)} \\ \text{AC}_B &= \text{PC}_B (A/P, i_0, n_B) \\ &= [100 + 145(P/F, 0.10, 1) + 60(P/A, 0.10, 9)(P/F, 0.10, 1)](A/P, 0.10, 10) \\ &= (100 + 145 \times 0.9091 + 60 \times 5.757 \times 0.9091) \times 0.16275 \\ &= 88.9 \text{ (万元)} \end{aligned}$$

由于 $\text{AC}_A < \text{AC}_B$,所以选择方案 A。

表 4-20 互斥方案 A、B 的费用现金流量　　　　　　　　　　　　　　　　单位:万元

方案	投资		年经营费用	
	第 0 年	第 1 年	第 2~10 年	第 11~15 年
A	100	110	42	42
B	100	145	60	—

2. 净现值法

当互斥方案寿命不相等时，各方案在各自寿命期内的净现值不具有时间可比性，需要设定一个共同的分析期或计算期。计算期的设定应依决策的需要和方案的技术经济特征来决定。一般可采用以下几种处理方法，来决定共同的计算期。

（1）寿命期最小公倍数法　亦称原方案重复法，其基本原理是假定可选方案中的一个或者若干个在其寿命期结束后，按原方案重复实施若干次，取各方案寿命期的最小公倍数作为共同的计算期，然后再进行计算和分析比较。这是处理寿命不等的互斥方案计算期最常用的方法。

【例 4-21】　现有两寿命不等的互斥方案，其有关数据列于表 4-21。设基准收益率为 10％，试用净现值法选择最优可行方案。

表 4-21　寿命不等的互斥方案的数据　　　　　　　　　　　　单位：元

方案	投资 I	年净收益 CF	使用寿命 n/年	净残值 F
A	5500	2000	4	200
B	19500	3000	12	1000

解　因两方案寿命不等，选两方案使用寿命的最小公倍数12年为共同计算期。因此，方案A需在12年计算期中的第4年末和第8年末将原方案进行两次重复。两个方案的现金流量图如图4-6和图4-7所示。

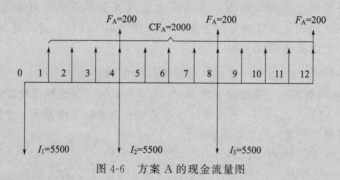

图 4-6　方案 A 的现金流量图

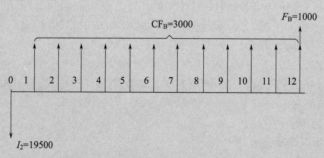

图 4-7　方案 B 的现金流量图

下面分别计算两方案的净现值：

$$\text{NPV}_A = I_A - I_A(P/F, 0.10, 4) - I_A(P/F, 0.10, 8) + \text{CF}_A(P/A, 0.10, 12) + F_A(P/F, 0.10, 4) + F_A(P/F, 0.10, 8) + F_A(P/F, 0.10, 12)$$

$$= -5500 - 5500 \times 0.683 - 5500 \times 0.4665 + 2000 \times 6.814 + 200 \times (0.683 + 0.4665 + 0.3186)$$

$$= 2099(元)$$

$$\mathrm{NPV_B} = -I_B + \mathrm{CF}_B(P/A, 0.10, 12) + F_B(P/F, 0.10, 12)$$
$$= -19500 + 3000 \times 6.814 + 1000 \times 0.3186$$
$$= 1261 \text{ (元)}$$

因为 $\mathrm{NPV_A} > \mathrm{NPV_B}$，所以选择方案 A。

(2) 分析截止期法　依据对未来市场状况和技术经济发展前景的估测，直接选取一个适宜的分析期或计算期，假定寿命短于此计算期的方案重复实施，并对各方案在计算期末的资产余值进行估算，在计算期结束时回收资产余值。如果各方案的寿命期相差不大，一般取最短方案寿命期作为共同计算期。

(3) 年值折现法　按设定的共同分析期，将各方案的净现值折现得到方案的净年值，从而对方案进行比较。这实际上是净年值法的另一种形式。设方案 j 的寿命期为 n_j，共同分析期为 N，方案 j 的净现值可如下计算：

$$\mathrm{NPV}_j = \left[\sum_{t=0}^{n_j} \mathrm{CF}_{tj}(P/F, i_0, t)\right](A/P, i_0, n_j)(P/A, i_0, N) \tag{4-33}$$

式中，CF_{tj} 为方案 j 在第 t 年的净现金流量；NPV_j 为方案 j 的净现值。

用年值折现法求现值时，共同分析期 N 的取值大小一般不会影响方案的比较和选择结果。但 N 的取值通常不大于最长的方案寿命期，不小于最短的方案寿命期。

用上述分析期处理方法计算出的净现值，用于寿命不等互斥方案比较和选择的准则是：净现值大于或等于零且净现值最大的方案为最优者。对于只需计算费用现金流量的互斥方案，可参照净现值的准则，即费用现值最小的方案为最优。

【例 4-22】 寿命不等的互斥方案 A、B 的投资及年净收益列于表 4-22，若 $i_0 = 11\%$，试用净现值法比较和选择方案。

表 4-22　寿命不等的互斥方案投资及收益情况　　　　　　　　单位：万元

方案	投资	净收益					
		第 1 年	第 2 年	第 3 年	第 4 年	第 5 年	第 6 年
A	120	43	43	43	43	—	—
B	300	95	95	95	95	95	95

解　可取最短的方案寿命期 4 年作为共同分析期，用年值折现法分别计算各方案的净现值如下：

$$\mathrm{NPV_A} = -120 + 43(P/A, 0.11, 4)$$
$$= 13.4 \text{ 万元}$$
$$\mathrm{NPV_B} = [-300 + 95(P/A, 0.11, 6)](A/P, 0.11, 6)(P/A, 0.11, 4)$$
$$= 74.7 \text{ 万元}$$

由于 $\mathrm{NPV_B} > \mathrm{NPV_A}$，所以选择方案 B。

3. 内部收益率法

用内部收益率法也可以对寿命不等的互斥方案进行评价和选择。首先对方案的可行性进行评价，然后对可行的方案用追加投资内部收益率进行比较和选优。

对方案可行性的判别一般用净年值、净现值或内部收益率等。计算寿命不等的互斥方案的追加投资内部收益率方程，可用使两方案净年值相等的形式表达。设互斥方案 A、B 的寿命期分别为 n_A、n_B，计算其追加投资内部收益率的方程为：

$$\left[\sum_{t=0}^{n_A} \text{CF}_{tA}(P/F, \Delta\text{IRR}, t)\right](A/P, \Delta\text{IRR}, n_A) -$$

$$\left[\sum_{t=0}^{n_B} \text{CF}_{tB}(P/F, \Delta\text{IRR}, t)\right](A/P, \Delta\text{IRR}, n_B) = 0 \qquad (4\text{-}34)$$

如果相比较方案各年的净现金流量相同，要采用年均净现金流量 CF_A、CF_B，则式(4-34)可简化为：

$$[-I_A + \text{CF}_A(P/A, \Delta\text{IRR}, n_A)](A/P, \Delta\text{IRR}, n_A) -$$

$$[-I_B + \text{CF}_B(P/A, \Delta\text{IRR}, n_B)](A/P, \Delta\text{IRR}, n_B) = 0 \qquad (4\text{-}35)$$

通常，用追加投资内部收益率对寿命不等的互斥方案进行比较和选择时，应满足如下条件：初始投资额大的方案年均净现金流量大，且寿命期较长，或者初始投资额小的方案年均净现金流量小，且寿命期较短。设方案 j 的寿命期为 n_j，则

$$\text{方案 } j \text{ 的年均净现金流量} = \sum_{t=0}^{n_j} (\text{CI} - \text{CO})_{tj}/n_j \qquad (4\text{-}36)$$

若 ΔIRR 存在，当 $\Delta\text{IRR} > i_0$，表明年均净现金流量大的方案为优；当 $0 < \Delta\text{IRR} < i_0$，则年均净现金流量小的方案为优。

【例 4-23】 对例 4-22 的方案，用内部收益率法选择方案。

解 首先检验绝对经济效益，即计算两方案在各自寿命周期内的内部收益率，其方程分别为：

$$-120 + 43(P/A, \text{IRR}_A, 4) = 0$$
$$-300 + 95(P/A, \text{IRR}_B, 6) = 0$$

求得：

$$\text{IRR}_A = 16.1\%, \text{IRR}_B = 22.1\%$$

由于 IRR_A、IRR_B 均大于基准收益率 11.0%，两方案均可接受。

下面再用追加投资内部收益率比较两方案。初始投资大的方案 B 的年均净现金流量 ($-300/6+95=45$) 大于初始投资小的方案 A 的年均净现金流量 ($-120/4+43=13$)，且方案 B 的寿命周期比方案 A 长，可以用式(4-34) 计算追加投资内部收益率如下。

$$[-300 + 95(P/A, \Delta\text{IRR}, 6)](A/P, \Delta\text{IRR}, 6)$$
$$-[-120 + 43(P/A, \Delta\text{IRR}, 4)](A/P, \Delta\text{IRR}, 4) = 0$$

解得：$\Delta\text{IRR} = 25.8\%$。

由于 $\Delta\text{IRR} > i_0$，从而应选择投资额较大的方案 B。这与例 4-22 中采用净现值法的结论一致。

对于仅需计算费用现金流量的相比较方案，求解这类寿命不等的互斥方案追加投资内部收益率的方程，可采用使两方案费用年值相等的形式。设 A、B 为只有费用现金流量差异的寿命不等的互斥方案，求解 ΔIRR 的方程为：

$$\left[\sum_{t=0}^{n_A} \text{CA}_{tA}(P/F, \Delta\text{IRR}, t)\right](A/P, \Delta\text{IRR}, n_A) -$$

$$\left[\sum_{t=0}^{n_B} \text{CA}_{tB}(P/F, \Delta\text{IRR}, t)\right](A/P, \Delta\text{IRR}, n_B) = 0 \qquad (4\text{-}37)$$

若各方案的每年费用相等且用年均费用 CA_A、CA_B 表示，则可用如下方程求解 ΔIRR：

$$[-I_A + \text{CA}_A(P/A, \Delta\text{IRR}, n_A)](A/P, \Delta\text{IRR}, n_A) -$$

$$[-I_B + \text{CA}_B(P/A, \Delta\text{IRR}, n_B)](A/P, \Delta\text{IRR}, n_B) = 0 \qquad (4\text{-}38)$$

式中，CA_{tA} 为方案 A 第 t 年的经营费用；CA_{tB} 为方案 B 第 t 年的经营费用；I_A 为方案 A 的投资；I_B 为方案 B 的投资；n_A 为方案 A 的寿命期；n_B 为方案 B 的寿命期。

用费用现金流量计算追加投资内部收益率，以此来对寿命不等的互斥方案进行比较和选择时，通常方案应符合如下条件：初始投资额大的方案年均费用现金流量较小，且寿命期较长，或者初始投资额小的方案年均费用流量较大，且寿命期较短。其判别的准则为：在 ΔIRR 存在的情况下，如果 $\Delta IRR > i_0$，表明年均费用现金流量较小的方案为优；如果 $0 < \Delta IRR < i_0$，则年均费用现金流较大的方案为优。

方案 j 的年均费用可如下计算：

$$CA_j = \left(\sum_{t=0}^{n_j} CO_{tj}\right)/n_j \tag{4-39}$$

【例 4-24】 现有 A、B 两个方案，A 方案的第一年投资为 145 万元，B 方案的第一年投资为 110 万元，其他数据与例 4-20 保持一致，试用追加投资内部收益率比较和选择方案。

解 应用式(4-39)，可分别计算各方案的年均费用为：

$$CA_A = (100+145)/15 + 42 = 58.3(万元)$$
$$CA_B = (100+110)/10 + 60 = 81.0(万元)$$

可见，初始投资额大的方案 A 其年均费用 CA_A 小于初始投资额小的方案 B 的年均费用 CA_B，且方案 A 的寿命期长于方案 B 的寿命期，从而可以使用追加投资内部收益率。

根据式(4-38)，求解追加投资内部收益率的方程为：

$$[100+110(P/F,\Delta IRR,1)+60(P/A,\Delta IRR,9)\times(P/F,\Delta IRR,1)]\times$$
$$(A/P,\Delta IRR,10)-[100+145(P/F,\Delta IRR,1)+42(P/A,\Delta IRR,14)\times$$
$$(P/F,\Delta IRR,1)]\times(A/P,\Delta IRR,15)=0$$

解得：$\Delta IRR = 54.9\%$

由于 $\Delta IRR > i_0$，所以应选择初始投资额大但年均费用较小的方案 A。

四、混合型方案的评价与选择

对于这类的方案选择，应认真研究各方案的相互关系，最终是选择一个最佳的方案组合，而非某一独立方案。通常，混合型方案的评价和选择，按如下基本过程进行：

① 构成所有可能的组间独立、组内方案互斥的方案组合；
② 以互斥方案的比较和选择原则，对各组内的方案进行评价和选择；
③ 在总投资限额条件下，以独立型方案的比较和选择原则，选出最佳的方案组合。

【例 4-25】 某集团公司拟在其下属的 A、B 两个子公司各投资一个项目，两个子公司各提出三个方案供选择，有关的投资及利润预测如表 4-23 所示。设投资总额分别为 300 万元和 400 万元，试选择最佳方案组合。

表 4-23 A、B 两公司的拟建项目情况　　　　　　　　　　　　　单位：万元

A 公司	投资	利润	B 公司	投资	利润
A_1	100	40	B_1	100	30
A_2	200	50	B_2	200	45
A_3	300	70	B_3	300	66

解 依据题意，这是一类混合型方案。其比较和选择步骤如下。

(1) 形成 A、B 两种方案组合　A、B 两组之间是独立的，但组内 A_1、A_2、A_3 相互排斥；同样 B_1、B_2、B_3 也是相互排斥，三者中仅能取一个。

(2) 组内各方案的比较　根据本题的已知条件，可采用投资效果系数法中的投资利润率指标比较。参照差额或追加投资效果系数的计算，可计算各方案的追加投资利润率。例如，对 A 组方案，以 A_1 为基准，其追加投资利润率计算如下：

$$E_1 = \frac{Y_1}{I_1} = \frac{40}{100} = 40\%$$

$$E_{2/1} = \frac{Y_2 - Y_1}{I_2 - I_1} = \frac{50 - 40}{200 - 100} = 10\%$$

$$E_{3/1} = \frac{Y_3 - Y_1}{I_3 - I_1} = \frac{70 - 40}{300 - 100} = 15\%$$

B 组内各方案的追加投资利润率也以类似方式计算。各方案的结果列于表 4-24。在 A、B 两组内依据追加投资利润率的大小排序，见表 4-24。

表 4-24　各方案的追加投资利润率

方案	A_1	A_2	A_3	B_1	B_2	B_3
追加投资利润率/%	40	10	15	30	15	22
利润率的大小排序	①	③	②	①	③	②

组内各方案的比较和选择，除了可用追加投资利润率指标比较外，还可用作图法进行比较。如图 4-8 和图 4-9 所示，横坐标为投资额，纵坐标为利润额。将各方案所处的点用直线连接起来，则连接直线的斜率即是方案的追加投资利润率。

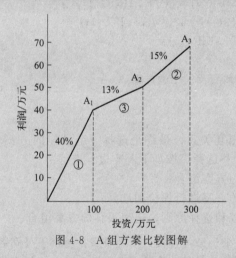

图 4-8　A 组方案比较图解

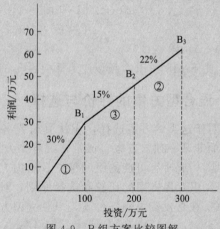

图 4-9　B 组方案比较图解

(3) 选择最优方案组合对不同方案的投资额、利润额及利润率排序情况综合考虑，可列出不同的组合方案如表 4-25。从表 4-25 可见，在总投资额为 300 万元的限制条件下，应选择方案组合 A_1 和 B_2；而在总投资额为 400 万元的限制条件下，以方案组合 A_1 和 B_3 为最佳。

表 4-25　方案组合与盈利额　　　　　　　　　　　　　　　　　　　单位：万元

方案	总投资额								
	200	300	400	300	400	600	400	500	600
A	A_1	A_1	A_1	A_2	A_2	A_2	A_3	A_3	A_3
B	B_1	B_2	B_3	B_1	B_2	B_3	B_1	B_2	B_3
总盈利	70	100	132	80	95	116	100	115	136

五、其他类型方案的评价与选择

在进行各方案的评价与选择时，除了可能会有上述介绍的独立型、互斥型和混合型方案外，还可能有其他几种不同类型的方案。下面将分别简介。

1. 相互依存型方案

在两个或多个方案之间，某一方案的实施要求同时接受另一方案，那么方案之间具有相互依存性。由于某一方案的实施以另一方案的接受为条件，故亦称为条件性。例如，建设一座磷矿（方案B）必须修建一条公路（方案A），尽管修公路（方案A）不一定非要建设磷矿（方案B）。但若不为开采磷矿，该公路也不会急于修建。在这种情况下，修建一条公路的投资方案与建设一座磷矿的方案实际是相互依存的。

2. 现金流相关型方案

一组方案中，方案间不完全互斥，也不完全依存，但某一方案的取舍将导致其他方案现金流量的变化，这类方案称为现金流相关型方案。例如，有两种在技术上都可行的建设方案，一个是在某大河上建一座收费公路桥（方案A），另一个是在该桥附近建一个收费轮渡码头（方案B）。尽管这两个方案间不存在互不相容的关系，但任一方案的实施或放弃，都会影响另一方案的收入，从而影响方案经济效益评价的结论。

3. 互补型方案

在一组方案中，某一方案的接受有利于其他方案的采纳，方案之间存在着相互补充的关系。例如，建设一居住小区A和建设一个购物中心B，购物中心的建设实施有利于居住小区方案的实现，同时位于居住小区，购物中心的日常销售量可望增加。

对上述相互依存型、现金流相关型及互补型方案的评价和选择，原则上可以将其化为独立型或互斥型方案，并按独立型或互斥型方案的评价和选择方法来评选。如果两个方案是依存型或互补型，其经济效益评价一般可以合在一起作为独立型方案的特例，即按单一方案来处理。

【例4-26】为满足交通运输需求，有关部门提出在某两地之间建一条铁路和（或）一条公路。只建一条铁路或公路的净现金流量列于表4-26。若铁路和公路都建设，由于运输量分流的影响，铁路和公路两项目的净收入都将减少，其净现金流量如表4-27所示。当基准折现率$i_0 = 10\%$时，应如何选择方案？

解 这是一种现金流相关型多方案的比较与选择问题。可以先将两个相关方案A、B组合成三个互斥方案：A、B和A+B，然后再用互斥型方案的评价方法对其进行比较和选择。这三个互斥方案的净现值如表4-28所示。

根据净现值判别准则，在三个互斥方案中，由于$NPV_A > NPV_B > NPV_{(A+B)} > 0$，故A方案为最优可行方案。

表4-26 只建铁路或公路时的项目净现金流量　　　　单位：百万元

方案	年份			
	0	1	2	3~32
铁路A	−250	−250	−250	130
公路B	−150	−150	−150	80

表 4-27　铁路和公路都建时的项目净现金流量　　　　单位：百万元

方案	年份			
	0	1	2	3~32
铁路 A	−250	−250	−250	105
公路 B	−150	−150	−150	55
两项合计(A+B)	−400	−400	−400	160

表 4-28　三个互斥方案的净现金流量及净现值　　　　单位：百万元

年份	方案		
	铁路 A	公路 B	A+B
0	−250	−150	−400
1	−250	−150	−400
2	−250	−150	−400
3~32	130	80	160
NPV	329	213	152

思考题及习题

4-1　什么是静态评价方法？有什么特点？常用的有哪些静态评价指标？

4-2　静态投资回收期的经济含义是什么？有何优点和不足？

4-3　静态投资效果系数的经济含义是什么？它包括哪几项具体的指标，这些指标各有何含义，如何计算？

4-4　当对多个方案进行比较和评价时，有哪些静态评价指标或方法可以采用？用这些指标评判多方案优劣的准则是什么？

4-5　与静态评价方法相比，动态评价方法有何特点？它包括哪些常用的方法或指标？

4-6　试简述动态投资回收期法和动态投资效果系数法的含义。当用于多方案比较和选择时，应采用相应的何种指标？

4-7　净现值的含义是什么？为什么说净现值弥补了动态投资回收期的不足？用净现值对项目进行判别的准则是什么？

4-8　将净现值用于多方案比较和评价时，这些方案应满足什么条件才具有可比较性？

4-9　将净现值的概念用于比较和评价投资额不同的两个或两个以上方案时，可采用何指标？该指标的经济含义是什么？

4-10　与净现值法相比较，年值法有何优点？年值法包括哪两种具体方法？如何用这些方法评价项目？

4-11　内部收益率的经济含义是什么？如何用于方案的评价？

4-12　当用内部收益率方程求解项目的内部收益率时，是否求出的解一定是项目的内部收益率？如何判别？

4-13　将内部收益率概念用于多方案比较时，能否以各方案的内部收益率大小判别方案的优劣？应该用什么指标或方法？

4-14　在多方案评价时，独立型方案在资金不受限制或受限制条件下，其评价方法有何不同？

4-15　在多方案评价时，寿命相等和不等的互斥方案的评价方法有哪些？

4-16　在多方案评价中，除了独立型方案和互斥方案外，还有哪些类型的方案？评价这些方案的原则方法是什么？

4-17　为了更准确地控制和调节反应器的温度，提高产率，有人建议采用一套自动控制调节设备。该套设备的购置及安装费用为 5 万元，使用寿命为 10 年，每年维修费为 2000 元。采用此设备后，因产率提高，每年增加净收入为 1 万元。设折现率为 10%，试计算此项投资方案的静态和动态投资回收期，以及内部收益率。

4-18 某项目有两个可供选择的方案。方案 A 应用一般技术,投资额为 4000 万元,年均经营成本为 2000 万元;方案 B 应用先进技术,投资额为 6500 万元,年均经营成本为 1500 万元。设折现率为 10%,基准投资回收期为 6 年。试用动态差额投资回收期法计算差额投资回收期,并选择最佳方案。

4-19 某项目建设期为 2 年,第一年初和第二年初分别投资 1500 万元和 2200 万元。固定资产投资全部为银行贷款,年利率 8%。项目寿命周期估计为 20 年,开始生产的第一年即达到设计能力 165 万吨/a,总成本费用 2250 万元。增值税率为 14%(设已经扣除进项税部分)。产品售价为 2500 元/t,项目流动资金 750 万元。如果项目的全部注册资金为 1500 万元,试计算该项目的投资利润率、投资利税率和资本金利润率。

4-20 购买某台设备需 8000 元,若每年净收益为 1260 元,忽略设备残值,试求:(1) 若使用 8 年后报废,其内部收益率为多少?(2) 若希望内部收益率为 10%,则该设备至少应使用多少年才值得购买?

4-21 某工程项目设计方案的现金流量如表 4-29 所示。设基准收益率为 10%,要求:(1) 画出现金流量图;(2) 计算该方案的净现值、净现值比率;(3) 计算该方案的内部收益率;(4) 若基准投资回收期 P_s = 4 年,试判断该方案是否可行。

表 4-29 设计方案现金流量   单位:万元

年份	0	1	2	3	4	5
年收入	0	5	25	100	100	100
年支出	-100	-20	-5	-5	-5	-5

4-22 现有 A、B 两套方案,其现金流量如表 4-30 所列,设 i_0 = 12%,P_s = 3 年。试分别求 A、B 方案的如下内容:(1) 净现值;(2) 静态和动态投资回收期;(3) 内部收益率,并判断方案是否可行。

表 4-30 A、B 方案现金流量   单位:元

年份	0	1	2	3	4	5
方案 A	-10000	5000	5000	5000	5000	5000
方案 B	-1000	100	200	300	400	500

4-23 某化工厂技术改造时,有两种方案可供选择,各方案的有关数据列于表 4-31。试在折现率为 10% 的条件下,选择最佳方案。

表 4-31 两种方案的有关数据

方案	初始投资/万元	年净收益/万元	寿命周期/年
A	100	50	8
B	80	42	6

4-24 有三个项目方案可供选择,它们的生产规模相同,投资和年成本如表 4-32 所示。设 P_s = 5 年,试初步比较和选择方案。

表 4-32 三个方案的投资与成本   单位:万元

方案	Ⅰ	Ⅱ	Ⅲ
总投资	1100	1200	1500
年成本	1200	1000	800

4-25 图 4-10 反映了某化工项目的现金流量状况。该项目建设周期为 2 年,生产期为 8 年。第 1、2 年初固定资产投资分别是 1000 万元和 500 万元,第 3 年初开始投产,投入流动资金 400 万元。投产后,年销售收入 1200 万元,年经营成本和税金支出是 600 万元。生产期最后一年回收固定资产余值 200 万

元和流动资金 400 万元。试列出现金流量表，计算该项目的静态投资回收期和动态投资回收期、净现值和内部收益率。（设基本收益率为 8%）

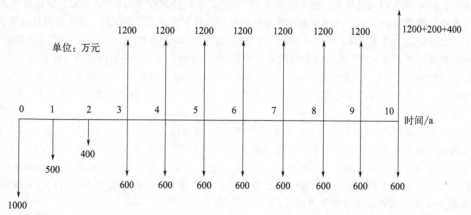

图 4-10 习题 4-25 某化工项目的现金流量图

4-26 某工程拟铺设蒸汽管道，根据同类厂工程的资料，管道的不同厚度的绝热材料的造价和使用期的热损失值见表 4-33，预计使用期为 20 年，试确定最佳的绝热材料的厚度（$i_0=8\%$）。

表 4-33 习题 4-26 的基础数据表

方案		造价/万元	热损失价值/万元
序号	绝热厚度/cm		
0	0	0	2700
1	1.8	2700	1350
2	2.43	3818	885
3	3.7	5010	675
4	5.61	6540	540
5	7.51	8595	465
6	8.78	10920	428

4-27 假设你的某位同事王先生买彩票，意外地中了一个 2000 万元的大奖。扣税 400 万元，他给灾区捐了 200 万元。他想将余下的 1400 万中的 1000 万元用于投资，有 4 个投资机会可选择：①存银行，按年计息，年利率 3%；②购买五年期国债，按年计息，年利率 5%；③购买某企业五年期债券，按月计息，年利率为 9.57%；④投资朋友的项目，年净收益为 300 万元，计算期 5 年。均按复利计算，不考虑税收因素。

(1) 按所述背景内容，不考虑其他因素，你认为王先生应该选择哪个投资机会？为什么？

(2) 如果朋友告诉他，他可以将另外的 400 万元也投资朋友的项目，每年可另外多得 100 万元净收益，他该如何选择？

(3) 该王先生知道你在大学里学过技术经济学相关课程，所以他向你咨询他的投资问题。就所述背景内容的四个投资机会，你将给他什么更好的建议，供他参考。

第五章 项目不确定性分析及风险管理

本章要点及学习目的

盈亏平衡分析——分析方案的产量、成本和盈利之间的关系,确定盈亏平衡状态,判断某些不确定因素对方案经济效益的影响,为决策提供依据。阐述了线性、非线性盈亏平衡分析的概念及分析计算方法。

敏感性分析——通过分析和预测经济评价中的各种不确定因素发生变化时,对项目经济评价指标的影响,从而找出敏感因素,并确定其影响的程度。阐述了敏感性分析的一般步骤,判别敏感性因素的原则方法,单因素敏感性分析和多因素敏感性分析的计算方法。

概率分析——利用概率的方法来分析和预测不确定因素影响投资项目经济效益的可能性的大小,为项目的风险分析和决策提供更全面的依据。简述了期望值与标准差的计算方法、投资方案风险分析的解析法和蒙特卡罗模拟法。

项目风险管理——包括项目风险规划、识别、分析、应对和监控等环节。

通过本章的学习,读者应了解风险决策的原则和方法,掌握不确定性分析的概念及必要性、盈亏平衡分析法与敏感性分析法及概率分析法的基本概念、单品种线性盈亏平衡分析与单因素线性盈亏平衡分析的假设前提和局限性,理解多品种线性盈亏平衡分析及多因素敏感性分析的特点,了解概率分析中的期望值、方差等概念。在熟练掌握单品种线性盈亏平衡分析、单因素敏感性分析的基础上,进一步认识多品种线性盈亏平衡分析、非线性盈亏平衡分析及多因素敏感性分析,并熟悉项目风险管理中的风险规划、风险识别、风险分析、风险应对和风险监控等各个环节。

第一节 不确定性问题及分析方法

前面所介绍的经济评价方法,有一个重要的前提假设,即不存在不确定因素,所有计算都是建立在已知的、确定的现金流量和投资收益率的基础上。比如,经济评价中所用的数据,有些是来自对未来的预测,有些数据是引用现行数据。这就造成未来实际发生的情况与事先的估算预测可能有相当大的出入。因为投资活动所处的环境、条件及相关因素是变化发展的。因此,为了提高投资决策的可靠性,减少决策时所承担的风险,就必须对投资项目的风险和不确定性进行正确的分析和评价。

拓展阅读:概率分析在技术经济分析中的应用

拓展阅读:由于风险估计不够导致投资失败的案例

一、不确定性的概念

不确定性是对事物既不知道状态或发生的可能性,也没有规律可循的情况。技术经济分析中的不确定性是指:被评价项目(方案)的预测效果与将来实施后的实际效果的差异。这是因为项目实施过程中,会受到与项目方案经济效益相关的各种因素影响而难以确定其具体结果,使投资带有潜在的风险。

产生不确定性的原因有多种,主要有以下几个方面。

1. 物价膨胀和物价变动

任何一个国家,货币的价值都不是固定不变的,它通常会随着时间的增长而降低。货币价值的降低,必然导致物价上涨;物价上涨,反过来又促进或加重通货膨胀。通货膨胀和物价的变动,直接影响到项目未来的技术经济效益。对这些因素不加考虑,就必然使评价人员预测到的未来情况与实际情况有差异,这是造成不确定因素的主要原因之一。

2. 技术装备和生产工艺变革

在评价项目时,所采用的技术和工艺路线都是现实比较成熟和比较有把握的技术及工艺路线,而在项目将来实施过程中,由于生产技术进步,技术装备和生产工艺的变革,使评价时的各种考虑或假设发生了变化,这样也造成了项目的不确定性。

3. 生产能力的变化

在评价项目时,需要对生产能力进行定量设计,但是实际生产中,达不到设计生产能力或超过设计生产能力的情况是经常存在的。如果建设项目的生产能力达不到预期水平,就会造成产品成本过高,销售收入必然下降,其他各种经济效益也随之改变或达不到预期效果。这样也造成了项目未来的不确定性。

4. 建设资金和工期的变化

在进行项目可行性研究和评估过程中,建设资金的估算和筹措对项目经济效益影响较大。目前,存在过低估算建设资金的现象,以求项目获得国家或地方政府的审批、通过和上马。建设资金估算过低,投资安排不足,就必须延长建设工期,推迟投产时间,增加建设资金和利息。这样,就必然引起总投资增大,经营成本和各种收益的变化。同时,建设工期的延长,对项目的经济效益是非常不利的,因为资金的折现系数逐年降低。因而,建设资金的估算或工期的变化,是项目评价时的不确定因素。

5. 国家经济政策和法规、规定的变化

我国是发展中国家,正处在由计划经济向市场经济过渡的阶段,不合乎时宜的法规、规定要不断改革。经济政策随着国家经济形势的发展和需要,每个时期都要有每个时期的政策,变化是不可避免的。这些变化是项目可行性研究或评估人员无法预测和不能控制的。这些因素的变化,不仅是不确定因素的源泉,而且还可能给项目带来很大的风险。

因此,为了作出正确决策,需要对这些不确定的因素进行技术经济分析,计算其发生的概率及对决策方案的影响程度,从中选择经济效果最好(或满意)的方案。

二、不确定性分析的基本含义

不确定性分析是以计算和分析各种不确定因素(如产品价格、产量、经营成本投资费用等)的变化对投资项目财务效益的影响程度为目的的一种经济分析方法。体现在对决策方案受到各种事前无法控制的外部因素变化与影响所进行的研究和估计,是决策分析中常用的一种方法。通过该分析可以尽量弄清和减少不确定因素对经济效益的影响,预测项目投资对某些不可预见的政治与经济风险的抗冲击能力,从而证明项目投资的可靠性和稳定性,避免投产后不能获得预期的利润和收益,致使企业亏损。

按照不确定性的侧重点和处理方法不同,不确定性分析可以分为盈亏平衡分析、敏感性分析和概率分析。盈亏平衡分析是对于在一定的市场环境、生产能力的条件下,研究项目成本与收益之间的平衡关系;敏感性分析是分析可能变化因素在不同估计值的情况下,对经济效益指标的影响程度;概率分析是分析可能变化因素在出现变化的各种可能情况下,对经济效益指标的综合影响等。三类分析方法侧重点不同,应用上相互补充。

三、不确定性分析的一般步骤

(1) 鉴别主要不确定因素　影响投资项目的不确定因素有很多,但不同因素在不同的投资项目中不确定性程度及其对投资项目的影响程度是不同的。因此,在开始分析时,首先要在各个变量及其相关诸因素中,找出不确定程度较大的关键变量或因素,这些变量和因素是不确定性分析的重点。在投资项目的不确定性分析中,其主要的不确定因素有销售收入、生产成本、投资支出和建设工期等。

(2) 估计不确定因素的变化范围,进行初步分析　找出主要的不确定因素,估计其变化范围,确定其边界值或变化率,也可先进行盈亏平衡分析,来分析项目财务上的经营安全性。

(3) 敏感性分析　对不确定因素进行敏感性分析,即分析其对投资项目的影响程度,找出影响经济效益的最敏感因素和数据,以便对这些敏感性因素加以控制。

(4) 概率分析　通过分析获得经济效益目标(有关指标)实现的可能性(概率)的方法,如实现 NPV 的概率有多大,项目 IRR 的概率分布如何等。与经济评价有关的管理文件要求"有条件时,应进行概率分析"。

(5) 根据分析结果,对项目中存在的风险进行判断,预先提出减小或规避风险的措施。

第二节　盈亏平衡分析

一、盈亏平衡分析的概念

方案的经济效益受各种不确定因素的影响,如销售量、成本、产品价格等。这些因素发生了变化,方案的经济效果也会有相应的变化。当这些不确定因素变化达到某一临界值时,就会影响到方案的取舍。此时,方案处于一种特殊的临界状态,即不盈不亏的盈亏平衡状态。

盈亏平衡分析的目的就是通过确定方案的盈亏平衡状态,判断某些不确定因素的变化对方案经济效益的影响,为决策提供依据。盈亏平衡分析实质上是分析产量、成本和盈利三者的相互关系。当它们之间的关系均是线性时,称为线性盈亏平衡分析;反之称为非线性盈亏平衡分析。此外,还有一种称为优劣盈亏平衡分析。

二、线性盈亏平衡分析

盈亏平衡与预计的正常年份的产品产量或销售量、生产成本、产品售价等相关。盈亏平衡可以用产量、销售收入或生产能力利用率等表示。

(一) 以实际产品产量或销售量表示的盈亏平衡

以实际产品产量或销售量表示的盈亏平衡的含义是:在销售价格 P 不变的条件下,必须至少生产或销售多少产品 Q，才能使收入和支出达到平衡。项目的销售收入 S 与产品产量或销售量 Q 为线性关系，如图 5-1(a) 所示，即：

$$S = PQ \tag{5-1}$$

而产品的总成本与产量又有如下关系：

$$C = V_c Q + C_f \tag{5-2}$$

式中，V_c 为单位产品的可变成本；C_f 为总固定成本（含基本折旧费）。

产品产量与总成本的这种关系也可用图 5-1(b) 表示。在盈亏平衡时，销售收入等于生产总成本，设此状态时的产量为 Q_0，则：

$$PQ_0 = V_c Q_0 + C_f$$

所以

$$Q_0 = \frac{C_f}{P - V_c} \tag{5-3}$$

式(5-3) 中的 Q_0 即是项目不亏本时的最低产量（销售量），或称为保本产量 Q_0。这种关系如图 5-1(c) 所示。

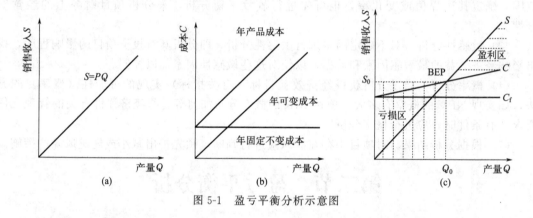

图 5-1　盈亏平衡分析示意图

在图 5-1(c) 中，总成本线 C 与销售收入线 S 相交的点 BEP，称为盈亏平衡点，此时的销售收入等于总成本。当产量低于 Q_0 时，销售收入低于总成本，出现亏损；当产量大于 Q_0 时，销售收入高于总成本，获得盈利。盈亏平衡点越低，表明项目盈利的机会越大，亏损的风险就越小。项目盈亏点所对应的保本产量 Q_0 也反映了项目生产能力的最低允许利用程度。在评价项目或选择方案时，应该选择盈亏点较低的一个。

（二）以销售价格表示的盈亏平衡

以销售价格表示盈亏平衡，是指在一定的生产条件下，销售总收入与总成本达到收支平衡时的产品售价。设盈亏平衡点价格为 P_0，因为

$$S - C = P_0 Q - (V_c Q + C_f) = 0$$

则

$$P_0 = V_c + \frac{C_f}{Q} \tag{5-4}$$

上式表明，盈亏平衡价格 P_0 与单位产品的可变成本 V_c 有直接的关系；同时也与总固定成本及产量有关。对确定的项目，V_c 和 C_f 不变，盈亏平衡价格 P_0 随产量而变化，如图 5-2 所示。

（三）以生产能力利用率表示的盈亏平衡

一般来说，生产能力越大，固定成本或支出也越大。项目的生产能力是确定的，在单位产品售价一定的条件下，要维持收支平衡，必须有一个最低规模的产量，即最低的生产能力利用率。

设 Q_s 为设计的生产能力，Φ 为生产能力利用率，其计算式可表达为：

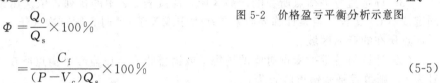

图 5-2　价格盈亏平衡分析示意图

$$\Phi = \frac{Q_0}{Q_s} \times 100\%$$

$$= \frac{C_f}{(P-V_c)Q_s} \times 100\% \quad (5-5)$$

式中的 Φ 反映了最低的生产能力利用率。在实际盈亏平衡分析时，应根据具体情况，选择适当的形式表示盈亏平衡，并分析可变化因素对盈亏情况的影响。

（四）多品种产品盈亏平衡分析

有的工程项目，特别是大型综合加工项目，可生产和销售的往往不止一种产品。由于生产中的总成本很难合理地分摊到每一种产品上，而且即使确定了每一种产品的盈亏平衡也并不能反映项目总体的盈亏状况。对这类多品种产品的盈亏平衡，应该运用临界收益法来分析。

设某多品种项目的产品销售及收益如表 5-1 所示。表 5-1 中，临界收益 R_i 是指销售收入减去可变成本后的余额。临界收益的高低表示产品 i 能够为补偿总固定成本所做出的绝对贡献的大小。

表 5-1　多种产品销售及收益表

产品代号	销售收入 S_i	临界收益 R_i	固定成本 C_f
1	S_1	R_1	
2	S_2	R_2	
⋮	⋮	⋮	C_f
n	S_n	R_n	

临界收益法盈亏平衡分析的一般步骤如下。

（1）根据表 5-1 所示的资料，用下式计算各产品的临界收益率 r_i。

$$r_i = \frac{R_i}{S_i} (i=1,2,\cdots,n) \quad (5-6)$$

临界收益率 r_i 表示产品 i 能够为补偿总固定成本所做出的相对贡献的大小。通常，为有效地补偿总固定成本，达到项目盈亏平衡，应当依据各产品临界收益率大小的次序安排生产，即优先安排盈利较大产品的生产。

（2）将表 5-1 所示的资料，按照临界收益率的大小次序进行调整，并计算累计销售量和累计临界收益，如表 5-2 所示。

表 5-2 各产品按临界收益率大小排列的收益情况

r_i 的大小次序	各产品的 r_i	ΣS_i	ΣR_i
1	r_1	S_1	R_1
2	r_2	S_1+S_2	R_1+R_2
⋮	⋮	⋮	⋮
n	r_n	$S_1+\cdots+S_n$	$R_1+\cdots+R_n$

（3）确定盈亏平衡点所在的产品区域，即按表 5-2 中的排列，依次用累计临界收益与总固定成本 C_f 比较。当累计临界收益首次大于或等于 C_f 时，则首次大于 C_f 的产品即是盈亏平衡点所在的产品区域。

（4）计算与盈亏平衡点对应的销售量或销售收入。设盈亏平衡点所在产品区域的产品序号为 k，则盈亏平衡销售收入为：

$$S_0=\sum_{i=1}^{k-1}S_i+\frac{C_f-\sum_{i=1}^{k-1}R_i}{r_k} \tag{5-7}$$

【例 5-1】某化工综合项目建成投产后可生产 A、B、C 和 D 四种产品，有关的销售及收益情况列于表 5-3，试确定该项目的盈亏平衡点。

解 （1）计算各产品的临界收益率如下：

$$r_A=\frac{R_A}{S_A}=46.7\%;r_B=\frac{R_B}{S_B}=44.0\%$$

$$r_C=\frac{R_C}{S_C}=50.0\%;r_D=\frac{R_D}{S_D}=30.0\%$$

表 5-3 四种产品的销售及收益情况　　　　　　　单位：万元

产品代号	销售收入 S_i	临界收益 R_i	固定成本 C_f
A	600	280	
B	500	220	
C	400	200	500
D	500	150	

（2）按 r_i 的大小次序，对产品进行排序，并计算累计销售量和累计临界收益，如表 5-4 所列。

表 5-4 四种产品按临界收益率大小排序后的收益情况

产品代号	r_i 的大小次序	各产品的 r_i /%	ΣS_i/万元	ΣR_i/万元	ΣR_i-C_f /万元
C	1	50.0	400	200	-300
A	2	46.7	1000	480	-20
B	3	44.0	1500	700	200
D	4	30.0	2000	850	350

（3）确定盈亏平衡点所在的产品区域，将表 5-4 中的 R 累计值从小到大与固定成本 C_f 进行比较，即计算 ΣR_i-C_f。当产品 C、A、B 的 ΣR_i 首次大于 C_f，说明 B 是盈亏平衡点所在的产品区域，即 $k=3$。

(4) 计算盈亏平衡点销售收入，根据式(5-7) 和表 5-4 中的数据，其盈亏平衡点销售收入为：

$$S_0 = \sum_{i=1}^{k-1} S_i + \frac{C_f - \sum_{i=1}^{k-1} R_i}{r_k}$$

$$= S_C + S_A + \frac{C_f - (R_C + R_A)}{r_B}$$

$$= 400 + 600 + \frac{500 - (200 + 280)}{0.44} = 1045 \text{（万元）}$$

（五）成本结构与经营风险

经营风险是指销售量、产品价格及成本等可变因素变化对项目盈利额的影响。通过盈亏平衡分析，可以了解这种影响的程度。

设固定成本占总成本的比例为 E，即：

固定成本

$$C_f = CE$$

单位产品可变成本

$$V_c = \frac{C(1-E)}{Q}$$

式中，C 为预期的总成本；Q 为预期的产品销售量。

将 $C_f = CE$ 和 $V_c = \frac{C(1-E)}{Q}$ 代入式(5-3)，可得产品价格为 P 时盈亏平衡产量：

$$Q_0 = \frac{CE}{P - \frac{C(1-E)}{Q}}$$

$$= \frac{CQ}{\frac{1}{E}(PQ - C) + C} \tag{5-8}$$

从上式可见，固定成本占总成本的比例 E 越大，盈亏平衡产量 Q_0 越高。这意味着在不确定因素发生变化时，出现亏损的可能性较大。

对于预期的产量和成本，项目的年净收益 M 为：

$$M = PQ - C_f - V_c Q$$

$$= PQ - CE - \frac{C(1-E)}{Q} Q \tag{5-9}$$

$$\frac{dM}{dQ} = P - \frac{C(1-E)}{Q} \tag{5-10}$$

式(5-10) 反映了产量或销售量对年净收益的影响，当 E 较大时，年净收益受产量变化的影响较大。也就是说，固定成本占总成本的比例越大，受市场需求变化可能导致亏损的风险也越大。

三、非线性盈亏平衡分析

（一）基本概念

以上分析中做了如下的假设：产量等于销售量，产品销售单价 P 不变，固定成本和单位可变成本不变，这样得到的是线性盈亏平衡分析。在实际工作中，常常会遇到产品的年总成本与产量不成线性关系，产品的销售价格会受市场供求变化和批量大小的影响。例如，要进一步增加销售额，通常需要适当地降低产品售价，使销售收入不再随产量增减呈线性变化，这时就要采用非线性盈亏平衡分析。

非线性产生的原因有很多种，主要由以下两个方面造成：

首先，从总成本方面来看，如下因素都会使总成本与产量的关系由线性变为非线性。

(1) 成本发生变化。例如原材料价格发生变化，即当生产扩大到一定程度后，用正常的价格获得的原料、动力等不能保证满足供应，必须付出较高的代价才能获得。

(2) 设备磨损加剧，寿命缩短，维修费用增加。

(3) 加班等造成劳务费用增大。当正常的生产班次已经不能完成生产任务，不得不采用加班加点的做法。而加班工资一般会更高，从而会增大劳务费用。

其次，从销售收入方面考虑，在产品的销售税率不变的情况下，由于市场供求关系发生变化，或发生批量折扣，这样会使销售收入与产量不成线性关系。

由于上述两方面的原因，导致产量、成本和盈利三者的变化关系为非线性，相应的盈亏平衡分析称为非线性盈亏平衡分析。

较为常见的非线性盈亏平衡分析是二次曲线型分析。设：

$$P = g - hQ \tag{5-11}$$

$$V_c = a + bQ \tag{5-12}$$

式中，a、b、g 和 h 为常数，上式表示产品价格 P 和单位产品可变成本 V_c 随产量变化的情况。

由于

$$S = PQ = (g - hQ)Q = gQ - hQ^2 \tag{5-13}$$

$$C = C_f + V_c Q = C_f + aQ + bQ^2 \tag{5-14}$$

盈亏平衡时 $S = C$，即：

$$(b + h)Q^2 - (g - a)Q + C_f = 0$$

解上述一元二次方程，可得两个根，即：

$$Q_0 = \frac{(g-a) - \sqrt{(g-a)^2 - 4(b+h)C_f}}{2(b+h)} \tag{5-15a}$$

$$Q_0' = \frac{(g-a) + \sqrt{(g-a)^2 - 4(b+h)C_f}}{2(b+h)} \tag{5-15b}$$

这种销售收入 S、成本 C 随产量 Q 的非线性变化以及 Q_0 和 Q_0' 的含义如图 5-3 所示。从图 5-3 可见，产量 Q 需满足：

$$Q_0 < Q < Q_0' \tag{5-16}$$

才能保持盈利 $M = S - C > 0$。使盈利 M 达到最大 M_{max} 时的最优化产量 Q_{opt} 应满足：

$$\frac{dM}{dQ} = 0$$

即 $\dfrac{dM}{dQ} = -2(h+b)Q + (g-a) = 0$

从而可得：

$$Q_{opt} = \frac{g-a}{2(b+h)} \tag{5-17}$$

$$M_{max} = \frac{(g-a)^2}{4(b+h)} - C_f \tag{5-18}$$

其最优化产量 Q_{opt} 和最大盈利 M_{max} 如图5-3所示。

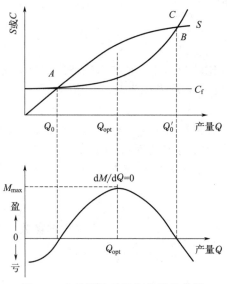

图5-3 非线性盈亏平衡分析示意图

（二）确定最佳设计或经营规模

非线性盈亏平衡分析，也给项目最佳设计规模或最优产量的确定提供了重要的依据。从图5-3可知，A点为一个盈亏平衡点，当产量 $Q>Q_0$ 时，项目处于盈利状态。但当产量 Q 超过 B 点对应的产量 Q_0' 以后，产品成本高于销售收入，项目进入亏损状态。所以点 A、B 间两条曲线形成的区域为盈利区，该盈利区也就是最佳设计规模区，或称为经济规模区。项目的设计规模或运营规模一般在此区域内选定。

【例5-2】 设某企业的年销售总收入 S（元）与产量 Q（t）的关系为 $S=300Q-0.03Q^2$，总固定成本 $C_f=180000$ 元，总可变成本为 $V_cQ=100Q-0.01Q^2$。试对该项目进行盈亏平衡分析。

解 依据题意，总成本为：
$$C(元)=C_f+V_cQ=180000+100Q-0.01Q^2$$

盈利函数 M 为：
$$M(元)=S-C$$
$$=200Q-0.02Q^2-180000$$

达到盈亏平衡时，$M=0$。解上式得：
$$Q_0=1000t/a$$
$$Q_0'=9000t/a$$

即该企业的年产量要控制在 1000～9000t 之间才能盈利。如要获得最大盈利额，则有：
$$\frac{dM}{dQ}=200-0.04Q_{opt}=0$$

即 $Q_{opt}=5000t/a$。相应的最大盈利额为：
$$M_{max}=200\times5000-0.02\times5000^2-180000$$
$$=320000\text{（元）}$$

四、优劣盈亏平衡分析

(一) 基本方法

对各个方案进行分析、比较和选择,是技术经济经常要解决的问题。对于多个方案的盈亏平衡状况进行分析和比较,应采用优劣盈亏平衡分析,从而可帮助投资者做出正确的决策。

在对两个或两个以上方案进行盈亏平衡分析时,通常是将各方案的费用支出与某同一参数相联系,求出各方案间费用相等时所对应的该参数值,以此来评价各方案之间的相对优劣。设有 I、II 两种方案,它们各自的总成本可按 $C=f(x)$ 计算,即:

$$C_{\text{I}} = f_{\text{I}}(x) = V_{c\text{I}} x + C_{f\text{I}} \quad (5\text{-}19a)$$
$$C_{\text{II}} = f_{\text{II}}(x) = V_{c\text{II}} x + C_{f\text{II}} \quad (5\text{-}19b)$$

若上式中的参数 x 表示产量,C_{I} 和 C_{II} 随产量变化,必有一交点 x_0,称为优劣盈亏平衡点,如图 5-4 所示。

从图 5-4 可见,当产量 $Q < x_0$ 时,方案 I 的总成本 C_{I} 较小,方案 I 较优;当 $Q > x_0$ 时,方案 II 较优。根据对市场需求的预测,确定生产规模后,就可以根据图 5-4 所提供的分析结果,确定选择何种方案。

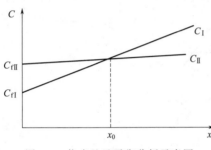

图 5-4 优劣盈亏平衡分析示意图

【例 5-3】 某化工项目拟定了三个互斥型方案:第一种,从国外引进全套装置,固定成本 800 万元/a,单位可变成本 10 元/a;第二种,采用较自动化装置,固定成本为 500 万元/a,单位可变成本 12 元/a;第三种,采用一般国产装置,固定成本为 300 万元/a,单位可变成本为 15 元/a。试对三种方案进行优劣盈亏平衡分析。

解 由于不知道各方案的收益情况,则依据产品成本进行分析。
各方案的产品总成本为:

$$C_1 = C_{f1} + V_{c1} Q = 800 + 10Q$$
$$C_2 = C_{f2} + V_{c2} Q = 500 + 12Q$$
$$C_3 = C_{f3} + V_{c3} Q = 300 + 15Q$$

可以看出,三个方案的总成本都是产量单一变量的函数,各方案的总成本随产量变化的情况如图 5-5 所示。

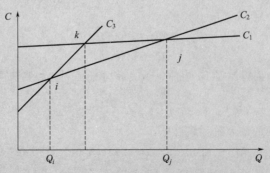

图 5-5 三个方案的优劣盈亏平衡分析

从图5-5可见，三条直线两两相交于 i、j 和 k 三个交点。其中 i、j 两点将最低成本线分为三段，是三个方案转折的两个优劣平衡点，i、j 两点所对应的产量 Q_i 和 Q_j 即为优劣平衡产量。从图中可见：

当 $Q<Q_i$ 时，第三种方案总成本最低；

当 $Q_i<Q<Q_j$ 时，第二种方案总成本最低；

当 $Q>Q_j$ 时，第一种方案总成本最低；

所以，i 点为第二种和第三种方案的优劣平衡点，j 点则为第一种和第二种方案的优劣平衡点。各平衡点的对应产量计算如下。

在 i 点，$C_2=C_3$，即：

$$500+12Q_i=300+15Q_i$$

解得 $Q_i=66.7$ 万吨。

在 j 点，$C_1=C_2$，即：

$$800+10Q_j=500+12Q_j$$

解得 $Q_j=150$ 万吨。

若根据市场调查，预测市场需求量为 80 万吨，则应选择第二种方案较佳。

（二）动态盈亏平衡分析

以上没有涉及资金的时间价值问题，属静态盈亏平衡分析。盈亏平衡分析也可作动态分析，以下面例子予以说明。

【例5-4】 某企业拟建一产品生产线，有 A、B 两套装置可供选择，有关的投资及成本列于表5-5。试求：(1) 若折现率为 12%，使用年限均为 8 年，问年产量为多少时，选用装置 A 有利？(2) 若折现率为 12%，年产量均为 13000 吨，则装置使用多少年限时，选用装置 A 较有利？

表5-5 A、B 两套装置的投资和成本情况

装置代号	初始投资/万元	可变成本/(元/t)
A	2000	800
B	3000	600

解 (1) 此问即是求 A、B 两套装置的产量优劣平衡点。考虑了资金的时间价值后，两方案的年固定费用分别为：

$$C_{fA}=2000\times\frac{0.12(1+0.12)^8}{(1+0.12)^8-1}$$

$$C_{fB}=3000\times\frac{0.12(1+0.12)^8}{(1+0.12)^8-1}$$

根据优劣盈亏平衡点的含义，有：

$$C_A=C_B$$

即：

$$C_{fA}+V_{cA}Q_0=C_{fB}+V_{cB}Q_0$$

化简得：

$$Q_0=\frac{C_{fA}-C_{fB}}{V_{cB}-V_{cA}}$$

$$=50000\times\frac{0.12\ (1+0.12)^8}{(1+0.12)^8-1}=10065\ (t/a)$$

即当产量小于10065t/a时,宜选择A装置较佳,其总成本曲线如图5-6所示。

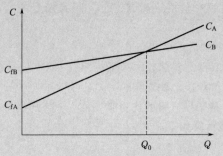

图5-6 A、B装置优劣盈亏平衡分析

(2) 所求的实际是不确定因素,即设备使用年限 n,依据 $C_A = C_B$,得:

$$2000 \times \frac{0.12(1+0.12)^n}{(1+0.12)^n - 1} + 800 \times 1.3 = 3000 \times \frac{0.12(1+0.12)^n}{(1+0.12)^n - 1} + 600 \times 1.3$$

化简为:

$$\frac{0.12(1+0.12)^n}{(1+0.12)^n - 1} = 0.26$$

解得 $n = 5.46$ 年。

即当装置的使用年限小于5.46年时,宜选择装置A;否则应选择装置B。

五、盈亏平衡分析的应用范围及特点

1. 作用

盈亏平衡分析可以在以下几个方面发挥作用

(1) 判定企业经营状况 确定盈亏平衡点,与项目实际产量、价格或生产能力利用率进行比较,可以对企业的经营状况进行初步判断。

(2) 利润预测及决策 采取目前的经济策略或手段,可以收获多少利润,风险主要存在什么地方,风险概率有多大,这样可以提前做好应对准备,规避或减弱风险。

(3) 价格决策 通过盈亏平衡分析,可以确认产品的价格变动范围,帮助准确定价。否则,价格制定过高,偏离市场主体,造成市场损失;价格制定过低,容易造成亏损。

(4) 指导成本管理 当单价、固定成本、销售量及目标利润可知的情况下控制单位变动成本。

(5) 选择合理的决策方案 如亏损产品是否继续生产,零件自制还是外购,是否接受追加订货,采用哪种生产工艺方案等;有的时候因为要保持市场占有率,亏本也需要生产;根据风险程度,选择合适的工艺方案,比如当项目风险比较大的时候,就需要保本产量比较低的技术路线。

2. 优点

盈亏平衡分析的优点为以下四个方面。

(1) 有助于快速确定项目的各项经济指标,了解项目可能承担的风险 盈亏平衡分析是对拟建项目进行不确定性分析的方法之一。因为这时一方面需要对项目的一些主要参数如产量、售价和成本等做出决定,而另一方面,某些经济数据如总投资、收益率还不易确定。因此,用盈亏平衡分析法可以粗略地对高敏感度的产量、售价及成本等因素进行分析,会有助于快速确定项目的各项经济指标,了解项目可能承担的风险。

(2) 有助于合理确定生产规模 由盈亏平衡公式 $Q_0 = \dfrac{C_f}{P - V_c}$ 可知，Q_0 的高低取决于年固定总成本、售价及单位可变成本之差。因此，如果一个项目有多个不同的方案可供选择，如果方案的固定总成本相同，则 $P - V_c$ 越小，平衡产量越高，风险越大，反之则越低；如果 $P - V_c$ 相等，则固定成本越高，则平衡产量越高，风险越大，则项目较容易受到生产或销售水平的影响。

(3) 可以对不同设备、不同的工艺流程方案进行选择 设备生产能力的变化会引起总固定成本的变化，而工艺流程的不同会影响到单位可变成本。当采用技术上先进的工艺，会有助于效率的提高，原材料和劳动力都会有所节约，而使单位可变成本降低。所以通过对这些方案值的计算，可以为方案抉择提供有用的信息。

(4) 可以用于多个互斥项目的优选及多个不确定因素互斥项目的比较和分析。

3. 缺点

盈亏平衡分析的缺点体现在以下两个方面。

(1) 盈亏平衡分析是建立在生产量等于销售量的基础上，即产品能完全销售而没有积压，因此，准确度不高；

(2) 所用的数据是以类似工厂的正常生产年份的历史数据修正得来的，因此，精度不高。

所以，盈亏平衡分析只适合于现有项目的短期分析，而由于项目多是一个长期的过程，所以利用这种方法很难得到一个全面的结论。

第三节　敏感性分析

一、敏感性分析的概念

1. 敏感性分析的作用

敏感性分析就是通过分析和预测经济评价中的各种不确定因素发生变化时，对项目经济评价指标的影响，从而找出敏感性因素，并确定其影响的程度。敏感性分析是投资建设项目评价中应用十分广泛的一种技术，用以考察与项目有关的各种不确定因素对项目基本方案经济评价指标的影响，找出敏感因素，估计项目评价效益指标对这些敏感因素变化的敏感程度，粗略预测项目可能承担的风险，为进一步的风险分析打下基础。

敏感性分析中设定的变化因素和受影响的经济效益评价指标应根据项目的特点和实际需要确定。可能发生变化的因素有：产品产量、产品价格、固定成本、可变成本、总投资、主要原材料及燃料动力价格、项目建设工期等。受影响的经济效益评价指标通常选择净年值、净现值、内部收益率、投资回收期等。

敏感性分析包括单因素敏感性分析和多因素敏感性分析。单因素敏感性分析是指每次只改变一个因素的数值来进行分析，估算单个因素的变化对项目效益产生的影响；多因素分析则是同时改变两个或两个以上因素进行分析，估算多因素同时发生变化的影响。为了找出关键的敏感性因素，通常多进行单因素敏感性分析。

2. 敏感性分析的一般步骤与内容

(1) 选择不确定因素及确定其变动范围 尽管影响方案经济效益的不确定因素有多个，但其影响程度或重要性却可能有很大的差别，也就没有必要对所有的不确定因素进行敏感性分析。可依据以下原则选择主要的不确定因素。

① 在可能的变动范围内，预计该因素的变化将较强烈地影响方案的经济效益指标。

② 对于在确定性经济分析中，采用该因素及数据的准确性把握不大。对于化学工业类项目，可能作为敏感性分析的因素通常包括：投资额、项目建设期限、产品产量或销售量、产品价格、经营成本、项目寿命期限、折现率等。在选择需要分析的不确定因素过程中，应根据实际情况确定这些因素的变动范围。

(2) 确定敏感性分析的指标　敏感性分析都是在确定性经济分析基础上进行，因而敏感性分析的指标参数应与确定性分析所使用的指标一致，不应超出确定性分析所用指标的范围。

当确定性分析中所用的指标较多时，敏感性分析可针对其中一个或几个最重要的指标进行，最基本的指标是内部收益率。此外，根据项目的实际情况也可以再选择净现值或投资回收期等。必要时可以选择两个或两个以上指标进行敏感性分析。

(3) 计算不确定因素对指标的影响　在主要的不确定因素和拟考察的敏感性分析指标确定后，分别计算各不确定因素单独变动或者多个因素同时变动对敏感性分析指标的影响结果。

敏感性分析一般选择不确定因素变化的百分率为±5％、±10％、±15％、±20％等；对于不便用百分率表示的因素，例如建设工期，可采用延长一段时间表示，如延长一年。获得不确定因素变动与敏感性分析指标变化的对应关系，通常用图或表格的形式表示出来。

(4) 确定敏感性因素的影响程度，对方案风险做出判断　通过分析第（3）步中的结果，可确定哪些因素是敏感性因素，即这类因素较小程度地增大或减小，可引起所关心的指标较大幅度的变化。也可由此估计敏感性因素变化对指标的影响情况，对方案的可能风险大小做出一定的判别，并能预先提出一些减小不利影响的措施，使方案的主要指标能达到预定的水平。

二、判别因素敏感性的基本方法

在敏感性分析中，不同因素变化相同的比例，例如均变化±10％，但所引起的指标的变化程度却可能很不相同，或者同一因素在不同的条件下，其变动对指标的影响结果也不一样。敏感性分析的首先任务就是找出其数值变化能显著影响方案经济效益或主要经济指标的因素，即敏感性因素。衡量一个因素是否为敏感性因素，可用相对衡量法或绝对衡量法。

(一) 相对衡量法

相对衡量法是设定要分析的因素都从确定性经济分析中所采用的数值开始变动，并且各因素每次变动的幅度相同。从而比较在相同变动幅度条件下，各因素的变动对经济效益指标的影响程度，那些对指标影响程度较大的即为该方案的敏感性因素。常用的方法是运用敏感度系数来进行判别。

敏感度系数是指项目评价指标变化的百分率与不确定因素变化的百分率之比。若敏感度系数较大，则表示项目效益对该不确定因素敏感的程度高。敏感度系数的计算公式为：

$$S_{AF} = \frac{\frac{\Delta A}{A}}{\frac{\Delta F}{F}} \tag{5-20}$$

式中，S_{AF} 为评价指标 A 对于不确定因素 F 的敏感度系数；$\frac{\Delta F}{F}$ 为不确定因素 F 的变化率；

$\dfrac{\Delta A}{A}$ 为不确定因素 F 发生 ΔF 变化时,评价指标 A 的相应变化率。

$S_{AF}>0$,表示评价指标与不确定因素同方向变化;$S_{AF}<0$,表示评价指标与不确定因素反方向变化。S_{AF} 较大者敏感度系数高。

相对衡量法是敏感性分析中最常采用的方法,其经济含义明确,表达形式直观,易于理解,并且各因素影响情况的可比性较好。

(二)绝对衡量法

绝对衡量法的基本做法之一,是设定各因素都向对方案不利的方向变化,并取其有可能出现的对方案最不利的数值,据此计算方案的经济效益指标,看其在这样的条件下是否可达到使方案无法被接受的程度。如果某一因素可能出现的最不利数据值可使方案变得不能被接受,表明该因素是方案的敏感性因素。

判别方案能否接受是看其经济指标是否达到临界值或临界点(转换值,switch value),它是指不确定因素的变化使项目由可行变为不可行的临界数值,可采用不确定因素变化相对应的具体数值来表示基本方案的变化,也可以采用相应的变化率表示。当该不确定因素为项目费用时,即为其增加的百分率;当其为效益项目时为降低的百分率。

当不确定因素的变化超过了临界点所表示的不确定因素的极限变化时,项目将由可行变为不可行。例如使用净现值或净年值指标,要看其值是否大于或等于零;而使用内部收益率则要看其是否大于或等于基准折现率。

临界点数值的高低与计算临界点选用指标的初始值有关。若选取基准收益率为计算临界点的指标,通常随着设定基准收益率的提高临界点会降低(即临界点表示的不确定因素的极限变化变小);而在一定的基准收益率下,临界点越低,说明该因素对项目评价指标影响越大,项目对该因素就越敏感。

临界点的计算主要是采用试差法,包括用计算机软件的函数或图解法求得。运用绝对衡量法时,也可以先设定拟考察的经济效益指标为其临界值,例如令净现值等于零,然后求出在此条件下,待分析因素的最大允许变动幅度,并与其可能出现的最大变动幅度相比较。如果某一因素可能出现的变动幅度超过最大允许变动幅度,则表示该因素是方案的敏感性因素。

三、敏感性分析结果在项目决策分析中的应用

将敏感性分析的结果进行汇总:可采用编制敏感性分析表(表 5-6)和敏感度系数与临界点分析表(表 5-7)的方式,以及绘制敏感性分析图(图 5-7)的方式。表 5-6 和图 5-7 中的项目仅作为举例说明,应依据项目的实际情况选择适宜的敏感性因素和考察的评价指标,但一般不低于 2 项。表 5-7 中的"不确定因素"可以依据实际情况选择,一般也不应少于两项。但该表中的"内部收益率""敏感度系数""临界点"以及"临界值"等评价指标一般不应缺少,必要时可增加评价指标例如净现值等。

表 5-6 敏感性分析

变化因素＼变化率	-30%	-20%	-10%	0%	10%	20%	30%
基准折现率或贷款利率							
建设投资							

续表

变化因素 \ 变化率	−30%	−20%	−10%	0%	10%	20%	30%
原材料成本							
销售收入							
……							

表 5-7 敏感度系数和临界点分析

不确定因素	变化率/%	内部收益率/%	敏感度系数	临界点/%	临界值
基本方案					
基准折现率或贷款利率					
产品产量(生产量)					
产品价格					
主要原材料价格					
建设投资					
……					

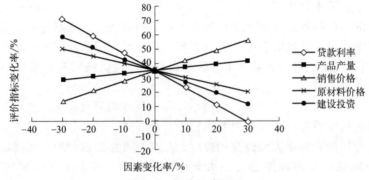

图 5-7 敏感性分析图

此外，还应对分析结果进行文字说明，将不确定因素变化后计算的经济评价指标与基本方案评价指标进行对比分析，结合敏感度系数及临界点的计算结果，按不确定因素的敏感程度进行排序，找出最敏感的因素，分析敏感因素可能造成的风险，并提出应对措施。当不确定因素的敏感度很高时，应进一步通过风险分析，判断其发生的可能性及对项目的影响程度。

四、单因素敏感性分析

单因素敏感性分析是指仅变动某一个因素，保持其他因素不变，看其对经济效益指标的影响程度；然后，再只变动另一个因素，进行类似的计算。

【例 5-5】 某投资方案初始投资为 100 万元，预计项目寿命为 5 年，每年可提供净收益 28 万元，基准收益率为 8%，项目期末残值为 20 万元。试分析考虑项目寿命、基准收益率的变化对经济效益指标净年值的影响。

解 设 n 和 i 分别是项目寿命和基准收益率，经济效益指标净年值与它们的关系为：

$$NAV(n,i) = CF + F(A/F,i,n) - I(A/P,i,n)$$
$$= 28 + 20(A/F,i,n) - 100(A/P,i,n)$$
$$= 28 + 20 \times \frac{i}{(1+i)^n - 1} - 100 \times \frac{i(1+i)^n}{(1+i)^n - 1} \quad (A)$$

在上述 n 和 i 中，维持其中之一不变，对另一因素每变动一定幅度，就对应一个 NAV 的值，如表 5-8 所示。例如保持 i 不变，考察 n 变动对 NAV 的影响，从表 5-8 中可知：$n = n_0 = 5$ 年，$i = i_0 = 8\%$ 时，代入式(A)，得：

$$NAV(5, 8\%) = 28 + \frac{1.6 - 8 \times 1.08^5}{1.08^5 - 1} = 6.4 (万元)$$

当项目寿命 n 减小 20% 时，从表 5-8 中可见，对应的 $n = n_0 \times 0.8 = 4$ 年，i 不变为 8%，从而得：

$$NAV(4, 8\%) = 28 + \frac{1.6 - 8 \times 1.08^4}{1.08^4 - 1} = 2.2 (万元)$$

类似地，也可计算出当 n 保持不变，仅 i 变化时 NAV 的变化情况。从而可分别计算出当 n 或 i 变化 $\pm 10\%$、$\pm 20\%$、$\pm 30\%$ 以及 $\pm 40\%$ 时的净年值 NAV，其计算结果见表 5-8。表 5-8 中还给出了 NAV 的变化率，其定义为：

$$\Delta NAV = \frac{NAV(n,i) - NAV(n_0,i_0)}{NAV(n_0,i_0)} \times 100\% \quad (B)$$

像表 5-8 这样的计算分析表称为敏感性分析表。根据敏感性分析表中的数据，也可画出直观的敏感性分析图，如图 5-8 所示。

从图 5-8 和表 5-8 可看出：

① 项目寿命周期 n 的变化对经济指标净年值 NAV 的影响比较突出。例如，当 n 减小约 26% 时，净年值由原预计的 6.4 万元减小为 0，使项目从盈利转为无盈利可求。而且，从曲线 NAV-n 的变化趋势还可进一步地看出，n 减少对 NAV 的不利影响明显大于 n 增大同样幅度对 NAV 的有利影响。例如，比较表 5-8 中的"因素变化率 $x/\%$"列和"指标变化率 $\Delta NAV/\%$"列中对应的数据，当 $n = -20\%$，$\Delta NAV = -65.6\%$，即寿命周期比预计缩短 20% 时，经济效益指标 NAV 比预计的减少 65.56%，是因素 n 变化的 3 倍多；类似地当 $n = +20\%$，$\Delta NAV = +42.2\%$，仅是因素 n 变化的 2 倍左右。可见寿命周期增长或缩短同样幅度，对 NAV 的影响程度则有明显差别。上述分析揭示，我们应特别注意项目寿命周期比预计的缩短所导致的项目经济效益的不利变化，也即指出了该项目的主要风险之一。

表 5-8　例 5-5 的敏感性计算

因素	因素变化率 $\Delta x/\%$	因素变化值		指标值 NAV [由式(A)计算]/万元	指标变化率 $\Delta NAV/\%$
		n/年	$i/\%$		
寿命周期 n/年	+40	7.0	8	11.0	+71.9
	+30	6.5	8	10.1	+57.8
	+20	6.0	8	9.1	+42.2
	+10	5.5	8	7.9	+23.4
	0	5	8	6.4	0
	-10	4.5	8	4.5	-29.7
	-20	4.0	8	2.2	-65.6
	-30	3.5	8	-0.7	-111
	-40	3.0	8	-4.6	-172

续表

因素	因素变化率 Δx/%	因素变化值		指标值 NAV [由式(A)计算]/万元	指标变化率 ΔNAV/%
		n/年	i/%		
折现率 i/%	+40	5	11.2	4.0	-37.5
	+30	5	10.4	4.6	-28.1
	+20	5	9.6	5.2	-18.8
	+10	5	8.8	5.8	-9.4
	0	5	8.0	6.4	0
	-10	5	7.2	6.9	+7.8
	-20	5	6.4	7.5	+17.2
	-30	5	5.6	8.1	+26.6
	-40	5	4.8	8.7	+35.9

② NAV-i 是一条直线，而且 NAV 随 i 的变化幅度较 NAV-n 的变化幅度小。例如，当基准收益率增加 40% 时，经济指标 NAV 也仍保持为正值，即当因素 i 向不利于经济指标 NAV 的方向变化达到很大幅度时，项目的经济效益指标仍可接受。这表明基准收益率或项目贷款利率的变动对项目经济效益的影响不大，是一个不敏感的因素。

③ 从图 5-8 中的 NAV-i 和 NAV-n 的变化关系，或者从表 5-8 中可见，当 n 或 i 均变化 +10% 时，前者引起经济指标 NAV 变化 23.4%，而后者仅使 NAV 变化 9.4%；考察 n 或 i 的其余幅度变化时对 NAV 的影响，也存在类似的关系。这表明，经济指标净年值 NAV 对项目寿命周期 n 的变化比对基准收益率 i 的变化更为敏感。因而，对寿命周期 n 的估计应尽可能地准确，以提高可行性分析中经济指标净年值的预计准确度。同时也揭示，我们在项目投产后，应尽量延长项目的寿命周期，这样将很有利于项目的经济效益。

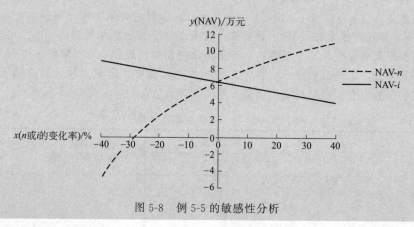

图 5-8 例 5-5 的敏感性分析

五、多因素敏感性分析

实际上，许多因素的变化具有相关性，某一特定因素的变化也会引起其他因素的变化。为了更准确地进行因素的敏感性分析，有必要考虑多个因素同时变化的相互作用和综合效果，即进行多因素分析。

多因素敏感性分析更为真实地反映了因素变化对经济指标的影响，较常用的有双因素敏感性分析和三因素敏感性分析。

(一)双因素敏感性分析

在多个不确定因素中,保持其他因素不变化,仅考虑两个因素变化对经济指标的影响,称为双因素敏感性分析。由于有两个可变因素,所以双因素敏感性分析的图示结果是一个敏感面或区域。

【例 5-6】 在例 5-5 中,由于初始投资 100 万元是估算值,实际上有偏差,而且受物价变化的影响,原材料和燃料动力价格的变化引起预计的年收益也发生变化。因此,试分析当初始投资额和年净收益额同时为可变因素时它们对项目净年值的影响。

解 设初始投资额的变化率为 x,年净收益额变化率为 y,则净年值为:
$$NAV=(x,y)=28(1+y)+20(A/F,8\%,5)-100(1+x)(A/P,8\%,5)$$
$$=6.36+28y-25.05x$$

要使项目盈利,必须有 NAV≥0,即:
$$y \geqslant 0.8649x - 0.2271$$

项目寿命周期结束刚好收回投资时,NAV=0,即:
$$y = 0.8946x - 0.2271$$

上式为两参数,是一直线方程。当初始投资额保持不变,即 $x=0$ 时,要保证净年值 NAV≥0,则年净收益变化率:
$$y \geqslant -0.2271 = -22.71\%$$

当 $y=0$ 时,
$$x \leqslant 0.2271/0.8946 = 0.2539$$
$$x \leqslant 25.39\%$$

将 $x=0$,$y=-0.2271$ 和 $x=0.2539$,$y=0$ 两点绘于二维平面坐标系上,连接两点并延伸,如图 5-9 所示。

从图 5-9 可见,当初始投资 I、年净收益 CF 同时变化范围位于斜线上方区域时,例如 I 增长 15%,同时 CF 减少 5%,NAV 的值即图中 A 点位于直线 $y=0.8946x-0.2271$ 的上方,NAV>0;而当 I 增大 10%,CF 减少 30% 时,NAV 值即图中 B 点位于直线下方区域,NAV<0。这就直观地表示出初始投资和年净收益额的变化在什么范围内,项目可获得盈利或者亏损。

进一步分析还可看出,当投资额增加 10.00%,即 $x=0.10$ 时,相应的年净收益额的变化 $y=-0.1376=-13.76\%$,可见变化率 $|y| \geqslant |x|$。所以,净年值 NAV 对于初始投资额的敏感性比对于年净收益额的敏感性要小一些。

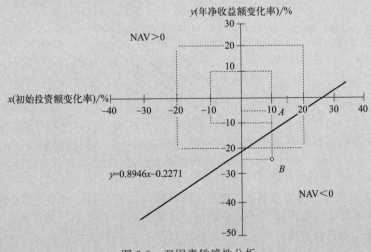

图 5-9 双因素敏感性分析

（二）三因素敏感性分析

以上仅是两个因素同时变化的敏感性分析，若变化因素多于两个，就比较难以用图形表示。但对于三个因素，可以将其中一个因素依次改变，就可以得到另两个因素同时变化的一组临界曲线簇。

【例 5-7】 对于例 5-5，若也同时考虑基准收益率 i 为可变因素，试分析这三个因素对净年值的影响。

解 根据题意净年值为：

$$NAV = 28(1+y) + 20(A/F, i, 5) - 100(1+x)(A/P, i, 5)$$

当基准收益率 i 分别为 6%、8%、10%、12%、15% 和 20% 时，可得净年值的一组临界曲线：

$$NAV(6\%) = 28(1+y) + 20(A/F, 6\%, 5) - 100(1+x)(A/P, 6\%, 5) = 0$$
$$NAV(8\%) = 28(1+y) + 20(A/F, 8\%, 5) - 100(1+x)(A/P, 8\%, 5) = 0$$
$$NAV(10\%) = 28(1+y) + 20(A/F, 10\%, 5) - 100(1+x)(A/P, 10\%, 5) = 0$$
$$NAV(12\%) = 28(1+y) + 20(A/F, 12\%, 5) - 100(1+x)(A/P, 12\%, 5) = 0$$
$$NAV(15\%) = 28(1+y) + 20(A/F, 15\%, 5) - 100(1+x)(A/P, 15\%, 5) = 0$$
$$NAV(20\%) = 28(1+y) + 20(A/F, 20\%, 5) - 100(1+x)(A/P, 20\%, 5) = 0$$

即：

$$y(6\%) = 0.8479x - 0.2789$$
$$y(8\%) = 0.8946x - 0.2271$$
$$y(10\%) = 0.9421x - 0.1749$$
$$y(12\%) = 0.9907x - 0.1217$$
$$y(15\%) = 1.0653x - 0.0406$$
$$y(20\%) = 1.1943x - 0.09829$$

将上面这些曲线绘在以 x 和 y 为坐标的平面图上，即是图 5-10。

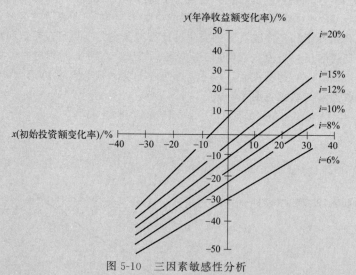

图 5-10　三因素敏感性分析

从图 5-10 可以看出，基准收益率 i 上升，临界线向上方移动，使净现值 NAV>0 的范围缩小；基准收益率降低，临界线向下方移动，使净现值 NAV>0 的区域扩大。根据这种三因素敏感性分析图，我们能够直观地了解投资额、年净收益和基准收益率这三个因素同时变动对项目经济效益的影响，有助于做出正确的决策。

六、敏感性分析的局限性

敏感性分析在一定程度上就各种不确定因素的变动对方案的经济效果的影响作了定量描述。这有助于决策者了解方案的风险情况，有助于确定在决策过程中及方案实施过程中需要重点研究和控制的因素。但敏感性分析没有考虑到各种不确定因素在未来发生变动的概率，这可能会影响分析结论的准确性。

实际上，各种不确定因素在未来发生某一幅度变动的概率是不一样的。可能有这样的情况，通过敏感性分析找出的某一敏感因素未来发生不利变动的可能性非常小，因而实际上所带来的风险并不大，以至于可以忽略不计。而另外一个不敏感的因素未来发生不利变动的可能却很大，实际上，所导致的风险比那个敏感性因素更大。这种问题是敏感性分析所不能解决的，必须借助于下节所述的概率分析方法。

第四节　概率分析

一、概率分析的目的

通过盈亏平衡分析和敏感性分析，能使我们进一步了解不确定因素的变化对项目经济效益产生的影响，为方案的选择和投资决策提供了更进一步的依据。但这些方法仍然具有一定的局限性，它们是在我们假定这些因素发生的条件下所进行的分析。而实际上，这些因素的变化并不一定会发生，只有发生的可能性。也许，有些对项目经济效益产生较大影响的因素变化几乎不可能发生，对这些因素变化的担忧就显然是不必要的。要解决诸如发生可能性大小的问题，就需进一步应用概率分析的方法。

概率分析就是利用概率的方法来分析和预测不确定因素影响投资项目经济效益可能性的大小，或确定某些不确定因素发生的概率值，为项目的风险分析和决策提供更全面的依据。

对于经济数据或因素的不确定性，通常可用概率分布函数表示。其基本方法是，对有历史数据的不确定因素，可对其数据用一定的统计方法进行处理，以获得其概率分布函数；对无历史数据的因素，可以根据经验，选取最可能的分布函数类型，并给出一定参数值。在经济分析和决策中，使用最普遍的是均匀分布和正态分布。关于概率和统计方面的详细概念和方法，请读者参见有关的文献。

二、概率分析步骤和方法

概率分析依据以下步骤进行分析。

（1）列出各种欲考虑的不确定因素。例如销售价格、销售量、投资和经营成本等，均可作为不确定因素。需要注意的是，所选取的几个不确定因素应是互相独立的。

（2）设想各个不确定因素可能发生的情况，即其数值发生变化的几种情况。

（3）对可能发生的各种情况，计算不确定因素发生的概率。

（4）计算目标值的期望值。可根据方案的具体情况选择适当的方法。假若采用净现值为目标值，则一种方法是，将各年净现金流量所包含的各不确定因素在各可能情况下的数值与其概率分别相乘后再相加，得到各年净现金流量的期望值，然后求得净现值的期望值。另一种方法是直接计算净现值的期望值。

三、期望值与标准差

不确定因素也可以认为是随机变量，定量化描述随机变量的主要参数是期望值与方差。

期望值就是在大量的重复事件中，随机变量取值的平均值，也是最大可能的取值，它最接近实际值。其计算公式为：

$$E(x) = \sum_{i=1}^{m} x_i P_i$$
$$= x_1 P_1 + x_2 P_2 + \cdots + x_m P_m \tag{5-21}$$
$$\sum_{i=1}^{m} P_i = 1$$

式中，$E(x)$ 为随机变量 x 的期望值；x_i 为随机变量 x 的各种可能取值；P_i 为对应于出现 x_i 的概率值。

从式(5-21)可见，期望值也就是随机变量所有可能取值的加权平均值。我们可以把每一方案的期望值作为评价的标准。

标准差表示随机变量的离散程度，也就是与实际值的偏离程度。其计算公式为：

$$\sigma(x) = \sqrt{\sum_{i=1}^{m} (\overline{X} - x_i)^2 P_i} \tag{5-22}$$

式中，$\sigma(x)$ 为随机变量 x 的标准差；$\overline{X}$ 为随机变量 x 的平均值。

在实际计算时，可用期望值代替 x 的平均值，则：

$$\sigma(x) = \sqrt{\sum_{i=1}^{m} [E(x) - x_i]^2 P_i} \tag{5-23}$$

【例 5-8】 设某投资方案的估计净年值以及相应的概率如表 5-9 所示。试计算该方案净年值的期望值标准差。

表 5-9 例 5-8 的数据

净年值/万元	-40	100	200	250	300
概率	0.10	0.20	0.35	0.25	0.10

解 根据式(5-21)，该方案净年值的期望值为：

$$E(\text{NAV}) = \sum_{i=1}^{5} \text{NAV}_i P_i$$
$$= -40 \times 0.10 + 100 \times 0.20 + 200 \times 0.35 + 250 \times 0.25 + 300 \times 0.10$$
$$= 178.5 \text{（万元）}$$

方案净年值标准差的平方为：

$$\sigma^2(\text{NAV}) = \sum_{i=1}^{5} [E(\text{NAV}) - \text{NAV}_i]^2 P_i$$
$$= (178.5 + 40)^2 \times 0.10 + (178.5 - 100)^2 \times 0.20 + (178.5 - 200)^2 \times 0.35$$
$$+ (178.5 - 250)^2 \times 0.25 + (178.5 - 300)^2 \times 0.10$$
$$= 8922.8 \text{（万元）}$$

故净年值的标准差为：

$$\sigma(\text{NAV}) = \sqrt{\sigma^2(\text{NAV})} = 94.5 \text{ 万元}$$

四、投资方案风险分析

分析投资方案风险常用的方法有解析法和模拟法两类。

(一) 解析法

如果投资方案的经济效益指标，例如净年值服从某种已知的概率分布，并能计算出它的期望值和标准差，就可以用解析法进行方案的风险分析。

【例 5-9】 假定在例 5-8 中方案的净年值服从正态分布，试利用例 5-8 的计算结果求：(1) 净年值大于或等于 0 的概率；(2) 净年值大于 -40 万元的概率；(3) 净年值大于或等于 300 万元的概率。

解 根据概率的知识，若连续型随机变量 x 服从参数为 μ、σ 的正态分布，则 x 具有如下标准正态分布函数。

$$F(x)=\frac{1}{\sqrt{2\pi}\sigma}\int_{-\infty}^{x}e^{-\frac{(x-\mu)^2}{2\sigma^2}}dx=\Phi\left(\frac{x-\mu}{\sigma}\right) \tag{5-24}$$

令 $Z=\frac{x-\mu}{\sigma}$，由标准正态分布表，可直接查出 $x<x_0$ 的概率值为：

$$\Phi(Z)=\frac{1}{\sqrt{2\pi}}\int_{-\infty}^{z}e^{-\frac{Z^2}{2}}dZ=\Phi\left(\frac{x_0-\mu}{\sigma}\right) \tag{5-25}$$

在本例中，我们将方案净年值 NAV 看成是连续随机变量。从例 5-8 已知：

$$\mu=E(\text{NAV})=178.5 \text{ 万元}$$
$$\sigma=\sigma(\text{NAV})=94.5 \text{ 万元}$$

则

$$Z=\frac{\text{NAV}-E(\text{NAV})}{\sigma(\text{NAV})}$$
$$=\frac{\text{NAV}-178.5}{94.5}$$

由此，可计算出不同 NAV 取值时的概率。

(1) 净年值大于或等于 0 的概率：

$$P(\text{NAV}\geqslant 0)=1-P(\text{NAV}<0)$$
$$=1-P\left(Z<\frac{0-178.5}{94.5}\right)$$
$$=1-P(Z<-1.89)$$
$$=0.9706$$

(2) 净年值小于 -40 万元的概率：

$$P(\text{NAV}<-40)=P\left(Z<\frac{-40-178.5}{94.5}\right)$$
$$=P(Z<-2.31)$$
$$=0.0104$$

(3) 净年值大于或等于 300 万元的概率：

$$P(\text{NAV}\geqslant 300)=1-P(\text{NAV}<300)$$
$$=1-P\left(Z<\frac{300-178.5}{94.5}\right)$$
$$=1-P(Z<1.29)$$
$$=0.0985$$

从以上计算结果可见，该方案能够取得满意经济效果，即 NAV$\geqslant$0 的概率为 97.06%；不能取得满意经济效果，即 NAV$<$0 的概率为 2.94%。而且经济效果指标净年值小于 -40 万元的概率仅为 1.04%，投资亏损的可能性非常小。而取得很好的经济效果的可能性，即净年值大于 300 万元的概率为 9.85%。

一般来讲，对于服从正态分布的经济指标，可根据正态分布的特点，估计出其概率，而不必像例 5-9 那样计算，从而对方案的风险情况做出大致的判断。例如，在正态分布条件下，随机变量实际取值，在 $\mu\pm\sigma$（μ 为期望值，σ 为标准差）范围内的概率为 68.3%，在 $\mu\pm2\sigma$ 范围内的概率为 95.4%，在 $\mu\pm3\sigma$ 范围内的概率为 99.7%。对于例 5-4 来说，方案实际净年值在 (178.5±94.5) 万元，即在 84.0 万～273 万元范围的可能性为 68.3%，而在 (178.5±2×94.5) 万元，即−10.5 万～367.5 万元范围内的可能性为 95.4%。不过，有时这种可能的范围太宽，不便于较准确地把握风险程度。

（二）模拟法

前面介绍的期望值法和方差分析法，含义明确，计算过程较方便，统称为解析法。在实际工作中，用解析法进行方案风险分析，有时会受到一定的限制。例如，没有足够的数据或参考文献以便对方案经济效果指标的概率分布类型做出明确的判断，或者这种分布无法用典型的分布函数来描述等问题。尽管不能用解析法对方案经济效果指标的概率进行分析，但如果已知影响方案经济效果的不确定因素的概率分布，就可以采用模拟法进行方案的风险分析。

模拟法也叫作蒙德卡罗模拟技术，是一种动态模拟方法，是用反复进行随机抽样的方法模拟各种随机变量的变化，进而通过计算了解方案经济效果指标的概率分布。换言之，就是将影响经济效果指标的因素的概率分布，利用模拟技术归纳成经济效果指标的概率分布。

蒙德卡罗模拟技术需要进行大量的计算，只有借助于电子计算机才能实现。随着计算机技术的发展和普及，蒙德卡罗模拟技术在经济分析中将获得更多的应用。感兴趣的读者，可参考有关的文献。

第五节 项目风险管理

由于项目是在复杂的自然、社会环境中进行的，因此与其他经济活动一样，项目同样具有风险。项目风险是指因项目所处环境和条件的不确定性，使项目的最终目标与项目相关利益主体的期望产生偏差，并给项目相关利益主体带来损失的可能性。例如，项目的过程和结果常出人意料，无法达到项目预期的目的，甚至使项目组织蒙受重大的损失，但也有可能带来更好的机会。为了避免或减少损失、将风险转化为机会，项目团队应当了解并掌握项目风险的来源、性质和发生规律，并在此基础上施以有效的管理。项目风险管理包括对项目风险的规划、识别、分析、应对和监控五个环节。

一、项目风险规划

项目风险规划是指定义项目风险管理活动的实施方法的过程，其目的是给风险管理安排充足的资源和时间，为风险评估建立共识，强化风险管理的思路和路径，从而预防、减轻、遏制或消除不良事件的发生及其带来的影响。

1. 项目风险类型

依据项目风险的性质、结果及相互之间的关系进行分类，有助于风险管理人员理解并全面识别风险，以提高风险识别过程的效率和质量。项目过程中可能出现的常见风险，以及这些风险出现的原因如下。

（1）技术风险 由于技术的不成熟、复杂性、技术熟练度等因素导致项目技术方案制订、实施和运行等方面存在的风险。

(2) 商业风险　由于市场预测失误、价格变动、汇率变化、通货膨胀等商业因素导致的项目成本超支或投资损失。

(3) 执行风险　在项目执行过程中，由于某些与项目计划执行相关的未知细节而带来的风险，例如地理或环境条件对项目执行产生的负面影响。

(4) 法律风险　合同中，过于严格的约束条款和过于模糊的合同条款均有可能带来巨大的项目风险。

(5) 管理风险　由于项目管理人员的计划与组织能力差、项目成员素质低、机构设置不合理、岗位职责不明确、管理制度不健全等项目管理不善的因素，影响了项目目标的实现。

(6) 社会风险　由于政局不稳或异常的团体行为所带来的项目风险，例如罢工、战争、恐怖活动、国际关系剧变等。

2. 项目风险管理计划

项目风险管理计划是项目风险规划阶段的主要输出结果，通常由项目团队采取规划会议的方式制订并审议得到，是实施风险管理活动的总体计划，一般包括以下内容。

(1) 说明采用的风险管理方法、工具及数据来源。

(2) 明确风险管理角色与职责，确定风险管理计划中每项活动的领导者和支持者，以及风险管理团队的成员及其个人职责。

(3) 确定风险管理预算，估算风险管理的资金，制订成本预算计划，建立应急储备，包括风险管理费、风险损失费、风险存在引起的费用以及其他个人费用与社会费用。

(4) 确定实施风险管理过程的时间和频率，建立应急储备使用的方案，并将风险管理活动纳入项目的进度计划。

(5) 根据风险来源的相似性对项目风险分类，以便识别风险，并采取合适的应对策略。

(6) 风险的概率和影响、概率影响矩阵、风险汇报模式、跟踪审计方法等其他内容。

二、项目风险识别与分析

1. 项目风险识别

项目风险识别是指判断哪些风险会影响项目并记录其特征的过程，包括确定风险来源、风险产生的条件及风险特征等。由于某些原来可能发生的风险随着项目的开展得以消除，或者可能产生新的风险，因此风险识别是一个持续、反复的过程，参与者包括项目经理、项目团队成员、风险管理人员、客户、其他重要干系人和风险管理专家等，采用的主要方法有头脑风暴会议、风险核对表和假设分析等。风险识别的主要输出成果是形成初步的风险登记册，列出已识别的各个风险，并随风险管理过程的推进而逐渐丰富、补充和修正。

风险识别过程需要遵循以下几个原则：①不要局限于风险出现带来的后果，而更应关注风险产生的原因；②先关注对整个项目有影响的大风险，再识别对项目某个特定部分有影响的小风险；③风险识别成功与否，主要取决于项目组织对待风险的态度，应当营造风险管理的氛围，鼓励和激励团队中主动识别风险的成员；④重视和咨询风险管理团队以外的部门和专家；⑤持续进行项目风险识别，及时更新风险登记册；⑥关注风险管理的效率与效益，力争以最小的风险管理投入获得最大的回报。

2. 项目风险分析

项目风险分析是指在风险登记册的基础上，综合分析各个风险事件发生的概率和影响，对风险进行优先级排序，去掉多余或无关紧要的风险，从而找出值得关注的风险。项目风险分析可以在项目过程中的任一阶段进行，需要首先了解参与风险分析的人员的风险态度是属于风险偏好、风险厌恶或风险中性三种类型之中的哪一种，并对他们的分析结果进行必要的修正，以保证风险分析结果的可靠性和有效性。

风险分析最常用、最简单的方法是情景分析法，包括从以下几个方面来评估每个风险：①不希望发生的风险事件；②事件发生后所有的输出；③事件发生的机会或可能性；④事件影响的程度或严重性；⑤事件在项目中可能发生的时间；⑥事件与本项目的其他活动或其他项目之间有何交互影响。除情景分析法外，还可利用定量评估的方法，对风险发生的可能性、产生的后果、整体风险因素等进行分析。

三、项目风险应对与监控

1. 项目风险应对

项目风险应对是指根据风险的优先级和重要性，制订切实可行的应对措施，减少风险事件发生的概率，降低风险带来的损失程度。在项目开始前投入风险应对的努力越多，就越有希望让项目意外降到最低。制订风险应对措施需要遵循的原则有：①应指定责任人具体负责应对措施，并将风险管理需要的资源和活动纳入项目成本预算和进度计划；②应对措施必须与风险的优先级和重要性匹配；③尽可能制订多个备选方案，以便风险发生时可以及时选择最佳的应对措施。

项目团队制订风险应对措施的主要过程和环节包括：①确认风险识别和分析的评估结果；②分析项目内部和外部的各种条件，以及可用于处理各种风险的资源和能力；③设定风险处理后应达到的目标；④针对不同风险拟订多种应对策略备选方案，并比较它们的代价和效果，做出选择；⑤执行风险应对方案。

面对消极风险和积极风险，应采取不同的应对策略。针对消极风险可采取的策略如下。

① 回避　通过改变管理计划，完全消除风险因素和威胁；

② 转移　可通过出售、发包、免责条款、保险、担保等手段，将面临的风险转移给第三方来承担；

③ 减轻　包括风险发生前的风险预防和风险发生后的损失控制两种方式，分别采取措施将风险事件的概率和影响降低到可以接受的临界范围内，或者减少损失发生的范围并遏制损失的进一步恶化；

④ 接受　对于小概率风险，既不能消除，也无法转移，并且在项目资源的约束下，控制这些风险的成本较高，因此当这些风险不能避免或者有可能从中获利时，由自己承担风险。

而针对积极风险，则可采取以下策略。

① 开拓　消除与某个特定的积极风险相关的不确定性，确保机会肯定出现；

② 分担　通过增加合作方来共同分担风险，减轻每一方的压力，尤其适用于有巨大商机但又必须承担相应风险的项目；

③ 提高　识别能够影响积极风险发生的关键因素，并将其最大化，以提高随积极风险而来的机会的发生概率及其积极影响；

④ 接受　虽不主动追求随积极风险而来的机会，但当机会到来时应加以利用。

2. 项目风险监控

项目风险监控是指在整个项目中实施风险应对计划，跟踪已识别的风险，监测残余风险，识别新风险，并评估风险管理过程的有效性。其他监控的内容还包括：项目假设条件是否依然成立，某个已评估的风险是否发生变化或者已经消失，风险管理政策和程序是否得到遵守，以及是否需要调整成本或进度应急储备等。风险应对责任人应定期向项目经理汇报风险管理计划的有效性，未预料但出现了的后果，以及为合理应对风险采取的纠正措施。

思考题及习题

5-1 盈亏平衡分析的作用是什么,常以哪些方式表示盈亏平衡?

5-2 临界收益的经济含义是什么,对多个品种的项目,应采用何种方法进行盈亏平衡分析?

5-3 盈亏平衡产量与项目的哪些因素有关,据此就产品成本结构与经营风险进行分析。

5-4 何谓非线性盈亏平衡分析?产品售价和单位产品可变成本随产量或销售量变化的经济含义是什么?

5-5 实际工作中,是否产量高于盈亏平衡产量就一定能盈利,为什么?如何确定最佳设计或经营生产规模?

5-6 对两个或两个以上方案进行盈亏平衡分析时,可采用什么方法?

5-7 如果在盈亏平衡计算中,要求考虑资金的时间价值,应如何处理?

5-8 什么是敏感性分析,敏感性分析中的因素和指标各有什么不同,它们包括哪些常用的项目?

5-9 什么叫敏感因素,如何辨别因素的敏感程度?

5-10 什么是单因素和多因素敏感性分析,试述它们的异同。

5-11 概率分析的作用是什么,盈亏平衡分析、敏感性分析和概率分析三者有何相互关系?

5-12 概率分析中的期望值分析法和方差分析法各表示什么经济意义,适用于单一方案的判别还是多方案的选择?

5-13 什么情况应采用蒙德卡罗模拟法,用模拟法对方案的风险进行分析有什么特点?

5-14 某项目设计年生产能力为 4 万吨,产品售价为 2000 元/t,生产总成本为 1200 元/t,其中,固定成本为 500 元/t,可变成本为 700 元/t。试求:(1) 以产量、销售价格、生产能力利用率表示的盈亏平衡点;(2) 如果当年实际生产量为 3 万吨,试分析该项目的盈亏状况;(3) 如果计划年盈利 30 万元,应如何安排产量?

5-15 某化工机械厂年产零件 200 万件,售价为 6.25 元/件,产品成本为 3.64 元/件,其中,可变成本为 3.25 元/件,固定成本为 0.39 元/件。如果按年计,试求:(1) 盈亏平衡产量;(2) 盈亏平衡销售价格;(3) 如果售价由最初的 6.25 元/件降到 5.75 元/件,或升到 6.75 元/件,求各自的盈亏平衡产量;(4) 假定可变费用增减 10%,同时折旧和固定费用或固定成本均保持不变,求盈亏平衡产量。

5-16 某日用化学品厂准备推出一种新型洗发液。购买配方等花费 12000 元,每 1000 瓶洗发液的包装、灌装及洗发液本身的费用为 4000 元。洗发液的销售最终取决于售价,其关系为:

每瓶售价/元	20	14	7
预计销售量/瓶	2000	4000	10000

试求:(1) 在上述哪种售价条件下,该厂能获得最大利润?(2) 营销人员认为,如果花 20000 元做宣传广告,在每一个售价水平下,洗发液的销售量都会增加一倍。若采纳该建议,售价以哪种最有利?

5-17 某产品的价格与销售量的关系为 $P(元/t)=300-0.025Q$,固定成本为 2 万元,单位产品的可变成本与产量的关系为 $V_c(元/t)=90-0.01Q$。试求:(1) 该项目的盈亏平衡产量范围;(2) 最大的盈利额及相应的最佳产量。

5-18 某企业拟建一条新的生产线,有三种方案可供选择,有关情况列于表 5-10 中,各方案的产品情况相同,基准收益率为 10%。

表 5-10 三种方案的投资与成本

方案	初始投资/万元	可变成本/(元/t)	方案	初始投资/万元	可变成本/(元/t)
A	1500	1600	C	3500	500
B	2500	720			

试求:(1) 各方案使用年限都是 10 年,若要选择投资额最小的方案,项目产量应为多少?在此产量

条件下，能否选择方案 B？(2) 若要求年产量为 15000t，生产线的使用寿命为多长时，宜选方案 B？

5-19 某公司拟建一新项目，计划的投资方案为：

初始投资：1677 万元　　　　残值：75 万元
年净收益：655 万元　　　　　计算期：15 年
销售收入：850 万元　　　　　基准收益率：14%

设固定成本为 40 万元，试作以下三种因素变化对内部收益率的单因素敏感性分析：
(1) 投资增加 10%，增加 20%；(2) 因价格变化年净收入下降 10%，下降 20%；(3) 项目寿命期变化 ±20%；(4) 三个因素中，哪一个是最敏感因素？应如何减小此因素对经济效益指标的影响？

5-20 已知某化工厂的年生产能力为 15000t，固定成本为 20 万元，产品单价为 60 元/t，净收益 20 元/t。试求：(1) 盈亏平衡产量；(2) 当可变成本和产品售价都上涨 20% 时，年盈亏平衡产量是多少？(3) 若为促销降低价格，在保证年净收益不低于 20 万元的条件下，价格最低是多少？

5-21 某企业生产某种产品，设计年产量为 5000 件，每件产品的出厂价格估算为 50 元，企业每年固定性开支为 60000 元，每件产品成本为 28 元。试计算：(1) 企业的最大可能盈利；(2) 企业不盈不亏时最低产量；(3) 企业年利润为 5 万元时的产量。

5-22 某改扩建项目的初始投资为 1500 万元。改扩建后的年设计生产能力从原来的 100 万吨提高到 150 万吨，并且由于质量有所提高，售价由原来的 8 元/t 提高到 10 元/t。同时由于采用了先进技术，使可变成本由原来的 4.5 元/t 降到 4 元/t。固定成本由原来 200 万元增加到 300 万元。销售税金为销售收入的 5%。计算改扩建前后的生产能力利用率盈亏平衡点，分析其变化并做出评价。

5-23 某企业有一扩建工程，建设期 2 年，生产运营期 8 年，现金流量如表 5-11 所示。设基准折现率为 12%，基准投资回收期 5 年（不含建设期），不考虑所得税，试就投资、销售收入、经营成本等因素的变化对投资回收期、内部收益率、净现值的影响进行单因素敏感性分析，画出敏感性分析图，并指出敏感因素，确定因素变化的临界值。

表 5-11　5-23 题现金流量　　　　　　　　　　　　　　　　　单位：万元

年份	0	1	2	3	4	5	6	7	8	9
投资	−1600	−2600								
销售收入			2600	4200	4200	4200	4200	4200	4200	4200
经营成本			1800	3000	3000	3000	3000	3000	3000	3000
期末资产残值										600
净现金流量	−1600	−2600	800	1200	1200	1200	1200	1200	1200	1800

5-24 某项目投资方案的各年净现金的期望值与标准差列于表 5-12。如果各年的现金流量之间不相关，基准折现率为 12%，求下列概率，并对方案的风险大小做出自己的判断。
(1) 净现值大于或等于零的概率；(2) 净现值小于 −60 万元的概率；(3) 净现值大于 600 万元的概率。

表 5-12　各年净现金的期望值与标准差　　　　　　　　　　　单位：万元

年份	0	1	2	3	4	5
净现金期望值	−1000	600	600	600	600	600
净现金标准差	300	300	350	400	450	500

5-25 项目的风险有哪些类型？分别由什么因素产生？
5-26 项目风险识别需要遵循哪些原则？
5-27 制订项目风险应对措施的过程和环节有哪些？
5-28 针对积极风险和消极风险，分别有哪些应对措施？

第六章
技术经济预测方法

本章要点及学习目的

预测的基本内容——预测的概念及作用，预测的特点及分类，预测的基本步骤。

定性预测方法——具有两大类定性预测方法，即专家调查法和集合意见法，各有其特点与适用对象；专家调查法中的德尔菲法应予关注。

定量预测法——主要有时间序列法和回归分析法两大类；在预测经济指标时所用的方法和具体步骤。

读者通过本章的学习应了解预测的概念及基本步骤；了解集合意见法，掌握德尔菲法；重点掌握定量预测法中的一次移动平均法、一次指数平滑法、一元线性回归法和季节变动指数法。了解多次移动平均法、多次指数平滑法以及多元线性回归法。

第一节 技术经济预测概述

一、预测的概念及作用

通常所说的预测是指对未来的预计和推测，即根据客观的信息和主观的认识经验，按照事物演变的规律来描述和推断未来的情况。在对历史和现实进行调查研究的基础上，运用预测理论对研究对象的特性及所处的环境进行科学的分析，找出事物发展的客观规律，对未来事件状态作出推测，称为预测分析。预测所用的方法和手段，叫作预测技术。

朴素的预测，人人皆有，几乎每个人都会根据自己掌握的信息和经验，对某一方面的事物变化作出自己的预测。但预测真正成为一门科学，而且广泛应用于经济、技术等领域，还是近几十年的事。预测科学和技术的形成及发展依赖于现代科技的高度发展，它综合了数学、管理学、经济学、行为学、系统论、控制论、信息科学及电子计算机技术等多方面的特点，是一门交叉性的应用学科。

在对项目方案进行技术经济分析时，需要大量的基础数据，这些大都是靠预测获得。因此，掌握预测技术，获得科学的数据，是正确决策的前提条件之一。例如，一个项目的设想通常来自对市场需求的信息和研究结果。对市场需求的预测结果，将对项目的取舍、规模、获利能力及风险产生重要的影响。

在实际工作中，预测具有以下作用。

1. 为发展规划拟定提供基础数据

预测是拟定和编制发展规划，决定技术经济发展方向及速度的重要依据。尤其是制定中期和长期发展规划过程中，预测可以提供重要的定性或定量的估计。另外，预测还可以用来评审已编制的发展规划、项目的效果，论证其是否与将来的发展情况一致。

2. 为项目决策提供重要的依据

要对技术、经济方案作出正确决策，其重要的前提是有可靠的预测。现代科学技术变化较迅速，技术和经济问题错综复杂。对于一个投资方案，如果事先不对投资后果进行正确的预测分析，就可能得不到预期的投资效果，可靠的预测是正确决策的基础。

3. 调整经营策略，增强竞争力

在激烈的市场竞争中，应针对可能出现的市场变化，适时调整经营策略，制定新的经营方针，其前提是可靠的预测。这包括对技术发展的预测、市场竞争的预测等，使企业能采取有战略远见的步骤和措施，调整和改进产品的品种、产量和质量，保持良好的可持续发展能力。

二、预测的特点及分类

（一）预测的特点

（1）科学性　由于预测是在调查和收集大量数据和资料的基础上，以科学的理论和方法进行分析，并建立适宜的数学模型对事物未来的状况进行推测。所以，预测的结果反映了事物发展的客观规律，具有科学性。

（2）近似性　因为预测是人们在掌握大量历史的、现有的信息基础上，根据一定的方法与规律对未来事件进行的推测。由已知推测未知，从而揭示未来客观事实趋势和规律。所以，推测的结果和已知事实具有一定的近似性。

（3）随机性　由于事物的发展往往受多种不确定因素的影响，从而事物的发展也可能出现偶然或必然的变化。影响预测准确度的主要因素包括：预测环境的多变性，预测者的滞后性，预测资料的准确性以及预测方法的适宜性。

（4）局限性　预测的对象常常受各种因素变化的影响，而且这些因素变化的规律有时也很难准确把握，加之人们对未来事件的认识不可能十分全面，或者收集、掌握的历史资料不够准确和充分，或者所采用的预测模型在简化时过多地忽略了一些重要的因素和条件，使预测的结果难以反映事物发展的全貌，即预测的结果在反映事物的本质和行为方面，具有一定的局限性。

（二）预测的分类

预测是一门实用性很强的应用科学，其应用的领域广、服务对象多，可应用于技术经济的不同层次和项目的不同阶段。所以，可从不同角度对预测进行分类。

1. 按预测对象或应用领域分类

（1）社会发展预测　这种预测是对社会发展有关问题的预测，例如人口变化、就业状况、教育需求、文化结构、生活方式等。

（2）科学预测　科学预测是对自然科学、社会科学等科学的未来发展趋势，事先提出的一种有根据的预见，为制订中、长期科学发展规划提供重要的信息。

（3）技术预测　技术预测是指对技术发展、技术应用等及其对社会、经济等方面的发展所产生的影响，事先提出的一种有根据的预见。

（4）经济预测　经济预测是对社会经济活动可能产生的经济后果及其发展趋势，事先提出的一种有根据的预见，是制订经济发展规划的重要依据。经济预测的内容包括社会产值、经济结构、国民收入等。

（5）政治军事预测　政治军事预测是对有关未来政治军事形势的预见。例如对国际政治局势的预测，国家将可能采取的军事方针政策及行动的预测。

2. 按预测的范围分类

（1）宏观预测　宏观预测是指涉及整个人类、整个国家或者整个行业或部门未来发展的预见。例如对我国未来（某年代）化肥产品需求的预测等。

（2）微观预测　微观预测是相对于宏观预测而言，涉及的范围较小，例如对本市精细化工发展的预测，对拟建或在建项目的投资、收益及成本等的预测。

3. 按预测性质分类

（1）定性预测　对预测对象作定性的分析和判断，通常用于较长远目标的预测。

（2）定量预测　定量预测是对事物未来的状况作出定量的测算。例如对某化工产品需求量的预测，对某项新工艺和技术何时应用的预测等。这类预测往往又借助于数学模型和现代计算手段。

4. 按预测时间长短分类

（1）短期预测　短期预测的时间多为几个月至 5 年，因预测对象不同而异。例如，对市场的短期预测，通常是几个月至 1 年；而对科学技术预测，5 年内为短期。

（2）中期预测　中期预测为 1～10 年，因预测的对象不同而异。例如市场的中期预测为 1～3 年，而科学技术的中期预测大都为 5～10 年。

（3）长期预测　长期预测的时间，对市场预测一般为 3 年以上；对科学技术的预测大都为 10 年以上。

三、预测的基本步骤

预测的具体过程因预测对象、预测要求等不同而有所差异，但其基本步骤应包括以下内容。

1. 确定预测目标

在进行预测之前，首先要根据决策所提出的要求来确定预测目标，做到有的放矢地去收集资料和信息，包括预测内容、精确度要求及预测期限等。

2. 制订预测工作计划

制订科学、合理的工作计划是顺利开展预测的基本保证。计划的内容包括：由谁负责组织工作，采用何种方式收集必要的资料和信息，各阶段应完成的内容或工作进度安排等。有了周密的工作计划，才能职责明确，有条不紊地进行预测工作。在实施过程中，也应就新出现的问题，对计划及时做出修改或调整。

3. 收集、分析预测资料和信息

根据预测的目标要求，收集必要的预测资料和信息，是进行正确预测的前提。这包括预测对象本身发展的历史资料、对其发展变化有影响的各种因素的历史和现状，有关的历史背景情况等，要尽量全面地进行收集。同时，还应对收集到的各种资料和信息进行认真的分析，辨别其真实性与可靠性，剔除不可靠的数据或对其作适当的修正。

4. 选择预测方法和建立预测模型

选择预测方法和建立预测模型，是预测中极为重要的步骤。由于预测方法各有其特点和适用范围，所以应根据预测对象的要求和基本的工作条件，本着效果好、经济实用的原则，选择适宜的预测方法。在选择预测方法时，应考虑以下因素：预测对象的特点；预测方法的正确性及实用性；预测方法简单明了，方便易行；预测任务能按时完成。

5. 预测计算及结果的分析评价

预测计算就是根据已建立的模型和有关参数，对事物的未来状况进行计算。由于数学模型都有一定程度的简化，存在近似性和局限性，需对预测结果进行分析和评价。分析和评价的内容主要包括：

① 影响预测结果的内部和外部因素；
② 内部和外部因素对预测结果的影响程度和范围；
③ 预测结果的可能偏差及偏差分析；
④ 是否对预测结果进行修正。

6. 提交预测研究报告

预测的结果最终以预测研究报告的书面形式提出。预测结果报告中应包括前述步骤的内容，例如：确定的研究目标，收集资料和信息的方法及对所收集的资料和信息可靠性的评估，选择的预测方法和模型及其选择依据，预测的定性和定量结果及其误差分析、可靠性、精度等的评价等。

技术经济预测的一般步骤如图6-1所示。

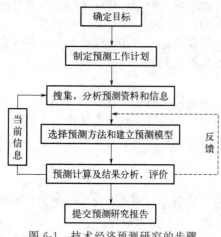

图 6-1　技术经济预测研究的步骤

第二节　定性预测方法

定性预测是指预测者依靠熟悉业务知识、具有丰富经验和综合分析能力的人员与专家，根据已掌握的历史资料和直观材料，运用个人的经验和分析判断能力，对事物的未来发展做出性质和程度上的判断。然后，再通过一定形式，综合各方面的意见，作为预测未来的主要依据。

定性预测主要有专家调查法和集合意见法。

一、专家调查法

专家调查法是以专家为信息收集对象，同时凭专家的知识和经验进行预测。专家调查法包括几种具体的方法，譬如个人判断法（权威预测法）、专家会议法、德尔菲法等。该类方法适用于资料缺乏或影响因素复杂的中、长期预测，例如石油、天然气价格变动，化工技术发展趋势等问题的预测。此处仅就其中最具代表性的德尔菲法进行介绍。

德尔菲法又称征询专家意见法，是兰德公司的一个杰作，它是全球多种预测方法中使用比例最高的一种。此方法是通过信函的方式，利用一系列简明扼要的征询表对专家征得意见和对征得意见的有选择性地反馈，从而取得一组专家的最可靠的统一意见。

德尔菲法是一种主观预测方法。它以书面形式背对背地分轮征求和汇总专家意见，通过中间人或协调员将第一轮预测过程中专家们各自提出的意见集中起来，加以归纳后反馈给他们。

德尔菲法有以下显著的特点。

（1）匿名性　为了克服专家之间相互的心理影响，该方法采用匿名方式，对专家进行意见征询。专家可以参考前一轮预测结果，修改自己的意见，而无须担心对自己声望的损害。

（2）反馈性　德尔菲法的预测一般要经过几次调查才能完成。预测组织机构对每一次的预测结果进行汇总统计，并将有关专家的论据及资料一同提供给各位专家作为下一次预测的参考。由于这种不断的信息反馈，各专家可以借助新的信息进行分析和比较，对自己的意见进行修正。

（3）预测结果的统计性　预测组织机构采用统计方法，对每次专家的意见和预测结果进行处理，以便科学地综合专家的预测，使最终预测结果具有较高的可靠性。

（4）具有较强的代表性　由于此法采用信函征询方式，可邀请很多专家参与和预测，具有较广的代表性。

(5) 局限性　专家对问题的某些态度会对结果带来明显的偏误。且此法需要一定的时间。

德尔菲法的具体过程包括5个环节。

① 建立预测组织机构,确定征询的专家和预测内容。

② 进行第一轮预测,发给专家询问调查表,但只提出预测对象和目标,不提供其他参考条件,让专家完全凭自己掌握的情况回答询问。预测组织者对寄回的调查表进行统计整理,取出主要意见作为反馈要素,次要意见作为参考,提出一个新的详细调查表,进行再次调查。

③ 将前一轮的整理意见反馈给各位专家,请专家对调查表所要求的项目进行预测,并提出相应的评价和依据。预测组织者对返回的意见进行再处理。

④ 将前一轮的处理结果及意见再次反馈给各位专家,要求他们对所给出的证据进行评价,并重新预测,提出理由。

⑤ 编写预测报告。如果前一轮的意见相差较大,有必要作再一次的继续调查。征询的对象可以是前述参加的全部专家,也可以是部分专家,视意见的分歧情况而定。

德尔菲法具有重要且广泛的应用,但是仍然具有一些缺点。一般而言,由于专家的时间紧,回答可能比较草率;同时由于预测主要依靠专家,因此归根到底仍属专家们的集体主观判断。此外,在选择合适的专家方面也较困难,征询意见的时间较长,对于需要快速判断的预测难于使用等。尽管如此,该方法因简便可靠,仍不失为一种人们常用的定性预测方法。

二、集合意见法

集合意见法是指在缺乏长期统计资料的情况下,根据有限的资料或一定范围内相关人员的经验,经过分析判断,提出各自对某事件未来发生的可能性或概率;然后,对有关人员的结果进行综合,获得事件发生的总概率。

集合意见法使用简单、方便,但预测精度很差。一般仅用于对事件的粗略估计或用于近期预测。

该方法使用的基本式为:

$$\overline{P} = \frac{1}{n}\sum_{i=1}^{n}P(E_i) \tag{6-1}$$

式中,$\overline{P}$ 为事件发生的平均概率;$P(E_i)$ 为第 i 个人员估计的概率值;n 为参加预测的人员数。

各位人员提出的主观概率 $P(E_i)$ 应符合概率论的基本公理:

$$0 \leqslant P(E_i) \leqslant 1$$

【例6-1】　某企业拟开发一种新产品,为了确定该产品成功的可能性,企业将此项目的计划、目标及现有的背景资料等分发给10位人员。这10位人员分别在企业的不同部门工作,如供销采购部门、技术开发部门、生产管理部门。请他们给出建议中项目成功的可能性。收回的答案为:成功概率0.9的1人;0.8的2人;0.7的3人;0.6的3人;0.5的1人。请判断该项目成功的总概率。

解　用式(6-1)计算:

$$\overline{P} = \frac{0.9\times1+0.8\times2+0.7\times3+0.6\times3+0.5\times1}{10} = 0.69$$

所以,该新产品成功的可能性为69%。

第三节 定量预测方法

技术经济分析主要是定量分析,因而所需的预测大都是定量预测。定量预测的方法有多种,常用的有时间序列法和回归分析法两大类,也有特别适用于某些对象和范围的以模型为基础的方法,如模拟模型、投入产出模型等。本书将介绍时间序列法和回归分析法。

一、时间序列法

时间序列法是指用历史的数据简单地推测未来,因为事物的发展具有时间性,事物发展的规律与原来所发生的情况之间有密切的关联。所以,用历史数据来推测一定时间范围内的事物状况依然有效。属于时间序列类的具体预测方法有多种,例如:简单平均法、移动平均法、加权平均法、指数平滑法等。其中,最常用的是移动平均法和指数平滑法。

(一)移动平均法

移动平均法是根据预测期以前的不同资料进行不断移动,求其几个数据的平均值的方法。这种方法通过对越来越近的数据,不断修改平均值,作为预测值。这种基于平均数随时间推移而逐期向后移动的计算方法,称为移动平均法。根据这种方法,将按时间顺序排列起来的数字加以简单延伸,就可以预测未来事物的情况。

1. 一次移动平均法

一次移动平均法适用于具有线性趋势的时间序列数据的预测,是一种简易可行的预测方法,其计算公式为:

$$M_t^{(1)} = \frac{1}{n}\sum X_i \tag{6-2}$$

式中,$M_t^{(1)}$ 为到第 t 期的移动平均值;n 为移动期数;$\sum X_i$ 为各时期实际值之和。

2. 二次移动平均法

此法是对第一次移动平均值再进行移动平均,并在两次移动平均值的基础上,建立预测模型。其计算公式为:

$$M_t^{(2)} = \frac{1}{n}\sum M_t^{(1)} \tag{6-3}$$

式中,$M_t^{(2)}$ 为到第 t 期的二次移动平均值;$\sum M_t^{(1)}$ 为移动期数内的一次移动平均值之和。

在计算二次移动平均值基础上,可利用二次移动平均法的预测模型进行预测:

$$F_{t+T} = \alpha_t + \beta_t T \tag{6-4}$$

式中,F_{t+T} 为第 $t+T$ 期的预测值;t 为本期;T 为本期到预测期的时期数;α_t、β_t 为参数值。

$$\alpha_t = 2M_t^{(1)} - M_t^{(2)} \tag{6-5}$$

$$\beta_t = \frac{2}{n-1}[M_t^{(1)} - M_t^{(2)}] \tag{6-6}$$

n 为移动平均的期数,其大小对平滑效果影响很大。n 值较小,平滑灵敏度不高,且抗随机干扰的性能差;n 值较大,抗随机干扰的性能好,但灵敏度低,对新的变化趋势不敏感。所以,选择合理的 n 值运用移动平均法很重要。实际运用中,应根据预测对象时间序列数据点的多少和预测周期的长短,来确定 n 值。通常 n 的取值范围可在 3~20。

【例 6-2】 某企业 1985~1996 年的销售利润见表 6-1,试用二次移动平均法(n 取 3)预测该企业 1997 年和 1998 年的利润。

表 6-1 销售利润

年度	利润/万元	一次移动平均值	二次移动平均值	α_t	β_t	F_{t+1}
1985	220.0					
1986	240.5					
1987	256.5	239.0				
1988	255.0	250.5				
1989	268.0	259.8	249.8	269.9	10.00	
1990	287.5	270.0	260.1	279.9	9.85	279.9
1991	310.0	288.5	272.8	304.2	15.70	289.7
1992	330.0	309.2	289.2	329.1	19.95	319.9
1993	355.5	331.9	309.9	353.9	22.00	349.1
1994	368.0	351.2	330.7	371.6	20.45	375.9
1995	395.5	373.0	352.0	394.0	21.00	392.1
1996	412.5	392.0	372.1	411.9	19.90	415.0
1997						431.8
1998						451.7

解 (1) 计算一次移动平均值和二次移动平均值，其平均值放于平均期的最后一期。例如第一个移动平均值 239.0 放在从 1985 年算起平均值（$n=3$）的最后一期，即 1987 年的行中，第一个二次移动平均值放在 1989 年的行中。因移动跨期数 $n=3$，依据式(6-2)，计算的一次移动平均值如下：

$$M_3 = \frac{1}{3}(220.0+240.5+256.5) = 239.0$$

$$M_4 = \frac{1}{3}(240.5+256.5+255.0) = 250.5$$

……

依据式(6-3)，计算的二次移动平均值如下：

$$M_5^{(2)} = \frac{1}{3}(239.0+250.5+259.8) = 249.8$$

$$M_6^{(2)} = \frac{1}{3}(250.5+259.8+270.0) = 260.1$$

……

(2) 计算预测模型中的参数值。根据式(6-5) 和式(6-6)，α_t 和 β_t 计算如下：

$$\alpha_{12} = 2M_{12}^{(1)} - M_{12}^{(2)} = 2\times 392 - 372.1 = 411.9$$

$$\beta_{12} = \frac{2}{n-1}[M_{12}^{(1)} - M_{12}^{(2)}] = \frac{2}{3-1}(392-372.1) = 19.90$$

(3) 用模型进行预测。根据式(6-4)，1997 年和 1998 年的预测值分别为：

1997 年 $F_{12+1} = \alpha_{12} + \beta_{12} \times 1 = 411.9 + 19.90 \times 1 = 431.8$（万元）

1998 年 $F_{12+2} = \alpha_{12} + \beta_{12} \times 2 = 412.0 + 19.90 \times 2 = 451.7$（万元）

所以，根据二次平均移动法的预测，该企业的销售利润 1997 年为 431.8 万元，1998 年可能是 451.7 万元。

(二) 指数平滑法

指数平滑法是采用一个平滑系数 α 来对不同时间的数据作加权处理,以消除时间序列的偶然性影响,找出预测对象的变化特征和趋势。这种方法适用于短期预测。

1. 一次指数平滑

一次指数平滑是二次指数平滑的基础,其公式为:

$$S_t^{(1)} = \alpha X_t + (1-\alpha) S_{t-1}^{(1)} \tag{6-7}$$

或

$$X_{t+1} = \alpha X_t + (1-\alpha) S_{t-1}^{(1)} \tag{6-8}$$

式中,$S_t^{(1)}$ 为第 t 周期一次指数平滑预测值;$S_{t-1}^{(1)}$ 为第 $t-1$ 周期一次指数平滑预测值;X_t 为第 t 周期的实际值;X_{t+1} 为第 $t+1$ 周期的预测值;α 为平滑系数。

平滑系数 α 呈指数变化,故这种预测方法称为指数平滑法。α 的取值大小表现了不同时间的因素在预测中所起的作用。α 值越大,近期数据对预测的影响越大。α 的取值目前主要靠经验确定。根据对化工产品的统计分析,α 的取值范围通常为 0.35~0.4,对发展很快的产品可取为 0.5,一般产品可取为 0.3。

指数平滑计算要设初始预测值,一般可用第一期实际值或者前几期实际值的平均数作为第一期的预测值。

2. 二次指数平滑

二次指数平滑是指在一次指数平滑的基础上,再作一次指数平滑。其公式为:

$$S_t^{(2)} = \alpha S_t^{(1)} + (1-\alpha) S_{t-1}^{(2)} \tag{6-9}$$

式中,$S_t^{(2)}$ 为第 t 周期二次指数平滑预测值;$S_{t-1}^{(2)}$ 为第 $t-1$ 周期二次指数平滑预测值。

式(6-9)通常不便于直接用于预测,常采用下式:

$$F_{t+T} = a_t + b_t T \tag{6-10}$$

式中,F_{t+T} 为第 $t+T$ 周期的预测值;T 为预测的超前周期数;a_t,b_t 为预测模型的截距和斜率。

其中,a_t 和 b_t 的计算式为:

$$a_t = 2S_t^{(1)} - S_t^{(2)} \tag{6-11a}$$

$$b_t = \frac{\alpha}{1-\alpha} [S_t^{(1)} - S_t^{(2)}] \tag{6-11b}$$

求二次指数平滑值需要先确定初始值,通常直接取 $S_{(0)}^{(2)} = S_{(0)}^{(1)}$,也可以取前几个一次指数平滑值的平均值作为二次指数平滑的初始值。

3. 三次指数平滑

如果实际数据序列呈非线性增长趋势,则不宜用二次指数平滑进行预测,而应采用三次指数平滑。三次指数平滑法就是对二次指数平滑值序列再次进行指数平滑,并利用该平滑值建立非线性预测模型进行预测。

三次指数平滑值的计算公式如下:

$$S_t^{(3)} = \alpha S_t^{(2)} + (1-\alpha) S_{t-1}^{(3)} \tag{6-12}$$

其预测模型为:

$$F_{t+T} = a_t + b_t T + c_t T^2 \tag{6-13}$$

上式中的模型参数 a_t、b_t 和 c_t,分别用下式计算:

$$a_t = 3S_t^{(1)} - 3S_t^{(2)} + S_t^{(3)} \tag{6-14a}$$

$$b_t = \frac{\alpha}{2(1-\alpha)^2} [(6-5\alpha) S_t^{(1)} - 2(5-4\alpha) S_t^{(2)} + (4-3\alpha) S_t^{(3)}] \tag{6-14b}$$

$$c_t = \frac{\alpha^2}{2(1-\alpha)^2}[S_t^{(1)} - 2S_t^{(2)} + S_t^{(3)}] \quad (6\text{-}14c)$$

与二次指数平滑的初始值类似,可以直接取 $S_{(0)}^{(3)} = S_{(0)}^{(2)}$,或者取前几个二次指数平滑的平均值。

【例 6-3】 某化工企业在过去 8 年内的产品销售情况如表 6-2 所列。请分别用一次指数平滑和二次指数平滑法预测下一年即第 9 年的销售量。

解 (1) 平滑系数的选择

选择三个平滑系数 0.1、0.3 和 0.5,试计算 $S_t^{(1)}$,以确定较合适的平滑系数值。取初始的一次平滑值作为第一年的实际销售量,即 $S_0^{(1)} = 32$ 万吨。由式(6-7):

$$S_t^{(1)} = \alpha X_t + (1-\alpha) S_{t-1}^{(1)}$$

可对于不同的 α 值,分别计算一系列的 $S_t^{(1)}$ 值。下面仅以 $\alpha = 0.1$ 为例,说明其计算过程:

$$S_1^{(1)} = 0.1 \times 32 + (1-0.1) \times 32 = 32$$
$$S_2^{(1)} = 0.1 \times 40 + (1-0.1) \times 32 = 32.8$$
$$S_3^{(1)} = 0.1 \times 47 + (1-0.1) \times 32.8 = 34.2$$

其余依次类推进行计算,计算结果列于表 6-2。为了便于直观地进行比较,将表 6-2 中一次平滑系数不同 α 值计算的结果示于图 6-2 中。图 6-2 中实线代表实际序列,3 条不同的虚线分别代表根据 3 个不同平滑系数 α 的一次平滑序列。从图 6-2 中可以清晰地看出:当 $\alpha = 0.5$ 时,一次平滑序列能较好地反映实际序列的变动状况,因而在用二次平滑预测时选 $\alpha = 0.5$。

表 6-2 例 6-3 的计算结果

t/a	X_t /万吨	$S_t^{(1)}$/万吨			$S_t^{(2)}$/万吨	
		$\alpha=0.1$	$\alpha=0.3$	$\alpha=0.5$	$\alpha=0.3$	$\alpha=0.5$
1	32	32	32	32	32	32
2	40	32.8	34.4	36.0	32.7	34.0
3	47	34.2	38.2	41.5	34.4	37.8
4	52	36.0	42.3	46.8	36.8	42.3
5	54	37.8	45.8	50.4	39.5	46.4
6	53	39.3	48.0	51.7	42.1	49.1
7	58	41.2	51.0	54.9	44.8	52.0
8	60	43.1	53.7	57.5	47.5	54.8
9				58.8		62.9

(2) 用一次平滑预测下一年的销售量

由式(6-8),可得:

$$X_9 = S_8^{(1)} = 0.5 X_8 + 0.5 S_7^{(1)} = 57.5 \text{ 万吨}$$

(3) 用二次平滑预测下一年的销售量

取 $S_0^{(2)}$ 为第一年的销售量,由式(6-9):

$$S_t^{(2)} = \alpha S_t^{(1)} + (1-\alpha) S_{t-1}^{(2)}$$

可得:

$$S_1^{(2)} = 0.5 \times 32 + (1-0.5) \times 32 = 32$$

$$S_2^{(2)} = 0.5 \times 36 + (1-0.5) \times 32 = 34.0$$
$$S_3^{(2)} = 0.5 \times 41.5 + (1-0.5) \times 34.0 = 37.8$$

其余以此类推，计算结果列于表 6-2。由式(6-11)，可得：
$$a_8 = 2S_8^{(1)} - S_8^{(2)} = 2 \times 57.5 - 54.8 = 60.2$$
$$b_8 = \frac{\alpha}{1-\alpha}[S_8^{(1)} - S_8^{(2)}]$$
$$= \frac{0.5}{1-0.5}(57.5 - 54.8) = 2.7$$

此处，预测的超前周期数为一年，即 $T=1$，由式(6-10)可得第 9 年的预测销售量为：
$$F_{8+1} = F_9 = a_8 + b_8 T = 60.2 + 2.7 \times 1 = 62.9 (万吨)$$

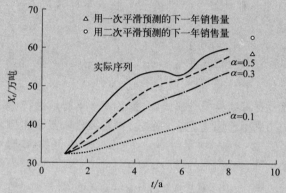

图 6-2 实际序列、三个一次平滑系数 α 的序列结果以及 $\alpha=0.5$ 的一次与二次平滑预测值

采用一次指数平滑和二次指数平滑预测的下一年销售额分别列入表 6-2 中和绘于图 6-2。图 6-2 中的一次平滑预测值（△）、二次平滑预测值（○）分别与历年的销售实际趋势比较可见，二次平滑预测值在下一周期（第 10 年）的位置更接近历年的销售实际趋势发展轨迹。所以，采用二次平滑预测的下一年销售额更合理。

二、回归分析法

回归分析就是根据因果关系对某些相关关系的事物进行预测的方法。回归分析方法有线性回归和非线性回归两大类，本书主要介绍线性回归。

（一）一元线性回归预测

该方法适用于预测对象主要受一个相关变量影响，而且两者的因果关系呈线性变化的情况。

一元线性回归模型为：
$$Y = a + bx \tag{6-15}$$

式中，Y 为因变量（预测对象的预测值）；x 为自变量（影响因素的某个状态）；a、b 为回归系数。

一元线性回归模型能否真实地反映预测对象 Y 和自变量 x 之间的关系，一是取决于是否正确地选择影响因素 x，二是取决于模型参数 a、b 的值。a、b 的值可以根据历史数据，用最小二乘法求出为：

$$b = \frac{n\sum_{i=1}^{n} x_i y_i - \sum_{i=1}^{n} x_i \sum_{i=1}^{n} y_i}{n\sum_{i=1}^{n} x_i^2 - \left(\sum_{i=1}^{n} x_i\right)^2}$$

$$= \frac{\sum_{i=1}^{n} x_i y_i - \overline{X}\sum_{i=1}^{n} y_i}{\sum_{i=1}^{n} x_i^2 - \overline{X}\sum_{i=1}^{n} x_i} \tag{6-16a}$$

或者

$$b = \frac{\sum_{i=1}^{n}(x_i - \overline{X})(y_i - \overline{Y})}{\sum_{i=1}^{n}(x_i - \overline{X})^2} \tag{6-16b}$$

$$a = \frac{\sum_{i=1}^{n} y_i - b\sum_{i=1}^{n} x_i}{n} \tag{6-17a}$$

$$a = \overline{Y} - b\overline{X} \tag{6-17b}$$

式中，y_i 为预测对象的第 i 个实际值；$\overline{Y}$ 为 n 个预测对象的实际平均值；x_i 为影响因素的第 i 个状态；$\overline{X}$ 为 n 个状态点的平均值；n 为历史数据点数或样本数。

变量 x 和 y 是否线性相关，可用相关系数 r 来度量。相关系数 r 可用下式求出：

$$r = \frac{n\sum_{i=1}^{n} x_i y_i - \sum_{i=1}^{n} x_i \sum_{i=1}^{n} y_i}{\sqrt{\left[n\sum_{i=1}^{n} x_i^2 - \left(\sum_{i=1}^{n} x_i\right)^2\right]\left[n\sum_{i=1}^{n} y_i^2 - \left(\sum_{i=1}^{n} y_i\right)^2\right]}} \tag{6-18a}$$

$$r = \frac{\sum_{i=1}^{n}(x_i - \overline{X})(y_i - \overline{Y})}{\sqrt{\sum_{i=1}^{n}(x_i - \overline{X})^2 \sum_{i=1}^{n}(y_i - \overline{Y})^2}} \tag{6-18b}$$

$r = \pm 1$，称为完全线性相关；$r = 0$ 则称为完全线性不相关，即所选模型不能用。通常 $r > 0.7$ 可以认为线性相关，但应尽可能接近 1，这样，可以得到较精确的预测结果。

回归预测模型除要进行相关性检验外，还应进行显著性检验和确定其置信区间。这部分的内容可参考有关的书籍。

【例 6-4】 某化工机械集团公司 1983~1992 年工业总产值与零配件生产的产值如表 6-3 所示。设该厂下一年的总产值为 5100 万元，试用回归分析法预测其 1993 年零配件生产的年产值。

解 (1) 计算回归分析所需的数据，其结果列于表 6-3，由表中的计算值，可算出：

$$\overline{X} = \frac{\sum x_i}{n} = \frac{495.8}{10} = 49.58$$

$$\overline{Y} = \frac{\sum y_i}{n} = \frac{168.2}{10} = 16.82$$

(2) 计算回归系数

由式(6-16a) 和式(6-17b) 得：

$$b=\frac{\sum_{i=1}^{n}x_iy_i-\overline{X}\sum_{i=1}^{n}y_i}{\sum_{i=1}^{n}x_i^2-\overline{X}\sum_{i=1}^{n}x_i}=\frac{8339.98-49.58\times168.2}{24583.7-49.58\times495.8}=0.319$$

$$a=\overline{Y}-b\overline{X}=16.82-0.319\times49.85=1$$

可得该厂配件年产值与总产值之间的关系模型为：

$$Y=a+bx=1+0.319x$$

已知 $x=51$ 百万元，故 1993 年配件产值预测值为：

$$Y=1+0.319\times51=17.27(百万元)$$

表 6-3 例 6-4 计算结果　　　　　　　　　　　　　　单位：百万元

年份	总产值 x_i	配件产值 y_i	x_i^2	x_iy_i	y_i^2
1983	49.1	16.7	2410.81	819.97	278.89
1984	50	17	2500.00	850.00	289.60
1985	49.2	16.6	2420.64	821.64	278.89
1986	49	16.7	2401.00	813.40	275.56
1987	49	16.7	2401.00	818.3	278.89
1988	49.6	16.8	2460.16	833.28	282.89
1989	49.9	16.9	2490.01	843.31	285.61
1990	49.8	16.7	2480.04	831.66	278.89
1991	50	17	2500.00	850.00	289.00
1992	50.2	17.1	2520.04	858.42	292.41
$n=10$	$\sum x_i=495.8$	$\sum y_i=168.2$	$\sum x_i^2=24583.7$	$\sum x_iy_i=8339.98$	$\sum y_i^2=2830.63$

(3) 相关性检验

由式(6-18a) 得：

$$r=\frac{n\sum_{i=1}^{n}x_iy_i-\sum_{i=1}^{n}x_i\sum_{i=1}^{n}y_i}{\sqrt{\left[n\sum_{i=1}^{n}x_i^2-\left(\sum_{i=1}^{n}x_i\right)^2\right]\left[n\sum_{i=1}^{n}y_i^2-\left(\sum_{i=1}^{n}y_i\right)^2\right]}}$$

$$=\frac{10\times8338.98-168.2\times495.8}{\sqrt{[10\times24583.7-495.8^2]\times[10\times2830.63-168.2^2]}}$$

$$=0.37$$

$r>0$，表明 x 与 y 之间为正相关，并具有较高的线性相关，上述预测结果精度较高。

（二）多元线性回归

有时，影响预测对象的主要因素不止一个，如果这些因素与预测对象之间的变化关系都呈线性趋势，则可采用多元线性回归预测法。多元回归的原理与一元回归基本相同，但计算较为复杂，一般要借助于计算机完成。

多元线性回归模型的一般形式为：

$$Y = b_0 + b_1 x_1 + b_2 x_2 + \cdots + b_m x_m \tag{6-19}$$

式中，Y 为预测对象的预测值；$x_1, x_2, \cdots, x_m$ 为 m 个独立的影响因素；$b_0, b_1, b_2, \cdots, b_m$ 为回归模型参数。

模型参数值的确定，是根据现有数据，采用最小二乘法回归得到的。基本公式为：

$$\begin{aligned} Q_{\min} &= \sum_{i=1}^{n}(y_i - Y_i) \\ &= \sum_{i=1}^{n}(y_i - b_0 - b_1 x_{1i} - b_2 x_{2i} \cdots b_m x_{mi})^2 \end{aligned} \tag{6-20}$$

求偏导：

$$\begin{aligned} \frac{\partial Q_{\min}}{\partial b_k} &= \frac{\partial}{\partial b_k}\left[\sum_{i=1}^{n}\left(y_i - \sum_{j=0}^{n} b_j x_{ji}\right)^2\right] \\ &= 0 \quad (k = 0, 1, 2, \cdots, m) \end{aligned} \tag{6-21}$$

可得一线性方程组：

$$\begin{aligned} b_0 &= b_1 \sum_{i=1}^{n} x_{1i} + \cdots + b_m \sum_{i=1}^{n} x_{mi} = \sum_{i=1}^{n} y_i \\ b_0 \sum_{i=1}^{n} x_{1i} &+ b_1 \sum_{i=1}^{n} x_{1i}^2 + \cdots + b_m \sum_{i=1}^{n} x_{1i} x_{mi} = \sum_{i=1}^{n} x_{1i} y_i \\ &\vdots \qquad \vdots \qquad \vdots \qquad \vdots \\ b_0 \sum_{i=1}^{n} x_{mi} &+ b_1 \sum_{i=1}^{n} x_{mi} x_{1i} + \cdots + b_m \sum_{i=1}^{n} x_{mi}^2 = \sum_{i=1}^{n} x_{mi} y_i \end{aligned} \tag{6-22}$$

解此线性方程组，即可求出模型参数 $b_0, b_1, \cdots, b_m$。

多元线性回归的相关性检验也可采用相关系数。这种相关系数称为全相关系数，计算式为：

$$R = \sqrt{\frac{\sum_{i=1}^{n}(Y_i - \overline{Y})^2}{\sum_{i=1}^{n}(y_i - \overline{Y})^2}} \tag{6-23}$$

式中，R 为全相关系数；Y_i 为第 i 个点预测对象的预测值；y_i 为第 i 个点预测对象的实际值；$\overline{Y}$ 为 n 个点预测对象实际值的平均值；n 为数据点数。

（三）季节变动指数预测法

某些预测对象的实际数据序列的变动除有随机变动和线性或非线性总体发展趋势外，还有季节性的周期变化趋势。用回归法或平滑法处理这类预测对象，可能把有规律的季节性变动平滑掉。因此，对这类呈季节性周期变化趋势的预测对象，应采用季节指数法进行预测。

季节变动指数预测法的预测一般由三个阶段组成。

（1）用前述各章方法确定在不考虑季节变化因素影响下的年度预测值，也称水平/趋势预测值。

（2）利用按季（月）度的各年历史值计算各季度的季节指标（季节指数、季节变差、季节比重）。

（3）运用步骤（2）中得到的季节指标和步骤（1）中得到的年度预测值，估算预测期各季(月)度的预测值。

【例6-5】 某公司产品近两年内各月的销售额见表6-4,试预测其下一年各月份的销售额。

解 (1) 分析数据变化趋势　将两年的各月销售额对时间(月份)作图,如图6-3所示。从图6-3可见,实际数据序列既有线性增大的趋势,又有季节性周期变化。故宜采用季节变动指数法。

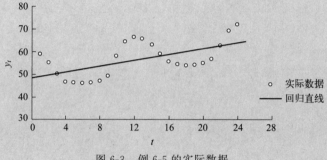

图6-3　例6-5的实际数据

(2) 建立线性方程　根据表6-4中的数据 y_t-t,用回归法可求出一元线性回归方程

$$Y_t = a + bt = 48.85 + 0.611t \tag{A}$$

式中,Y_t 为只考虑线性变化趋势时第 t 月销售量的计算值;t 为月序数或周期数。

根据上式可计算出近两年内各月销售额的计算值 Y_t 如下:

$$Y_1 = 48.85 + 0.611 \times 1 = 49.461$$
$$Y_2 = 48.85 + 0.611 \times 2 = 50.072$$
$$\cdots\cdots$$

将计算的值分别填入表6-4。

表6-4　例6-5的季节变动指数计算

年份	月序数或周期数 t	销售额实际值 y_t	销售额计算值 Y_t	季节变动指数 $=y_t/Y_t$
第1年	1	59.1	49.5	1.19
	2	55.0	50.1	1.10
	3	50.2	50.7	0.99
	4	46.9	51.3	0.91
	5	46.2	51.9	0.89
	6	46.1	52.5	0.88
	7	46.5	53.1	0.88
	8	47.2	53.7	0.88
	9	49.3	54.3	0.91
	10	58.1	55.0	1.06
	11	64.4	55.6	1.16
	12	66.2	56.2	1.18

续表

年份	月序数或周期数 t	销售额实际值 y_t	销售额计算值 Y_t	季节变动指数 $= y_t/Y_t$
第2年	13	65.6	56.8	1.15
	14	63.2	57.4	1.10
	15	59.2	58.0	1.02
	16	55.7	58.6	0.95
	17	54.2	59.2	0.92
	18	53.7	59.8	0.90
	19	54.0	60.5	0.89
	20	54.8	61.1	0.90
	21	56.3	61.7	0.91
	22	62.6	62.3	1.00
	23	69.1	62.9	1.10
	24	71.9	63.5	1.13

(3) 计算季节变动指数 季节变动指数是指不同时期的实际值与 y_t 线性方程计算值 Y_t 之间的比值,即:

$$F_k^{(1)} = \frac{y_t}{Y_t} \quad (k=1,2,\cdots,12; t=1,2,\cdots,12) \tag{B_a}$$

$$F_k^{(2)} = \frac{y_t}{Y_t} \quad (k=1,2,\cdots,12; t=13,14,\cdots,24) \tag{B_b}$$

或

$$F_k^{(i)} = \frac{y_t}{Y_t} \tag{C}$$

$$[i=1,2,\cdots,12; k=1,2,\cdots,12;$$
$$t=12(i-1)+1, 12(i-1)+2, \cdots, 12(i-1)+12]$$

式中,$F_k^{(i)}$ 为第 i 年 k 月份的季节变动指数;y_t 为第 t 个月的实际数据;Y_t 为根据线性回归方程计算出的第 t 个月的计算值。

根据式(B)或式(C)可分别计算出前两年各月份的季节变化指数,见表6-4。取各年相同月份季节变动指数的平均值,作为预测中使用的该月份的季节变动指数,即:

$$F_k = \frac{1}{n} \sum_{i=1}^{n} F_k^{(i)} \quad (k=1,2,\cdots,12) \tag{D}$$

本例中 $F_k = \frac{1}{2} [F_k^{(1)} + F_k^{(2)}]$,例如

第1周期:$F_1 = \frac{1}{2} (1.19+1.15) = 1.17$

第2周期:$F_2 = \frac{1}{2} (1.10+1.10) = 1.10$

……

各周期的季节变动指数列于表6-5中。

(4) 计算预测值 在求得各月份季节变动指数后,即可用下式求第 n 年各月份的预测值:

$$\hat{Y}_t = F_k Y_t \quad [k=1,2,\cdots,12; t=12(n-1)+k] \qquad (E)$$

式中，$\hat{Y}_t$ 为第 t 个月或第 n 年 k 月份的预测值；Y_t 含义与式(A)中相同。

对本例，第三年各月销售额的预测值可如下计算：

$$\hat{Y}_t = F_k(48.85 + 0.611t) \quad (k=1,2,\cdots,12; t=24+k)$$

例如，对于要预测的第三年，第一、第二个月的销售额分别为：

$$\hat{Y}_{25} = 1.17 \times 64.1 = 75.0$$

$$\hat{Y}_{26} = 1.10 \times 64.7 = 71.2$$

其余预测结果列于表 6-5。

表 6-5 例 6-5 的销售额预测

年份	周期数或月序数 t	季节变动指数 F_k	销售额线性回归计算值 Y_t	销售额预测	年份	周期数或月序数 t	季节变动指数 F_k	销售额线性回归计算值 Y_t	销售额预测
第 3 年	25	1.17	64.1	75.0	第 3 年	31	0.89	67.8	60.3
	26	1.10	64.7	71.2		32	0.89	68.4	60.9
	27	1.01	65.3	66.0		33	0.91	69.0	62.8
	28	0.93	66.0	61.3		34	1.03	69.6	71.7
	29	0.91	66.6	60.6		35	1.13	70.2	79.4
	30	0.89	67.2	59.8		36	1.16	70.8	82.4

拓展阅读：生长曲线法

思考题及习题

6-1 简述预测的概念及作用。

6-2 预测有何特点，预测有哪些分类？各有何特点？

6-3 预测的一般步骤有哪些，各步骤的基本内容是什么？

6-4 什么叫定性预测方法，常用的定性预测方法有哪些？各有何特点？

6-5 什么是定量预测方法，常用的可分为哪两大类？各有什么基本特点？

6-6 简述移动平均法的基本原则，什么情况下宜选用二次移动平均法？

6-7 什么是指数平滑法，当实际数据序列呈非线性增大趋势时，应选用何种指数平滑法？

6-8 回归分析法的基本原则是什么，什么情况下应采用一元线性回归或多元线性回归？其回归相关系数有何物理意义？

6-9 什么情况下宜采用季节变动指数法进行预测，试述该方法的运用过程或步骤。

6-10 某化工产品过去若干年的销售量如表 6-6 所示。当平滑指数 $\alpha = 0.3$，试用一次、二次指数平滑方法预测下一年的需求量。

表 6-6 某化工产品的历史销售量

年份	1980	1981	1982	1983	1984	1985	1986	1987	1988	1989	1990
销售量/t	1500	1730	1520	1730	1340	1545	1750	1820	1770	1940	2010

6-11 某企业的一种产品的实际销售量如表 6-7 所示，试选择适宜的平滑指数，并预测 1992 年的销售量。

表 6-7 产品的实际销售量

年份	1985	1986	1987	1988	1989	1990	1991
销售量/t	33	41	46	51	54	56	58

6-12 在市场研究中，发现一种涂料在某地区的需求量与该地区的多种因素有关，但最主要的是该地区的计划建房面积数。表 6-8 列出了几年来计划建房面积与这种涂料的需求量数据。试求回归方程，并预测计划建房面积为 174 万米^2 时的涂料需求量。

表 6-8 涂料需求量与计划建房面积的数据

计划建房面积/万米^2	110	184	145	122	165	143	78	129	62	130	168
涂料需求量/t	25	81	36	33	70	54	20	44	14	41	75

6-13 通过对影响生产成本的因素进行分析后发现，原料中有效成分含量和月均停车检修小时数是主要因素，有关数据列于表 6-9。试求出生产成本与上述两个主要因素的关系式，并预测有效成分含量为 686kg/t、月均停车检修时间为 8.8h 条件下的生产成本。

表 6-9 生产成本、原料有效成分和月均检修时间

生产成本/(元/t)	50	42	37	39	34	23	39	44	52	29	54	34	27	44	27
月均检修时间/h	9.5	10.3	10.5	8.5	7.7	7.3	6.9	7.7	8.5	8.3	10.3	9.1	9.7	9.3	8.7
原料有效成分/(kg/t)	684	692	670	674	690	686	696	702	670	694	656	700	700	678	707

第七章 项目可行性研究与决策

本章要点及学习目的

可行性研究的概念及作用——工程项目的可行性研究是技术经济的核心内容之一,是在工程项目建设前期进行的技术经济系统分析和评价,是决策者进行科学决策的根本依据。

项目可行性研究的主要内容——对影响工程项目的重大技术经济问题,如市场需求、技术路线与工艺设备的选择、厂址选择、原材料、能源以及资金筹措等作简要介绍。

项目财务评价——评价含义、作用、步骤和内容,财务评价的指标体系、评价方法和财务报表。

国民经济评价——国民经济评价和财务评价的联系与区别,国民经济评价中费用和效益的识别,价格的确定,评价的步骤、方法和指标。

项目评估、决策与审查——学习项目评估与决策的内容和方法,理解项目评估与可行性研究的差异,了解我国施行的三种审查管理办法。

通过本章的学习,使读者对项目的可行性研究有一个全面的了解,并能基本掌握项目可行性研究的一般方法,同时理解项目评估的内容及其与可行性研究之间的差异,掌握不同情况下的三类项目决策方法,并了解我国现行的审批、核准和备案三种项目审查管理方法。

第一节 可行性研究概述

一、工程项目的特点及分类

(一)工程项目的特点

工程项目是可行性研究的对象,是指在一定的约束条件下(主要是限定时间、限定资源),具有明确目标的一次性任务,其主要特点包括以下几个方面:

(1)在一个总体设计或总概算范围内,由几个互有内在联系的单项工程所组成。建成后在经济上可以独立核算的,行政上可以统一管理的建设单位。

(2)有明确的建设目标和任务,既有设计规定的产品品种、生产能力目标和工程质量标准,也有竣工验收和投产使用的标准、工期目标和投资目标。

(3)一般具有建筑工程和设备安装工程等有形资产,也有些项目除有形资产外,还购买有商标、商誉、技术专利、技术许可证等无形资产。

(4)一般是一次性的,建设任务完成后,则项目结束。

(5) 在投资建设过程中都必须依次经过项目成立、可行性研究、评价、决策、设计、项目实施、竣工投产、总结评价以及资金回收等阶段。

（二）工程项目的分类

工程项目从不同角度出发有不同的分类方式。按照我国的投资管理体制，工程项目可以分为以下两类。

1. 基本建设项目

基本建设项目构成我国投资项目的主要部分，一般指在一个或几个施工现场，按照一个总体设计进行施工的各单项工程的总体。比如一个工厂、一条铁路等都可以构成一个建设项目。建设项目按照性质，可以分为新建、扩建、改建、恢复、迁建等项目。按照建设规模可以分为大中小型项目。除此之外，还可以按照隶属关系、管理关系和行业等进行分类。

2. 设备更新和技术改造项目

设备更新和技术改造项目是指投资者为了提高产品质量，加速技术进步，增加产品的花色品种，促进产品升级换代，降低消耗和成本等，采用新技术、新工艺、新材料等，对现有设施、工艺条件进行设备更新或技术改造的项目，是我国投资项目的另外一个重要组成部分，它与基建项目投资合起来构成全社会的固定资产投资。转变市场观念和转变经营理念是我国企业发展的重要途径，随着企业两个转变的深入进行，更新改造投资比例将日益增大。

这两个项目的基本区别在于，基本建设属于固定资产的外延扩大再生产，而更新改造属于固定资产的内涵扩大再生产。

二、可行性研究的产生与发展

所谓可行性研究是指对所提出的建设项目从市场、技术、财务、工程、经济和环境等方面进行精确、系统、全面的调查分析，完成包括市场和销售、规模和产品、厂址、原辅料供应、工艺技术、设备选择、人员组织、实施计划、投资与成本、效益及风险等的计算、论证和评价，为项目建设的决策提供科学依据，并作为进一步开展工作的基础，从而保证所建项目在技术上先进可行、经济上合理有利。

项目可行性研究，是第二次世界大战以后，首先在美国产生的。当时，美国工业百废待兴，有许多的项目需要建设和改造。要振兴与发展经济，就必须解决资本的短缺，做到最合理地配置有限的资本，以取得最大的经济效益。为此，人们在理论上和方法上都对其进行了探索，项目可行性研究正是在这种情况下产生和发展起来，并在许多工业发达的国家得到了普遍的应用。

可行性研究运用现代技术科学和经济科学的新成就，发展并形成了一套比较完整的理论，是工程项目投资决策前的技术经济论证，是争取最佳经济效果的一种科学方法；是预测项目的经济效益，筹措资金，进行谈判和签订各种合同，进行施工准备等工作的重要依据。它所研究的内容，对项目的投资决策和指导工程建设具有重要的实用价值。

可行性研究是从市场上、技术上、经济上论证建设项目可行性的综合研究。随着工程规模和投资额的增大，市场竞争的加剧，为了尽可能减少投资的失误和风险，在项目投资管理和工程建设中，可行性研究已经成为必不可少的重要环节。在国外，它已成为项目建设前不可缺少的重要环节和项目决策的重要依据。

联合国工业发展组织（UNIDO）为促进国际的交流，推动发展中国家开展可行性研究，于1978年编写和发行了《工业可行性研究手册》和《项目评价准则》等文件，这对我国的可行性研究工作的开展起到了一定的指导和推动作用，使可行性研究向规范化方向发展迈出了新的步伐。

1980年以来，我国恢复了在世界银行的活动。世界银行对我国的建设项目提供贷款时，首先就要审查建设项目的可行性研究，然后才决定是否提供贷款。由于有了这种提供贷款的决策程序，使得世界银行贷款项目的成功率高达95%以上。在这样的背景下，我国从西方引进了项目可行性研究技术，以加强项目的投资决策分析。

1981年，国务院颁布了《技术引进项目和设备进口工作暂行条例》，并提出了《可行性研究报告内容要求》的提纲，这是我国最早制定的关于可行性研究工作内容的提纲。1983年国家计委制定颁布了《关于建设项目进行可行性研究的试行管理办法》，明确规定了可行性研究的任务、项目范围、编制程序、编制内容、预审和复审等事项，把可行性研究作为重要组成部分列入了项目建设程序之中，并规定建设项目必须进行可行性研究和技术经济分析论证，对于那些没有可行性研究报告的建设项目一律不予审批，从而为全面开展可行性研究工作提出了统一的标准和要求，将可行性研究纳入了基本建设程序。1987年9月，国家计委发布了《建设项目经济评价方法与参数》第一版，内容包括《关于建设项目经济评价工作的若干规定》《建设项目经济评价方法》《建设项目经济评价参数》和《中外合资经营项目经济评价方法》4个规定性文件以及建设项目经济评价案例。对经济评价的程序、方法、指标等都做了明确的规定和具体的说明，并第一次发布了一些主要部门和行业经济评价的各类参数，并在全国大中型基本建设项目和限额以上的技术改造项目中试行。为适应我国在经济体制、财税体制、产业布局等方面的改革，我国于1993年和2006年又分别发布了《建设项目经济评价方法与参数》的第二版和第三版，标志着我国已全面进入项目投资决策科学化、民主化的阶段。

三、可行性研究的范围及手段

可行性研究的研究对象是项目，通过对项目的主要内容和配套条件，如市场需求、资源供应、建设规模、工艺路线、设备选型、环境影响、投资和融资等，从技术、知识产权和法规、态势、经济等方面进行调查研究和分析比较，从而提出该项目是否值得投资和如何进行建设的分析评价意见。

1. 技术可行性

对项目所采用的技术进行横向和纵向分析，并结合自身经济、技术实力等判断技术可行性。

2. 知识产权和法规

根据项目特点，在全国或世界范围内对项目中涉及的技术进行专利检索，并请专利代理律师进行知识产权分析，判断项目中所采用的技术和产品是否涉及知识产权纠纷，并提供应对措施。在此基础上，研究国家相关政策法规，判断产品是否符合国家规定的生产条件，确保产品生产不违背国家相关法规。

3. 态势分析

态势分析是目前技术经济分析常用的方法之一，其实质是将与研究对象密切相关的各种主要内部优势因素、弱点因素、机会因素和威胁因素，通过调查罗列出来，并依照一般的次序按矩阵形式排列起来，然后运用系统分析的思想，把各种因素相互匹配并加以分析，从中得出一系列相应的结论（如对策等）。运用这种方法，有利于对项目所处情景进行全面、系统、准确的研究，有助于制订发展战略和计划，以及与之相应的发展计划或对策。

4. 经济分析

对生产的产品进行市场定位，通过市场调查判断产品市场容量、所占份额、产品发展趋势等。并在此基础上，对项目进行投资回收期、净现值等经济技术指标的判定。

基于以上四个方面的分析，给出项目是否可行的结论，并提出建议。

四、可行性研究的重要性

项目可行性研究是项目立项阶段最重要的核心，是化工建设项目投资决策的前提条件，具有相当大的信息量和工作量，是项目决策的主要依据。对建设项目进行可行性研究是基本建设管理中的一项重要基础工作，是保证建设项目以最小的投资换取最佳经济效果的科学方法。所以，可行性研究在项目投资决策和项目运作建设中具有十分重要的作用。

项目可行性研究一般包括新建、扩建、改建的工业项目和科研项目以及技术改造、技术措施等。在化工项目建设中它可以准确地反映项目的实际情况，使项目在实施过程中避免出现重大的方案变动或返工，保证项目建设的可靠性。如果可行性研究的结论不准确，或者根本就未做可行性研究，不仅会导致决策的盲目性，而且会使项目建设的可靠性难以得到保证。

可行性研究需要花费一定的人力、物力、财力和时间，但它能有效地减少和避免建设项目决策的失误，提高项目决策的科学性和提高投资的综合效益。可行性研究除了为科学决策提供依据外，它还有以下重要作用。

① 作为项目投资决策和下阶段设计工作的依据；
② 作为资金筹措和向银行申请贷款的依据；
③ 作为开展设计和建设的依据；
④ 作为拟建设项目与有关部门签订各种合同协议的依据；
⑤ 作为向国土开发及环境保护等主管部门申请建设的依据；
⑥ 作为从国外引进技术、装备及与外商谈判和签订合同的依据；
⑦ 作为建设单位组织管理、机构设置、职工培训等工作安排的依据；
⑧ 作为技术发展、设备改进、生产革新以及科学研究的参考资料。

五、可行性研究的步骤与阶段

工程项目建设的整个过程大体上可分为三个时期：投资前时期、投资时期和生产或投产时期。每一时期又可分为若干阶段，如图7-1所示。

投资前期主要进行项目的可行性研究及评估。可行性研究根据其研究的进展过程，一般分为三个阶段：投资机会研究、初步可行性研究和详细可行性研究。

1. 投资机会研究

投资机会研究是进行可行性研究之前的准备性调查研究，是为寻求有价值的投资机会而对项目的背景、投资条件、市场状况等进行的初步调查研究和分析测试。各部门、各地区、各单位，根据国民经济发展的长远规划、行业规划、地区规划以及经济建设的方针、建设任务和技术经济政策，结合本单位的经营发展战略，对资源情况、市场情况以及建设条件等因素进行调查和预测，选择可能的建设项目，寻找最有利的投资机会，提出投资建议，并拟定项目建议书。

这一阶段的主要任务是提出工程项目投资方向的建议和计划，其工作是比较粗略的。采用大指标进行分析和估算，初步分析项目投资效果，在几个有投资机会的项目中，迅速有依据地作出选择，以激发投资的兴趣和响应。然后，转入下一阶段的研究。机会研究需时一般为1～3个月，研究费用约占总投资的0.2%～1.0%，估算精度为±30%。投资的估算方法常用单位生产能力估算法、资本周转率法等，估算出拟建项目所需的建设投资。

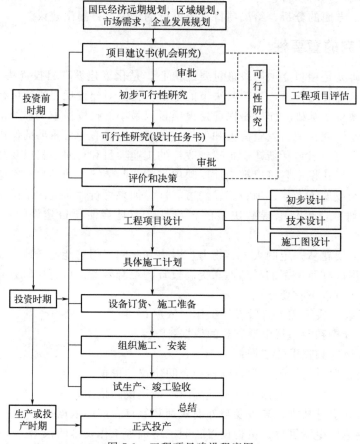

图 7-1　工程项目建设程序图

投资机会研究可分为一般投资机会研究与具体项目投资机会研究两类。

（1）一般投资机会研究　是一种全方位的搜索过程，需要进行广泛的调查，收集大量的数据。一般投资机会研究又分为三类：

① 地区投资机会研究。即通过调查分析地区的基本特征、人口及人均收入、地区产业结构、经济发展趋势、地区进出口结构等状况，研究、寻找在某一特定地区内的投资机会。

② 部门投资机会研究。即通过调查分析产业部门在国民经济中的地位和作用、产业的规模和结构、各类产品的需求及其增长率等状况，研究、寻找在某一特定产业部门的投资机会。

③ 资源开发投资机会研究。即通过调查分析资源的特征、储量、可利用和已利用状况、相关产品的需求和限制条件等情况，研究、寻找开发某项资源的投资机会。

（2）具体项目投资机会研究　在一般机会研究初步筛选投资方向和投资机会后，需要进行具体项目的投资机会研究。具体项目机会研究比一般机会研究较为深入、具体，需要对项目的背景、市场需求、资源条件、发展趋势以及需要的投入和可能的产出等方面进行准备性的调查、研究和分析。

若投资机会研究的结论是项目具有投资吸引力，则应转入初步可行性研究。

2. 初步可行性研究

因为许多工程项目单靠投资机会研究，还远远不能确定是否值得做详细的可行性研究，因此，需要先做初步可行性研究。它是在机会研究的基础上或项目建议书得到批准后，对前一阶段研究提出的项目意向或投资建议的可行性所进行的初步估计，其内容与可行性研究基本相同,主要差别在于所获得资料的详细程度、研究的深度及程度不同。初步可行性研究主要解决以下问题。

① 投资机会是否有希望;
② 是否需要进一步做详细可行性研究;
③ 有哪些关键性问题需要做进一步调查研究;
④ 初步筛选方案;
⑤ 提出产品生产方案、建设初步计划、评价指标等。

一般只有重大及特殊项目才需要进行初步可行性研究,对于较成熟和确定程度大的项目或者较小的项目,可以省去这一研究阶段,直接进行详细可行性研究。

初步可行性研究所需的资料包括:简单工艺流程图,初步设备一览表,厂址,建筑物的大致尺寸和形式,公用工程的估计需要量,初步电器、仪表清单,初步设备布置图等,时间约 4~6 个月,研究费用约占总投资的 0.3%~1.5%,估算精确度约为 ±20%。投资估算方法可采用装置能力指数法或系数法。

3. 详细可行性研究

详细可行性研究一般简称为可行性研究,也称为最终可行性研究或技术经济的可行性研究。它是项目投资前期的关键阶段,是项目投资决策的基础。这一阶段的任务是在前述研究阶段的基础上,对拟建工程项目进行深入的技术经济综合分析、论证,综合研究市场需求预测、生产规模、工艺技术、设备选型;厂址选择、工程实施计划、组织管理及机构定员、财务分析、经济评价等内容,从而为项目决策提供技术、经济和其他方面的依据。

可行性研究是一项涉及面广、影响因素多、工作量大的复杂工作。所需的资料和研究内容比初步可行性研究要更详细、更深入,所得出的结论应明确可靠。详细可行性研究阶段的投资估算,除工艺技术成熟的项目可利用已建成的同类项目的数据外,设备费用一般都要逐台计算。研究需时约 3~6 个月或更长,费用约为总投资的 0.8%~3.0%,大型项目约为 0.2%~1%,研究结果的精确度约为 ±10%。

可行性研究一般由项目建设单位委托咨询公司或设计部门进行,也可由建设单位组织进行。可行性研究结果的鉴定和评价由决策部门组织进行。可行性研究的这三个阶段,内容由浅入深,结果由粗到细。可行性研究是项目投资前期工作的主要部分,是项目建设必不可少的工作。

对项目实际进行可行性研究时,并非都要按三个阶段一步一步地进行。对大中型项目,必须分别作投资机会研究、初步可行性研究和详细可行性研究。但对其他类型项目,则可视项目复杂程度和影响大小,选择适合的可行性研究阶段。

六、可行性研究的内容

可行性研究涉及面广、工作量大、影响因素多,各个国家进行可行性研究的程序和内容没有很大的差别,主要包括以下几方面。

(1) 投资必要性　主要根据市场调查及预测的结果,以及有关的产业政策等因素,论证项目投资建设的必要性。

(2) 技术的可行性　主要从项目实施的技术角度,合理设计技术方案,并进行比较选择和评价。

(3) 财务可行性　主要从项目及投资者的角度,设计合理的财务方案,从企业理财的角度进行资本预算,评价项目的财务盈利能力,进行投资决策,并从融资主体(企业)的角度评价股东投资收益、现金流量计划及债务清偿能力。

(4) 组织可行性　制订合理的项目实施进度计划,设计合理的组织机构,选择经验丰富的管理人员，建立良好的协作关系，制订合适的培训计划等，保证项目顺利执行。

（5）经济可行性　主要是从资源配置的角度衡量项目的价值，评价项目在实现区域经济发展目标、有效配置经济资源、增加供给、创造就业、改善环境、提高人民生活等方面的效益。

（6）社会可行性　主要分析项目对社会的影响，包括政治体制、方针政策、经济结构、法律道德、宗教民族、妇女儿童及社会稳定性等。

（7）风险因素及对策　主要是对项目的市场风险、技术风险、财务风险、组织风险、法律风险、经济及社会风险等因素进行评价，制订规避风险的对策，为项目全过程的风险管理提供依据。

由于各国经济制度和社会体制的不同，其研究的侧重点和标准也不同。我国在吸收了其他国家进行可行性研究有益经验的基础上，结合国情和化工行业建设项目的特点，进一步完善了我国可行性研究的内容。根据国家有关部门颁布的管理和实施办法，我国进行化工项目可行性研究的主要内容概括如下。

1. 总论

（1）项目提出的背景（如是改扩建项目还需要说明企业现有的概况）。
（2）建设项目的必要性与经济意义，在国民经济中的作用和地位。
（3）可行性研究工作的依据和原则，如项目建议书及批准文件等。
（4）可行性研究工作的主要范围。
（5）可行性研究的结论和建议。

2. 市场分析与预测

（1）国内外市场需求的调查和预测。
（2）国内外企业现有的生产能力、产量与销售情况。
（3）产品销售量的预测。
（4）产品的竞争能力，进入国际市场的前景，有何销售策略。
（5）国内外产品的价格调查与趋势分析。

3. 生产规模和产品方案

（1）产品方案的选择与对比，包括产品、中间产品和副产品。
（2）生产规模和装置组成，确定规模的理由。

4. 工艺技术方案

（1）确定项目的技术目标，对主要工艺技术方案进行比较和选择。
（2）说明引进技术的来源、理由、内容、特点、方式。
（3）生产工艺技术的说明。
（4）确定主要工艺设备，选择设备配套方案，落实设备来源，并对设备投资所需的费用进行估算。
（5）确定原料及动力消耗的定额。
（6）确定自控技术方案。
（7）绘制全厂总平面布置图，对厂房及土建工程的投资费用作出估算。选择并确定厂内外运输方案以及物料的储存方案。
（8）制定出给排水、供电、供热、供气、通信设施的方案设计，企业管理与生活福利设施的规划。

5. 原材料、燃料与动力的供应

（1）各种原材料、辅助材料（如催化剂、化学试剂、添加剂等）的规格、需求量和来源。要对其今后长期供应的稳定性、费用以及可能发生的变化进行详尽的分析。

（2）各种配套件、电、煤、气、水、蒸汽等的需求量，供应的方式，供应条件等。

6. 建厂条件和厂址选择

（1）所选厂址的地理位置、地质、地形、水文、水源等自然条件和社会经济状况。

（2）厂址所在地的交通运输条件、供水、供电、供气、通信设施、基础设施的现状和发展趋势。

（3）多个厂址方案的比较与论证、厂址费用估算、选定的理由。

7. 环境保护和"三废"治理方案

（1）调查项目所在地区的环境现状，预计项目排出的"三废"种类、成分、数量以及对环境的影响。

（2）环保部门制定的有关"三废"排放的标准。

（3）制定"三废"处理的技术方案并估计其所需的费用。

8. 生产机构、人员配备和劳动培训

（1）工厂组织结构的设计、编制及管理费用的估算。

（2）编制定员配备表，确定生产工人、技术人员、管理人员所需的数量，并根据其职能和类别，制定相应的工资标准。

（3）根据生产和管理的要求，制订出相应的培养计划。

9. 项目实施计划

（1）制订出从正式投资到正式投产这段时期内的概略时间安排，包括勘察、设计、设备订购和制作、工程施工安排、调试运转、试产和达产时间。

（2）建筑安装工作量及施工组织计划、进度表。

10. 投资估算及资金筹措

（1）工程项目总投资估算，即估算固定资产投资，建设期贷款利息和流动资金。

（2）确定资金来源，筹措方式与偿还方式。

11. 财务评价和国民经济评价

（1）产品成本、销售成本、销售收入的估算。

（2）编制财务评价表，如财务现金流量表、损益表、财务平衡表、外汇流量表、资产负债表等。

（3）按财务评价的要求计算投资利润率、投资收益率、投资回收期、内部收益率等。

（4）不确定性分析，如盈亏平衡分析、敏感性分析、概率分析。

（5）编制国民经济评价表，计算国民经济评价指标，对项目进行国民经济评价和社会评价。

12. 结论和建议

（1）对项目可行性进行最终的评价，用定量指标和定性指标从技术经济财务方面对项目进行综合分析。

（2）提出存在的问题。

（3）给出建议。

拓展阅读：化工类建设项目可行性研究案例

拓展阅读：制药类建设项目可行性研究案例

第二节 市场研究与生产规模

一、市场研究的概念

工程项目设想的产生来自市场需求。如果生产的产品市场上不需要，或者市场需求状况不好，其他一切均无从谈起。各国在进行可行性研究时，都是从市场研究开始的。

市场研究是可行性研究的一个重要环节，其作用是为了确定投资方向和项目规模提供可靠的依据，是可行性其他方面研究的基础。市场研究是在调查研究的基础上收集、分析和预测未来一定时期内市场供需变化的趋势。

市场研究的意义主要体现在两个方面。

首先，是项目可行性研究的前提和基础，是提高可行性研究工作水平的需要。市场研究将确定项目建设的必要性。调查研究产品是否有市场，是否为社会所需要，以确定项目是否有必要建设。可行性研究中的技术分析和经济分析必须获得的有关产品的品种、数量、规格、用户要求以及销售量等资料，都有待于市场的分析、预测来提供，并以此为依据。

其次，是提高投资决策水平和提高社会经济效益的需要。面对激烈的市场竞争，处在日新月异的科技时代，企业要能在变化的市场中求生存、求发展，要想取得满意的投资效果，必须首先考虑投资项目的产品是否有生命力，是否有竞争力。而搞好市场预测是提高投资决策水平，提高企业经济效益的保证。许多项目决策失误，主要是由于不重视对市场调研、分析和预测。

二、市场研究的内容

市场研究的内容分为市场需求情况研究和市场供应情况研究两个方面。市场需求情况研究包括市场现状调查和市场发展趋势预测；市场供应情况研究则包括调查现有同类工厂的生产能力和预测将投入生产的工厂的生产能力两方面。同时，不但要研究产品数量上的需求，还要研究用户对产品品种规格、性能质量等的要求情况。

市场研究通常应包括以下几项具体内容。

（1）用户　产品过去、现在和将来的用户是谁？在什么地方？

（2）用途　产品现在和将来的用途是什么？用户对产品品种、规格性能、质量等的要求是什么？

（3）用量　产品现在和将来的市场总需求量是多少？本企业现在和将来可能达到的市场占有率是多少？

（4）竞争力　现在和将来有哪些厂商生产同类产品？在什么地方？生产能力多大？国外进口和国内出口状况如何？

（5）发展趋势　本产品是否有其他替代产品？产品所处的寿命周期阶段如何？发展趋势如何？

（6）价格　产品现在和将来的价格是多少？稳定性如何？国际市场价格、投产后投放市场的价格及影子价格是多少？

三、市场研究的步骤及方法

市场研究的步骤或程序可用图 7-2 所示的框图表示。

在进行市场研究时,要根据研究对象的特点、占有资料数量和质量、研究结果欲达到的精确度等因素来选择合适的方法,对市场情况进行预测。在可能时,应采用几种预测方法,对预测的结果相互校验,以增加预测结果的可信度。在市场研究过程中,一般应进行到 10 年期的需求及价格预测。市场预测与分析可用的方法,可参考第六章的内容。

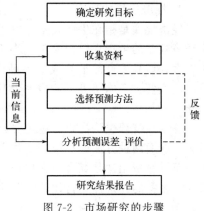

图 7-2　市场研究的步骤

四、生产规模的确定

通过市场预测,可以初步明确市场需求及供应情况,为确定适宜的生产规模提供了依据。但项目生产规模的确定并不仅仅取决于市场情况,还必须综合考虑企业内外的各种因素,研究和选择经济上合理的生产规模,以保证项目的产量适当、成本低、效益最佳。确定合理的生产规模,是项目可行性研究的一项重要工作。

1. 生产规模的概念

生产规模主要是指企业或项目装置生产能力的大小,它反映了劳动力/生产资料的集中程度。确切地说,这里所指的生产规模叫作生产能力规模。

不同类型的企业具有各自的特点。一般来说,大型化工企业单位产品投资小,资源利用充分,产品成本低,技术比较先进,产品质量好。中小型化工企业投资小,建设周期短,收效快,便于利用分散的资源,生产灵活性大。在项目可行性研究中,依据项目的技术经济特点,结合资源、资金、环境等条件来选择合理的生产规模。

2. 确定生产规模应考虑的因素

影响生产规模的因素很多,必须通过调查研究,全面加以考虑。总的来讲,可从市场需求和技术物质两方面综合考虑。具体地讲,应考虑如下因素。

(1) 市场需求　应该根据市场需求的数量、时间和地区范围,确定生产规模。对需求量大而广、又便于运销的产品,规模可以大些。但也应该考虑产品的市场占有率及竞争者的动向。某些产品需求前景好,一哄而上,结果重复建设而供过于求。一些不便于长途运输的产品,或需求量较小的产品,适于就地销售,规模只能小些。

(2) 资源情况　生产规模的大小,还受制于资源的情况。化工企业大都是资源密集型。一般来说,资源如煤、油、天然气、水电等供应丰富、集中的地区,可以建大型企业,资源储量不大而且分散的,宜建中小型企业。

(3) 资金和技术条件　化工企业是技术密集型、资金密集型企业,大型化工企业的投资额往往近 10 亿元,没有足够的资金,规模宜小些。大型企业还力求采用先进的技术和较高的管理水平,在引进技术、装备有困难的地方,以先建中小企业为宜。

(4) 产品的技术经济特点　生产规模与产品的特点有密切的关系。原材料工业,例如:石油化工、基本无机、基本有机类的企业,生产的是大宗通用石油和化工产品,需求的变化比较稳定,一般说来,规模越大成本越低。因此,在可能的条件下,应尽量采用经济的规模。对产品更新较快、通用性不好的产品,如精细化工产品,规模宜小些。

(5) 设备制造条件　化工生产规模的经济性是对单机或单条生产线而言,而工艺技术条件,决定了化工生产装置单机和单条生产线的设备生产能力的上限。如果由于单套或单台生产装置的生产能力达不到较大的规模,而采用多套或多台生产装置来实现较大的规模,通常就削弱了生产规模的经济性。

3. 经济规模的确定

经济规模是指在生产技术、管理水平、劳动力素质等素质条件都不变的条件下,取得最佳经济效益的生产规模。大于或小于经济规模,经济效益都将下降,因为随着生产规模的不断扩大,产品生产的平均成本不断下降,但当生产规模超过某一数额后,由于生产费用上升,运输费、仓储费等不断增大,其结果使产品生产的平均生产成本随着生产规模的扩大而上升。

确定经济规模,需要通过定量计算。常用的计算方法有:净现值、净年值以及年计算费用法。前面两种方法已在第四章作了介绍,这里介绍年计算费用法。

年计算费用法是综合考虑单位产品的投资额、产品费用、储运费用以及销售费用,对不同规模方案的经济性进行比较,其中,年计算费用最小的规模即为经济规模。

年计算费用公式为:

$$AC(Q) = c(Q) + y(Q) + z(Q) + k(Q)E_s \quad (7-1)$$

式中,$AC(Q)$ 为年产量为 Q 时的单位产品年均计算费用;$c(Q)$ 为年产量为 Q 时的单位产品年均生产费用;$y(Q)$ 为年产量为 Q 时的单位产品年均储运费用;$z(Q)$ 为年产量为 Q 时的单位产品年均销售费用;$k(Q)$ 为年产量为 Q 时的单位产品投资额;E_s 为标准投资效果系数。

第三节 原料路线和工艺技术的选择

一、原料路线的选择

化工产品通常可从几种不同的原料制取,在可行性研究中,需要解决的一个重要问题就是选择哪种原料。这需要在综合考虑各种有关因素的基础上,选定最合适的原料,以取得尽可能好的经济效益。

选择原料时,主要考虑的因素有以下几个。

(1) 原料来源的可靠性 化工产品生产所用的原料量大且品种多样,生产过程大都是连续化,化工生产装置和工艺的专用性较强。若建成后原料来源中断或原料来源变动,由于原料品位或质量的不同,会给正常生产造成较大的困难。因此,必须选择在项目寿命期内来源有保障的原料。

(2) 原料的经济性 在很多化工产品生产中,原料的成本在产品总成本中占有很大的比例。因而,为了取得良好的经济效益,必须选择最适宜、最经济的原料。应就不同原料的投资、成本和劳动生产率进行比较,选择单位产品投资最少、成本最低的原料。有时,也可采取最小计算费用法进行方案选择。其计算公式为:

$$C = C_i + I_i r \quad (7-2)$$

式中,C 为计算费用;C_i 为用 i 种原料时的单位产品成本;I_i 为用 i 种原料时的单位产品投资;r 为基准投资收益率或贷款利率。

原料的价格受供求关系变化的影响很大,要根据供求状况对原料将来的价格进行预测。此外,原料的运输距离、运输方式等也直接影响到原料的到厂价格。这些因素对原料的经济性都有不可忽略的影响。

(3) 能源结构 必须实行能源多元化、清洁化发展,大力改善和调整能源结构,有效保障能源供给。

(4) 保证原料质量 原料质量的高低与能否正常、安全生产关系密切。

二、工艺技术的选择

在化工项目的可行性研究中,当原料路线初步确定后,仍存在与原料路线相应的工艺过程的选择。从同一原料出发,生产同一种化工产品常有多种可采用的工艺技术路线或工艺过程。在这些可能的工艺过程方案中,选择一个最佳的工艺过程,是可行性研究中的一项重要内容。此外,在选择原料路线时,也涉及对工艺技术路线的考虑以确定能取得最佳经济效益的生产方案,这包括原料和工艺技术路线。总的原则应是技术上先进、经济上合理。对化工项目的工艺技术路线选择,至少应注意如下几个方面的问题。

(1) 技术路线先进性和可靠性　选择的技术路线应是在实践中证明是先进、可靠的技术,以保证建成投产的安全可靠。对于引进的先进工艺,也应考虑我国的消化吸收和运用能力,但也必须避免过时的技术。

(2) 原料与工艺技术的适应性　必须考虑主要原材料的性质,选择与此相适应的工艺技术。例如,对于中低品位的磷矿资源,采用传统的磷铵生产方法,工艺过程将较长、成本较高。而采用"料浆浓缩"新工艺技术,则能取得更佳的经济效益。

(3) 原料供应的稳定性　以国内原料为基础的工艺过程,可能比那些主要原料必须长期依赖进口的技术可取。如果主要原料供应不稳定,不得不选择其他的原料来源,在选择工艺技术时,应注意工艺技术对原料供应来源发生变化的适应性。

(4) 主产品和副产品的价值　不仅要考虑主要产品,而且也要考虑副产品的销售和价值。有的副产品是很有销路的,但也可能产生有害的废物。因此,工艺过程中的"三废"问题是不应忽略的。

(5) 劳动力与资金的配合　应从劳动力和资金两种角度出发进行考虑。在缺乏劳动力或劳动力费用较高的国家或地区,选择资金相对密集的技术,可能是经济的。而在资金筹措不易、劳动力过剩的国家或地区,选择劳动力相对密集的工艺技术可能更合适。

第四节　厂址选择

一、概述

厂址选择是工程项目可行性研究中的重要一环。厂址选择不当,其固有的缺点常常又会造成工厂先天性、永久性的负担。厂址的选择包括厂址的区位和厂的地址的选择。厂址区位的选择又称为选点,与生产力的布局关系密切,也与厂址区域范围内的社会经济状况、劳动力的技术水平等相关。例如,20世纪70年代,我国引进的几套化肥装置完全相同,但由于建设的区域不同,国内配套的工程投资差别可达40%,生产状况也相差较明显。在某一区域内确定建厂的具体地点,称为选址。

二、厂址选择的原则

厂址选择最基本的要求是:应符合国家工业布局和区域规划的要求,同时,也应满足工程项目建设、生产经营和职工生活的需要。对于化学工业项目,通常应包括如下几点。

(1) 地形地貌　厂址土地面积和平面外形能满足工厂建筑的要求,使生产车间、辅助车间、公用设施及运输道路都能得到合理的布局。同时,还应考虑足够的物料堆放场地和扩建余地。

(2) 人员素质、来源及费用　最好能靠近可提供大部分所需员工的人口集中地。如需专门的技术人员和管理人员，最好能在当地找到，否则在人员培训、住宿和交通等方面的费用将可能增大很多。

(3) 税收和政策　所在地是否正在实施或拟实行的税收情况以及相关政策。

(4) 与原材料供应地的距离　厂址应尽可能靠近原材料供应地或储运中心，或者靠近交通干线，便于原材料和产品的运输。

(5) 用水的供应及质量　应了解水源供应的全年情况、水的物理状况。若拟建厂用水量较大，厂址应尽量接近水源，以便于安排生产和生活用水。

(6) 与相关企业的地理位置　厂址应尽量与生产上密切相关的企业靠近，便于生产协作。

(7) 环境保护与废物处理　厂址选择应注意环境保护的要求，应设法避开城市的上风、上游和居民区。如果拟建厂的"三废"较多，则应考虑厂址是否方便"三废"的处理，是否符合环保法规的要求。

(8) 土地供应情况及成本　要考虑建厂土地面积是否满足当前及未来的发展需要，调查当地的土地供应情况、价格、搬迁居民的费用等。

三、厂址选择的步骤和内容

1. 拟定建厂条件指标

根据拟建工厂的产品品种和生产规模，拟定建厂条件指标。建厂条件指标通常包括如下内容。

(1) 占地面积。厂区所占面积包括生产装置界区、公用工程、附属工程、厂区道路。如果在生产过程中有废渣排出，还应考虑堆放的场地。

(2) 原材料、燃料的种类及数量；产品品种、数量及包装；副产品品种、数量。

(3) 用水量及对水质的要求，排放的"三废"数量及性质。

(4) 运输量、货物运输和储存的特殊要求。

(5) 水、电、气等公用系统的耗量。

(6) 工厂定员、生活区占地面积的估算。

(7) 土建工程、内容及工程量。

(8) 工厂需要外协的项目。

2. 现场调查

完成准备工作后，应到厂址现场进行踏勘，对厂址的实际情况进行了解，并收集厂址的基础资料。

3. 厂址方案的比较和论证

根据现场踏勘结果、收集的资料和工程项目建设应考虑的有关因素，将几个不同的厂址方案进行综合分析论证。

4. 提出选址报告

这是根据厂址要求、勘测实际结果和综合分析的结论，提出选址报告；选址报告一般应包括如下内容。

(1) 选址委员会或小组的名单，工程项目负责人、选址工作情况概述。

(2) 选址的依据，采用的工艺技术路线，建厂条件指标及选址主要经过。

(3) 厂址建设条件的概述，包括：原材料、燃料来源，给排水条件，供电和运输条件，工程地质、水文地质和施工条件等。

(4) 厂址方案比较，提出厂址技术条件比较表及厂址建设投资和经营费用比较表。
(5) 各厂址方案的综合分析论证，提出推荐方案的理由。
(6) 当地主管部门对厂址的意见。
(7) 存在的问题及解决的方法。

在选址报告中，还应附上有关的协议文件、区域位置规划图、工厂总平面布置示意图等文件。

第五节 投资估算和资金筹措

一、投资估算

投资估算是经济分析与评价的基础，是投资决策的重要依据，也是项目可行性研究的一项重要内容。由于项目经历设想、机会研究、初步可行性研究、详细可行性研究、初步设计、施工图设计等若干阶段，每一阶段的工作范围和深度都在增加，因而，对不同阶段的投资估算精度也相应有要求。

国外将投资估算分为五级。

(1) 中数量级估算，或称为比例法估算，以过去同类工厂的数据为基础，适用于机会研究阶段，精度低于±30%。

(2) 研究性估算，也叫作系数法估算，以对主要设备的了解为基础，适合于初步可行性研究，精度为±30%。

(3) 初步估算，或称为概算级估算，以能使概算得到批准的数据为基础，精度为±20%。

(4) 确切估算，又称为控制用估算，以较完整的数据为基础，但全部图纸和说明书尚未完成，精度为±10%。

(5) 详细估算，又称承包商估算，以完整的工程图纸说明书和厂址地质勘测资料为基础，用于投标。

在本书第二章中，已介绍了一些常用的投资估算方法，读者可参阅相应的内容。

二、资金筹措

在可行性研究中，投资费用估算完成后，需要落实资金的来源。而化工项目具有资金密集型和典型的追求规模经济两个显著的特点。化工项目通常需要比较大量的资金，这就需要认真进行资金的筹措。资金筹措也叫"资金规划"，它包括资金筹集、资金使用和贷款偿还三方面。资金筹集主要解决资金来源和选择问题。资金筹集不恰当或资金运用不合理，将对项目的经济效益产生很大的影响。

(一) 融资主体

项目融资主体：进行项目融资活动并承担融资责任和融资风险的经济实体。

项目法人：我国《关于实行建设项目法人责任制的暂行规定》指出实行项目法人责任制，由项目法人对项目的策划、资金筹措、建设实施、生产经营、债务偿还和资产的保值增值，实行全过程负责。项目的融资主体应是项目法人。

依据是否依托于项目组建新的项目法人实体来划分，项目融资主体分为两类：新设法人和既有法人，两者在融资方式和项目财务分析方面均存在较大不同。

表 7-1　新设法人融资与既有法人融资对比表

对比点	新设法人融资	既有法人融资
概念	组建新的项目法人进行项目建设的融资活动	又称公司融资或公司信用融资，是以既有法人作为项目法人进行项目建设的融资活动
特点	(1)项目投资由新设法人筹集的资本金和债务资金构成 (2)新设法人承担融资责任和风险 (3)从项目投产后的经济效益情况考察偿债能力	(1)拟建项目不组建新的项目法人，由既有法人统一组织融资活动并承担融资责任和风险 (2)拟建项目一般是在既有法人资产和信用的基础上进行的，并形成增量资产 (3)一般从既有法人的财务整体状况考察融资后的偿债能力
其他	(1)新组建的法人拥有项目的财产和权益，并承担融资责任和风险 (2)新设法人可按《公司法》的规定设立有限责任公司(包括国有独资公司)和股份有限公司	(1)既有法人负责筹集资金，投资新项目，不组建新的独立法人，负债由既有法人承担 (2)融资方案要与公司总体财务安排相协调，将其作为公司理财的一部分

(二) 项目的融资类型和融资模式

依据国家项目资本金制度的规定，项目资金分为项目资本金和债务资金两部分。相应的项目融资分为资本金融资和债务资金融资两大类型。项目的融资模式如图 7-3 所示。

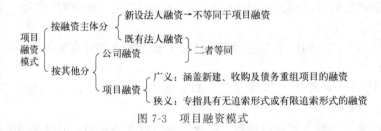

图 7-3　项目融资模式

1. 公司融资的含义及特点

公司融资是指以已经存在的公司本身的资信对外进行融资，取得资金用于投资与经营，相对于项目融资也被称为传统的融资模式。这类融资依赖于已经存在的公司本身的资信(将该公司作为一个整体的资产负债、利润及现金流量的情况)，而不是依赖于项目投资形成的资产，或项目未来的收益和权益。

公司融资的主要特点包括：

(1) 公司以其全部的资产及现金流提供债务偿还的保证。项目的投资运营是公司经营的一部分，项目未来的现金流是公司现金流的一部分，项目的财产是公司财产的一部分，而不是全部。

(2) 公司融资难以实现"无追索"或"有限追索"融资，项目发起人或投资人需承担借款偿还的完全责任。

2. 项目融资的含义及特点

项目融资通常是指以项目为主体的贷款，其偿还来源通常是项目本身的经济效益，包括项目未来可用于偿还贷款的净现金流量和项目本身的资产价值，故其融资基础源自项目的经济效益、项目投资者和其他有关方面对项目所做出的承诺，负债比例较高，贷款期限较长。

项目融资主要具有下列特点。

(1) 有限追索权　贷款方可在某个特定阶段或在一个规定的范围内对项目借款人实行追索，除此之外无论项目出现任何问题，贷款方均无权追索到项目借款人除该项目资产、现金流量及应承担义务之外的任何财产。

(2) 风险分担　不由少数项目干系人承担项目债务的全部风险责任，而通过严格的法律合同,把责任和风险在项目投资者、贷款方、分包商、供应商以及其他项目干系人之间进行分担,以实现项目融资的顺利实施和有限追索。

(3) 融资成本高　项目融资成本由前期费用和利息组成,前者包括法律费用、顾问费、评估费等,后者主要由贷款额度和利率决定。项目贷款的利率通常高于商业贷款利率,而高出的幅度则通常由贷款方在融资结构中承担的风险及贷款方对项目借款人的追索程度决定。

(4) 信用结构多样化　项目借款人可将贷款的信用支持分配至与项目相关的各个关键方面,从而获得灵活的贷款信用支持,提高项目的债务承受能力,降低融资对项目借款人资信和其他资产的依赖度。

(5) 非公司负债型融资　某个项目的债务,不进入项目借款人所在企业(即项目发起人)的资产负债表,项目债务的追索主要被限制在项目公司的资产和现金流量中,项目借款人承担有限责任。这种安排可使企业能够以有限的财力进行更多的投资,也利于投资风险的分散。

(三)资金来源与融资方式

1. 资金来源

化工项目建设的资金来源,按大范围可以分为:国内和国外资金来源两大类,国内资金通常是人民币的形式,国外资金也称为外汇资金。图 7-4 表示国内外资金来源的几种渠道。

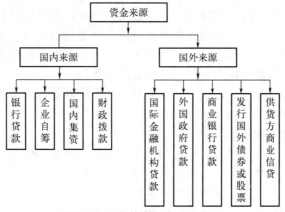

图 7-4　国内外资金来源示意图

此外,资金来源也可以按融资主体分为内部资金来源和外部资金来源。相应的融资可以分为内源融资和外源融资两个方面。

内源融资也称内部融资,既有法人内部的资金转化为投资的过程。内源融资的渠道和方法主要包括:①货币资金;②资产变现;③企业产权转让;④直接使用非现金资产。

外源融资是指吸收融资主体外部的资金,主要包括:①中央和地方政府可用于项目建设的财政性资金;②商业银行和政策性银行的信贷资金;③证券市场的资金;④非银行金融机构的资金;⑤国际金融机构的信贷资金;⑥外国政府提供的信贷资金、赠款;⑦企业、团体和个人可用于项目建设投资的资金;⑧外国公司或个人直接投资的资金。

内源融资不需要实际对外支付利息或者股息,应首先考虑内源融资,然后考虑外源融资。

除了融资来源外,融资方式也很重要。融资方式是指为了筹集资金所采取的方式和方法以及具体的手段和措施。同一资金来源渠道,可以采取不同的融资方式;同一融资方式也可以运用于不同的资金来源渠道。

外源融资方式又可以分为直接融资和间接融资。直接融资的具体融资方式,如:发行股票、债券成为一种重要的融资方式。间接融资的具体融资方式,如:向商业银行申请贷款、委托信托公司进行证券化融资等。

2. 资本金筹措

(1) 项目资本金　项目资本金指的是由权益投资人以获得项目财产权和控制权的方式投入的资金。投资项目资本金指的是在投资项目总投资中，由投资者认缴的出资额，对投资项目来说是非债务性资金。项目法人不承担这部分资金的任何利息和债务；投资者可按其出资的比例依法享有所有者权益，也可转让其出资，但不得以任何方式抽回。

资本金出资方式，可以用货币出资，也可以用实物、工业产权、非专利技术、土地使用权作价出资。

项目资本金后于负债受偿，可降低债权人债权回收风险，因此对提供债务融资的债权人而言，项目资本金可视为负债融资的一种信用基础。

(2) 权益投资　权益投资是项目投资人以资本金形式向项目或企业投入的资金。企业的权益投资一般以"注册资本"形式投入。超过注册资本额的部分，可以注入"资本公积"。权益投资是企业的资本投资，构成企业融资的基本信用基础。

权益资金结构和债务资金结构是融资方案制定中必须考虑的一个重要方面。若权益资金占比太少，则会导致负债融资难度和融资成本的提高；若权益资金过大，则风险可能会过于集中，财务杠杆效应下滑。

(3) 项目资本金制度　依据《国务院关于固定资产投资项目试行资本金制度的通知》，经营性投资项目，国有单位的基本建设、技术改造，房地产开发项目和集体投资等各种经营性投资项目，试行资本金制度，必须首先落实资本金才能进行建设。个体和私营企业的经营性投资项目参照规定执行。公益性投资项目不实行资本金制度。外商投资项目（包括外商投资、中外合资、中外合作经营项目）按现行有关法规执行。

投资项目资本金占总投资的比例，依行业和项目经济效益等因素确定。根据《国务院关于决定调整固定资产投资项目资本金比例的通知》（国发［2009］27号），各行业固定资产投资项目的最低资本金按规定执行。

既有法人项目资本金筹措可以来自内部资金或者外部资金。外部资金来源主要是既有法人通过在资本市场发行股票和企业增资扩股，以及一些准资本金手段，如优先股，来获取外部投资人的权益资金投入，用于新项目的资本金。

新设法人项目筹集资本金，新法人设立时由发起人和投资人按项目资本金额度要求提供足额资金。由新法人在资本市场上发行股票进行融资。

3. 债务资金筹措

债务资金指的是项目投资中除项目资本金外，以负债方式取得的资金。筹措方式有信贷方式，企业债券和租赁融资。如图7-5所示。

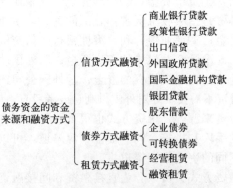

拓展阅读：项目融资模式及其比较　　图7-5　债务资金的资金来源和融资方式

第六节　项目的财务评价

一、财务评价的作用及任务

1. 财务评价的作用

建设项目的财务评价亦称为财务分析，是指从企业角度，根据市场价格和国家各项现行的经济、财政、金融政策法规，分析、测算拟建项目直接发生的财务效益和费用，编制财务报表，计算评价指标，考察项目的获利能力、贷款清偿能力以及外汇平衡能力等财务状况，来判别拟建项目的财务可行性。

财务评价是建设项目经济评价的重要组成部分，其本质是搜集与决策有关的各种财务信息，并加以分析与解释的一种技术。主要表现在为科学决策提供依据，避免和减少失误，提高投资效益；优化建设方案，缩短建设周期，降低成本；保证建设进度，提高工程质量等方面。

建设项目的财务评价，主要是通过对各个技术方案的财务活动分析，借助于一系列评价指标的测算和分析来论证建设项目对企业在经济上的可行性，并以此来判别建设项目在经济上是否有利可图。

从财务上分析建设项目经济效益时，不仅要测算、分析正常经营条件下的项目经济效益，同时还应测算、分析在不利条件下，不利因素对建设项目经济效益的影响，进行建设项目经济效益的不确定性分析，以估计项目可能承担的风险，确定项目在经济上的可靠性。

2. 财务评价的任务

对拟建的经营性项目进行财务评价的任务主要有两个方面。

第一，考察和论证拟建设项目的获得能力。通过对建设项目的财务评价来判别该拟建项目是否值得投资兴建，考察该建设项目各个技术方案预期盈利情况，考察拟建项目建设投产后各年盈亏状况，论证拟建设项目建成投产后财务上能否自负盈亏、以收抵支有余，能否具有自我发展和自我完善的能力等。

第二，考察和论证拟建项目对贷款的偿还能力。也就是对用贷款进行建设的项目必须从财务上分析其有无偿还贷款的能力，要测算贷款偿还期限。尤其是利用外资贷款的项目或技术引进的项目更要注意项目建成投产后的创汇能力、外汇效果、外汇贷款利率高低、偿还方式以及偿还能力等。

二、财务评价的步骤

财务分析应在项目财务效益与费用估算的基础上进行。财务分析的内容应根据项目的性质和目标确定。建设项目的财务评价一般可分为如下几个步骤。

第一步，明确是经营性或非经营性项目。对于经营性项目，应分析项目的盈利能力、偿债能力和财务生存能力，判断项目的财务可接受性；对于非经营性项目，财务分析应主要分析项目的财务生存能力。

第二步，依据经营性或非经营性项目评价要求的不同，有目的地汇集、整理项目的财务基础数据，包括拟定项目产品品种方案及其生产规模，估算项目销售收入和项目投资总额，测算项目产品的成本和税金等。

第三步，进行融资前分析和融资后分析。一般宜先进行融资前分析，在融资前分析结论满足要求的情况下，初步设定融资方案，再进行融资后分析。一般在项目建议书阶段，可只进行融资前分析。

第四步，编制项目财务基本报表。为便于对项目进行财务评价，必须编制一套必要的项目财务基本报表。

第五步，计算与项目有关的评价指标，评价项目的经济效益，包括盈利能力分析、偿债能力分析、财务生存能力分析，并进行不确定性分析和风险分析。

三、财务评价的内容

财务评价应在项目财务效益与费用估算的基础上进行，其分析的具体内容应依据项目性质和目的确定。

对于经营性项目，财务分析应通过编制财务分析报表进行。根据不同决策的需要，财务评价分为融资前分析和融资后分析。财务分析一般宜先进行融资前分析。融资前分析是指在考虑融资方案前就可以开始进行的财务分析，即不考虑债务融资条件下进行的财务分析。在融资前分析结论满足要求的情况下，初步设定融资方案，再进行融资后分析。融资后分析包括项目的盈利能力分析、偿债能力分析以及财务生存能力分析，进而判断项目方案在融资条件下的合理性。融资后分析是比较选择融资方案，进行融资决策和投资者最终决定出资的依据。实践中，在可行性研究报告完成之后，还需要进一步深化融资后分析，才能完成最终融资决策。

对于非经营性项目，财务分析应主要分析项目的财务生存能力。

1. 财务评价的主要内容

项目的财务评价主要考察项目的盈利能力、偿债能力、财务生存能力以及外汇效果等财务状况。因此，财务评价主要有以下几个方面的内容。

（1）投资盈利能力分析　盈利能力分析的主要指标包括：项目投资财务内部收益率和财务净现值、项目资本金财务内部收益率、投资回收期、总投资收益率、项目资本金净利润率等，可根据项目的特点及财务分析的目的要求等选用。

① 财务内部收益率（FIRR）　它是反映项目所占用资金的盈利率及考察项目盈利能力的主要动态评价指标。有关计算见式(4-25)及其相关内容。

项目投资财务内部收益率、项目资本金财务内部收益率和投资各方财务内部收益率都依据相同的公式计算，但所用的现金流入和现金流出不同。

② 投资回收期（P_t）　是考察项目财务上的投资回收能力的主要静态评价指标。它是指以项目的净收益回收项目投资所需要的时间，一般以年为单位。有关计算见前面式(4-1)和式(4-13)及其相关内容。项目投资回收期宜从项目建设开始年算起，若从项目投产开始年计算，应予以特别注明。

③ 财务净现值（NPV）　是考察项目在计算期内盈利能力的动态评价指标。一般情况下，财务盈利能力分析只计算项目投资财务净现值，可根据需要选择计算所得税前净现值或所得税后净现值。有关计算见前面式(4-19)及其相关内容。

④ 总投资利润率　是考察项目单位投资盈利能力的静态指标，经常用来判别项目单位投资盈利能力是否达到了本行业的平均水平。有关计算见前面式(4-8)及其相关内容。

⑤ 资本金利润率　反映投入项目的单位资本金的盈利能力。有关计算见前面式(4-10)及其相关内容。

⑥ 投资利税率　是考察项目单位投资的税利能力的静态指标，经常用来判别项目单位投资对国家积累的贡献能力是否达到了本行业的平均水平。有关计算见前面式(4-9)及其相关内容。

(2) 偿债能力分析　偿债能力分析应通过计算资产负债率（DAR）、利息备付率（ICR）和偿债备付率（DSCR）等指标，分析判断财务主体的偿债能力。

① 资产负债率（DAR）　是指各期末负债总额（TL）同资产总额（TA）的比率，应按下式计算：

$$DAR = \frac{TL}{TA} \times 100\% \tag{7-3}$$

式中，TL 为期末负债总额；TA 为期末资产总额。

适度的资产负债率表明企业经营安全、稳健，有较强的筹资能力，也表明企业和债权人的风险较小。对该指标的分析，应结合国家宏观经济状况、行业发展趋势、企业所处竞争环境等具体条件判定。项目财务分析中，在长期债务还清后，可不再计算资产负债率。

② 利息备付率（ICR）　是指在借款偿还期内的息税前利润（EBIT）与应付利息（PI）的比值，它从付息资金来源的充裕性角度反映项目偿付债务利息的保障程度，应按下式计算利息备付率：

$$ICR = \frac{EBIT}{PI} \times 100\% \tag{7-4}$$

拓展阅读：
财务杠杆

式中，EBIT 为息税前利润；PI 为计入总成本费用的应付利息。

利息备付率应分年计算，它反映了项目在计算期内各年所面临的财务风险程度及偿债能力。利息备付率高表明利息偿付的保障程度高。利息备付率应当＞1，并结合债权人的要求确定。

③ 偿债备付率（DSCR）　是指在借款偿还期内，用于计算还本付息的资金（EBITDA－T_{AX}）与应还本付息金额（PD）的比值，它表示可用于还本付息的资金偿还借款本息的保障程度，应按下式计算：

$$DSCR = \frac{EBITDA - T_{AX}}{PD} \times 100\% \tag{7-5}$$

式中，EBITDA 为息税前利润加折旧和摊销；T_{AX} 为企业所得税；PD 为应还本付息金额，包括还本金额和计入总成本费用的全部利息。

融资租赁费用可视同借款偿还。运营期内的短期借款本息也应纳入计算。如果项目在运行期内有维持运营的投资，可用于还本付息的资金应扣除维持运营的投资。

偿债备付率应分年计算，偿债备付率高，表明可用于还本付息的资金保障程度高。偿债备付率应＞1，并结合债权人的要求确定。

(3) 财务生存能力分析　财务生存能力分析应在财务分析辅助表和利润与利润分配表的基础上编制财务计划现金流量表，通过考察项目计算期内的投资、融资和经营活动所产生的各项现金流入和流出，计算净现金流量和累计盈余资金，分析项目是否有足够的净现金流量维持正常运营，以实现财务可持续性。

财务可持续性应首先体现在有足够大的经营活动净现金流量，其次各年累计盈余资金不应出现负值。若出现负值，应进行短期借款，同时分析该短期借款的年份长短和数额大小，进一步判断项目的财务生存能力。短期借款应体现在财务计划现金流量表中，其利息应计入财务费用。为维持项目正常运营，还应分析短期借款的可靠性。

对有营业收入的项目，财务分析应根据收入抵补支出的程度，区别对待。收入补偿费用的顺序应为：补偿人工、材料等生产经营耗费、缴纳流转税、偿还借款利息、计提折旧和偿还借款本金。

对没有营业收入的项目，不进行盈利能力分析，主要考察项目财务生存能力。此类项目通常需要政府长期补贴才能维持运营，应合理估算项目运营期各年所需的政府补贴数额，并分析政府补贴的可能性与支付能力。对有债务资金的项目，还应结合借款偿还要求进行财务生存能力分析。

（4）项目外汇效果分析　对涉及产品出口创汇及替代进口节汇的项目，应进行外汇效果分析，即计算财务外汇净现值、财务换汇成本及财务节汇成本等指标。

2. 财务评价的基本报表

在进行建设项目财务评价时所采用的基本报表有：各类现金流量表、利润与利润分配表、财务计划现金流量表、资产负债表、借款还本付息计划表及财务外汇平衡表等。

（1）现金流量表　现金流量表是反映项目计算期内各年的现金收支（现金流入和现金流出），用以计算各项动态和静态评价指标，进行项目财务盈利能力分析的基本报表。按投资计算基础不同，现金流量表分为以下三种。

① 项目投资现金流量表　该表不分投资资金来源，以全部投资作为计算基础，用以计算全部投资所得税前及所得税后财务内部收益率、财务净现值及投资回收期等评价指标，以考察项目全部投资的盈利能力，为各个投资方案（不论其资金来源及利息多少）进行比较建立共同基础。

② 项目资本金现金流量表　该表从投资者角度出发，以投资者的出资额作为计算基础，把借款本金偿还和利息支付作为现金流出，用于计算项目资本金财务内部收益率等评价指标，以考查项目自有资金的盈利能力。

③ 投资各方现金流量表　用于计算投资各方内部收益率。

（2）利润与利润分配表　利润与利润分配表反映项目计算期内各年营业收入、总成本费用、利润总额等情况，以及所得税后利润的分配，用于计算总投资收益率、项目资本金净利润率和投资利税率等指标。

（3）财务计划现金流量表　财务计划现金流量表反映项目计算期各年的投资、融资及经营活动的现金流入和流出，用于计算累计盈余资金，分析项目的财务生存能力。

（4）资产负债表　资产负债表综合反映项目计算期内各年末资产、负债和所有者权益的增减变化及对应关系，以考察项目资产、负债、所有者权益的结构是否合理，并计算资产负债率、流动比率及速动比率等，进行项目的清偿能力分析。

（5）借款还本付息计划表　借款还本付息计划表反映项目计算期内各年借款本金偿还和利息支付情况，用于计算偿债备付率和利息备付率指标。

（6）财务外汇平衡表　财务外汇平衡表适用于有外汇收支的项目，用以反映项目的外汇来源与外汇运用。表明计算期内各年外汇余缺程度，进行外汇平衡分析。

此外，还应根据计算、分析和论证的需要，编制辅助报表。

第七节　项目的国民经济评价

一、概述

1. 国民经济评价的意义

国民经济评价是按照资源合理配置的原则，从国家整体角度考察项目的效益和费用，用货物影子价格、影子工资、影子汇率和社会折现率等经济参数分析、计算项目对国民经济的净贡献，评价项目的经济合理性。国民经济评价的目标是宏观经济效果，体现在要求项目投资所增加的国民收入净增量和社会效益最大化。它是经济评价的一个重要内容,是项目可行性研究的一个重要组成部分,也是对拟建项目投资决策的主要依据。

国民经济评价的意义表现在以下三方面。

(1) 宏观上合理配置国家有限资源的需要　国家的资源(资金、土地、劳动力等)都是有限的,有限的资源都有一个合理配置问题。只有对资源进行合理的配置,才能发挥其最大的效益。因此,投资决策者必须依据评价的结论,决定项目的优劣和取舍。

(2) 真实反映项目对国民经济净贡献的需要　国民经济评价和财务评价一样,都要对建设项目的获利能力进行分析,但这两种评价代表的利益主体是不同的,因此,其所处的角度也不一样。某个项目是否值得投资,不能只从投资者的角度看财务营利性,而要从整个国家的角度看项目对国家的贡献。有的项目企业财务评价结论很好,企业利润很高,但从国民经济角度来看,社会效益并不好,不能保证社会资源的合理配置和有效利用。对这样的项目国家必然采用以经济手段为主的措施来限制其发展。对于一些财务评价结论不好,基本无利可图,但确能给国家带来明显社会效益的项目,国家通常采用在贷款利率上或者税收上给予优惠的办法加以扶持,鼓励其上马。

(3) 投资决策科学化的需要　国民经济评价有利于引导投资方向。运用国民经济评价的相关指标以及有关参数,可以影响国民经济评价的最终结论,进而起到鼓励或抑制某些行业或项目发展的作用,促进国家资源的合理分配。国民经济评价有利于抑制投资规模。当投资规模过大时,会引发通货膨胀,这时通过适当提高折现率,控制一些项目的通过,从而控制投资规模。此外,国民经济评价还有利于提高计划质量。

由于国民经济评价时考虑的因素更加全面、更加系统,也更加科学,因此,一个建设项目的选择最终取决于国民经济评价的结果。例如,城市公共交通建设,如果仅从投资者的角度进行财务评价,很可能是不可行的。但从国家的角度来看,只要大多数人能利用公共交通上下班和出门办事,这必将大大地缓解地面交通拥挤的状况,减少交通事故,大大节约人们在路途上花费的时间,提高工作效率。因此,国民经济评价是可行的。

2. 财务评价和国民经济评价的联系与区别

财务评价和国民经济评价既相互联系,又有所区别。它们都是通过计算项目的费用和效益进行评价,两者采用的评价指标也具有相似性,计算方法基本相同。

财务评价和国民经济评价的区别具体表现在下述几个方面。

(1) 评价的范围和角度不同　财务评价是从经营项目的企业角度出发,评价单个项目的净财务效果,所以,它主要考虑企业是否盈利,只计算直接费用和直接收益。而国民经济评价是从国家角度,从宏观经济的范围对项目进行评价,不仅考虑直接的费用和效益,还考虑间接的费用和效益。

(2) 计算的费用和效益所包括的项目不同　财务评价是根据企业的实际收支确定项目的费用和效益。故税金、租金、利息等均计为费用。而从国民经济的角度和范围来考虑,税收或税金、租金和利息等则可以看作是企业和国家之间的一种转移支付,既不视作收益,也不视作费用,而要从现金流量中剔除。

(3) 采用的价格不同　财务评价采用现行的市场价格,而国民经济评价采用的是影子价格。

(4) 采用汇率不同　财务评价采用官方汇率,国民经济评价采用影子汇率。影子汇率值应视当时的实际情况来确定,一般由国家统一规定。

(5) 采用的折现率不同　财务评价采用行业基准折现率,一般来说,应由行业来确定。它是衡量项目企业经济效益的一个基准值。而国民经济评价采用社会折现率,由国家统一制定，是衡量项目国民经济收益的一个基准值。

工程项目的经济评价包括企业财务评价和国民经济评价两个层次。通常是先进行财务评价。对某些数据和参数进行调整后，再进行国民经济评价。对于两种评价不一致的项目，例如财务评价可行，而国民经济评价不可行的项目，一般是限制进行建设。国家可采取提高税率、限定价格等措施，或者要求企业重新设计和制定项目方案。若财务评价不可行，国民经济评价可行，国家可采用鼓励和扶持的政策，如：实行价格保护政策、减免税收、优惠贷款等，以保证企业的利益。

二、国民经济评价的费用和效益

1. 费用和效益的识别

如何对企业进行财务评价和国民经济评价，最重要的一点是必须正确地识别项目的费用和效益。由于评价的角度和目标不同，国民经济评价的费用和效益与财务评价有着十分明显的区别。

项目的费用和效益都是相对于目标而言的。所谓费用，就是为实现目标所需付出的代价；所谓效益，就是对目标的贡献。财务评价是以项目净收入最大化为目标，凡是增加项目收入的，就是财务效益；凡是减少项目收入的，就是财务费用。国民经济评价是以社会资源的最优配置从而使国民收入最大化为目标，凡是增加国民收入的就是国民经济效益；凡是减少国民收入的就是国民经济费用。二者的识别主要在以下两个方面。

（1）项目的费用和效益识别与评价范围紧密相关　财务评价从项目自身的利益出发，其评价范围就是项目自身。凡是流出项目的资金，就是财务费用，如投资支出、经营成本和税金等；凡是流入项目的资金，就是财务效益，如产品销售收入。财务效益和财务费用统称为项目的直接经济效果。

国民经济评价是从国民经济整体利益出发，其评价范围是整个国家。因此，国民经济评价不仅要识别项目自身的直接经济效益，而且要识别项目对国民经济其他部门和单位产生的间接效益。不仅要识别可用货币计量的有形效益，而且要识别难以用货币计量的无形效益。同样，国民经济评价不仅要识别项目直接经济费用，还要识别项目的间接经济费用。

（2）费用和效益的识别还与评价追踪的对象有关　财务评价在考察费用和效益时，其追踪对象是货币，其识别比较简单。只要是从项目外部流入项目内部的货币就是财务效益；只要是项目内部流出项目之外的货币就是财务费用。国民经济评价是以实现资源的合理配置，使之能保证国民收入增长为目标，而国民收入增长目标是以全社会最终产品的总和增长为依据的。因此，任何导致社会最终产品和服务增加的，都是国民经济的效益；而任何导致社会最终产品和服务减少的都是国民经济费用。我们在考察国民经济评价的费用和效益时，其跟踪对象不是货币，而是由项目投入和产出所产生的社会资源的变动。凡是增加社会资源的项目产出都产生国民经济效益，凡是减少社会资源的项目投入都产生国民经济费用。所以，正确识别费用和效益的关键，是在于国民经济评价所跟踪的对象是资源变动而不是货币流动。

2. 直接效益和直接费用

费用和效益可以分成直接费用和间接费用及直接效益和间接效益。

项目的直接效益是由项目本身产生，由其产出物提供，并用影子价格计算的产出物的经济价值。项目的直接效益的确定分为两种情况：

（1）拟建项目的产出物用以增加国内市场的供应量，其效益就是满足国内需求，即增加国内消费者的支付意愿。

（2）国内市场的供应量不变，如果增加了出口量，其效益为出口创汇量；如果项目产出物减少了进口量,其效益为节约的外汇量。

项目的直接费用主要是指为满足建设项目的投入需要而付出的代价,这些投入物用影子价格计算的价值量为项目的直接费用。项目直接费用的确定也分为两种情况:

(1) 项目的投入物来自国内供应量的增加,其费用就是增加国内生产量所消耗的资源价值。

(2) 国内总供应量不变,如果项目投入物来自国外,即增加进口来满足项目需求,其费用就是花费的外汇;如果项目的投入物本来可以出口,为满足项目的需求,减少了出口量,其费用为减少的外汇收入;项目的投入物本来用于其他项目,由于改用于拟建项目将减少对其他项目的供应,其费用为减少的其他项目的效益。

3. 间接效益和间接费用

间接效益又称外部效益,是指项目对国民经济作出了贡献,而项目本身并未获得收益的效益。如在建设一个化工厂的同时,修建的厂外的运输系统,它除为该化工厂服务外,还使当地的工农业生产和人民生活得益,这部分效益就是项目的外部效益。

间接费用又称外部费用,是指国民经济为项目付出了代价,而项目本身并不实际支付的费用。例如工业项目产生的废水、废气和废渣引起的环境污染及对生态平衡的破坏等。

在评价中对外部效益及外部费用的处理很重要。外部费用和外部效益通常较难计量,为了减少计量上的困难,首先应明确项目的范围。一般情况下可扩大项目的范围,特别是一些相互关联的项目可合在一起来评价,可使外部费用和外部效益内部化。另外,在确定投入物和产出物的影子价格时,这一价格已在一定范围考虑了外部效果。通过扩大范围和调整价格两步工作,实际上已将很多外部效益和外部费用内部化了。所以在国民经济评价中,既要考虑项目的外部效果,又要防止外部效果扩大化。对一些不能量化的外部效益及外部费用,可以在结论中给予定性说明。

三、费用和效益计算中的价格

商品价值的货币表现,我们用价格来表示。它是投资项目费用和效益计算的依据,所采用的价格是否合理,与其计算结果是否准确密切相关。

在计算财务费用和效益时,采用的价格只能是反映项目实际收支的交换价格,这种交换价格也称为财务价格。如果该价格能真实反映各种资源的经济价值,那么国民经济评价也应当采用这种价格。但在我国的现实经济生活中,由于经济体制和运行机制等多种因素的影响,目前的价格体系还存在许多不合理的地方,各种商品的价格不能真实反映商品真正社会劳动价值。从而使得我们不能正确计算项目投入和产出的相应费用和效益,无法对费用和效益进行正确的比较。

为使建设项目的国民经济评价真正符合实际,就必须对实际的市场价格进行必要的调整。为此,在国民经济评价中采用了一种新的价格体系,即影子价格体系。

(一) 影子汇率

影子汇率是指单位外汇的经济价值,区分于外汇的财务价格和市场价格。在项目国民经济评价中使用影子汇率是为了正确计算外汇的真实经济价值,是外汇与本国货币的真实比价。官方汇率是由本国政府规定的单位外币的国内价格。影子汇率直接决定外汇的影子价格。影子汇率是在国民经济分析中应用的区别于官方汇率的外汇率,一般说来,由于实施进口关税、出口补贴及其他贸易保护主义措施,大多数发展中国家的官方汇率不是自由兑换汇率,通常会高估本国货币价值,不能反映外币的真实价值。所以,官方汇率不等于影子汇率。在进行项目国民经济评价时,为了能正确地进行费用和效益的比较,需要把外币全部折算成本国货币。但为了体现外币的真实价值,在折算时不能使用官方汇率,而只能使用影子汇率。

影子汇率可用下式求得:

$$\text{SER} = \frac{\sum_i X_i(1+S_i) + \sum_i M_i(1+t_i)}{\sum_i X_i + \sum_i M_i} \text{OER} \tag{7-6}$$

式中,SER 为影子汇率;OER 为官方汇率;X_i 为第 i 种出口货物用外币表示的离岸价值总额;M_i 为第 i 种进口货物用外币表示的到岸价值总额;S_i 为第 i 种出口货物的补贴率。如果对出口货物征收关税,则 S_i 为负值;t_i 为第 i 种进口货物的关税率。

从式(7-6)可以看出,影子汇率的大小取决于关税率和补贴率,是根据国家在一定时期内进出口结构和水平、外汇机会成本以及发展趋势、外汇供需等因素综合而定的。影子汇率通常用美元与人民币的比值来表示,对美元以外的其他外币,应参照同一时期中国银行颁布该种外币对美元的比价,先折算成美元,再用影子汇率换算成人民币。

实践中大多采用以外汇牌价乘以影子汇率换算系数得到影子汇率的方法。影子汇率换算系数是影子汇率与国家外汇牌价的比值,可以直观地反映外汇影子价格相对于官方汇率的溢价比例,反映国家外汇牌价对于外汇经济价值的低估比率。

作为项目国民经济评价的重要参数,影子汇率的取值对于项目决策有着重要的影响。影子汇率转换系数取值较高,反映外汇的影子价格较高,则表明项目使用外汇时的社会成本较高,同样项目为国家创造外汇收入时的社会价值也较高。对于那些主要产出物是外贸货物的项目,影子汇率较高,将使得项目收入的外汇经济价值较高。而对于投入物中有较大进口货物的项目,外汇影子价格较高,使得项目投入外汇的社会成本较高。影子汇率的取值,在项目评价中可以影响项目进出口的抉择。项目投资中使用进口设备或原材料,与国产设备或原材料比较时,如果影子汇率取值较高,则进口设备或原材料的社会成本较高,国产设备或原材料社会成本相对较低,有利于方案选择中选用国产设备或原材料。

近年来有关专家和机构对我国近年的历史均衡汇率和进出口关税率及补贴率导致贸易扭曲对影子汇率造成的影响进行了定量分析,最终确定影子汇率换算系数取值为 1.08。

(二)社会折现率

项目国民经济评价采用费用-效益分析方法或者费用效果分析方法。在运用动态评价方法计算经济净现值和经济内部收益率过程中,需要预先确定一个折现率,以判断项目经济效益是否到达标准。这种折现率称为社会折现率,是国民经济评价的重要通用参数。它作为项目经济可行性方案比较和选择的主要判据,也是项目经济效益要求的最低收益率。

在项目的选优和方案比选中,社会折现率的取值高低会影响比选的结果。较高的取值将会使远期收益在折算为现值时发生较高的折减,因此有利于社会效益产生在近期,但在远期有比较高的社会成本的方案和项目入选,而社会效益主要产生在远期的项目将被淘汰。这可能会导致对评价结果的误导。例如对生态环境造成破坏的项目,高折现率将未来环境污染的成本负担作了较多的折减计算。

社会折现率是由国家在一定时期内的投资收益水平、资金机会成本、资金供求状况、合理投资规模以及国家经济发展的状况、目标和宏观控制意图等综合因素确定的。国家计划委员会首次于 1987 年颁布的社会折现率为 10%,1993 年颁布的社会折现率为 12%。近年,依据新中国成立以来经济发展统计数据,预测我国未来 20 年以内的社会资本收益率为

9%～11%。国家有关部门推荐目前社会折现率为8%。

(三) 影子工资

劳动力机会成本系指劳动力在本项目被使用，但不能在其他项目中使用而被迫放弃的劳动收益。它主要以劳动力的机会成本来度量，体现了国家和社会为建设项目使用劳动力而付出的代价。通常按如下公式进行计算：

$$影子工资 = 工资及福利 \times 影子工资换算系数 \qquad (7\text{-}7)$$

国家有关部门对于影子工资的测算，在分类方式上要求采用技术与非技术劳动力的分类方式，分别测算其劳动力影子价格的推荐取值。对于技术劳动力，采取影子工资等于财务工资，即影子工资换算系数为1.0；对于非技术劳动力，推荐在一般情况下采取财务工资的0.25～0.8倍作为影子工资，即影子工资换算系数为0.25～0.8。考虑到我国各地经济发展不平衡，劳动力供求关系有一定差别，规定应当按照当地非技术劳动力供给富余程度调整影子工资换算系数。

(四) 土地的影子价格

土地是重要的有限经济资源，国家对建设项目使用土地实行政府管制，土地使用价格受到土地管制的影响，可能并不能反映土地的真实价值。项目的经济评价中应当正确地估计土地资源的价值。土地影子价格代表对土地资源的真实价值衡量，在项目的国民经济评价中要正确衡量土地资源的影子价格，提高土地资源的利用效率。

项目使用土地占用了国家的土地资源，应当计算由此所带来的费用。按照项目国民经济评价的基本方法，土地的影子价格应当等于土地的机会成本加上土地转变用途所导致的新增资源消耗。即：

$$土地影子价格 = 土地机会成本 + 新增资源消耗 \qquad (7\text{-}8)$$

在项目的国民经济评价中，占用土地的机会成本和新增资源消耗应当充分估计。项目占用的土地位于城镇与农村，具有不同的机会成本和新增资源消耗构成，要采取不同的估算方法。

(1) 城镇土地影子价格　国家在城镇土地出让中逐步引入市场机制，逐步建立由市场机制决定土地价格。项目使用城镇出让土地使用权，如果是通过政府公开招标、拍卖取得的，土地使用权出让的招标价格、拍卖价格可以认为已经是由市场决定的价格，可作为项目使用土地的影子价格。但如果有证据表明在招标、拍卖过程中，存在影响市场公平交易价格的因素，交易价格可能显著偏离正常的市场交易价格，影子价格应当重新估价。

建设项目使用城市土地如果是以协议出让方式取得，协议地价不能自动地被认为可以代表土地的影子价格，而是要将协议地价与同类土地的公平交易价格进行比较后，方可据此确定以协议出让方式取得的土地的影子价格。

(2) 农村土地影子价格　项目征用农村土地，土地征用费中的耕地补偿费及青苗补偿费应视为土地机会成本，土地上建筑物补偿费及安置补助费应视为新增资源消耗。

项目所支付的征地费中，耕地补偿费、青苗补偿费、安置补助费等，确定如果能够充分保证农民的应得利益，则土地影子价格可按土地征地费中的相关费用确定，否则可能导致相应的补偿和安置补助费低于市场定价，则土地影子价格应参照当地正常征地补助标准进行调整。

如果项目建设方支付给政府的耕地补偿费、青苗补偿费、安置补助费等没有全部覆盖政府实际支付的补偿费用，政府另外以货币或非货币形式对农民进行补偿，则相应的土地影子价格应当根据政府的额外补偿进行调整。

（五）外贸货物的影子价格

对项目的投入物和产出物，对投入物要计算至到厂价，对产出物计算至出厂价。它可分为外贸货物和非外贸货物。外贸货物是指其生产或使用会直接或间接影响国家出口或进口的货物。外贸货物中的出口品或进口品，应满足以下条件。

进口品应满足：国内生产成本＞到岸价格

出口品应满足：国内生产成本＜到岸价格

到岸价格（cost insurance freight，CIF）是指进口货物到达本国口岸的价格，它包括了国外的购货成本及将货物运到本国口岸所需的运费和保险费。离岸价格（free on board，FOB）是指出口货物的离境交货价格。

通常，到岸价格和离岸价格统称为口岸价格。口岸价格更接近货物的国际市场价格，较能反映货物的真实价值。在现实条件下，国内市场价格可能高于或低于口岸价格，故在国民经济评价中应以口岸价格为基础来确定外贸货物的影子价格。

（六）非外贸货物的影子价格

非外贸货物是指其生产或使用不影响国家出口或进口的货物。它又分为天然的非外贸货物和非天然的非外贸货物。天然的非外贸货物指的是其使用和服务天然地限于国内，包括国内施工和商业以及国内运输和其他国内服务。非天然的非外贸货物是指由于经济原因或政策原因不能外贸交易的货物。这里所说的由于经济原因而造成的非外贸的货物，主要是指其国内生产成本比离岸价格高，比到岸价格低的货物。

下面分别讨论项目投入物和产出物中的非外贸货物影子价格的确定方法。

(1) 项目投入物中非外贸货物的影子价格

a. 如果项目投入物是直接或间接通过原有企业挖潜增加供应，而不需额外增加投资的，可按变动成本分解定价。

b. 如果是需要通过增加投资扩大生产规模来满足项目所需的投入物，按全部成本分解定价。如缺少有关的数据资料，则可参照国内市场定价。

c. 如果是通过减少对国内其他用户的供应来增加项目投入物，按其他用户的边际产出价值定价。在缺乏相关数据的情况下，可取其中价高者作为边际产出价值的估计值。

(2) 项目产出物中非外贸货物的影子价格

a. 增加供应数量以满足国内消费的产出物，其影子价格的确定分为三种情况：国内供求平衡的，按国内各种交换价格中低者定价；供不应求的，按国内各种交换价格中高者定价；供求关系不明朗的，按国内各种交换价格中低者定价，以防止高估项目的收益。

b. 如果项目产出物在全国供应量的份额中所占比例较大，且会引起市场价格下降，则用有项目后的新价格与无项目时的价格的平均值作为影子价格的近似值，即

$$P = \frac{P_0 + P_1}{2} \tag{7-9}$$

式中，P 为产出物的影子价格；P_0 为无项目时该产出物的价格；P_1 为有项目时该产出物的价格。

上述价格是建立在消费者剩余原理和市场供需均衡假设的基础上的。

c. 如果项目产出物不增加国内供应数量，而只是导致其他生产厂家减少该种产品生产，其影子价格分两种情况确定：当二者产品质量相同时，可按其他有关厂家的变动成本分解定

价；二者质量不同时，按国内市场交换价格确定。

四、国民经济评价的步骤

1. 在财务评价基础上进行国民经济评价的步骤

在财务评价基础上进行国民经济评价大致可分为以下 6 个步骤。

(1) 效益和费用范围的调整

① 剔除属于国民经济内部转移支付的部分，如引进设备、材料的关税和增值税。

② 识别项目的间接效益和间接费用。能定量的要进行定量计算，不能定量计算的应作定性描述。

(2) 效益和费用数值的调整

① 固定资产费用的调整

a. 用影子汇率、影子运费和贸易费用等对引进设备价值进行调整。

b. 用影子价格计算设备本身的价值和运输费用、贸易费用等，对国内设备价值进行调整。

c. 根据三材（钢材、木材、水泥）的使用量，用影子工资、货物和电力的影子价格对三材的费用进行调整。

d. 用土地的影子费用代替占用土地的实际费用。

e. 剔除涨价预备费。

f. 调整其他费用。

② 流动资金的调整　调整由于流动资金估算基础变动引起的流动资金占用量的变动。

③ 经营费用的调整　可先用货物的影子价格、影子工资等参数调整经营费用各要素，然后再汇总求得经营费用。

④ 销售收入的调整　先确定项目产出物的影子价格，然后重新计算销售收入。

⑤ 外汇借款调整　用影子汇率计算外汇贷款本金与利息的偿付款。

(3) 编制国民经济评价的各种基本报表　全部投资的经济效益流量表、国内投资的经济效益流量表、经济外汇流量表等和辅助报表。出口产品国内资源流量表、国民经济评价投资调整表、国民经济评价经营成本表、国民经济评价流动资金调整计算表。

(4) 国民经济评价指标计算　根据上面编制的国民经济评价的各种基本报表和辅助报表，计算相应的国民经济评价指标（如经济内部收益率、经济净现值等）。

(5) 进行不确定性分析　由于国民经济评价采用的数据大部分来自预测和估算，故在一定程度上存在不确定因素。为了分析不确定因素对经济评价指标的影响，需要进行不确定性分析，以预测项目可能承担的风险，确定项目在经济上的可靠性。国民经济评价的不确定分析主要是敏感性分析和概率分析。

(6) 评价结论。

2. 直接进行国民经济评价的步骤

(1) 识别和计算项目的直接效益，对那些为国民经济提供产出物的项目，首先应根据产出物的性质确定是否属于外贸货物，再根据定价原则确定产出物的影子价格。按照项目的产出物种类、数量及其逐年的增减情况和产出物的影子价格计算项目的直接效益。对那些为国民经济提供服务的项目，应根据提供服务的数量和用户的受益计算项目的直接效益。

(2) 用货物的影子价格、土地的影子费用、影子工资、影子汇率、社会折现率等参数直接进行项目的投资估算。

(3) 用国民经济评价参数进行流动资金估算。

(4) 根据生产经营的实物消耗，用货物的影子价格、影子工资、影子汇率等参数计算经营费用。

(5) 识别项目的间接效益和间接费用，对能定量的应进行定量计算，对难以定量的，应作定性描述。

(6) 编制有关报表，计算相应的评价指标。

(7) 不确定性分析。

五、国民经济评价的方法

国民经济评价一般以经济内部收益率为指标，根据项目的特点和需要，也可以采用经济净现值和经济净现值率等指标。在进行国民经济评价时，主要包括如下评价指标。

1. 经济净现值

经济净现值（ENPV）是反映工程项目对国民经济所做贡献的一项绝对指标，它是把工程项目在整个寿命周期内各年的国民经济净效益（也称社会盈余），用一个标准的社会折现率折算为现值之和。而经济净现值率则是反映工程项目单位投资为国民经济所做净贡献的相对指标，它是经济净现值与投资现值之比。两者的计算公式分别为：

$$\text{ENPV} = \sum_{t=1}^{n}(\text{CI}-\text{CO})_t(1+i_s)^{-t} \tag{7-10}$$

$$\text{ENPVR} = \frac{\text{ENPV}}{I_p} \tag{7-11}$$

式中，ENPV 为经济净现值；ENPVR 为经济净现值率；i_s 为社会折现率；I_p 为总投资的现值；CI 为经济效益流入量；CO 为费用流出量；$(\text{CI}-\text{CO})_t$ 为第 t 年的净效益流量；n 为计算期。

经济净现值大于零的项目，表示国家为项目付出代价后，除得到符合社会折现率的社会盈余外，还可以得到超额社会盈余。当进行多个方案比较时，以其经济净现值最大者为优。如果各个方案的投资额不同，还要进一步计算经济净现值率，作为选择最优方案的辅助指标。

2. 经济内部收益率

经济内部收益率（EIRR）是反映工程项目对国民经济贡献的相对指标，它是使经济净现值等于零时的折现率。其表达式为：

$$\text{ENPV} = \sum_{t=1}^{n}(\text{CI}-\text{CO})_t(1+\text{EIRR})^{-t} = 0 \tag{7-12}$$

式中，EIRR 为经济内部收益率。

经济内部收益率的含义、计算方式和过程与财务内部收益率基本相同。一般来说，经济内部收益率大于或等于社会折现率的项目是可以考虑接受的。

3. 国内投资净效益率

这是一项静态指标，反映项目投产后单位国内投资每年对国家所作的净贡献，一般在项目的初选阶段使用。它是项目生产期每年的收益和费用相抵后的净收益与国内投资额之比。也可根据需要计算全部投资净效益率。它们的计算公式为：

$$\text{国内投资净效益率} = \frac{S+B_E-C'-D-C_E-R_F}{I'} \times 100\% \tag{7-13}$$

$$\text{全部投资净效益率} = \frac{S+B_E-C'-D-C_E-R_F}{I} \times 100\% \tag{7-14}$$

式中，S 为年产品销售收入；C' 为年经营成本；B_E 为年项目外部效益；C_E 为年项目外部费用；R_F 为年支付给外方合营者的股金、技术提成费、国外贷款本息、清算所得等；D 为年折旧费；I 为全部投资；I' 为全部国内投资（包括建设投资和流动资金）。

式中的 S、C'、C_E、B_E 等项可按项目投产后正常年份的数值计算，也可按投产后的年均值计算。

4. 净外汇效果——经济外汇净现值（ENPVF）

经济外汇净现值是分析、评价项目实施后对国家外汇状况影响的重要指标，其表达式为：

$$\text{ENPVF} = \sum_{t=1}^{n}(\text{FI}-\text{FO})_t(1+i)^{-t} \tag{7-15}$$

式中，FI 为外汇流入量；FO 为外汇流出量；$(\text{FI}-\text{FO})_t$ 为第 t 年的净外汇流量；i 为折现率，一般可取外汇贷款利率；n 为计算期。

5. 换汇成本

换汇成本是指工程项目生产期内各年出口产品的生产成本总额与产品出口销售收入总额之比。亦即换取 1 美元外汇所消耗的人民币金额。其计算公式为：

$$\text{换汇成本} = \frac{\text{生产期内替代进口产品生产成本总额}/\text{万元}}{\text{生产期内替代进口产品生产销售收入总额}/\text{万元}} \tag{7-16}$$

6. 国民收入分配指标

计算公式为：

$$\text{个人收入分配率} = \frac{\text{个人收入额}}{\text{年国民收入额}} \times 100\% \tag{7-17}$$

$$\text{企业收入分配率} = \frac{\text{年企业收入额}}{\text{年国民收入额}} \times 100\% \tag{7-18}$$

$$\text{地方收入分配率} = \frac{\text{年地方收入额}}{\text{年国民收入额}} \times 100\% \tag{7-19}$$

$$\text{国家收入分配率} = \frac{\text{年国家收入额}}{\text{年国民收入额}} \times 100\% \tag{7-20}$$

国民收入分配指标反映了工程项目创造国民收入在国家、地方、企业和个人之间的分配比例，它用以评价国家收入的初次分配水平是否合理。

7. 就业效果指标

计算公式为：

$$\text{单位投资就业人数} = \frac{\text{项目新安置的就业人员数}/\text{人}}{\text{项目总投资}/\text{万元}} \times 100\% \tag{7-21}$$

就业效果指标可以用以反映工程项目投资的社会就业水平及其效果。

六、国民经济评价结果的判断

把项目的经济内部收益率和社会折现率进行比较，当项目经济内部收益率大于社会折现率，则项目通过了国民经济评价，反之，则表示项目是不可行的。有时也可用经济净现值来判断，当经济净现值（采用社会折现率）大于零时，项目是可行的，当经济净现值小于零时，项目不可行。

把计算的经济换汇成本或节汇成本和影子汇率进行比较，当其小于影子汇率时，说明项目出口或替代进口换取单位美元而消耗的国内资源较小，其差额即为获得单位美元所节约的国内资源，项目的产品适合于出口（或替代进口）；当其大于影子汇率时，说明为获得单位美元消耗国内资源太多，项目的产品不利于出口。

第八节 项目的评估、决策及审查与章程

一、项目评估

项目评估是指由专门机构对项目可行性研究报告进行全面的审核和评价工作,是对待实施项目的必要性、可行性、合理性及效益、费用进行的全面审核和评价,其主要工作内容包括:①审核可行性研究报告是否情况属实;②分析其中的各种参数、基础数据、费率等数据的选择是否正确;③综合分析项目的经济效益和社会效益,做出最终投资决策选择。项目评估过程主要包括五个步骤,即组建评估小组、制订评估计划、收集项目评估资料、审查分析和编写项目评估报告。

项目评估不同于可行性研究,两者之间的主要区别如表 7-2 所示。

表 7-2 项目评估与可行性研究的比较

项目	项目评估	可行性研究
目的和任务	审查并核实可行性研究报告,独立地提出决策性建议,为项目决策提供最直接、最终的依据	复杂的技术经济工作,不能为项目决策提供最终依据
权威性	更高	更低
承担的主体	项目投资的决策机构或项目的贷款机构	项目的投资者或项目的主管部门
研究重点	项目的财务效益及偿还能力、项目的宏观影响和社会效应	项目的财务效益
实施时间	项目审批决策阶段(更晚)	项目选择和评价阶段(更早)

二、项目决策

项目决策是指投资者采用一定的方法和手段,以实现预期投资目标的导向,对若干可行性项目实施方案进行比较论证,从中选出最满意的项目实施方案的过程,包括确定型决策、不确定型决策和风险型决策三类。

1. 确定型决策

在自然状态的发生为已知的前提下进行的决策,属于确定型决策。确定型决策的方法通常是通过计算各方案在各种自然状态下的收益率,在确定出现某种状态的情况下,对该状态下的收益率进行对比分析,从中选择收益率最大的方案。

2. 不确定型决策

某些时候,投资者对未来可能发生的情况有所了解,但无法确定或估计其发生概率,在这种情况做出的决策属于不确定型决策,其决策准确度取决于决策者的经验与判断能力。不确定型决策的常用方法主要有以下四种。

(1) 最大收益率法 比较每个方案在各种自然状态下可能获得的最大收益率,选择最大收益率对应的方案,即"大中取大"。

(2) 最大最小收益率法 比较每个方案在各种自然状态下可能获得的最小收益率,选择最小收益率最高的那个方案,即"小中取大"。

(3) 最小最大后悔值法 在某一状态时,假定收益率最大的方案就是最佳方案,其他方案在该状态下的收益率与该最佳方案的收益率之间的差值,即为后悔值,计算各个方案在各种状态下的后悔值,并找出各个方案的最大后悔值,选择最大后悔值最小的那个方案,即

"大中取小"。

(4) 完全平均法　假定各种自然状态出现的概率相等，计算各个方案在所有状态下的平均值，选择收益率平均值最大的方案。

3. 风险型决策

项目常存在不可控的风险因素，使得各种自然状态出现的概率不同，但可以预测出比较确切的概率，在此情况下做出的决策，属于风险型决策。通常的方法是在各种自然状态下计算收益率及概率，计算其加权平均值，即为各个方案的期望值，再从中选择期望值最大的项目。

三、项目审查与项目章程

1. 项目审查

我国政府对项目的审查实行审批、核准和备案三种管理方法。审批制适用于政府部门直接投资和资本金注入的项目，政府的投资管理部门会审批这些项目的项目建议书、可行性研究报告和开工报告。

不使用政府资金的企业建设项目，则不施行审批制，而实行核准制或备案制。对于出现在国发〔2016〕72号《政府核准的投资项目目录》中的重大项目和限制类项目，从维护社会公共利益角度实行核准制。政府不审查企业自主投资决策内部事务，重点关注和审查涉及社会公共利益的宏观问题和公共性问题，由技术经济论证过渡至综合论证。

而对于不在该目录中的其他企业投资项目，则实行备案制。项目的市场前景、经济效益、资金来源和技术方案等，均由企业自主决策、自担风险。项目企业只需向政府部门办理备案手续，提供备案报告。政府相关备案机关仅重点审查拟实施项目是否符合有关政策、法律法规和行业准入标准，并提供备案文件。获得备案文件后，项目企业自主开展各项工作，但备案确认的建设规模和内容不得擅自变更。

2. 项目章程

一个项目的项目章程相当于这个项目的宪法，通常由项目发起人编制，或由项目发起人授权项目经理编写并经发起人批准之后，下发给与项目相关的组织、部门和人员。项目章程的主要内容包括实施项目的理由，确定应达到的项目目标，界定控制性的项目范围，以及其他原则性的要求。

项目章程一经批准和颁布，则应在整个项目实施过程中保持不变。因此，项目章程可起到以下重要作用：①确立项目的合法地位；②任命并授权项目经理，便于其动用组织资源来开展项目活动；③明确项目目标和最终的交付成果；④明确项目实施的理由，使各个项目与整个组织的战略或日常运营相互结合。

思考题及习题

7-1　构成项目有哪些基本特点及分类？
7-2　项目可行性研究涉及的范围有哪几个方面？
7-3　项目可行性研究的意义及作用是什么？
7-4　可行性研究有哪些步骤？可分为哪几个阶段，各有何特点？
7-5　项目可行性研究的内容一般涉及哪几个方面？
7-6　化工项目可行性研究的主要内容由哪十二大部分构成？它们之间有何联系与区别？
7-7　市场研究的作用及基本内容是什么？市场研究可采用的方法有哪些？
7-8　确定生产规模应考虑的因素有哪些，如何确定生产的经济规模？
7-9　在选择原料路线时，应考虑哪些主要的因素，在选择工艺技术时应注意哪些问题？

7-10 厂址选择的作用和原则是什么？
7-11 投资估算可分为几个级别，各有何基本特点？
7-12 资金筹措包括哪几个方面，如何对资金来源进行评价和选择？
7-13 财务评价的作用和意义是什么，财务评价一般有哪几个步骤？
7-14 财务评价的基本报表和主要评价指标有哪些？
7-15 国民经济评价的意义是什么，它与财务评价有什么联系与区别？
7-16 与财务评价相比，国民经济评价中的费用和效益有何不同，如何正确区分国民经济评价中的费用和效益？
7-17 国民经济评价的步骤是什么，其评价指标主要有哪些？如何计算？
7-18 国民经济评价的主要报表和辅助报表有哪些？如何判断国民经济评价结果？
7-19 项目经济评价应包括哪两方面的内容，其评价原则有哪些？
7-20 项目评估与项目可行性研究有哪些差异？
7-21 试述三种项目决策的方法。
7-22 试述我国三种项目审查管理方法的适用范围和审查内容。
7-23 试述项目章程的内容及意义。
7-24 某新设法人项目生产某产品，年生产能力 2 万吨，产品售价（不含税）为 4615.38 元/t。建设期 1 年，生产期 10 年。投产第 1 年生产负荷为 60%，第 2 年为 80%，以后达到 100%。已知年总成本费用估算依据如下：

(1) 年外购原材料（以 100% 生产负荷计）7194.87 万元（不含税）。
(2) 年外购燃料动力（以 100% 生产负荷计）58.41 万元（不含税）。
(3) 劳动定员 108 人，人均年工资及福利费 2 万元。
(4) 修理费第 2 年为 50 万元，第 3~11 年为 64 万元。
(5) 固定资产按年限平均法分类进行折旧计算。本项目新增生产设备及其他固定资产原值 942 万元，按 10 年折旧，残值率为 5%；新增建筑物原值 208 万元，按 20 年折旧，残值率为 5%。
(6) 其他资产 32 万元，按 5 年摊销完毕。
(7) 项目无借款。
(8) 年其他销售费按当年销售收入的 2% 估算；年其他制造费取固定资产原值（扣除建设期利息）的 5%；年其他管理费用按年职工工资及福利费总额的 150% 估算。

另外，产品销项税税率为 13%，外购原材料进项税税率为 13%，外购燃料动力进项税税率为 13%，城市维护建设税税率为 7%，教育费附加税率为 3%。

根据以上数据，试编制以不含税价为计算基础的总成本费用估算表，销售收入、增值税及附加估算表。

7-25 某集团公司拟投资一个新项目，原始资料简介如下：
(1) 建设期为 2 年，运营期为 8 年，第 3 年为投产年。建设投资（不含建设期借款利息）10000 万元，其中：资本金 2000 万元在（第 1 年投入），银行借款 8000 万元（建设期分两年等额投入）。预计建设投资的 90% 形成固定资产，10% 形成无形资产。固定资产折旧年限 10 年，按年限平均法，残值率为 5%；无形资产按 5 年摊销。流动资金 1000 万元，在投产年一次性投入，其中：资本金 400 万元，银行借款 600 万元。
(2) 项目投入运营后，投产期含税的销售收入为 5500 万元，经营成本为 2500 万元（其中，含税的外购原料、燃料和动力费用为 2000 万元）；其余正常生产年份的含税年销售收入为 7500 万元，经营成本为 3000 万元（其中，含税的外购原料、燃料和动力费用为 2500 万元）。
(3) 建设投资贷款年利率为 10%，按年计息，以项目的最大还款能力偿还贷款；流动资金贷款年利率为 10%，按年计息。法定盈余公积金比例为 10%，项目投产后产品增值税税率为 13%，附加的城市维护建设税及教育费附加税率共为 5%，所得税税率为 25%；企业所设定的基准投资收益率为 15%，基准投资回收期为 5 年。

试根据以上基础数据资料，对该项目进行财务分析。

第八章

项目技术创新的经济分析与质量管理

本章要点及学习目的

技术改造——技术改造的含义、特点、类型及主要内容;技术改造的基本原则,以及技术改造项目的经济效益评价方法。

设备更新——设备更新的概念、意义,以及设备磨损含义与分类;设备寿命及经济寿命的计算原理和常用的方法。

设备更新决策——设备更新的三种方式:大修理、更换和现代化改装;设备更新的特点和基本内容;设备更新时机的确定以及设备更新的评价和方案选择。

技术创新——概念、作用、分类以及常见的模式;技术创新能力含义、作用及评价;技术创新可能的风险与防范措施。

产品创新——概念、作用及方式;产品创新的内容、策略及过程。

化工研发的技术经济分析——作用、过程,以及技术和经济评价的原理及方法。

项目质量管理——概念、特点及原则,项目质量保证和质量控制的内容、方法和输出结果,如何建立完善的质量管理制度。

通过本章的学习,要求读者掌握技术改造项目的评价方法、设备的物质价值运行规律及其维修更新改造的经济分析方法,了解技术创新的类型、模式、评价方法,了解产品创新方式和外部影响因素,并理解项目质量保证和质量控制的内容、方法和输出结果,了解如何建立完善的质量管理制度。

第一节 技术改造及其经济评价

一、技术改造概述

(一)技术改造的含义

技术改造是指在坚持科学技术进步的前提下,把科学技术成果应用于企业生产的各个环节,用先进的技术改造落后的技术,用先进的工艺和装备代替落后的工艺和装备,达到提高质量、节约能源,降低原材料消耗,全面提高社会综合效益的目的。这种技术改造的概念,主要是与基本建设相区别提出来的,称为传统的技术改造,或狭义的技术改造。

这种传统的技术改造概念,突出了科技进步,体现了实现技术改造的根本途径。但在面临科学技术迅速发展的 21 世纪,面临知识经济的挑战,以及市场经济的格局和竞争的多方面、多层次以及国际化趋势,传统的技术改造含义显得有一定的局限性。例如传统概念上的技术改造，其技术主要指工艺、装备，是单纯的技术含义，未将技术人员和技术工人的技术创新能力和技能放在应有的地位。在新的社会经济条件下，人员技术素质的不断更新和提高，是应用单纯先进技术的必要条件。另外，传统的技术改造目的是提高社会综合经济效益，但尚未涉及通过技术改造实现企业可持续发展，提高企业自身整体素质和技术创新水平，增强自我发展能力，这也应是技术改造目标的重要内容。

（二）技术改造的特点

技术改造不仅必要，而且其经济效益也是显而易见的。由于技术改造可以充分地利用原有的技术基础和社会经济条件，一般都具有投资少、见效快、经济效益好的特点。老企业的技术改造比起新建企业，投资和建设时间都可以减少 1/3 以上。技术改造能够充分地利用已有的技术力量和管理水平，并使之在技术改造的同时相应地得到迅速提高，有利于上品种、上质量、上水平，有利于降低生产成本，改善劳动条件和环境保护。

技术改造与生产维修、设备更新以及基本建设相比，具有以下特点：

（1）强调技术进步　　只有应用先进的科学技术，才能提高技术改造的水平。先进的科学技术不仅包括通常所指的高新技术，也包括传统技术领域内的一些技术创新的内容。技术改造必须体现技术进步，必须有新的技术因素加入生产过程。

新项目的基本建设也强调技术进步，但由于是新建，它的技术水平不存在自身比较，一般不属技术改造的范畴。

设备更新与技术改造两者有重复的内容，例如设备更新的方式之一——现代化改装也属技术改造。但如果设备更新仅是原水平的重复，则不属于技术改造。

生产维修与技术改造两者之间也有交叉但又不相同。例如，如果大修理仅是恢复设备原来的技术性能和技术水平，不是技术改造。但若有新的技术因素加入，能提高设备的技术水平，则应视为技术改造。

（2）强调以现有企业或生产过程为对象进行更新改造　　技术改造是以现有企业或现有的生产过程、设备为对象，通过技术改造提高效益、扩大再生产，不涉及新建项目，通常不需要或很少需要增加新的基础设施和服务设施。因而，土建工程量较少，安装工程量也较少，这是与基本建设的重要区别。

（3）强调不仅要注重提高企业的经济效益，也要注重提高社会综合经济效益　　提高企业的经济效益，包括提高产品质量，降低能源、原材料消耗，提高生产效率。技术改造也应和治理"三废"相结合，积极开展综合利用。而社会综合经济效益包括两方面的含义。一方面是指企业治理环境污染的效益，这种效益对企业和社会来说，都很难直接计量，其投资难以收回。但它是社会发展特别是企业要保持可持续发展和生存的必要投入。这种对企业和社会的效益是长期的、综合性的。另一方面是指企业为提高产品质量、降低能耗、治理环境污染，可能要增加额外的投资和生产成本。虽然不能从销售中获得等额的回报，但会给社会带来明显的经济效益。

（4）强调持续的、系统的技术改造　　在不同的发展时期，对技术改造的内容和要求不同，这是由科学技术的不断进步和生产力不断发展所决定的。只要有新的科学技术出现，企业就应该为应用这些技术而不断地进行技术改造。另外，技术的含义包括实物形态的硬技术，也应包括智力形态的软技术。技术改造是要使原来比较落后的设备、工艺技术和产品更新为比较先进的设备、工艺技术和产品，同时也要使技术人员与技术工人的技术素质和技能不断地提高，适应新设备、新工艺的运用和新产品生产的更高要求。所以，技术改造不是单方面的设备和工艺技术改造，是综合技术的提高，是系统的技术改造。

（三）技术改造的意义

大力实施企业技术改造和科技创新，是推动产业结构优化升级、提升国际竞争力的根本途径，更是转变发展方式、落实科学发展观的长久之计。在安排技术改造和科技创新项目过程中，既要为当前经济增长提供动力，更要为未来经济的可持续发展注入活力。

一方面，要把技术改造和科技创新紧密结合起来，培育新的经济增长点；另一方面，要以技术改造和科技创新为手段，加快淘汰落后产能。要把技术改造和科技创新始终贯穿于企业的改组改制、技术设备以及管理人才引进等各个环节，引导企业走上充分依靠技术改造和科技创新发展的轨道。

（四）技术改造的类型

从不同角度，技术改造可分为不同的类型，比较常见的类型划分有以下几种。

1. 按技术改造的程度划分

（1）全面的技术改造　这种技术改造是企业对生产过程的各个环节和单元进行整体的技术改造。

（2）专业的技术改造　这是指企业以专业性的项目，如环保、节能、提高产品质量、扩大品种、改善工艺、降低原材料消耗等为内容的技术改造。

（3）局部的技术改造　这是指企业在局部进行的小规模技术改造。例如，挖潜改造项目，填平补齐项目或者成套配套项目等。

2. 按技术改造的目的划分

① 以增加产品品种、产品更新换代为目的的技术改造；
② 提高产品质量的技术改造；
③ 节能、降耗的技术改造；
④ 增加产量的技术改造；
⑤ 控制和治理"三废"，改善劳动生产条件及"三废"综合利用的技术改造。

（五）技术改造的主要内容

1. 产品更新换代，增加花色品种

产品都具有其生命周期，陈旧、落后的产品就会失去竞争力。随着社会经济和文化生活的发展，人们对产品的需求更趋多样化、个性化，对产品性能有多种层次的要求。在科学技术迅速发展的时代，产品的寿命周期大大缩短；技术的发展也为新品种、新功能产品的开发提供了技术基础。只有不断地更新产品，才能提高竞争能力，保持长期、稳定的发展。所以，产品的更新对化工行业，特别是精细化工、制药、日用化工行业等尤为重要，应作为技术改造的核心内容。

2. 技术装备的改装更新

技术装备的改装更新，是用不断出现的先进设备取代落后的设备，提高生产效率，降低能源、原材料的消耗，稳定或提高产品质量。要能够采用先进的装备，必须掌握技术发展的方向，了解最新的技术成果。因此，人员素质的不断更新和提高，是重要的基础条件。结合工艺设备技术改造，对人员进行继续教育和再培训，应引起足够的重视。

3. 生产方法和工艺的改革

生产方法和工艺的改革，是指用新的生产方法或先进的工艺技术路线，取代原有落后的生产方法和工艺。对于不少化工产品的生产，只有采用先进的生产技术路线，才能显著地降

低成本,从根本上减少或消除环境污染,或者能根据市场需求及时调整产品结构,增强竞争能力,保持稳定、可靠的发展。生产方法和工艺的技术改造涉及的工作量较大,与技术装备的改革应配套进行,也是产品更新的重要保证。

4. "三废"的治理和综合利用

废水、废气和废渣是化工过程常见的问题,也是影响企业可持续发展甚至生存的重要因素。所以,治理"三废"污染,减少或消除污染是技术改造的重要内容。对有的企业可能因没能有效地解决这类问题,而被主管部门关闭,或者其产量受到限制。治理污染的方法除了采用新工艺、新装备外,对"三废"的回收和综合利用以及原料的综合利用,也是技术改造的内容之一。

5. 生产环境的改造

生产环境或劳动条件的状况,对劳动者的心理状态和身体健康有很大的影响,从而对产品质量和产量等产生影响。生产环境或劳动条件的改善,是技术改造的一项重要内容。

(六)技术改造的基本原则

企业进行技术改造过程中,应始终围绕提高综合经济效益的基本目标。在技术改造过程中涉及各方面的因素,但综合起来,应注意遵循适应、适时、适度的原则,有计划、有步骤、有重点地进行技术改造。其中包括如下基本原则。

1. 选择先进、适宜的技术

进行技术改造,应结合我国社会经济发展的实际水平,选择适合我国资源条件、科技水平和管理水平,又能产生良好经济效益的先进技术,或者应选择与企业的承受能力相适应的技术。适宜的技术不一定是最尖端、最先进的技术,而是技术上可靠、生产上可行、经济投入合算、社会上合理,并有一定寿命期的一类技术。

2. 选择适当的时机进行技术改造

实施技术改造,应以市场的需要为导向,以技术的发展和产品寿命周期的预测为基础,选择适当时机进行。应注意追踪企业所感兴趣的工艺技术和技术装备的发展状况,适时采用先进而成熟的适用技术。同时,产品寿命周期分为成长期、成熟期和衰退期。应随时关注市场动向,做好市场预测,在产品进入衰退期之前实施技术改造项目,使企业原有产品的市场份额减少之前用新产品取而代之,从而确保企业的可持续发展。

3. 量力而行,有计划地适度进行技术改造

要使技术改造取得最大的综合经济效益,应以国家、本行业或本部门、本地区的技术发展规划为基本依据,对本企业的技术改造进行全面的规划,有重点、有步骤地实施技术改造,做好调查研究,选准重点抓住关键。技术改造的规模,应综合考虑各种因素,使项目效益达到最大。这就需要量力而行,决不能盲目追求规模,应根据企业资金的情况、产品的市场状况,以及原材料、能源供应情况和本企业的人员素质、管理水平等,确定适度的技术改造规模。也应针对技术改造的内容和目的尽可能拟定多个实施方案,对其进行技术经济比较,选择最佳方案,才能使技术改造获得最大的经济效益。

二、技术改造项目的经济效益及其评价的特点和原则

企业技术改造项目选择之后,需要对不同的技术方案进行经济评价。经济评价是项目可行性研究的重要内容,是项目决策的主要依据之一。

技术改造项目是在原来基础上进行的建设,不可避免地与原有的生产和技术有种种的联系。例如如何合理地计算技术改造后的经济效益和成本,涉及合理分摊费用等问题,所以,

在经济评价方面与新建项目相比，有其特点。

1. 技术改造项目的经济效益

技术改造的经济效益，是实现技术改造项目所取得的收益与所发生的费用的比较。所取得的收益包括由于该项技术改造项目实现而产生的扩大品种，提高产品质量，增加产量，提高劳动生产率，节约原材料和能源，降低成本，增加盈利，以及改善劳动条件，减少或消除环境污染和社会消费所得的效益。这包括企业的效益和社会效益。所发生的费用是指为实现该项技术改造项目而支出的一次性费用。这些费用包括技术开发和研究费、设计和试验费、土建费，以及设备的购置和安装费用。但不包括该项技术改造项目实现后在日常生产经营活动中经常发生的费用。

2. 技术改造项目经济评价的特点

技术改造投资是固定资产投资的一种类型，具有基本建设的共同特点，在经济评价的原则和方法上有很多是一致的。但技术改造项目也有其自身的特殊性，决定了其评价的特点。技术改造项目的最突出特点是对项目的收益和费用进行增量计算，从而以增量评价指标判别项目的经济性能。

技术改造项目的收益与费用的计算，可采用两种方法。一是前后对比法，即项目改造前后的两种状态的对比；二是有无对比法，即用动态的分析方法对比有无项目时的状况。

从上述可见，前后对比法与有无对比法有一定的差别和一致之处。对于技术改造项目仅是为了改变现状，如为了提高产品质量，如果不实施该项目其现状就不会改变，这种情况下两种方法的结果是一致的。但在大多数情况下，有无技术改造项目的实现，企业的净收益有明显的不同，衡量技术改造项目经济效益的基本方法就是看其净收益增量的大小。

3. 技术改造项目经济效益评价的原则

（1）全面性原则

① 技术改造的经济效益应包括企业经济效益和社会经济效益两方面。虽然在大多数情况下，企业的经济效益是评价的重点，但如技术改造的实施，涉及社会问题时，例如"三废"的治理、替代进口产品或扩大出口创汇等，该项技术改造的社会效益评价就显得很重要。

② 当技术改造项目涉及外贸、产品价格、原材料价格等因素明显不合理时，要着重进行国民经济评价，以求客观、科学地评价技术改造的效果。

③ 对技术改造项目的经济效益应进行定量和定性两方面的评价，其中包括可用货币值表示的效益以及不能用货币值表示的效益等。

（2）统一性原则

① 对于技术改造项目的经济收益，应以新增收益来计算。如果新增收益与企业原有收益难以明确划分，应用企业技术改造后的全部投资和全部收益进行经济效益计算。

② 在对技术改造项目进行经济效益评价时，应遵循收益与费用的计算方式一致的原则。应将项目的实际收益和实际投资进行比较，避免将该项目投资引起的收益计入项目的技术改造收益。

（3）相关性原则　对于技术改造项目收益的计算范围，一般只计算直接收益，而不计算二次或多次相关收益，即应遵循一次相关性原则。

三、技术改造项目经济效益评价的计算

技术改造的基本目的是全面提高社会综合经济效益，因而，其经济效益的评价应采用一套综合的指标体系，即基本指标体系和辅助指标体系。

1. 基本指标体系

基本指标体系是每一项技术改造项目需采用的，在技术改造决策时起很重要的作用。该指标体系包括三个最重要的指标，其含义和计算方法在前述有关章节均有介绍。

（1）投资回收期　技术改造项目的投资回收期应短于标准投资回收期，该项目才可行。技术改造项目的标准投资回收期因行业、生产性质和技术特点而异，由国家有关部门确定。一般可参考新建项目的行业或部门平均投资回收期。

（2）投资收益率　技术改造项目的投资收益率应高于或等于标准投资收益率，其指标越高越好。通常标准投资收益率可参考行业的平均投资收益率，或者使技术改造项目投资收益率高于银行贷款利率。

（3）贷款偿还期　当技术改造投资是利用贷款或部分投资利用贷款时，应计算贷款偿还期。该偿还期应比出贷方要求的偿还年限短，越短越好。

2. 辅助指标体系

辅助指标体系是根据技术改造的具体情况而选用的指标，在技术改造决策时起参考作用。辅助指标体系中通常采用的有如下几个指标。

（1）技术改造后增加品种、提高产量的收益　这种收益可用增加的总产值计算：

$$S = \sum_{i=1}^{n} Q_i p_i - S_0 \tag{8-1}$$

式中，S 为技术改造后增加的总产值（销售收入或利润）；Q_i 为第 i 种产品的年产量或销售量；p_i 为第 i 种产品的不变价格或单位利润；S_0 为技术改造前的实际总产值（销售收入或利润）；n 为产品种类数。

（2）技术改造后提高劳动生产率、节约劳动力和工时的收益　如果技术改造前后产品品种相同，则收益为：

$$R = \left(\frac{q_1}{q_0} - 1\right) \times 100\% = \left(\frac{h_0}{h_1} - 1\right) \times 100\% \tag{8-2}$$

式中，R 为技术改造后劳动生产率提高的百分率；q_0 为技术改造前的产量定额；q_1 为技术改造后的产量定额；h_0 为技术改造前的工时定额；h_1 为技术改造后的工时定额。

如果技术改造前后产品品种不同，则收益为：

$$R = \left(\frac{S_1/N_1}{R_0} - 1\right) \times 100\% \tag{8-3}$$

式中，S_1 为技术改造后的总产值；N_1 为技术改造后的平均职工人数；R_0 为技术改造前的劳动生产率。

对于劳动力和工时的节约，由于技术改造前后的产量和产值不同，应以相对节约量计算：

$$M = N_0(1 + \Delta S) - N_1 \tag{8-4}$$

式中，M 为技术改造后劳动力或工时相对节约量；N_0 为技术改造前所用工人数；N_1 为技术改造后所用工人数；ΔS 为技术改造后产值增加的百分率。

（3）技术改造后提高产品质量和减少废品带来的节约收益

$$G = \left(\frac{r_0}{1-r_0} - \frac{r_1}{1-r_1}\right)(c' - w) \tag{8-5}$$

式中，G 为产品合格率提高带来的单位产品节约额；r_0 为技术改造前的废品数；r_1 为技术改造后的废品数；c' 为单位废品平均成本；w 为单位废品回收价值。

对于产品合格率提高所带来的年节约额 A 可如下计算：

$$A = Q_1 G \tag{8-6}$$

式中，Q_1 为技术改造后年合格品产量。

（4）技术改造后节约原材料、能源、工具及其他物资的收益

$$K = \left(\frac{E_0}{E_1} - 1\right) \times 100\% \tag{8-7}$$

式中，K 为技术改造后，单位产品原材料和能源的消耗降低率；E_0 为技术改造前原材料和能源的消耗定额；E_1 为技术改造后原材料和能源的消耗定额。

以绝对量表示为：

$$V = E_0 P_0 - E_1 P_1 \tag{8-8}$$

式中，V 为技术改造后单位产品原材料和能源节约金额；P_0 为技术改造前所用原材料和能源单价；P_1 为技术改造后所用原材料和能源单价。

（5）技术改造后降低成本的收益

$$C_R = \left(1 - \frac{C_1}{C_0}\right) \times 100\% \tag{8-9}$$

式中，C_R 为技术改造后可比产品成本降低率；C_1 为技术改造后预计单位产品成本；C_0 为技术改造前单位产品成本。

上述五项辅助指标尚不能涵盖所有的情况，应根据具体情况增加或减少一些指标。

3. 技术改造项目的社会经济效益

技术改造经济效益的评价，除上述企业经济效益外，还应包括社会经济效益评价。技术改造项目的社会经济效益评价包括如下内容。

（1）替代进口产品，节约国家外汇支出　研制出新的产品，使国家减少或停止同类产品的进口，减少了外汇支出。尽管这些外汇节约额不是企业的实际收入，通常不计入企业效益中，但属于技术改造项目的社会经济效益。

（2）产品进入国际市场，为国家多创外汇　产品竞争能力增加，销售进入国际市场或扩大国际市场的份额，增强了国家的创汇能力，取得更多的外汇收入，这也是社会经济效益的重要内容。

（3）产品生产的消耗降低，原材料和能源利用率提高　技术改造后生产消耗降低，提高了原材料的利用率，节约了能源，这不仅具有企业经济效益，也具有社会经济效益。

（4）产品质量改善，使用成本降低，使用寿命延长　通过技术改造，改善产品质量，降低了维护和使用费用，延长产品使用寿命。在产品价格基本不变或略有提高的情况下，为产品的使用者带来新增的经济效益，也提高了企业的信誉。

（5）减少环境污染，提高废旧物质综合利用率　减少或消除生产对环境的污染，改善了生活环境，有利于大众的健康，给社会创造收益。同时，也有利于企业的可持续发展。

（6）改善劳动生产条件，有利于劳动者的健康　技术改造使劳动条件和劳动强度改善，使劳动者能在更为适宜的环境中工作，有利于提高工作效率，也能有利于劳动者的身体健康和心理健康，既带来企业的经济效益，也带来积极的社会经济效益。

（7）增加产品品种，更好地满足社会的需求　通过技术改造，增加产品品种、花色和规格，不仅提高企业自身的市场竞争力，也能更好地满足用户需要，适应社会经济发展的需求，给相关企业和社会带来了经济效益。

（8）推广新技术，促进行业技术进步　采用新技术、新工艺和新设备，给本企业带来良好经济效益的同时，也作为推广新技术的示范，促进同类企业进行技术改造，从而有利于行业技术进步。

以上八个方面，并不是每一项技术改造项目都要涉及的，在评价其社会经济效益时，应根据项目的具体情况进行选取。

第二节　设备更新及其决策

一、设备更新概述

1. 设备更新的概念

设备更新是指对在技术上或经济上不宜继续使用的设备，用新的、比较先进的设备进行更换，或用先进的技术进行改造。设备更新和技术改造有密切的联系，它是技术改造的主要内容，当技术改造是以生产设备的更新改造为基本内容时，两者就趋于一致。但一般来说，技术改造的含义比设备更新更加广泛，设备更新可以认为是技术改造的一类形式。

2. 设备更新的意义

设备是企业进行现代化生产的重要物质和技术基础，其先进性是衡量一个国家或企业生产技术水平的重要标志。就实物形态而言，设备更新是用新的设备代替原来旧的设备；就价值形态而言，它使原有设备在运转中消耗掉的价值在设备更新中重新获得补偿。

一个国家、一个企业发展的过程，也就是其自身不断更新的过程。这种自身更新的明显标志之一就是技术装备即设备的更新。所以，设备更新具有重要的意义。

(1) 设备更新是有效提高我国生产技术水平的重要途径　经过几十年的建设，我国已具备较为完整的工业体系和较好的工业基础。但同时也应看到，不少企业的设备仍较为落后，产品老化，已成为制约其继续发展和生存的重要问题。采用设备更新的方式，对老企业进行改造，投资少、见效快，是一条有效的途径。通过设备更新注入现代科学技术的新鲜血液，提高我国的生产技术水平，是推动我国经济继续高速发展的重要条件。

(2) 设备更新是提高工业企业经济效益的重要手段　设备和技术是工业生产的物质基础，是衡量生产技术水平的重要标志，从而决定劳动生产率和经济效益的高低。利用原来基础，适时、适度地进行设备更新，投资省、收益大，可以取得比新建项目更佳的经济效益，是提高我国工业企业经济效益有效的手段之一。但工业企业的设备更新是一动态过程，影响设备更新的因素也较多。适时的设备更新，比较和选择最宜更新方式，为更新决策提供依据，才能取得最大经济效益。

(3) 设备更新是我国经济继续发展的物质基础　由于技术装备是现代工业生产的重要物质和技术基础，经济的发展要求必须不断进行设备更新，增强发展的实力，为社会经济的快速发展提供重要的物质和技术保障。第一次世界大战前英国和法国曾是发展最早的国家，但由于背上旧设备的沉重包袱，过分依赖已经陈旧但仍可使用的设备和技术，不愿投入现代化更新所需的巨额资金，其结果是生产停滞不前。而同一时期的美国、德国则积极采用新技术、新工艺和新设备，结果只用几十年时间就赶超英国和法国。第二次世界大战以后，日本将国民收入的大部分用作改善和更新设备的投资，从而使工业获得迅猛的发展。发达国家的经济发展过程证明，要保障工业快速的发展，必须进行设备的更新。

二、设备磨损和设备寿命

通常设备在使用过程中会逐渐发生磨损，使其技术经济性能相应降低，设备逐渐陈旧，称为设备的磨损。实际上，即使是闲置未用的设备，也往往会因锈蚀、老化而变得陈旧或发生磨损。要使设备更好地发挥作用，就需要研究和掌握设备的磨损规律，才能适当地对设备进行价值和性能的补偿，正确地制订更新决策。

设备的磨损通常有两种方式，各有其特点。

（一）设备的有形磨损

设备使用过程中，由于机械的磨损、振动和疲劳，以及热应力和化学腐蚀等，造成设备实体上发生变形、损耗或破坏，称为有形磨损或物质磨损。磨损与使用的时间和使用的强度有关，磨损的结果会使设备的精度、性能降低，生产率下降，能耗增加。严重的磨损甚至会造成事故或导致设备报废等，这类有形磨损称为机械磨损。

对于闲置未用的设备，由于自然力的作用和环境的化学腐蚀，也会造成设备的老化、腐蚀、锈蚀等损耗，从而形成对设备的有形磨损。此类有形磨损称为自然磨损。注意设备的维护和保养，可以减少或延缓磨损，但不能避免有形磨损。

有形磨损具有一定规律，图 8-1 显示了有形磨损的三个阶段。

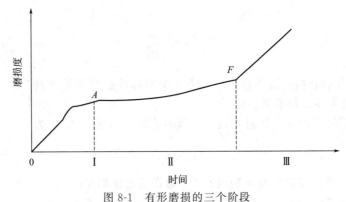

图 8-1 有形磨损的三个阶段

Ⅰ．初期磨损阶段　这一阶段时间很短，零部件表面粗糙不平的部分在相对运动中被很快磨去，磨损量很大；

Ⅱ．正常磨损阶段　这一阶段将维持一段时间，零部件的磨损趋于缓慢，基本上随时间而匀速缓慢增加；

Ⅲ．剧烈磨损阶段　这一阶段，零部件磨损超过一定限度，正常磨损关系被破坏，工作情况恶化而零部件磨损量迅速增大，设备的精度、性能和成品率都会迅速下降。

注意设备的维护和保养，可以减少或延缓磨损，但不能避免有形磨损。有形磨损通常可以进行修理，如更换零部件、采取加固措施等方法，可消除部分磨损，但不能使它恢复到与新设备一样的状况。

（二）设备的无形磨损

设备磨损的另一种形式叫作无形磨损。有形磨损反映了设备技术性能的下降，而无形磨损则反映了设备经济价值的降低。通常，在设备受到有形磨损的同时，也有无形磨损。无形磨损根据发生的原因，也可分为两种。

第一种是由于科学技术的进步、管理水平的提高，使生产同样设备的社会平均必要劳动消耗降低，例如，成本降低，从而使原有设备贬值。但是，设备本身的技术特性和功能或其使用价值并未降低。

第二种是由于出现了结构更新颖、技术性能更完善、具有更高生产率和经济性的设备，使原有设备显得性能落后、技术陈旧、技术经济指标较差，从而使用价值和经济价值相对降低。如果继续使用原设备,将会降低生产的经济效益,就应该用性能更好的设备取代原有设备,即设备的更换或现代化改装。

(三) 设备磨损的度量

化工设备与一般的机械设备不同,常常是在高温、高压或者低温、真空等条件下工作,而且还受到许多介质的侵蚀。设备的有形磨损除了因摩擦造成磨损外,还因在高温、高压等条件下发生疲劳和腐蚀,造成有形磨损。因此,设备有形磨损的度量应根据摩擦、疲劳和腐蚀的状况进行综合的研究。此外,化工设备大都是装置性的设备,配套要求严格。因而,它的无形磨损也应该从整套装置的技术经济性能进行系统分析,才能为设备的更新决策提供正确的依据。

1. 有形磨损的度量

对于整套装置或整机,其平均磨损程度可用有形磨损系数来表示:

$$\alpha_p = \frac{\sum_{i=1}^{n} \alpha_i K_i}{\sum_{i=1}^{n} K_i} \tag{8-10}$$

式中,α_p 为设备有形磨损程度系数;α_i 为第 i 个零部件的磨损程度系数;K_i 为第 i 个零部件的价值;n 为磨损零部件总数。

也有的建议,对于没有大修过的设备,其有形磨损程度系数 α_i 为:

$$\alpha_i = \frac{T_m}{T} \tag{8-11}$$

式中,T 为按有形磨损规定的服务期限;T_m 为设备已使用年限。

对于不同类型的设备,其有形磨损的损失量不尽相同。例如,离心泵的有形磨损损失量常用扬程下降的程度或流量减少的程度来度量。但是,料液贮槽的四壁由于受腐蚀和疲劳的影响,强度降低,因而度量有形磨损的程度是强度指标。

为了使度量指标有一致性,通常可采用经济度量指标来度量,即

$$\alpha_p = \frac{R}{K_1} \tag{8-12}$$

式中,R 为修复全部磨损零部件的修理费用;K_1 为在确定设备磨损程度时,该种设备的再生产价值。

从经济理论上分析,设备有形磨损程度指标 α_p 不能大于1,即 $\alpha_p \leqslant 1$。

2. 设备无形磨损的度量

无形磨损程度可用由于技术进步而降低的价值与设备的原始价值之比来表示。其公式为:

$$\alpha_1 = \frac{K_0 - K_1}{K_0} = 1 - \frac{K_1}{K_0} \tag{8-13}$$

式中,α_1 为无形磨损程度系数;K_0 为设备原始价值;K_1 为考虑到两种无形磨损时,设备的再生产价值。

K_1 可由下式计算出来:

$$K_1 = K_n \left(\frac{q_0}{q_n}\right)^\gamma \left(\frac{C_n}{C_0}\right)^\beta \tag{8-14}$$

式中,K_n 为新设备的价值;q_0 为相应旧设备的年生产能力;q_n 为相应新设备的年生产能

力；C_0 为相应旧设备的单位产品耗费；C_n 为相应新设备的单位产品耗费；γ 为生产能力提高系数；β 为生产成本降低系数。

γ 和 β 的取值范围为 $0 \sim 1$，实际取值大小可以通过研究相似设备的有关数据得到。

3. 设备综合磨损的度量

设备的有形磨损和无形磨损往往是同时发生的，故需要对设备的综合磨损状况进行度量。设备综合磨损可用下式度量：

$$\alpha = 1 - (1 - \alpha_p)(1 - \alpha_1) \tag{8-15}$$

在式(8-15)中，$(1 - \alpha_p)$ 反映了设备发生有形磨损后的残余价值；$(1 - \alpha_1)$ 则反映了设备发生无形磨损后的残余价值。因而，两种磨损同时发生后的残余价值是 $(1 - \alpha_p)(1 - \alpha_1)$。式中的 α 表示设备综合磨损程度。

由上述分析，可得设备发生综合磨损后的净值为：

$$K = \{1 - [1 - (1 - \alpha_p)(1 - \alpha_1)]\} K_0$$

将式(8-12) 和式(8-13) 代入上式，得：

$$K = \left(1 - \frac{R}{K_1}\right)\left(1 - \frac{K_0 - K_1}{K_0}\right) K_0 = K_1 - R \tag{8-16}$$

（四）设备寿命

由于磨损，设备使用价值和经济价值逐渐消逝，因而设备就像生物一样具有一定的寿命，或称使用年限。根据对设备使用年限的不同考虑角度，可将设备寿命划分为如下几个范畴。

（1）自然寿命或物理寿命　设备自然寿命或物理寿命是设备从开始使用，直到不能工作而报废的时间。物理寿命主要取决于设备抵抗有形磨损的能力，而与无形磨损无关。良好的维护保养和适时维修，可以延长其物理寿命。

（2）技术寿命　技术寿命是指设备从开始使用到被技术上较先进的新设备所取代的时间。技术寿命主要取决于第二种无形磨损的影响，而与有形磨损无关。科学技术发展越迅速，技术寿命越短。有的设备可通过技术改造延长其技术寿命。

（3）经济寿命　是指设备从开始使用到因磨损而继续使用经济性降低所经历的时间，或年均经济性最高的使用期限。经济寿命既考虑了有形磨损，又考虑了无形磨损，是设备的最佳或最经济使用期限，合理的更换方案应以它为基础。

（4）折旧寿命　折旧寿命是为设备折旧而规定的设备使用时间，折旧寿命在西方又称为纳税寿命或会计寿命，因折旧对纳税有影响，折旧寿命由财税部门规定。我国的折旧寿命通常由国家主管部门规定。

三、设备寿命的计算

（一）经济寿命计算原理

如前所述，设备的经济寿命是继续使用到已不再经济的年限，也就是应予以更新的年限。设备更新有大修理、设备更换和现代化改装三种方式，对于某一设备用什么方式更新，在什么时间更新最适宜等问题，都必须以设备的经济寿命为基本依据，作出适时更新的决策。

根据经济寿命的概念可知，经济寿命是从经济的角度考察设备使用的合理时间界限。为此，计算设备的经济寿命必须从考察设备使用过程中所发生的收益和费用情况入手，了解其变化规律。

设备在使用过程中，从经济上看，一方面随着使用时间的延长，设备的磨损程度逐渐增大，造成设备的技术性能也逐渐劣化，效率降低，维修量加大，平均年运行费用逐渐增大，从而使平均年收益逐渐减少。另一方面，随着时间的延长，设备投资分摊到每年的数额，即平均折旧额减少。可见，年平均维持费和年平均折旧费对平均年净收益有着不同的影响，并随着设备使用时间的延长发生相应的变化。如图 8-2 所示。

年均净收益曲线是年均收益曲线与年均折旧费曲线之差，故是一条上凸的曲线，存在着极大值。极大值所对应的设备使用年限 n_{opt}，即是设备的经济寿命。它表明，当设备的使用年限等于设备的经济寿命时，设备产生的年均净收益最大；而超过经济寿命，由于年均净收益下降，就可考虑设备的更新或更换。此外，如果设备的使用年限不到设备的经济寿命，由于平均分摊到各年的折旧费用增大，致使设备的年均净收益受到不利的影响，这时，更换设备也可能是不合适的。

为了计算设备的经济寿命，我们也可以从设备的平均年总成本的变化来考察。在图 8-3 中，年均总成本曲线是年均折旧费曲线和年均维持费曲线之和，是一条下凹的曲线，有极小值存在。该极小值所对应的设备使用年限 n_{opt}，也即设备的经济寿命。

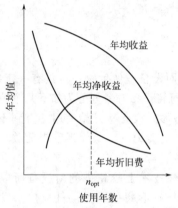

图 8-2　年均净收益的变化示意图

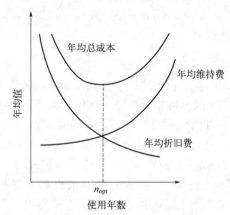

图 8-3　年均总成本的变化示意图

从上述分析可知，年均净收益和年均总成本都随着设备使用年限而变化，且有极大值或极小值存在。只要求出极大值或极小值所对应的年限，即可知道设备的经济寿命。

（二）经济寿命计算方法

1. 年均费用法

该方法是将设备的维持费、折旧费逐年列出，计算出各年的总费用，以及到某年为止的年平均费用。最小年平均费用所对应的年限即为设备的经济寿命。

在不考虑资金的时间因素时，计算公式为：

$$\mathrm{AC}_t = \frac{\sum_{t=1}^{n} C_t + D_t}{t} \tag{8-17}$$

式中，AC_t 为设备使用 t 年条件下的年均费用；C_t 为设备第 t 年的维持费；D_t 为设备使用至第 t 年的累计折旧费。

如果考虑资金的时间因素，计算公式为：

$$\mathrm{AC}_t = \left[I_0 - S_t(P/F, i, t) + \sum_{t=1}^{n} C_t(P/F, i, t) \right] (A/P, i, t) \tag{8-18}$$

式中，I_0 为设备原值；S_t 为第 t 年时设备的残值。

由上述公式计算出设备使用到不同年限时的年均费用 AC_t，其中最小 AC_t 所对应的年限就是设备的经济寿命。

【例 8-1】 设某设备原值 10000 元，各年的维持费及各年底的设备残值列于表 8-1 中。试分别考虑资金的时间因素和不考虑资金的时间因素，计算该设备的经济寿命。

表 8-1 例 8-1 的已知数据

使用年数 t	1	2	3	4	5	6	7
年维持费 C_t/元	1250	1560	2180	2800	3450	4500	5630
年末残值 S_t/元	6300	4000	3000	2200	1500	940	620

解 （1）不考虑资金的时间因素

在不考虑资金的时间因素时，可应用式(8-17)

$$AC_t = \frac{\sum_{t=1}^{n} C_t + D_t}{t}$$

式中的 $D_t = I_0 - S_t$，所以，各年的年均费用计算如下。

第一年

$$AC_1 = \frac{C_1 + (I_0 - S_1)}{1} = \frac{1250 + (10000 - 6300)}{1} = 4950(元)$$

第二年

$$AC_2 = \frac{C_1 + C_2 + (I_0 - S_2)}{2} = \frac{1250 + 1560 + (10000 - 4000)}{2} = 4405(元)$$

第三年

$$AC_3 = \frac{C_1 + C_2 + C_3 + (I_0 - S_3)}{3} = \frac{1250 + 1560 + 2180 + (10000 - 3000)}{3} = 3997(元)$$

其余各年用同样的方法计算出年均费用，列于表 8-2。

表 8-2 例 8-1 计算结果（一）

使用年数 t	1	2	3	4	5	6	7
年均费用 C_t/元	4950	4405	3997	3898	3948	4133	4391

从表 8-2 可见，第 4 年时的年均费用 AC_t 最小，故该设备的经济寿命是 4 年。

（2）考虑资金的时间因素

设基准收益率为 10%。此条件下，应用式(8-18)，各年的年均费用计算如下。

第一年

$$AC_1 = [I_0 - S_1(P/F, 10\%, 1) + C_1(P/F, 10\%, 1)](A/P, 10\%, 1)$$
$$= [10000 - 6300 \times 0.9091 + 1250 \times 0.9091] \times 1.100$$
$$= 5950(元)$$

第二年

$$AC_2 = [I_0 - S_2(P/F, 10\%, 2) + C_1(P/F, 10\%, 1) + C_2(P/F, 10\%, 2)](A/P, 10\%, 2)$$
$$= [10000 - 4000 \times 0.8265 + 1250 \times 0.9091 + 1560 \times 0.8265] \times 0.5762$$
$$= 5255(元)$$

其余各年的计算过程和结果列于表 8-3。从表 8-3 中可看出，第 5 年的年均费用 AC_t 最小，所以，经济寿命是 5 年。

表 8-3 例 8-1 计算结果（二）

使用年数 t	现值因子 $(P/F,10\%,t)$	$\sum C_t(P/F,10\%,t)$ /元	$S_t(P/F,10\%,t)$ /元	年值因子 $(A/P,10\%,t)$	年均费用 AC_t /元
1	0.9091	1136	5727	1.100	5950
2	0.8265	2426	3306	0.5762	5255
3	0.7523	4066	2257	0.4021	4748
4	0.6830	5978	1503	0.3155	4567
5	0.6209	8120	931	0.2638	4534
6	0.5645	10660	531	0.2296	4622
7	0.5132	13549	323	0.2054	4771

2. 低劣化数值法

随着设备使用时间延长，设备磨损程度增大，使设备维持费用增加，称为设备的低劣化。前述方法需要较准确地估计因设备低劣化造成的逐年的各项费用，这往往又比较困难，而且计算过程也比较烦琐。为了简单起见，可假定每年的设备劣化程度增加量是均等的，即维持费用呈线性增长。设每年的增加额为 λ，第 t 年的增加值为 $t\lambda$，而 t 年内的平均值则为：

$$\frac{\lambda+2\lambda+\cdots+t\lambda}{t}=\frac{t+1}{2}\lambda \tag{8-19}$$

设备的年均总费用则为：

$$AC_t=\frac{t+1}{2}\lambda+\frac{I_0-S}{t} \tag{8-20}$$

根据经济寿命的概念，使 AC_t 最小的年份就是设备的经济寿命 T_{opt}。可对 AC_t 进行微分，并令：

$$\frac{dAC_t}{dt}=0$$

则得

$$T_{opt}=\sqrt{\frac{2(I_0-S)}{\lambda}} \tag{8-21}$$

相应的最低年均费用为：

$$AC_{min}=\frac{T_{opt}+1}{2}\lambda+\frac{I_0-S}{T_{opt}} \tag{8-22}$$

【例 8-2】 在例 8-1 中，各年维持费用累计为 21370 元，利用式(8-19)可估算出年低劣化值 $\lambda=763$ 元。试用低劣化数值法，求设备的经济寿命和最低年平均总费用。

解 将有关数据代入式(8-21)中，可得该设备经济寿命为

$$T_{opt}=\sqrt{\frac{2(I_0-S)}{\lambda}}=\sqrt{\frac{2\times(10000-620)}{763}}=5.0(年)$$

根据式(8-22)，可求出相应的最低年平均费用为：

$$AC_{min}=\frac{T_{opt}+1}{2}\lambda+\frac{I_0-S}{T_{opt}}$$

$$=\frac{5+1}{2}\times 763+\frac{10000-620}{5}=4165（元）$$

计算结果与例 8-1 用年均费用法计算出的结果近似。

（三）现有设备的剩余经济寿命

上述介绍的方法为确定设备的经济寿命或最优更新年限提供了重要的手段，能够在最适宜的时间内更新设备。利用上述方法，不仅可确定新设备的经济寿命，对现有设备的剩余经济寿命也可以确定，以利于把握适宜的更新时机。

现有设备剩余经济寿命的计算原则和方法与新设备是一样的。可以将现有设备也看作为一台新设备。只是需将现有设备的残值看作是假想的新设备的原值，便可利用上述方法之一来计算剩余经济寿命。

【例 8-3】 设例 8-1 中的设备已使用了两年，现在尚值 4000 元，最终残值仍为 620 元。假定该设备年低劣化数值与例 8-2 中相同，即 $\lambda=763$ 元。求该设备的剩余经济寿命。

解 因 $I_0=4000$ 元，$S_t=620$ 元，代入式(8-21) 得：

$$T_{opt}=\sqrt{\frac{2(I_0-S)}{\lambda}}=\sqrt{\frac{2\times(4000-620)}{763}}=3(年)$$

从例 8-2 或例 8-3 可知，若是新设备，经济寿命应为 5 年。但本例假设已用了两年，故剩余经济寿命为 $5-2=3$（年）。

四、设备更新方案的评价与决策

设备更新可以解决设备损坏问题，也可以解决设备技术落后、浪费能源和环境污染等问题，是维护和扩大社会再生产的必要条件。更新旧设备的原因并非因为设备的损坏，实际上，由于经济或运营环境的改变，常常促使企业淘汰一些实质上并不陈旧的设备。

一般而言，淘汰旧设备的主要原因包括：

① 现有设备已无法满足目前或预期对于产品数量和质量的需求。

② 新式设备出现，可使得生产作业较原有设备效率更高，或者有较低的作业成本或维护成本。

③ 现有设备由于一次意外或长期使用而损坏。

④ 设备的功能落后，例如消费者已不需要该设备所生产的产品。

对于一台或一套受到磨损的设备，采用何种方式补偿最合理，需要结合具体设备的特点，进行全面的技术经济评价，从而为更新决策提供依据。所以，设备更新也是一个项目技术经济评价问题，因而，具有一般投资项目评价的特点。

但化工企业的设备更新是一动态过程，影响设备更新的因素也较多。适时进行设备更新，比较和选择最宜更新方式，为更新决策提供依据，才能取得最大的经济效益。

（一）设备更新的方式

设备更新的目的是补偿设备的磨损。由于发生了设备的磨损，引起设备使用价值和价值的下降，应采取措施对设备的磨损进行补偿。由于设备磨损的形式和程度不同，补偿的方式和方法也相应不一样。

补偿的方式通常有大修理、设备更换和现代化改装三种方式。大修理和现代化改装是部分补偿，更换则可以实现完全的补偿。狭义地讲，更换有时又可称为更新，但广义地讲，更新包括大修理、设备更换和现代化改装。本书中的更新均是指广义的概念。

1. 大修理

大修理是化工设备在使用后，为了恢复其原有的功能和生产效率而进行的全面修理。它是通过调整、修复或更换磨损的零部件的方法，使设备的性能完全或基本恢复到原有的水平。

大修理是对设备有形磨损的补偿，只对磨损的零部件进行修复或更换，另外一些没有磨损或磨损不大的零部件继续使用。所以，大修理的费用通常小于设备更换的费用，具有经济性。但由于大修理只是对有形磨损的补偿，或是对设备综合磨损的部分补偿，长期用修理的方式来维持设备的寿命，是不合理的，因为它会严重地阻碍技术进步；其次，对技术上已渐显陈旧的设备多次修理，在经济上是不合算的；另外，长期大修并不能总能保持设备原有的性能，而且修理的成本将不断上升。因此，对已不适合修理的设备应进行设备的更换或现代化改装。

2. 设备更换

设备更换就是用相同用途的新设备替换老设备。更换通常有两种方式。

一是原型更换，即用结构相同的新设备替换已遭受严重物理磨损而不能继续使用的旧设备。这种更换主要是完全补偿设备的有形磨损，没有技术进步的作用。

二是技术更新，也就是以结构更先进、技术更完善、性能更好、效率更高的新型设备，替换技术上落后、受到第二种无形磨损、在经济上不宜继续使用的设备。随着技术进步的加快，新型设备从构思、研制、设计和成批生产的周期不断缩短，现有设备的技术寿命相应地也缩短。例如，在先进的工业化国家，第二次世界大战前，需要 40 年左右；第二次世界大战后到 20 世纪 60 年代中期，缩短到 20 年；70 年代，又缩短到 10 年，有的甚至仅 5 年。所以，设备的更换主要以第二种更换方式为主。

新中国成立初期，我国的化工基础很弱，主要的投资是用于增加设备拥有量，扩大设备的总体规模。经过几十年的努力，已具有相当的总体规模，但每年用于技术改造和更新的费用不足，使设备的技术更新速度明显落后于设备规模的扩大。在不少发达的工业化国家，他们的增产主要依靠现有企业的技术改造和设备更换。这值得我们借鉴。

3. 现代化改装

大修和更换是设备磨损补偿或设备更新的两种方式，但前者对设备磨损的补偿是有限的，而后者的实施也涉及两个问题：一是国家能否及时提供化工行业更换所需的新设备；二是旧设备一律更换是否最合算，或企业是否有足够的能力支付设备更换所需的资金。因此，前述两种方式都具有各自的局限性。另一种既能补偿有形磨损，又能补偿无形磨损的设备更新方式，就是现代化改装。

现代化改装是指应用现代的技术成果，适应生产的具体需要，局部改变现有设备的结构，给设备换上新部件、新装置、新附件，改善现有设备的技术性能，使之部分或全部达到新型设备的性能水平。现代化改装具有很强的针对性和适用性。经过现代化改装的设备更能适应生产的具体条件。在某些情况下，其适应的程度甚至可以超过新设备。

由于改装是以原有设备为基础，原有设备的不少零部件都可继续使用，因而，所需费用一般都比用新设备更换要少，经济效益比较好。正是由于现代化改装具有技术上和经济上的优越性，所以，它是对现有化工企业进行技术改造、提高生产效率的有效措施。它特别对资金不足的老企业尽快改变技术装备落后的状况有重要作用。

（二）设备更新的时机

设备更新的时机选择，与经济效益密切相关。选择最佳更新时机，是取得最大经济效益的必要条件。设备更新时机的选择，常用以下几种方法。

1. 根据设备的经济寿命来确定

当设备使用至经济寿命时，若继续使用，年均经济效益降低，经济上已不再最合算，因而，选择设备经济寿命的年限为最佳更新时机，这是最常用的设备更新时机选择方法，有关设备经济寿命的确定，已在前面介绍。

2. 根据寿命期内总使用费最低来确定

在有的情况下，如果已知设备需要服务年限，正在使用设备和拟更新设备的使用寿命及费用，应根据两设备在需要服务期内总使用费最小的原则，确定设备更新的时机，其结果可能与设备的经济寿命不一致。

设现用设备需要服务年限为 N，正使用的设备已使用年限为 t，如果现在进行更新，则新设备的使用年限为 $N-t$。可见，正使用的设备已使用的年限越长，则更新设备使用年限越短。

正在使用设备使用了 t 年的总使用费用可如下计算：

$$C_{0t}=K_0-K_{et}+\sum_{i=1}^{t}C_{pi} \tag{8-23}$$

式中，C_{0t} 为现用设备使用 t 年的总费用；K_0 为现用设备原值；K_{et} 为现用设备在 t 年末的残值；C_{pi} 为现用设备在第 i 年的维持费。

拟用的更新设备在使用 $N-t$ 年的总费用为：

$$C'_{0(N-t)}=K'_0-K'_{e(N-t)}+\sum_{i=1}^{N-t}C'_{pi} \tag{8-24}$$

式中，$C'_{0(N-t)}$ 为新设备使用 t 年的总费用；K'_0 为新设备原值；$K'_{e(N-t)}$ 为新设备在 $N-t$ 年末的残值；C'_{pi} 为新设备在第 i 年的维持费。

两设备在需要服务年限内的总使用费为：

$$C=C_{0t}+C'_{0(N-t)} \tag{8-25}$$

使总费用 C 达到最小 $C_{\min}$ 所对应的 t 值就是设备更新的时机。

式(8-23)~式(8-25) 没有考虑资金的时间价值。若要考虑时间价值，则总费用 C 应如下计算：

$$C=\left[K_0-K_{et}\times\frac{1}{(1+i)^t}+\sum_{j=1}^{t}C_{pj}\times\frac{1}{(1+i)^j}\right]+\\\left[K'_0-K'_{e(N-t)}\times\frac{1}{(1+i)^{N-t}}+\sum_{j=1}^{N-t}C'_{pj}\times\frac{1}{(1+i)^j}\right]\times\frac{1}{(1+i)^t} \tag{8-26}$$

【例 8-4】 设某设备原值为 8000 元，使用寿命 5 年，各年的残值及年维持费见表 8-4。又已知拟用的新设备价值 17000 元，使用寿命为 6 年，各年的残值及年维持费见表 8-4。若需服务年限为 6 年。现设备已用 2 年，其寿命小于设备需要的服务年限 6 年。拟用效率为原设备两倍的新设备去替换现有设备，试决定何时实施为佳。

表 8-4 原设备和新设备各年的残值及年维持费

使用年限/年		1	2	3	4	5	6
现用设备	年维持费/元	1000	1200	1400	1800	2350	—
	年末残值/元	5500	4500	4000	3200	1500	—
新设备	年维持费/元	1000	1300	1800	2300	3000	4000
	年末残值/元	10000	8000	6000	4000	3000	2000

解 由于现用设备已使用了 2 年，则更新时机有四种，即现有设备与新设备更新组合使用有四种可能。根据总费用计算式(8-23)~式(8-25)，这四种组合使用情况下的总费用列于表 8-5 中。

表 8-5　新、旧设备更新组合的费用计算

组合方式	现设备使用年限 t/a	现设备 t 年内总使用费用 C_{0t}/元	新设备使用年限 $(N-t)$/a	新设备 $N-t$ 年内总使用费用 $0.5\times C'_{0(N-t)}$/元	N 年内两设备总使用费用 $[C=C_{0t}+0.5\times C'_{0(N-t)}]$/元
A	2	5700	4	9700	15400
B	3	7600	3	7550	15150
C	4	10200	2	5600	15800
D	5	14250	1	4000	18250

在新设备 $N-t$ 年内总使用费用计算中 $C_{0(N-t)}$ 前乘以系数 0.5，是因为新设备是现用设备效率的两倍。乘以此系数使新设备与现用设备的效率折算为一致。从表 8-5 可见，组合方式 B 的总费用最低，即应在现有设备使用 3 年后用新设备适时更新，然后新设备再使用 3 年。

3. 根据市场需求和技术发展来确定

在科学技术更加快速发展的时代，一些行业或一些类别的设备更新速度加快。在这种形势下，某些设备虽然暂时能创造较高的经济效益，尚未达到设备的经济寿命，但在技术上将很快变得落后。为始终保持在本行业技术方面的先进性，具有很强的市场竞争力，选择适当时机更新设备，此时的淘汰设备仍可能有较高的残值。从这种时间-效益-市场的考虑，迫使企业应更新其设备。

（三）设备更新方案的评价与选择

化工生产过程通常是由若干台设备或几套单元操作装置构成，一台或一套单元操作设备仅仅是整个生产过程中的一个环节，设备更新不仅对所在环节产生效果，也将对整个生产系统产生效果。所以，在对具体的设备更新进行评价时，既要考虑更新设备本身的投入与效益，即局部评价，也要评价该设备更新对整个生产系统投入与效益的影响，即系统评价。

1. 局部评价

根据前述的讨论，对于设备的更新，有以下 5 种方案可供选择。

(1) 旧设备原封不动继续使用；
(2) 旧设备大修理；
(3) 现代化改装；
(4) 用原型新设备更换旧设备；
(5) 用效率更好的新设备更换旧设备。

如果以上的更新方案都能或其中一些能够满足使用的要求，那么，在评价各方案的经济性时，可以采用最低总费用现值法，即分别求出各方案在相同使用时间内总费用的现值，然后，除以反映各种补偿方式与新设备效率之比的生产率系数，使之在效率上可比，计算出的各方案总费用的现值可相互比较。总费用现值最小的方案，就应是最佳方案。

各种补偿方式的总费用现值可按下式计算。

(1) 旧设备继续使用

$$C_{on}=\frac{1}{\beta_o}\sum_{j=1}^{n}C_{oj}\frac{1}{(1+i)^j} \qquad (8\text{-}27)$$

(2) 旧设备大修理

$$C_{rn} = \frac{1}{\beta_r}\left[K_r + \sum_{j=1}^{n} C_{rj} \frac{1}{(1+i)^j}\right] \quad (8\text{-}28)$$

(3) 现代化改装

$$C_{mn} = \frac{1}{\beta_m}\left[K_m + \sum_{j=1}^{n} C_{mj} \frac{1}{(1+i)^j}\right] \quad (8\text{-}29)$$

(4) 用原型新设备更换旧设备

$$C_{nn} = \frac{1}{\beta_n}\left[K_n + \sum_{j=1}^{n} C_{nj} \frac{1}{(1+i)^j}\right] \quad (8\text{-}30)$$

(5) 用效率更好的新设备更换旧设备

$$C_{hn} = \frac{1}{\beta_h}\left[K_h + \sum_{j=1}^{n} C_{hj} \frac{1}{(1+i)^j}\right] \quad (8\text{-}31)$$

式中，C_{on}，C_{rn}，C_{mn}，C_{nn}，C_{hn} 依次表示 5 种方案设备使用到 n 年末时的总费用现值；β_o，β_r，β_m，β_n，β_h 依次表示 5 种方案的生产效率系数；C_{oj}，C_{rj}，C_{mj}，C_{nj}，C_{hj} 依次表示 5 种方案在第 j 年的操作及维修费；K_r，K_m，K_n，K_h 依次表示后 4 种方案所需的投资；i 为折现率；n 为设备使用年限。

如果要进一步考虑各更新方案时设备的残值，则式(8-27)～式(8-31) 相应地为：

$$C'_{on} = \frac{1}{\beta_o}\left[\sum_{j=1}^{n} C_{oj} \frac{1}{(1+i)^j} - V_{oL} \frac{1}{(1+i)^n}\right] \quad (8\text{-}32)$$

$$C'_{rn} = \frac{1}{\beta_r}\left[K_r + \sum_{j=1}^{n} C_{rj} \frac{1}{(1+i)^j} - V_{rL} \frac{1}{(1+i)^n}\right] \quad (8\text{-}33)$$

$$C'_{mn} = \frac{1}{\beta_m}\left[K_m + \sum_{j=1}^{n} C_{mj} \frac{1}{(1+i)^j} - V_{mL} \frac{1}{(1+i)^n}\right] \quad (8\text{-}34)$$

$$C'_{nn} = \frac{1}{\beta_n}\left[K_n + \sum_{j=1}^{n} C_{nj} \frac{1}{(1+i)^j} - V_{\infty} - V_{nL} \frac{1}{(1+i)^n}\right] \quad (8\text{-}35)$$

$$C'_{hn} = \frac{1}{\beta_h}\left[K_h + \sum_{j=1}^{n} C_{hj} \frac{1}{(1+i)^j} - V_{\infty} - V_{hL} \frac{1}{(1+i)^n}\right] \quad (8\text{-}36)$$

式中，V_{oL}、V_{rL}、V_{mL}、V_{nL}、V_{hL} 依次表示 5 种方案设备使用到第 n 年末的残值；V_{∞} 为原有旧设备在决策年份的可售价值。

实际运用上述公式计算时，由于各方案设备的可使用年限不尽相同，而更新时对设备使用年限，则可能是有要求的。例如，各方案设备的可使用年限分别 n_1、n_2、n_3、n_4、n_5，要求设备使用年限为 m。在具体评价时，可采用如下两种方法。

① 要求的使用年限已知，这时对各方案计算 $n = m$ 时的总费用现值，其值最低者，就是最优方案。

② 各方案的可使用年限已知，要求使用年限视情况而定，这时应选择各方案所使用年限 n_1、n_2、n_3、n_4、n_5 的最小公倍数 k，令 $n = k$，分别计算各方案逐年的总费用现值，就可找出不同使用年限的最佳方案。

【例 8-5】 某企业拟对某台设备进行更新，现已知采用各种方案的更新费用、每年的运行费用等数据如表 8-6 所示。试求：要求服务年限分别为 2 年、3 年、4 年、5 年、6 年、7 年、8 年时的最佳方案。

表 8-6 例 8-5 的各种更新方案参数

序号	可选方案	基本投资 K/万元	劳动生产力提高系数 β	各年运行费用/万元								
				1	2	3	4	5	6	7	8	9
(1)	旧设备继续使用	$K_o=0$	$\beta_o=0.71$	250	300	350	400	450	500	530	700	910
(2)	旧设备大修理	$K_r=700$	$\beta_r=0.91$	25	53	105	160	210	270	340	420	510
(3)	旧设备现代化改造	$K_m=1200$	$\beta_m=1.25$	20	50	100	150	200	260	320	380	450
(4)	用原型新设备更换	$K_n=1300$	$\beta_n=1.0$	30	55	110	170	220	280	360	450	540
(5)	用效率更好的新设备更换	$K_h=1625$	$\beta_h=1.28$	60	100	175	250	325	400	480	610	720

解 不考虑设备的残值,设折现率为 $i=8\%$,可直接利用式(8-27)~式(8-31)和表 8-6 所列的数据,分别计算使用年限为 1 年、2 年、…、9 年时各方案的总费用值,计算结果列于表 8-7。在表 8-7 中标有 * 符号的为使用到某年时的总费用现值最低者,即最佳方案。从表中可看出,设备使用到不同年份,各方案的总费用现值是不同的。如果设备只考虑使用两年,两年后,产品将改变方案,或者到时会有更好的新型设备可供使用,则最好维持使用旧设备,不必大修理或现代化改装。如果期望设备再用三四年的时间,则以大修理方案为佳。若计划使用更长的时间,例如 5~8 年则宜采用现代化改造的方案。只有使用期在 8 年以上时,才适合采用高效新型的设备,也即要求新设备的使用寿命至少为 8 年。

表 8-7 各种更新方案逐年总费用现值

年份	总费用现值/万元				
	C_{on}	C_{rn}	C_{mn}	C_{nn}	C_{hn}
1	325.9	778.8	990.1	1173.1	1131.6
2	687.8	867.2	1028.1	1218.6	1165.1
3	1079.6	1010.5*	1099.6	1301.9	1227.2
4	1493.7	1199.9*	1200.5	1419.5	1313.3
5	1925.0	1428.0	1321.3*	1562.4	1419.6
6	2368.8	1687.8	1463.5*	1723.6	1547.6
7	2804.2	1976.5	1633.0*	1930.9	1667.4
8	2351.0	2316.2	1829.0*	2157.8	1853.8
9	3978.0	2687.4	2046.9	2414.9	2029.3*

2. 系统评价

对设备进行更新,是为了消除生产过程中的薄弱环节,维持正常的生产,或者提高生产效率和规模。因而,评价设备更新的经济效果时,除了考虑所更新的设备的得失外,还必须将它作为生产过程中的一个环节,分析它的更新对整个生产过程经济效果的影响。例如,在考虑反应器的温度控制调节设备的更新时,可选用半自动控制和微机自动控制两种方案。从投资和运行费用来分析,选用半自动控制的方案较优。但如果采用微机自动控制,使反应器的温度控制和调节更趋于最佳化,能较好地适应原料组成的变化,提高反应收率,也减小了后期分离过程的费用,使生产过程的单位产品费用比采用半自动控制更低。所以,设备更新时,还应进一步从系统的角度比较和分析各个方案的效果。

从系统角度比较更新方案的经济性,可采用如表 8-8 所示的指标。

表 8-8 比较更新方案的指标

指标名称	更新方案		
	大修理	现代化改造	更换
基本投资/元	K_r	K_m	K_n
设备年生产率/(t/a)	q_r	q_m	q_n
单位产品成本/(元/t)	C_r	C_m	C_n

在多数情况下,大修理、现代化改装和更换之间有下述关系:
$$K_r < K_m < K_n, \quad C_r > C_m > C_n, \quad q_r < q_m < q_n$$
在对具体的更新方案进行分析时,可按以下过程进行决策。

(1) 大修理与现代化改装

若 $\dfrac{K_r}{q_r} > \dfrac{K_m}{q_m}$,且 $C_r > C_m$,现代化改装方案具有更好的经济效果。

若 $\dfrac{K_r}{q_r} > \dfrac{K_m}{q_m}$,而 $C_r < C_m$,或者 $\dfrac{K_r}{q_r} < \dfrac{K_m}{q_m}$,而 $C_r > C_m$,可用追加投资回收期指标决策:

$$T = \frac{K_m/q_m - K_r/q_r}{C_r - C_m} \tag{8-37}$$

式中,T 为投资回收期(年)。如果 T 小于企业或部门规定的年数,则选择现代化改装方案。反之,即使 $C_m < C_r$,也应选取大修理方案。

(2) 取上述较优方案与更换进行比较

设大修理较优,那么,可进一步与更换比较如下。

若 $\dfrac{K_r}{q_r} > \dfrac{K_n}{q_n}$,且 $C_r > C_n$,则设备更换最佳。

若 $\dfrac{K_r}{q_r} < \dfrac{K_n}{q_n}$,且 $C_r > C_n$,或者 $\dfrac{K_r}{q_r} > \dfrac{K_n}{q_n}$,且 $C_r < C_n$,则进一步计算追加投资回收期:

$$T = \frac{K_n/q_n - K_r/q_r}{C_r - C_n} \tag{8-38}$$

如果 T 小于或等于企业或部门规定的回收期标准,更换是合理的。如果 T 超过规定的标准回收期,则应选择大修理。

第三节 技术创新与产品创新

一、技术创新

随着知识经济即以知识为基础的经济增长时代的来临,知识密集型产业在整个产业部门结构的比重逐渐加大,经济增长日趋依赖知识的作用及创新,知识在经济发展过程中发挥着越来越重要的作用。但是,从本质上看,知识的作用仍是科学技术的作用,科学技术仍然是推动经济发展的第一生产力。

在以知识为基础的经济增长过程中,企业仍是社会的基本经济细胞,在社会经济中具有核心作用。世界工业发达国家的实践证明，企业日益成为创新主体，知识的创新将更多地源于企业。在知识经济时代，要实现以知识为基础的经济增长，必须依靠企业的技术创新。

在世纪之交，一些发达国家已开始进入知识经济时代，这对我国既是机遇也是挑战。我们只有抓住这种机遇，准备面对挑战。首要的一环是认识技术创新的作用，掌握其基本概念，并进一步加深对技术创新的认识。

（一）技术创新的基本含义

"创新"这一概念是由熊彼特（J. A. Schumpeter）首先提出，他将"创新"定义为"新的生产函数的建立"，也即是把从来没有过的生产要素和生产条件的"新组合"引入生产体系。依据其观点，技术创新包括产品创新、工艺创新和组织管理上的创新。具体来讲，创新包括5种情况，即引入一种新产品或提供一种产品之新质量；采用一种新的生产方法；开辟一个新的市场；获得一种原料或半成品之新的供给来源；实现一种新的企业组织形式。可见，熊彼特的创新包含的范围很广，涉及技术性变化的创新及非技术性变化的创新。

自熊彼特之后，不少经济学家发展和补充了熊彼特的创新理论。美国经济学家埃德温·曼斯菲尔德（Edwn Mansfield）定义创新为：第一次引进一个新产品或新过程所包含的技术、设计、生产、财务、管理和市场诸步骤。也有的将技术创新定义为技术变化商品并在市场上得以销售实现其价值，从而获得经济效益的过程和行为。

我国学者对技术创新也作了不少研究，并结合我国实际情况，提出技术创新是企业家抓住市场的潜在盈利机会，以获取商业利益为目标，重新组织生产条件和要素，建立起效能更强、效率更高和费用更低的生产经营系统，从而推出新产品、新的生产方法，开辟新的市场，获得新的原材料或半成品供给来源或建立企业的新组织。技术创新是包括科技、组织、商业和金融等一系列活动的综合过程。

（二）技术创新的作用

知识经济更加依赖知识的积累和应用，更加强调创新的作用，只有不断地创新，才能保持竞争优势，弥补资源和资本上的不足。技术创新在知识经济中起核心作用，是人类财富的源泉，是经济增长的根本动力。

企业是创新的主体，企业技术创新是知识经济的基础。国际竞争在相当程度上是凭借以技术创新为基础的经济实力，其成败在于一国企业的技术创新效果如何。从国内外成功企业的发展经历可见，企业发展的历史就是技术创新的历史，企业生存发展的基础就在于技术创新。企业只有不断地推进技术创新，才能在市场竞争中获胜。

技术创新对企业的生存和发展具有重要的作用，可归纳为如下几个方面。

（1）技术创新是企业改善市场环境的重要措施。首先，通过技术创新，企业可以有效地改善产品质量，完善产品功能，更好地满足用户需求，提高企业产品竞争力，从而改善市场条件；其次，如果企业的技术创新成果是适销的新产品，将带来新的用户，形成新的市场；再者，技术创新成功的企业，一般是率先进入新的市场领域，具有领先者的优势，在很大程度上决定产品的价格、市场规模等。

（2）通过技术创新，企业可以更有效地降低产品成本，提高生产效率。经过改进产品或工程设计，开发或采用新工艺、新装备、新技术，改进或更新服务等手段，可降低原材料消耗，缩短生产周期，提高产率。

（3）通过技术创新，能加速新技术、新材料和新工艺等在企业中的应用。由于不断运用最新的或先进的技术和装备，使企业始终保持技术优势，为在市场竞争中取胜奠定重要的技术基础。

（4）通过技术创新，也能促进企业其他产品销售，增强企业市场竞争能力。当一种技术创新产品成功地进入市场后，也为本企业其他产品的进入和扩大销售提供了有利条件。这种技术创新的连带效果，是企业进行技术创新的重要因素。

（5）通过技术创新，可利用企业剩余的生产能力。我国一段时期内，不少企业的生产能力过剩，企业的资源利用率不高。但若能深入了解、开拓市场，结合本企业实际，积极地组织技术创新，就可能开发、生产出满足用户需要的新产品，扩大销售，充分利用企业剩余生产能力，提高企业的经济效益。

（6）技术创新是全面提高企业素质和能力的最有效方式之一。通过技术创新，一方面可以改善研究、开发条件，提高其能力，增强企业内部的基本素质；另一方面，也可改善企业的对外适应能力，更好地对应外部的市场竞争。技术创新是提高企业竞争能力的根本途径。

（三）技术创新的基本类型

根据技术创新的目的或内容，可分为几种不同的类型。

1. 按技术应用的对象，可分为产品创新、工艺创新和管理创新

产品创新是指其目的是生产新产品的技术创新活动。按照产品所含技术量变化的大小，产品创新可分为全新或重大的产品创新和改进或渐进的产品创新。对于化工企业，产品创新在技术创新中占有较大的比重，应予以足够的重视，有关详细内容将在下一节中介绍。

工艺创新是指其目的是对生产过程中的工艺流程、生产技术和装备进行改善的技术创新活动。工艺创新又可分为独立的工艺创新与伴随性工艺创新两种。前者是指工艺创新的结果不改变产品的基本功能，只是降低生产成本、提高产品性能，后者则指工艺创新是由于产品变化导致的工艺创新。

管理创新是指其目的是产生新的组织管理方式而进行的技术创新活动。管理创新活动涉及面较广，包括企业性质、领导制度、人事制度、管理方式等多方面内容。

2. 按创新的程度，可将创新分为全新型创新和改进型创新

全新型创新，是指采用新技术原理、新设计构思，研制和生产完全新型产品的技术创新活动。改进型创新，是指应用新技术原理、新设计方案，对现有产品在结构、材质、工艺等任一方面有重要改进，显著提高产品性能或扩大使用功能的技术创新活动。

3. 按节约资源的类型，可分为节约劳动的技术创新、节约资本的技术创新和中性的技术创新

节约劳动的技术创新是指能够使产品成本中活劳动所占比重减少的技术创新；节约资本的技术创新是指能够使产品成本中物化劳动所占比重减少的技术创新；中性的技术创新是指既不偏重于节约劳动，又不偏重于节约资本的技术创新。这种划分不仅有理论意义，还有政策上的意义，可作为选择和引进新技术的依据，以及作为研究新技术和发展新技术试验的依据。

4. 按照技术创新的组织方式，可分为独立创新、联合创新和引进创新

独立创新是指单位或个人自行研制并组织生产和销售的技术创新活动，其主要特点是易于协调和控制，但要求创新者具备较好的技术、生产及销售能力。

联合创新是由若干单位相互合作进行的技术创新活动。这种创新大都具有攻关性质，可以优势互补，但组织协调及管理控制工作较复杂。联合创新的形式主要有企业与企业间的联合创新，企业与科研机构间的联合创新，以及企业、高等院校和研究机构间的联合创新等。

引进创新是指从本单位以外引进必要的技术、生产设备或其他软件，在此基础上自行研制和开发的技术创新。这种创新的优点是开发周期较短，风险性降低，但其不足是创新初期需较多的经费投入，并应对引进的技术等进行认真的评估和消化。

（四）技术创新的基本模式

企业技术创新涉及创新构思产生、研究开发，技术管理与组织、工程设计与生产、用户参与及市场营销等一系列活动。这些活动相互联系，也可能交叉循环或并行开展。自20世纪60年代以来出现了五代具有代表性的企业技术创新模式。

1. 技术推动模式

技术推动模式是指由技术发展的推动作用而产生技术创新。技术推动力表现为科学和技术的重要突破，使科学技术明显地走在生产的前面，从而创造全新的市场需求，或激发市场潜在的需求。这种模式认为，研究开发或科学发现是创新的主要来源，经过生产和销售最终将某项新技术产品引入市场。在经济发展过程中，许多重大的技术创新成果，如人造纤维、半导体、核电站等都属于这一模式。这种模式如图8-4所示。

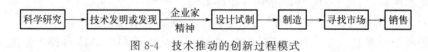

图8-4　技术推动的创新过程模式

2. 需求拉动模式

20世纪60年代中期，通过对大量技术创新的实例研究和分析，发现大多数创新特别是渐进型或改进型创新，并非由技术推动引发，而有60%~80%的技术创新是市场需求和生产需要所激发，于是提出了需求拉动模式。强调市场需求是研究和开发构思的来源，市场需求为产品和工艺创新提供了机会，并激发为之寻找可行的技术方案的研究与开发活动。从而，技术创新是市场需求引发的结果，该模式如图8-5所示。

图8-5　需求拉动的创新过程模式

3. 技术与市场交互作用模式

这种交互作用模式，是指在技术创新时，创新者在拥有或部分拥有技术发明或发现的条件下，受市场需求的诱发，由此开展技术创新活动。实际上，由于技术与经济的相互渗透，以及技术创新过程涉及多种因素，也很难确定是技术推动还是市场需求拉动为技术创新的动力。于是，在20世纪70年代至80年代初，提出了第三代创新过程模式，如图8-6所示。

图8-6　技术与市场交互作用的创新过程模式

4. 一体化创新过程模式

这种模式不是将技术创新过程视为从一个阶段或环节到另一个阶段或环节的顺序过程，而是将技术创新视为同时涉及创新构思的产生、研究和开发、设计制造和市场营销的并行过程。该模式于20世纪80年代后期提出，作为第四代创新过程模式，如图8-7所示。

5. 系统集成网络模式

系统集成网络模式是一体化模式的进一步发展，作为第五代技术创新模式于 20 世纪 90 年代初提出。该模式最显著的特征是强调合作企业之间更密切的战略关系，更多地借助于专家系统进行研究和开发，利用仿真模型替代实物原型，并运用创新过程一体化的计算机辅助设计与计算机集成制造系统，完成创新过程。

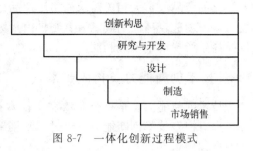

图 8-7　一体化创新过程模式

（五）技术创新的三个阶段

技术创新可以分为产品创新、生产创新、经营创新等三个阶段。一般而言，产品层面的重大创新主要发生在市场生命周期的初期，生产创新则发生在市场中期，而在中期以后，因产品与工艺都已大致定型，顾客需求明确且市场也趋近成熟，因此创新的方向转向成本、品质、销路、顾客服务等经营管理层面的议题，当然也包括如何利用经营模式的创新来维持企业的竞争力。

1. 产品创新

通常第一阶段创新的重点，主要集中于产品功能上的创新。由于当时市场需求不确定，规模也很小，企业经营是以产品创新来引发市场需求为唯一目标，因此组织运作十分具有弹性，研发与市场的互动也非常密切，生产制造与管理效率在这一阶段重要性则相对较低。

产品创新阶段所面对的最大挑战是如何使创新产品符合顾客需求，并立足于一个成长中的市场。有些在技术层面属于重大创新的产品，都是因为第一阶段运作不顺利，而招致失败。产品创新阶段是一种技术创新与市场需求互动的过程，其中影响成败的关键因素，在于是否能够有效运用技术创新所形成的优异产品功能来跨越市场需求的鸿沟，并进而引发市场的成长。

2. 生产创新

生产创新是企业获得利润的关键方面。当市场进入成长阶段，如何攫取大量的市场利益，就成为企业经营的主要目标。这一阶段的创新重点在于如何运用生产工艺上的创新，来提升产能竞争力与扩大市场占有率。如以整体创新活动的产出效益而言，生产创新是技术创新三阶段中对于企业利润贡献最大的一个阶段，因此也可以说是企业经营管理活动的重心。

在这个阶段容易发生的问题是重视技术研发而忽略制造创新。近年来，许多高科技企业将主要资源投入于技术研发，采取以产品创新形成专利独占的竞争策略，因此生产创新就相对比较不受重视，一些企业甚至将整个生产制造委托其他工厂加工，以避免承担对于产能巨额投资的风险。这主要是因为企业认为制造创新的附加值不高，因此，不值得将有限资源放在生产制造方面。

3. 经营创新

当产品市场进入成熟期以后，市场需求不再成长，产品与生产技术均相对成熟，此时众多功能相似的产品形成激烈竞争，而如何有效运用创新的经营模式来维护市场占有率，就成为第三阶段创新活动的重心。由于价格与品质是这一阶段市场竞争的关键要素，因此企业将特别重视品质管理与生产管理能力，并以多样化的产品线来满足不同市场区域顾客的特殊需求。

成熟期市场厂商所采取的经营模式一般可分为两种：一种是以创造产品附加价值来提升利润率；另一种则是采取降低成本来扩大市场占有率。前者将针对不同需求的顾客，设计出差异化的产品或扩大相关需求的衍生产品。经营创新的重心在于提升销售策略与顾客服务的能力,来创造较高的利润。后者则借由扩大产能,精简生产程序,提供大量标准化的产品,以提高生产规模来创造利润。

(六) 技术创新能力及构成要素

技术创新能力,是指企业依靠新技术推动企业的发展能力,是企业发展技术能力的核心。只有拥有技术创新能力,经过不断创新,企业在技术能力上才能最终成为技术领先者,并保持领先水平。

技术创新能力是一种综合能力,由若干要素构成,包括如下基本要素。

(1) 创新资源投入能力　技术创新资源投入能力,是指企业投入技术创新资源的数量与质量。技术创新资源投入又可分为研究开发投入和非研究开发投入。研究开发投入能力集中体现在经费、人员和设备上,只限于同行企业或者生产相同产品企业间的比较。

在自主创新的情况下,非研究开发投入是指除研究开发经费之外的其余部分,包括市场研究和材料准备等经费。对于购买技术实现技术创新的情况,非研究开发投入包括技术引进、技术改造的投资。

(2) 研究开发能力　研究开发能力是指企业在掌握现有科学技术知识的基础上,把握市场需求,确定选题,并组织人力、物力去从事创新技术产品的开发。研究开发能力是创新资源投入积累的结果,但前者不能代替研究开发能力。资源投入能力强调研究开发的投入和非研究开发的投入,而研究开发能力则强调研究开发的结果。

研究开发包括基础研究、应用研究和开发应用研究。

(3) 创新管理能力　创新管理能力是指企业发现、评价创新机会、组织技术创新活动的能力。创新管理能力主要由创新战略、创新机制和创新速度三要素构成。

(4) 创新倾向　是指企业家个人具有的创新主动性和前瞻性。创新倾向可以从创新率、创新视野、创新规划以及创新愿望等方面获得体现。

(5) 制造能力　是指把研究开发成果转化为符合设计要求的可批量生产产品的能力。企业的制造能力包括企业装备的先进性、工艺设计管理能力、工人的技术水平及工作质量等。

(6) 营销能力　包括两方面的能力,一是市场调查研究能力,二是销售能力。

(七) 技术创新能力评价

创新能力要素的评价指标主要有以下几个方面。

1. 研究开发投入能力指标

(1) 研究开发投入强度

$$研究开发投入强度 = \frac{研究开发经费}{销售收入} \tag{8-39}$$

(2) 研究开发人员的素质

$$研究开发人员的素质 = \frac{\sum_{i=1}^{n} w_i r_i}{\sum_{i=1}^{n} w_i} \tag{8-40}$$

式中,i 为素质的等级,一般分为 4 个等级;r_i 为第 i 级别研究开发人员数;w_i 为第 i 级别人员素质权重。

(3) 非研究开发投入强度

$$\text{非研究开发投入强度} = \frac{\text{技术引进费} + \text{技术改造费}}{\text{销售收入}} \quad (8\text{-}41)$$

2. 研究开发能力指标

① 专利拥有数是衡量研究开发能力的有效指标，用 S_5 表示。

② 自主创新产品率

$$\text{自主创新产品率} = \frac{\text{自主创新产品数}}{\text{创新产品数}} \quad (8\text{-}42)$$

③ 对引进技术的改进指标，反映企业技术引进后消化吸收方面所做的工作，对其计量很复杂，国内学者提出以经验数据测度其指标，用 E_3 表示，取值范围为 0～100。

$$\text{研究开发能力（RDC）} = \frac{S_5 + S_6 + E_3}{3} \quad (8\text{-}43)$$

式中，S_6 表示自主创新产品率；E_3 为引进技术改进指标。

3. 创新管理能力指标

目前尚难以准确进行计量，可用经验数据表示为：

$$\text{创新管理能力（IMC）} = \frac{E_1 + E_2}{2} \quad (8\text{-}44)$$

式中，E_1 为创新战略评分，0～100；E_2 为创新机制评分，0～100。

4. 创新倾向指标

$$\text{创新频率} = \text{年内产品创新数} + \text{年内工艺创新数} \quad (8\text{-}45)$$

$$\text{每千人创新数量} = \frac{\text{创新频率}}{\text{职工人数}} \times 1000 \quad (8\text{-}46)$$

5. 制造能力

制造能力可用 PC 表示，由 5 项指标构成。

① 设备装备水平（S_7）

$$S_7 = 1 \times \text{国际先进水平}(\%) + 0.8 \times \text{国际一般水平}(\%) + 0.6 \times \text{国内先进水平}(\%) +$$
$$0.4 \times \text{国内一般水平}(\%) + 0.2 \times \text{其他}(\%) \quad (8\text{-}47)$$

② 现代制造技术采用率 S_8。

③ 引进技术达产率 S_9。

④ 工人技术等级 S_{10} 及工作质量 E_4。

⑤ 计量、测试和标准化水平 E_5。

从而，制造能力可如下计算：

$$\text{PC} = \frac{(S_7 + S_8 + S_9)/3 + (S_{10} + E_4)/2 + E_5}{3} \quad (8\text{-}48)$$

6. 营销能力

有的学者提出可用如下公式评价营销能力 MC

$$\text{MC} = \frac{E_6 + E_7 + E_8 + E_9}{4} \quad (8\text{-}49)$$

式中，E_6、E_7、E_8 和 E_9 分别为市场研究水平、对消费者/用户的了解程度、营销体制的适合度、分销网络。上述 4 项指标可采用问卷调查方式取得经验数据，再转化为百分制数值。

（八）技术创新的风险分析

技术创新活动本身涉及许多相关环节和众多影响因素，一些因素的变化难以准确把握，因而使创新的结果有一定的不确定性，即技术创新具有较大的风险性。事实上，许多企业的产品创新成功率都不高。例如，据有关研究表明，美国产品创新成功率约为2%～30%，每10个专利中只有一个能够实现创新。所以，在技术创新决策之前，对可能影响技术创新成败的各种风险因素作系统的调查和分析，使创新者能对其风险有一定的把握，从而采取相应的对策与防范措施，将技术创新的风险降到最低限度。

由于影响技术创新的因素众多且纷繁复杂，涉及市场、技术、生产经营、销售，以及社会与政治等诸多方面，因而可依据风险的来源将技术创新风险分为以下几类。

1. 市场风险

市场风险是指技术创新及结果投入市场后得不到消费者或用户的认同，销售呆滞，难以收回技术创新投资的可能性。市场风险是由市场的不确定因素造成的，其一是市场的不断变化性，即在进行技术创新时市场前景看似良好，但创新完成后市场状况出现了不利的变化；其二是模仿的可能性，由于其他企业可能模仿创新技术产品，使创新产品的市场因模仿产品的进入而受冲击；其三是技术引进的冲击，即当一家企业从事技术创新时，如果另一家企业引进国外类似技术或产品，且其性能、质量等更优，使企业自己创新的技术产品在市场受阻。

2. 技术风险

技术风险主要是由技术的不确定性造成。这些不确定性包括如下几个因素。

（1）技术本身尚不成熟或完善　有些创新设想和构思初看起来是可行的，但具体实施过程可能发现一些重要的技术问题没能解决，而企业又不具备足够的研究开发能力，使技术创新不得不终止。

（2）技术的发展更加迅速和竞争日趋激烈　在企业进行技术创新时，该技术是先进的，而当完成时已出现另一项更好的技术产品。同时，有可能几个企业都在进行类似的创新，竞争很激烈。

（3）生产制造能力不足　技术创新的新产品设计、开发出来后，由于资金、设备等原因，难以及时形成较大的批量生产，去占领应有的市场，使创新过程搁浅。

（4）技术效果的未预见影响　有的技术创新尽管本身较成功，但其副作用是先前没有能预见的，如对生态环境的影响等，使该创新的实现受到限制。

3. 政治风险

政治风险可能来源于国家制定、调整了有关法律法规，从而限制某些技术创新产品进入市场，例如安全性能不符合更高的要求，环保性能达不到新的标准等。政治风险也可能是国家、地区的发展规划、产业政策调整或变动，使原计划的技术创新活动难以进行。此外，一个国家政局发生较大的变化，特别对于海外市场，技术创新产品也可能无法进入。

4. 社会风险

社会风险是其他一切社会因素，如文化、宗教、民族等所导致的技术创新风险。例如技术创新产品与当地的宗教习惯发生冲突，或不符合销售区域的文化传统理念，从而导致人们抵触心理，使销售失败。

（九）技术创新风险防范

根据风险的起因，结合企业自身的情况，可采用适当的防范措施或对策，以使技术创新的风险减小到最低。主要的措施如下：

① 在技术创新前，企业应认真进行市场调研工作，尽可能准确地预测市场需求的变化趋势。

② 企业应建立有效的调控机制，在技术创新的各阶段加强管理控制，实行进度调控和风险监测、评估，针对新的情况适时作出调整。

③ 不断提高创新项目参与者的素质。这包括企业家注重提高自身综合素质，善于发现、利用各种创新机会，并在企业内创造良好的、浓厚的创新氛围；营销人员是企业技术创新的市场机会和经营机会的主要发现者；工程技术人员是创新的技术机会的主要发现者，他们的创造性和知识更新水平对企业技术创新活动的创新性及实施有决定性作用；生产工人的技术素质对于创新的实施和生产体系的有效运行有重要作用。因而，应注意不断提高这些人员的素质。

④ 慎重选择技术创新的方向，注意充分利用自身的优势，选准突破口。例如，从竞争对手尚未顾及的潜在市场入手进行技术创新，一般比较容易获得成功。

⑤ 应仔细分析外部经营环境，着重了解与创新有关的法律法规、行业和产业政策、技术政策，以及文化、民族、宗教等方面的情况，使技术创新结果能适应社会环境的要求。

⑥ 引入、建立较好的风险投资机制，增强风险投资公司的实力。一般，投资公司积极参与企业技术创新项目的评估、决策与实施、管理，可提高创新项目的成功率。引入风险投资机构参与创新项目，也较容易解决资金不足使创新无法进行下去的问题。

⑦ 积极争取政府对企业创新项目的支持，包括技术攻关计划、国家重点产品计划等。另外，积极争取政府对企业技术创新项目的税收优惠政策，如减免所得税。

二、产品创新

（一）产品创新的概念及分类

1. 新产品的含义

产品创新是技术创新的一种主要方式，其结果是生产出创新产品或称为新产品。一般可将新产品定义为：企业在其原有产品的基础上有显著改进的产品或该企业从未生产过的全新产品，包括成型产品和未成型产品。更具体地说，新产品必须是在构造、性能、材质、技术等特征的某一方面或某几方面比原产品有显著提高和改进，或有独创的，具有先进、实用性，能提高经济效益，在省、自治区、直辖市范围内是第一次试制成功的产品。

拓展阅读：创新案例——百万吨级乙烯成套技术获国家科技进步奖一等奖

2. 新产品分类

按不同的范围、创新程度及从不同角度，可将新产品进行以下分类。

（1）按新产品的创新和改进程度分类

① 全新型产品　是指依据科技发明所创造的，与原产品不同的全新型产品，一般具有新原理、新结构、新技术、新材料等特征。它是在世界范围内首次发明或最先开发出来，具有独特的功能。它的出现开辟了最新的应用领域，并以最新的技术形态呈现。

② 换代新产品　一般是指产品的基本原理和基本功能不变，部分地运用新材料、新结构和新技术，使产品的功能、性能、经济性指标有显著提高或改变的一代产品。这类产品

能完全取代原产品及应用领域,并能扩大新的应用领域;具有高一级别的技术含量和水平,能较迅速地占领原产品的市场;具有最新的功能,经济效益可能十分显著。

③ 改进型新产品 是指通过新的设计或运用新的工艺、材料和技术,对原产品的性能、结构、用途、品种及包装等,有较重要的改进或部分创新的产品。这类新产品在局部上有了技术改进,其他性能有了一定程度的改进,但其制造技术或结构设计与原产品相比没有根本的差别。

④ 仿制型新产品 是指企业模仿市场上已有产品所生产和销售的新产品。

上述4种类型新产品之间存在相互的联系和影响。不少产品经过不断的改进和更新换代,从而促使一些全新的新产品推向市场。而一种全新型或新一代产品问世后,又会产生不断的改进、更新和仿制。

(2) 按新产品的地域范围分类 按生产新产品的企业所在地域、范围,一般可分为国际新产品、国家新产品、地区(市)新产品和企业新产品。

(3) 按新产品对企业和市场的创新程度分类 布茨·艾伦等依据对企业和市场的创新程度,将新产品分为6类。

① 新问世产品,该产品开创全新的市场。

② 新产品线,使企业能首次进入某现有市场的新产品。

③ 现有产品线的增补品,企业现有产品线上增加的新品种、新型号等新产品。

④ 现有产品的改良或更新,提供性能改进或有较大的可见价值的新产品,并替代现有产品。

⑤ 重新定位,将现有产品推进至新市场或新市场区域。

⑥ 成本降低,提供性能相同,但成本较低的新产品。

(二) 新产品开发的作用

技术创新的核心是产品创新和工艺创新,其中产品创新比工艺创新更为重要。对于已拥有新产品的竞争者,企业用工艺创新与之抗衡往往效果不好。只有当产品进入成熟阶段,工艺创新才显得更加重要,因为此阶段产品的成本和生产效率等因素越来越重要。一般来讲,产品创新较之工艺创新更能为企业带来显著的经济效益以及更加强劲的发展动力。

据国内外有关部门和学者的统计与调查,在技术创新活动中,属于产品创新的项目一般多于工艺创新的项目。尤其是化学工业,全新型产品和换代型产品的产品创新项目的比重占总项目的约90%,详见表8-9。国内外的实践证实,产品创新在技术创新中具有极重要的地位,应予以充分的重视。

表8-9 美国几个工业部门的技术创新类型　　　　　　单位:%

工业部门	产品创新		工艺创新
	制造新产品	改进现有产品	
化学工业	70	20	10
机械工业	53	44	3
钢铁工业	17	57	26
电机工业	54	40	6
宇航工业	46	39	15

产品创新的重要作用，可以进一步从以下几方面认识。

1. 产品创新是化工企业生存和发展的需要

在科学技术进步加速、市场竞争更加激烈，以及社会对产业部门提出不断变化的新要求的形势下，企业要生存和发展，必须用更新的产品，保持和扩大本企业产品及市场份额。同时，要获得较高的利润，主要依靠新产品的不断推出。调查表明，发达国家大多数企业销售额和利润的30%～40%来自5年前尚不存在的新产品。

2. 产品创新是企业生存和提高竞争能力的需要

随着科学技术的发展，产品更新换代的周期大大缩短。企业间的竞争集中体现为企业间的产品竞争。不断开发竞优产品，是提高企业竞争优势的基本手段。

3. 产品创新是企业技术水平的重要标志

产品创新的结果是企业研究开发技术能力的最终体现。可以认为，对于以产品创新为主要特征的化学工业来说，产品创新的成效是衡量一个企业技术水平的重要标志。

4. 产品创新有利于提高产品质量

据统计结果，约40%～50%的产品质量问题起因于设计。进行产品创新活动，加强新产品的开发设计管理，本身就是提高质量的重要手段。

（三）新产品开发技术经济分析的意义

尽管新产品开发在技术创新工作中具有极其重要的作用，但由于科学技术的迅猛发展及向新产品转移的速度加快，使产品的寿命周期一般仅能维持7～8年，有的甚至只有1～2年。而新产品的技术含量越来越高，即研究开发新产品的投入和难度也增大。这说明新产品开发的风险性也随之增大，据一些西方国家的调查，多数新产品在开发和推向市场中遭遇的失败，主要有以下几个基本原因。

1. 对市场需求估计失误

对市场需求估计失误主要表现在，一是所设计的产品功能、性能等指标由于社会不断发展的需要，当开发的产品推向市场时已成为濒临淘汰或过时的产品，很快被新的产品取代。二是产品的性能、功能水平超出市场的实际需求，用户在技术或经济上尚无条件采用。三是产品开发的方向和定位以及所产生的其他影响不符合有关规定。对新产品功能、性能目标估计不当，往往是其失败的首要原因。

2. 新产品推向市场和占领市场的能力估计不足

这种估计不足有多种原因。例如产品生产方法缺乏独到之处，也无成本优势，无法替代其他产品，对市场的竞争缺乏预见，没能有效地开辟市场，扩大市场份额。

3. 经济效益估计不当

对新产品开发的投入和销售收入的估计偏差较大，原因是新产品产量不大，无法集中购买原材料而使生产成本过高。不能充分利用原有技术与设备而造成投资较大；没能及时培训技术人员、管理人员和生产工人，而使产品质量不稳定，产量不高。从而无法实现原来的经济目标。

因而，为减少新产品开发的风险，应在进行新产品开发之前，认真调查、分析、选择新产品开发的方向、方式与时机，并进行全面的技术经济分析。只有通过技术经济分析表明某一产品的市场前景好，研究开发能力具备，生产条件有保障，功能目标与技术构成先进，产品质量与价格有竞争力，企业开发该新产品能获得一定的利润，才能决策进行投资，实施新产品的开发。

（四）产品创新的方式及外部影响因素

1. 新产品创新的途径

（1）独创方式　是指企业依靠自己的研究开发部门，对社会潜在的消费需求或者现有产品存在的不足，开展基础理论和应用研究，设计并生产出具有突破性的新产品或更新换代产品。

（2）合同方式　合同方式或称契约方式，是指企业与社会独立的研究机构、研究开发人员签订项目委托开发合同或协议，并提供一定的研究开发经费，供研究机构或研究人员为企业研制新产品。这是中小企业较常采用的方式。

（3）企业研究开发与技术引进相结合的方式　是指企业在新产品创新活动中，利用自身的技术力量，并通过购买专用技术或专利等形式，引进必要的部分关键性技术设备等，将现有技术与引进技术结合，研究开发出具有技术先进性及本企业特点的新产品。这种方式常可收到事半功倍的效果，是目前最常用的产品创新方式。

（4）直接引进技术方式　是指企业通过购进他人的专有技术或专利等形式，引进完整的生产工艺、生产设备等来生产新产品，这是模仿创新常采用的方式。

2. 产品创新的外部影响因素

企业产品创新的成效如何，主要取决于企业自身的创新能力和技术素质，这是内部因素。但企业总是在一定的社会环境中生存和发展，其创新活动应当适应其所处的环境，即受到外部因素的影响。因此，产品创新的需求更多的是来自于环境，即社会需求；产品创新的进程也受环境的影响；产品创新的成功与环境的协调或适应密切相关；产品创新的结果也可能引起需求的变化。因而，在产品创新过程中，要不断地分析环境因素，并根据环境变化及时调整创新的内容和进度以及方式等。

（1）市场环境　产品创新面临的最直接外部因素是市场环境，这包括用户需求的变化，相关产品市场情况及其对新产品需求的影响，消费者的收入和消费能力、倾向等的变化。

（2）政治环境　政治环境主要指社会制度、国家和地方法律、法规以及各种社团组织的影响等。例如政府可通过产业政策、税收政策等鼓励、引导或限制某些产品的发展。对于创新技术产品，具有自主知识产权的新产品，外贸出口创汇产品，替代进口及引进技术消化吸收并实现国产化在80%以上的新产品，采用国际标准或国外先进标准的某些新产品，国家将给予优先支持。国家的其他法规如《环境保护法》《专利法》《反不正当竞争法》等，从法律方面对产品创新也有制约或保护作用。

（3）自然环境　自然环境主要为位置、地形、水文、气候、资源等。各地区因地理环境的差异，对产品的消费需求也可以相差较大。例如干燥的北方地区需使用加湿器，而南方大部分地区空气较湿润，则无此必要。

（4）社会文化环境　社会文化环境包括生活习俗、思想意识、道德观念、文化活动和宗教信仰等。这些因素的作用大都是间接的，但其影响却是广泛而深远的。

（五）产品创新的内容及过程

1. 产品创新的内容

产品创新的内容非常广泛，它包括新产品的结构、功能、花色，品种和使用方式的创新，也包括与产品创新有关的科学研究、技术开发、工艺装备、原材料及零部件开发。此外，还包括新产品销售中的商标、创意策划、广告、销售渠道和技术服务等方面的创新。

一般地，可将产品创新的内容概括为三个方面。其一是产品整体性能的创新，其二是产品生产技术条件的改善,其三是产品市场的开拓。这三个方面所包含的内容如图 8-8 所示。

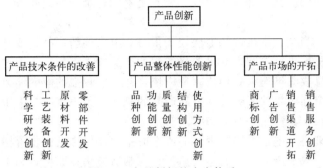

图 8-8　产品创新的内容体系

2. 产品创新的过程

产品创新涉及的内容广泛,参与的部门或人员较多,具有难度大、风险性较强、试验性与时间性较突出、创新过程的阶段或步骤较多等特点,是一项系统工程。因而,产品创新应按照一定的阶段或步骤进行,才能取得预期的效果。

由于各国、各企业以及不同时期的情况不同,而且创新的内容也不相同,所以产品创新的过程,也会有所不同。但仍可一般性地将产品创新的过程分为如下六个阶段。

(1) 方案构思或创意阶段　方案的构思或创意是具有创新性的思维活动。它包括两方面:一是依据收集到的信息,发挥人的想象力,提出初步的设想或轮廓;二是考虑市场对新产品的需要及其发展趋势,提出具体的产品设想方案。据美国有关大公司的调查,成功的新产品设想有 60%~80%来自用户的建议。可见,新产品方案的设想或构思可以来源于企业外部。

(2) 初步设计阶段　该阶段是在新产品方案构思或设想初步确定后,进一步确定新产品的各项技术经济指标及性能参数,解决如何实现新产品的性能、功能的理论与技术问题,以便为新产品的最终设计提供科学依据和基础数据。

(3) 最终设计阶段　这个阶段是以初步设计阶段的成果为基础,对新产品进行试验研究、定型设计,并进一步设计和绘制生产所需要的全套图纸和技术文件。

(4) 试制阶段　试制阶段是实现新产品样品化或产品化的过程,它包括新产品试制的工艺准备、样品试制、样品测试和鉴定,以及小批量试生产等几方面的工作。新产品试制是实现产品大批量投产的预备性或试验性工作,因此在此阶段的工艺准备、技术设施、生产组织,都要考虑实现成批商品化生产的需要。

(5) 试销阶段　试销是指在限定的市场范围内,对新产品的一次市场试验。通过试销可得到需求量的较可靠预测,得到有助于修正和完善市场营销计划的诊断性信息。

(6) 商品化投产阶段　是指新产品的正式批量生产和销售工作。一般在确定实施产品的商品化投产以前,应对要实现商品化投产的生产技术条件、资源条件作充分的准备和了解,还应对新产品投放市场的时间、地区、销售渠道、销售对象、销售策略及销售服务等进行全面的规划和准备。这样,才能使创新产品真正获得成功。

(六)产品创新策略及方法

产品创新是企业生存和发展的需要。而要取得产品创新的成功,其创新的策略和方法是必要的条件。

1. 常用的产品创新策略

(1) 抢先策略　是指在其他企业尚未开发,或尚未开发成功,或者开发后尚未投入市场之前，抢先开发、抢先投入市场，从而使企业的新产品处于领先地位。敢于采用抢先策略的企业，一般要有较强的研究与开发能力，还要有足够的资金、物力和人力，并要勇于承担较大的风险。

(2) 紧跟策略　当企业发现市场上出现了很有竞争力的新产品，或发现刚投放市场的畅销产品时，不失时机地进行仿制，并迅速将仿制的产品投入市场。采用这种策略的企业，一是要能够对市场信息收集迅速、处理快、反应快，并具有较强的应变能力和一定的研究开发能力；二是要有一个高效率的研究与开发新产品的机构。紧跟策略的采用还受到专利技术及知识产权保护的制约，其适用的对象和时间有限。

(3) 最低成本策略　是指采用减少产品成本的手段，以降低销售价格，来争取用户，扩大产品市场占有率。减少产品成本的主要途径是在制造方法、原材料利用及生产组织等方面挖掘潜力。

(4) 扩展产品功能策略　这种策略是在原有产品的基础上，赋予其新的功能、新的用途，使老产品能继续获得消费者的欢迎。

(5) 周全服务策略　实施更全面、周到的销售服务，取得用户的信任，以达到提高市场竞争的目的。周全的服务包括几个环节：一是售前工作，包括广告宣传、技术培训、允许试用等；二是销售中的工作，包括检查产品质量、配齐备品配件、装箱发货，以及必要时分期付款等；三是售后工作，包括安装调试、指导操作或使用、登门检修、提供配件、通过电话征询意见等。

(6) 挖掘用户需求策略　用户的需求可分为当前的需求及潜在的需求两类。一般地，产品创新是开发那些能满足用户当前需求的产品。但有远见的企业家，也应注意捕捉、挖掘市场潜在的需求，开发出新产品，引导新的消费需求。

(7) 降低风险策略　依据降低风险所采用的措施或手段不同，降低风险策略可分为如下几种。

① 转移风险策略。为转移新产品开发的部分风险，常可采用两种具体的措施：一是在新产品投产前与用户签订供货合同，以减少企业因市场销售不畅所承担的风险；二是在企业开发和生产新产品所需成本基础上，再加一定比例作为销售价格，使企业用于产品创新的费用由用户承担。

② 降低投资风险策略。即尽量利用企业现有设备和技术力量，以减少设备投资，降低产品创新投资风险。

③ 减少资源投入策略。是指产品创新的一些试验和试制等工作，通过外单位进行或委托其他单位进行，以使产品创新投入的资源降为最小。

④ 试探风险策略。是指从别的国家、地区或企业，引进本企业准备开发的新产品，但使用本企业的厂名、商标和销售渠道，试探市场需求情况。必要时再投入力量批量生产，以减少盲目性。

(8) 联合策略　生产企业与科研、设计单位联合，或者同行业企业或不同行业企业联合、协作，共同进行产品创新，可以充分发挥各自的优势，加快新产品开发的进程，提高创新水平。

2. 常用的产品创新方法

产品创新的方法运用是否得当，对产品创新的速度与质量有重要的影响，也关系到产品创新能否成功。国内外一些企业，经过长期的实践，已摸索出一些行之有效的方法。这些方法各有其特点和适用范围。

(1) 系列产品法　是指与生产技术密切相关的一大类产品。开发系列新产品是为满足用户需求，针对某种使用目的或用途来进行产品创新，也是为了形成产品的完整体系，填空补缺，使产品的体系配套，更全面地满足多方面、多层次消费的需要。系列产品创新常用的具体方法包括：①按产品规格、大小形成系列产品；②以一种材料的不同特性，来开发系列产品；③按某种用途来开发系列产品；④利用不同材料开发同一种用途、功能的产品。

（2）专用产品法 现代产品特别是精细化工产品，已由大批量、少品种向小批量、多品种、多规格转变，以适合不同消费者或用户的需要。企业为此也从只生产一般产品转向生产专用产品。常用的几种具体的专用产品创新法，包括按不同用途、按不同消费对象、按使用地区，以及按产品的特定使用范围，分别实行专业化产品创新。这样有利于集中人力、物力和财力，专门从事某类产品的创新，保持较强的市场竞争优势。

（3）方便用品法 方便用品是从方便使用出发，力求在使用时省时、省力，便于携带和储存的商品，如方便食品、微波食品等。通常使创新产品趋向于自动化、定时化、遥控化、智能化、轻便化、微型化、省力化等，主要用于家用电器、轻工产品，以及成套工业装置等领域。

（4）技术复合法 利用一种技术可以创新产品，将两种技术复合使用，也可创新产品，这种创新产品有时更具有性能、市场优势。常用的技术复合方法包括：一般技术的复合、一般技术与先进技术的复合，以及先进技术之间的复合，它们各有其特点和适用范围。

（5）新材料法 这种方法是采用新材料来制造产品，产品的基本功能不变，但其性能有明显的改善。常采用的具体方法包括：用另一种新材料代替原来的材料；用另一种常用材料代替原来的材料；用新型复合材料代替原来的材料。

（6）差异法 差异法是使创新产品与原有产品或类似产品，在用途、性能、外形、包装等方面有明显的差异、有不同的特点，以满足不同用户的多种不同的需求。

（7）模仿法 通过模仿同类或类似新产品进行产品创新，包括模仿国外同类新产品，外省市、同行业企业的同类产品。模仿的内容包括结构模仿、材料模仿、原理模仿、用途及功能模仿等。

（8）缺点列举法 无论何种产品都要在市场经受检验，并可能暴露出各种不足或缺点。缺点列举法就是通过认识产品有什么需要改进的缺点或者需完善的性能，来启发企业改进产品，开拓产品创新的思路，开发出更适合消费者需要的新产品。

三、化工研究开发的技术经济分析

（一）研究开发的作用及过程

1. 化工研究开发的作用

技术创新包括产品创新、工艺创新和管理创新，它是企业生存和发展的基础。技术创新包括研究开发、组织管理、商业和金融等一系列的综合过程，但其中的研究开发是关键环节。无论是产品创新还是工艺创新，都必须经过研究开发来实现。

国内外企业的发展历史，就是企业不断技术创新的过程，科学研究和技术开发是企业发展的前提。回顾化学工业发展的历史表明，化学化工的重大发现和发明，不仅给化学工业的发展提供了动力，也推动了整个社会的发展。例如，19世纪以新制碱法为核心的化学工业的发展，成为当时英国经济繁荣的基础；三大合成材料的应用，对当今社会经济的发展有重要的作用。化学工业中的研究和开发工作，为化学工业提供新的理论和技术，为化学工业的发展探索方向和途径，为化工产品的更新换代提供具体的方案和模式。研究开发是当代化工行业生存和发展的基础。

2. 化工研究开发的内容及过程

化工研究开发的目的主要有三个，一是制造新产品，二是改进现有产品，三是开发新的生产技术。据国内外的调查表明，化工行业的研究开发侧重于研制新产品，详见表8-9。

化学工业的研究开发过程，一般可分为三个阶段，即基础研究、应用研究和开发研究。

基础研究，亦称理论研究，是旨在发展科学知识和更充分地理解研究对象。化工基础研究可获得对各种单体或复合物的结构、组成和性质，以及工艺过程动力学的新认识，揭示各种物质的新的合成或分解方法以及制取各种新型材料或物质的基本原理等。

应用研究的目的是寻求将基础研究成果应用于具体的生产实践的可行途径。其研究成果通常为新产品、新工艺和新技术等，为中间试验提供必需的设计数据。

开发研究有时也称为中间试验研究、工业性试验研究或工程研究，其目的是利用应用研究的成果，在中试装置上检验和校正实验室中获得的数据，为实际工艺和设备设计或选择提供可靠的依据。它是连接应用研究和生产实践的重要环节。开发研究的成果往往表现为新产品生产技术、新工艺流程、新设备设计图等。

3. 化工研究开发的步骤

一般情况下，化工行业的研究开发项目要经历以下四个步骤。

（1）项目建议 根据市场需求和研究开发能力，提出拟研究开发的项目。通常以项目建议书的形式提出。建议书中应包括：项目的目的和意义；国内外研究状况及发展趋势；项目拟研究的内容、技术路线及关键问题的解决途径或原则方法；现有的研究条件及需补充的条件；项目主要参加人员的配备及其业务水平；研究预期达到的水平，指标及成果的形式；研究进度安排、完成日期等。

（2）项目论证或评价 针对项目的设想和具备的条件，依据实际情况进行可行性论证，包括进行技术上可行性评价及经济性评价等，以决定是否予以立项实施。

（3）项目研究 在项目立项或确定实施后，进行具体的研究开发工作。

（4）效果评价 对项目研究的结果，依据项目可行性研究报告中的成果指标和形式进行评价和鉴定。对于基础研究和应用研究阶段的项目，一般可用验收或鉴定的形式；对于开发研究及工业性生产开发，应有新产品或新技术的市场结果，并以此为主要依据对项目效果进行最终评价。

（二）研究开发的技术评价

如前所述，化工研究开发以产品创新和工艺创新为主要目的，而产品创新或新产品开发占有重要的地位。这里以产品开发为对象，介绍其研究开发的技术评价。工艺技术研究开发的技术评价，原则上与前者相同。

新产品研究开发的技术评价，是单项技术或多项综合技术在某一产品中的应用所进行的系统性评价。这种系统性评价从产品功能目标评价开始，对其技术选择的依据，达到目标的有效程度，技术转化为功能的相关手段或措施，及其最终的应用效果进行全面的分析与评估，并得出结论。所以，技术评价是一个从产品概念、功能的构想，直到产品投入市场与使用效果的全过程评价。技术评价已形成一个比较完整的内容体系，不仅包括对产品本身的评价，而且也包括与开发新产品有关的外部环境及实现产品的相关技术手段的评价，如图8-9所示。

1. 产品技术构成评价

（1）技术先进性评价

① 与现有产品相比较，看其技术性能和技术参数比现有产品提高的程度。

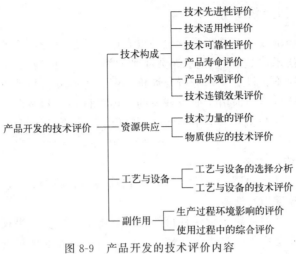

图 8-9 产品开发的技术评价内容

② 通过评估新技术与新材料在产品生产过程和产品中所占的程度衡量新技术含量的比重。

③ 评估该新产品处于国际同类产品或者外省市同类产品的哪一发展的阶段。

(2) 技术适用性评价 技术的选择要适合用户的具体情况和消化能力，才能发挥技术的作用。技术适用性的表现有多方面或多种形式，具体包括：功能含量与其结构适配性；根据企业的技术能力与市场需求的技术层次，选择切合实际的技术参数，降低操作难度，减少运行费用的情况；产品制式、水平等技术因素与配套产品技术参数的一致性和适配程度。

(3) 技术可靠性评价 可靠性是衡量质量的一项重要指标，是用户选择产品的重要依据。这方面评价包括：安全性评价，即产品在使用过程中要消除或防止对使用者和周围环境的不利影响或伤害；稳定性评价，即在规定的条件和时限范围内，产品可实现其设计功能的概率；可维修性评价，即产品在修理时的难易程度。

(4) 产品寿命评价 产品寿命评价包括：产品寿命的经济性评价，即按用户的实际需要，给产品确定一个科学、合理的使用期限，使用户以较低的费用得到所需的产品功能；产品寿命的整体性评价，一种产品大都由若干零部件构成，要注意各零部件寿命的一致性。

(5) 产品外观评价 随着人们经济与文化水平的提高，用户不仅注重产品的功能及内在质量，也在追求产品外在形式的协调性、美观性。应进行产品造型、色调与风格等的评价。

(6) 技术连锁效果评价 一些产品的开发会对周围环境，对国家科技、经济及文化等事业的发展产生一定的影响，并影响相关行业技术创新。所以技术应用的连锁效果应该同宏观效益联系进行评价。

2. 生产条件的技术评价

这方面的评价包括两个方面：资源条件的技术评价，这种资源是广义的，包含人力资源和物力资源；工艺与设备的技术评价，要将先进的产品设计有效地转化为产品实体，其工艺水平和设备状况是关键。

3. 副作用评价

副作用评价的内容包括：生产过程对环境影响评价，因为化学工业生产过程，难以避免地产生一些废水、废气和废渣，从而造成对环境的污染；物理污染，例如生产过程中产生的噪声、振动、电磁辐射、放射性等，也会对环境及生态有破坏作用；此外，产品使用中的综合影响评价也应考虑，因为产品的某些功能既能给用户带来好处，也有弊端。

(三) 化工研究开发的经济评价

研究开发项目的经济效果,是项目评价的根本性问题。经济评价的基本原理及指标与前述章节中建设项目、技术改造及设备更新项目评价类似,一般应包括:市场需求分析与评价;生产规模分析与评价;投资总额分析与评价;资金来源分析与评价;销售收入分析与评价;产品成本分析与评价等。但由于研究开发的具体项目各有其特点,相应的经济评价方法也不尽相同。可采用一些公式计算经济指标,也可用常见的经济指标法,对其进行经济评价。下面分别简要介绍。

1. 指标公式计算法

这类方法包括许多具体的评价方法,例如课题指数法、收益比较法、项目价值指数法、产品价值法、研究有效度指数法等。

(1) 课题指数法　采用课题指数法评价的实质是将研究开发成果投入应用后,在寿命期内的收益总额与研究开发投入经费进行比较,从而得到研究开发项目的课题指数。这种方法常用于新产品开发类项目,在日本、美国等国使用较多。其评价公式为:

$$E = \frac{P_1 P_2 (\text{PR} - \text{CV}) N}{\text{TC}} \quad (8\text{-}50)$$

式中,E 为课题指数;P_1,P_2 分别为商业成功概率和技术成功概率;PR 为产品销售价格;CV 为产品单位成本;N 为产品使用期寿命;TC 为研究开发总费用。

一般认为,E 值越大越好。

(2) 收益比较法　收益比较法的评价公式为:

$$B = \frac{\text{IC} \cdot P}{\text{TC}} \quad (8\text{-}51)$$

式中,B 为研究开发收益比;IC 为研究开发收益指数;P 为研究开发收益成功的概率。

研究开发收益指数因项目类型而异,分三种情况计算。

① 新产品开发　收益指数 IC 取前五年产品销售总额的 5%,即

$$\text{IC} = \sum_{t=1}^{5} \text{IC}_t \times 5\% \quad (8\text{-}52)$$

② 产品改进　收益指数取产品改进两年内的销售总额的 2%,即

$$\text{IC} = (\text{IC}_1 + \text{IC}_2) \times 2\% \quad (8\text{-}53)$$

③ 工艺改造　收益指数取改造后一年内的节约额,即

$$\text{IC} = \text{一年内节约额} \quad (8\text{-}54)$$

因为研究开发收益比(B)反映了单位投入经费所获得收益的情况,故评价时 B 值越高越好。

(3) 项目价值指数法　项目价值指数法是国外常用的绝对科研效益计算方法,其公式为:

$$\text{PVI} = \frac{\sum_{1}^{5} P_m V_m (1+i)^{-m}}{\sum_{1}^{n} R_t (1+i)^t} \quad (8\text{-}55)$$

式中,PVI 为项目价值指数;P_m 为投产后第 m 年收益实现率;V_m 为投产后第 m 年的收益,$m=1,2,\cdots,5$;R_t 为从开发研究开始到投产为止第 t 年的科研费用,$t=1,2,\cdots,n$。

收益实现率 P_m 反映一项新的技术与当时原有技术相比的差异。随着时间的延长，新的技术相对老化，收益也随之下降。在日本、美国等发达国家，计算科研开发的经济效益时，研究开发成果的经济寿命或更新期一般取为 5 年，在经济寿命期内各年的研究开发收益实现率如表 8-10 所示。

表 8-10　研究开发收益实现率 P_t 随时间的变化

$t/$年	1	2	3	4	5
P_t	0.98	0.92	0.82	0.68	0.50

项目价值指数考虑了资金的时间价值，能更合理地反映研究开发项目的经济效果，其实质是反映单位研究开发经费所产生的收益，所以 PVI 的数值越大越好。

（4）产品价值法　产品价值法常用于新产品研究开发项目的经济评价，其计算式为：

$$V = A\left[N\left(1 - \frac{t}{\bar{t}}\right)\right] - c\left[\frac{t}{\bar{t}}\left(1 - \frac{N}{\bar{N}}\right)\right] \tag{8-56}$$

式中，A 为新产品预计平均年收益；c 为新产品开发研究所需费用；N 为新产品预计平均寿命；$\bar{N}$ 为同类产品的平均寿命；t 为新产品研究开发所需时间；$\bar{t}$ 为同类产品研究开发所需平均时间；V 为研究开发新产品的价值。

产品价值法实质是研究开发绝对经济效益的计算，用此方法评价开发的新产品时，其产品价值 V 越高越好。

（5）研究有效度指数法　研究有效度指数法综合考虑了研究开发成果的收益、固定资产效益、销售额以及市场占有率诸因素。其计算式为：

$$E = E_1 E_2 E_3 E_4 \tag{8-57}$$

$$E_1 = \frac{V_1}{25\text{TC}} \tag{8-58}$$

$$E_2 = \frac{V_1}{0.135\text{TF}} \tag{8-59}$$

$$E_3 = \frac{V_2}{0.04\text{TS}} \tag{8-60}$$

$$E_4 = \frac{V_2}{0.5\text{TN}} \tag{8-61}$$

式中，E 为研究有效度指数；E_1，E_2，E_3，E_4 分别为研究开发成果收益指数、成果应用投入的固定资产收益指数、与成果相关产品销售额增加指数、与成果相关产品的市场占有指数；V_1 为基于研究开发成果的产品净收益额；V_2 为基于研究开发成果的产品预计销售额；TC 为研究开发投入的总经费；TF 为研究开发成果投入应用所需固定资金额；TS 为使用研究开发成果单位预计总产品销售额；TN 为基于研究开发的成果的产品、相同产品及替代产品的市场总销售额。

这种方法所用各计算式中的系数是根据经验总结得的。若 $E > 1$，表明该项目可以实施。

2. 经济指标法

经济指标法就是采用一般项目经济效果评价的几项指标，来评价研究开发项目的经济效益。比较常用的指标有以下几种。

（1）净现值

$$\text{NPV} = \sum_{t=1}^{n} \text{NA}_t (1+i)^{-t} - \text{TC} \tag{8-62}$$

式中，NA_t 为研究开发成果应用后第 t 年的净收益；TC 为研究开发投入的总经费；n 为研究开发成果的应用寿命。

净现值 NPV 明确体现了研究开发项目的净收益，并可以对相同目的的多个研究开发方案进行比较和选优。

（2）净年值

$$NAV = NPV(A/P, i, n)$$
$$= NA - TC(A/P, i, n) \qquad (8-63)$$

式中，NA 为研究开发成果应用的平均每年的净收益。

该方法基本特点与净现值法相同，更适用于对不同寿命的研究成果方案进行比较和选优。

除上述指标外，还有投资回收期、内部收益率等，都可以评价研究开发项目的经济效益，其计算方法可参考前述有关章节。

（四）化工研究开发的综合分析与评价

1. 综合因素及其基本含义

前面对化工研究开发项目的技术评价，主要是定性分析；对其经济效益的评价，以定量指标为依据。但由于研究开发项目涉及其他一些环境因素，具有连锁效应，因而，应进一步结合其可能的社会效益等进行评价，即综合评价。由于一些效果难以定量估计，一般以定性为主，所以该方法亦称为综合定性分析与评价。

这种方法对化工研究开发项目评价考虑了四方面的因素：市场因素、技术因素、生产因素和社会因素。各方面因素中又包含若干项评价因子。

（1）市场因素　市场情况反映研究开发项目成果的应用前景和实用价值。市场因素一般应包括：必要性——市场的需求程度；竞争性——产品的市场竞争能力；延续性——产品的寿命期；成长性——市场需求的增长速度。如果拟开发的产品市场需求量大、竞争力强、需求期较长，且需求增长速度快，那么该新产品具有强的市场能力。从市场角度，该项目值得进行研究开发。

（2）技术因素　对于新产品、新工艺及设备的研究开发，重点是技术上的进展，是开发成败的重要因素。这方面的因素一般包括：难易程度——该项目在技术上实现的难度；研究时间——完成该研究开发所需花费的时间；研究经费——完成该项目需投入的资金；研究能力——参加研究开发人员的整体技术能力和水平；相关技术——开发此项目与其他技术相关的程度。

（3）生产因素　研究开发的最终目的是投入实际生产。衡量研究开发项目在生产上实现的可能性，通常应包括：生产难度——生产工艺及原材料来源的难易程度；耗费状况——产品生产所需的资源、能源及资金耗费情况；设备费用——产品生产所需装置的投入或耗费；负荷能力——产品生产可达的规模。

（4）社会因素　研究开发的成果，不仅要求具有良好的经济效益，也应考虑产品生产过程及产品本身的社会环境影响。评价这方面因素的指标包括：可接受性——新产品投放市场可能对人的生理、心理、文化及生活等方面的影响；可推行性——研究开发成果的推广价值及推广能力；环境影响——产品生产过程及使用后对生态环境所产生的影响；职业冲击——该产品对其他产品的取代性，以及该产品生产技术对生产方式的影响程度。

如果研究开发的成果对社会环境造成不良影响，又找不到适宜的解决方法，无论其经济效益如何，都应限制或禁止该研究开发的实施。

2. 综合评价原理及方法

这种方法是依据评价指标体系分级别评分，按其对评价对象的影响程度，对各评价因素和指标进行加权运算，逐级累加，从而得到综合评价值。然后再根据综合评价值所处的等级，对研究开发项目是否值得实施作出评价结论。下面举例说明综合评价的具体过程。

设某企业就是否研究开发某项目进行评价，选择了四类人员参与评价。根据各类人员的特点，对他们的评价意见作了权重限制，具体的数据列于表8-11。

表8-11 与评价人员类别、评价因素相关的权重分配值

评价因素		市场 a_1	技术 a_2	生产 a_3	社会 a_4
评价人员	销售人员	0.4	0.1	0.2	0.4
	技术开发人员	0.2	0.5	0.2	0.1
	生产管理人员	0.1	0.3	0.5	0.1
	企业管理人员	0.3	0.1	0.1	0.4

根据以上条件，可按如下步骤进行评价。

（1）计算各评价因素中各指标的平均概率值　评价者依据自己的经验和掌握的相关资料，对各因素中的评价指标，例如市场因素中的必要性指标、竞争性指标等，就可能出现的概率或等级状态（很好、良好、一般等）给出自己的概率。然后对其概率值依据表8-11中的权重系数进行加权平均处理，从而得到评价计算用的等级状态的平均概率分布 P_i。各指标的平均概率分布见表8-12。

（2）计算各评价指标的期望值

$$E = \sum_{i=1}^{k} C_i P_i \tag{8-64}$$

式中，P_i 为某一指标处于第 i 种状态（如很好、良好等）的平均概率值；C_i 是各指标的等级状态值，一般规定"很好"状态值为10，"良好"状态值为8，其余见表8-12中第一行。例如，市场因素中的必要性指标的指标期望值可计算如下：

$$E = 10 \times 0.15 + 8 \times 0.20 + 6 \times 0.35 + 4 \times 0.16 + 2 \times 0.14$$
$$= 6.12$$

其余指标的期望值见表8-12。

表8-12 综合定性评价表

评价因素和指标		等级状态概率分布 P_i					指标期望值 E	因素评价值 W
		很好 10	良好 8	一般 6	不好 4	很差 2		
市场因素 0.4	必要性 3	0.15	0.20	0.35	0.16	0.14	6.12	64.92
	竞争性 3	0.22	0.32	0.22	0.18	0.06	6.92	
	延续性 2	0.07	0.26	0.28	0.34	0.05	5.92	
	成长性 2	0.26	0.35	0.14	0.13	0.11	6.98	
技术因素 0.3	难易程度 3	0.05	0.34	0.52	0.07	0.02	6.66	67.18
	研究时间 2	0.12	0.29	0.40	0.17	0.02	6.64	
	研究经费 2	0.21	0.36	0.25	0.14	0.04	7.12	
	研究能力 2	0.31	0.25	0.23	0.13	0.08	7.16	
	相关技术 1	0.03	0.12	0.47	0.26	0.12	5.36	

续表

评价因素和指标		等级状态概率分布 P_i					指标期望值 E	因素评价值 W
		很好 10	良好 8	一般 6	不好 4	很差 2		
生产因素 0.1	生产难度 4	0.05	0.20	0.29	0.38	0.08	5.52	61.60
	耗费状况 3	0.13	0.17	0.36	0.24	0.10	5.98	
	设备费用 1	0.08	0.34	0.31	0.19	0.08	6.30	
	负荷能力 2	0.30	0.32	0.28	0.10	0.00	7.64	
社会因素 0.2	可接受性 3	0.24	0.28	0.18	0.16	0.14	6.64	68.94
	可推广性 2	0.45	0.27	0.15	0.09	0.04	8.00	
	环境影响 3	0.00	0.14	0.40	0.27	0.19	4.98	
	职业种类 2	0.61	0.32	0.05	0.02	0.00	9.04	

(3) 计算各因素的评价值 各因素的评价值等于各指标期望值 E_i，按其重要度 b_i 累加，计算式为：

$$W = \sum_{i=1}^{m} b_i E_i \tag{8-65}$$

例如，对于市场因素的评价值 W，可计算如下：

$$W = 3 \times 6.12 + 3 \times 6.92 + 2 \times 5.92 + 2 \times 6.98$$
$$= 64.92$$

(4) 计算项目的综合评价值 综合评价值是各因素评价值 W_i，结合其相应的因素权重 a_i 作加权平均得出，计算式为：

$$V = \sum_{i=1}^{n} a_i W_i \tag{8-66}$$

对本例，共有四项因素：市场因素的权重 $a_1 = 0.4$，技术因素权重 $a_2 = 0.3$，生产因素权重 $a_3 = 0.1$，社会因素权重 $a_4 = 0.2$。从而

$$V = 0.4 \times 64.92 + 0.3 \times 67.18 + 0.1 \times 61.60 + 0.2 \times 68.94$$
$$= 66.07$$

(5) 对项目进行综合评价 依据上述计算出的综合评价值 V，参照表 8-13 中对应的评价分级及相应的评价结论，作出研究开发项目综合分析和评价的结论。

由于本例的 $V = 66.07$，参照表 8-13 的规定，该项目的评价等级为二级，定性综合评价为良好，成功的可能性为 66.07%，可投入工业生产。

表 8-13 综合评价级别及其相应的评价结论

V 值范围		>80	$60 < V \leq 80$	$40 < V \leq 60$	$20 < V \leq 40$	$V \leq 20$
相应的等级		一	二	三	四	五
评价结论	状况	很好	良好	一般	不好	很差
	成功可能性	>80%	60%~80%	40%~60%	20%~40%	<20%
	应用前景	可投入工业生产			不可投入工业生产	

在运用上述方法评价时，应注意各因素评价值和各评价指标期望值的情况。如果评价指标的期望值 E_i 处于最差等级，或者某一评价因素的评价值为最低级别，则该项目被认为是在这个指标或因素方面不可行。从而无论综合评价值多高，该项目仍被认为是不可行的。

第四节　项目质量管理

一、项目质量管理概述

项目质量是项目管理几大主要内容之一，其固有的特性是能够满足客户要求的程度，既包括项目交付物的质量，又包括项目工作的质量。由于项目具有一次性的特点，要保证项目质量，必须先保证项目工作的质量。项目质量管理则是指项目团队为保障项目的交付物满足预定的标准或需求而开展的对于项目交付物质量和项目工作质量的全面管理过程。

与一般的质量管理相比，项目质量管理具有下列特点。

（1）复杂性　项目质量管理的环节多、主题多、影响因素多。

（2）动态性　项目生命周期各个阶段影响项目质量的因素不同。

（3）系统性　质量目标需要与其他项目目标共同实现，因此项目质量管理受到其他管理结果的影响。

（4）不可逆性　项目本身具有一次性的特点，使得项目质量没有机会在重复生产过程中得以改进。

项目质量管理过程包括质量规划、质量保证和质量控制三个环节，总体上应遵循以下原则。

（1）客户满意　项目以客户为中心，不断识别客户的需求和期望，关注其需求和期望的变化，确定各项目标能够体现客户的需求和期望，确保项目团队成员了解客户需求的内容及其变化，随时保持对客户满意度的评估，并以此为依据保持必要的改进，与客户建立良好的沟通渠道，科学管理客户期望。

（2）过程控制与改进　过程控制的目标是保证输出成果能被正确预测，若无法预测或预测结果不能令人满意，则需要对过程进行改进，后者通常是一种闭环管理活动，包括计划（制订质量管理目标及达到该目标的策略和措施）、实施（执行已制订的改进计划并收集数据）、检查（比较改进前后的结果，检查改进计划的执行情况）、行动（分析原因，总结经验，识别进一步改进的需要和可能性）四个环节。

（3）基于事实的管理　各种决策不能凭借权力或直觉，应基于事实，包括对偏差的理解、确定测度范围而避免极端、准确使用数据以及已知信息的适当运用。

（4）全员参与，绩效授权　项目质量管理要求项目全体成员的参与，管理层负责提供所需资源、指导编制项目质量计划和目标、营造适合项目特点的质量文化以及激励员工为质量管理做出贡献，而全体成员的素质和努力程度将极大地影响项目交付物的质量，因此应对成员进行质量管理培训，激发其责任感和积极性，赋予项目成员应有的质量管理权限，并给予项目成员持续改善日常工作绩效的权力。

（5）与供应商保持互利　供应商提供的材料和设备的质量，直接影响项目本身的质量，项目组织应本着"双赢"的理念与供应商建立良好的信息渠道和合作关系。

（6）预防胜于检查　牢记质量不是检查出来的，而是规划、设计和建造出来的，事前管理极为重要，并且预防错误发生的成本通常也小于检查和纠正的成本。

二、项目质量保证

项目质量保证是一种有计划的、系统的质量活动，其目的是确保项目使用全部所需的过程来达到项目标准、实现项目目的，因此项目质量保证也是为使干系人确信胜任的员工在用合理工作方法实施项目工作而广泛开展的一种管理活动。

项目质量保证的工作内容包括两个方面：首先是制定科学可行的质量标准，其目的是使项目在实施过程中达到或超越标准，可直接采用国家标准或行业标准，也可自行制定更高的标准，既包括了项目过程的质量标准，也包括了项目交付物的质量标准；其次是建立和完善质量管理体系，包括合理的结构和明确的职责分配、配备必要且合格的资源以及确保质量改进活动有计划且持续开展。

项目质量保证的主要方法是质量审核与过程改进。质量审核包括质量体系审核、项目质量审核、过程质量审核及监督审核等内容，可以确定项目活动是否遵循了组织和项目的政策、过程和程度，以确定是否需要采取改进纠正措施。过程改进则是指按照过程改进计划中确定的步骤来识别所需的改进，检查过程改进中遇到的问题和制约因素，发现并消除非增值活动，减少资源浪费，以提高项目过程的效率和效果。

三、项目质量控制

项目质量控制是指通过在项目过程中检测并记录质量活动的执行结果，分析项目结果是否符合项目质量保证中制定的质量标准，并确定消除造成不合格结果的原因的措施。项目质量控制工作应当贯穿项目过程的始终，以此识别造成项目过程低效或项目交付物质量低劣的原因，并采取适当措施将其处理。

项目质量控制通常包括以下三个方面。

(1) 工作质量控制　对项目成员为保证项目质量所表现出来的工作水平和完善程度加以控制，包括对管理工作、技术工作和后勤工作等项目工作的控制。

(2) 工序质量控制　由于项目是通过前后若干工序来完成的，每道工序的质量必须达到下道工序要求的质量标准，并且工序质量也决定了最终的项目交付物的质量，因此需要从每道工序的人员、材料、设备、施工方法和施工环境等方面着手，控制工序质量。

(3) 产品质量控制　对项目交付物是否满足产品质量标准、相关的合同要求或项目目标加以控制，控制的范围包括项目交付物的适用性、安全性、耐久性、可靠性和经济性等方面。

项目质量控制工作应当输出以下重要结果。

(1) 预防措施　实施能够减少项目风险和消极后果发生可能性的措施。

(2) 纠正措施　为使预期的未来绩效与项目计划保持一致而采取的行动。

(3) 请求变更　根据需要，按照变更控制流程启动变更请求。

(4) 缺陷维修　当项目产品或产品的某部分不满足质量标准或规范时，对识别出的缺陷形成书面文档，提出对其进行补救或替换的建议并实施。

(5) 可交付成果的确认　评估项目的最终交付物，确保其满足设计要求或质量标准，被拒绝的工作或成果需要重新进行，直至被接受。

四、项目质量管理制度

为保证项目自始至终都能保证其工作和交付物均符合相关质量标准和项目目标，并使组织在一个项目中获得的质量管理知识和经验能够被应用于以后的项目，应当建立一个完善的项目质量管理制度，使项目质量管理过程制度化，避免出现随意过程。组织和项目团队在建立项目质量管理制度时，可从以下几个方面考虑。

(1) 确定质量目标　例如对项目工作包的合格率和优品率的控制，制定重大质量事故的允许发生率，对项目交付物的质量要求，以及对参与质量管理活动的人员采取绩效激励制度等。

（2）建立管理体系　例如成立质量管理领导团队，明确该团队中各成员的职责，实行内部保证和外部监理相结合。

（3）质量保证措施　实行质量检查制度，建立完善的检验检测体系，落实岗位责任制，加强对检验检测人员的管理和业务培训，保证检验检测人员的稳定性，设定专职的检验检测岗位，加强内部质量检验检测工作，使整个项目过程处于受控和受监督状态。

（4）严肃对待质量事故　发生质量事故必须及时、如实汇报，不得隐瞒或修饰，严格认真地按照有关规章制度处理质量事故及相关责任人，绝不姑息迁就，同时也应采取适当的激励制度，以奖励在项目质量管理方面做出贡献的项目团队成员。

（5）做好质量管理文件　包括质量检查和评定的原始记录文档，经过认真检查评定的项目质量报表，并建立专门的场所、安排专职人员管理这些文件，规范化地对质量管理资料和文件进行有效管理。

思考题及习题

8-1　简述技术改造的含义和特点。

8-2　技术改造项目与新建项目有何主要区别，技术改造的主要内容是什么？

8-3　技术改造项目经济评价有什么特点，对技术改造项目进行经济评价应遵循哪些基本原则？

8-4　衡量技术改造项目企业经济效益的有哪些主要的指标，在评价技术改造项目社会经济效益时，一般包括哪些方面的内容？

8-5　设备更新的含义是什么，有何重要作用，它与技术改造有何关系？

8-6　什么是设备的有形磨损和无形磨损，各有何特点，试举例说明。

8-7　设备的寿命可划分为哪几种，它们的基本含义是什么？

8-8　确定设备经济寿命的原理是什么，有哪些常用的方法？

8-9　试述如何选择设备更新的最宜时机。

8-10　某设备的原始价值为 20000 元，目前需要修理，其费用为 5000 元。若该型设备新购置费用现在为 15000 元，试求该设备的有形磨损程度、无形磨损程度、综合磨损程度及其残值。

8-11　某设备的购置费为 8000 元，各年维持费与年末残值如表 8-14 所示。试用年均费用法计算下列条件时的经济寿命。（1）不计资金的时间价值；（2）考虑资金的时间价值，取 $i=10\%$。

表 8-14　设备的年维持费与年末残值

使用年限/年	1	2	3	4	5
年维持费/元	1000	1200	1400	1800	2300
年末残值/元	5000	4500	4000	3300	2500

8-12　某企业 2 年前花费 3000 元购置了一台设备，估计可用 7 年，使用期末残值为 0，该设备年均维持费为 3200 元。现在一种新设备出现，购置需花费 4600 元，效率与原有的设备相同，估计经济寿命 5 年，年维持费为 2200 元，5 年末残值为 0。如果现在替换原有设备，原有设备可以 1400 元售出。试求：（1）若不计资金的时间价值，现在是否应该更新？（2）若考虑资金的时间价值，设 $i=8\%$，现在是否应该更新？

8-13　在更换设备时，有两种设备可选，A、B 设备购置费用分别为 8000 元和 10000 元，它们的寿命周期均为 10 年，设利率为 6%，试求：（1）若 A、B 设备年均操作费用分别为 2300 元和 1800 元，试用年均费用法决策是选择购置 A 还是 B 设备；（2）若 A 设备第 1 年操作费用为 2000 元，以后逐年递增 10%；B 设备第 1 年操作费用为 1500 元，随后每年递增 100 元。试分析选择哪种设备更有利。

8-14　某设备残值为 3000 元，其他各项数据列于表 8-15。试逐年计算 C_{on}，C_{rn}，C_{nn}，C_{hn} 和 C_{mn} 值，并从中选出最佳设备更新方案。设 $n=8$ 年，$i=10\%$。

表 8-15　已知数据

序号	可选方案	基建投资 K/元	劳动生产率系数 β	设备年维持费 C/元
1	旧设备继续使用	$K_o=0$	$\beta_o=0.4$	1000
2	大修理	$K_r=4000$	$\beta_r=0.82$	400
3	现代化改装	$K_m=7000$	$\beta_m=1.25$	300
4	用相同型号设备更换	$K_n=10000$	$\beta_n=1.0$	250
5	用高效设备更换	$K_h=13000$	$\beta_h=1.65$	200

8-15　一台设备原值 15000 元,设备的低劣化值为 65 元/a。试求:(1) 不考虑资金时间价值,其经济寿命是多少?(2) 考虑资金时间价值,利率 $i=10\%$,其经济寿命又是多少?

8-16　某生产线年产量 50 万吨,计划现代化改装后产量提高到 100 万吨,成本由目前的 100 元/t 降低为 90 元/t。在两年的改装过程中,产量仅能达到 20 万吨,成本为 110 元/t。改装需投资 8000 万元,回收利用残值 100 万元。如果新建一座年产 50 万吨的同样生产线,需投资 14000 万元,产品成本为 95 元/t。设基准收益率为 12%,试评价现有生产线改装的经济合理性。

8-17　技术创新的基本含义是什么,如何结合我国实际情况,理解其基本含义?

8-18　技术创新在社会知识经济过程中,以及对企业的生存与发展有何重要作用?

8-19　技术创新有哪些过程模式?它们各有何特点?

8-20　技术创新能力包含哪些基本要素,评价其能力的主要指标有哪些?

8-21　在产品创新过程中,有哪些策略和方法可以采用?

8-22　化工研究开发有何重要作用,它与技术创新、产品创新有什么联系?

8-23　化工研究开发一般要经历哪些阶段或步骤?

8-24　对新产品研究开发进行技术评价,一般应包括哪些内容?

8-25　对化工研究开发进行综合分析与评价时,应考虑哪些因素,综合评价的基本原理和方法是什么?

8-26　某公司研究开发部门经过预研,提出三个可供选择的研究开发项目。项目 A 是改进一种产品,项目 B 是开发一种新产品,项目 C 是一项工艺改造。这三个项目的估测数据如表 8-16 所示。

表 8-16　项目估测数据

可选项目	需投入经费/万元	预计效果	成功概率/%
A	13	销售收益 46 万元/a	37
B	32	第一年收益 16 万元,以后逐年增加 4.3 万元	63
C	17	节约运行费用 12 万元/a	51

试用收益比较法评价三个项目,提出选择意见。

8-27　某研究开发单位的三个研究组提出了三个研究开发项目,其有关数据如表 8-17 所示。

表 8-17　项目有关数据

项目	开发费用/万元	应用后年收益/万元	应用中的年成本/万元	成果使用寿命/a
A	25	13	7	8
B	48	22	11	15
C	32	20	9	10

试用经济计算方法评价和选择。设基准收益率为 12%。

8-28　某公司的研究开发评价小组由规划部门、技术部门、生产部门及销售部门的人员组成。各部门的评价意见给定权重限制，评价的因素等如表 8-18 所示。

表 8-18　评价因素

评价因素		销售	效益	技术	生产	各部门权重
评价者	规划部门	0.2	0.3	0.1	0.1	0.7
	技术部门	0.1	0.3	0.5	0.3	1.2
	生产部门	0.3	0.1	0.3	0.5	1.2
	销售部门	0.4	0.3	0.1	0.1	0.9

试用综合评价方法对其进行评价。

8-29　何为项目质量管理？它有哪些特点？应遵循哪些原则？

8-30　试比较项目质量保证和质量控制的内容和方法。

8-31　试述如何建立完善的项目质量管理制度。

第九章

项目范围与时间管理及生产运营管理

本章要点及学习目的

项目范围管理——概念、分类及五个环节（收集需求、定义范围、创建工作分解结构、项目范围确认、项目范围控制）。

项目时间管理——概念及意义，项目进度计划编制及其分级管理的原理和方法，压缩工期的原理和方法。

生产计划——概念、地位及作用；制订生产计划的常用优化方法。

作业计划——概念、地位及作用，与生产计划的联系与区别；制订作业计划的常用优化方法。

通过本章的学习，要求读者理解项目范围管理和时间管理的基本概念、原理和方法，并在理解项目与生产运营的差异的基础上，理解生产计划的主要目标，掌握生产计划和生产作业计划制订的基本原理和优化的方法。

第一节 项目范围管理

一、项目范围管理概述

项目在实施之前必须首先确定一个范围或界限，即需要明确地界定该项目应该包括哪些内容、不应该包括哪些内容。项目范围是指项目一切可交付成果的总和，以及为完成具有特定功能或满足特定要求的产品而必须开展的所有工作。一个项目应当具有两类范围：一类是产品范围，即限定一个产品或服务应当包含哪些功能或特征；另一类是工作范围，即为确保能够交付上述产品或服务应当完成的工作。前者确定了项目的产物输出是什么，后者规定了为达到项目目标应当做什么。

项目范围管理是指确保做且只做完一个项目所需全部工作的过程，即为保证项目按标准或要求的范围完成而涉及的所有工作，包括确定项目的需求、定义项目的范围、范围管理的实施、范围核实、范围变更的控制等。因此，项目范围管理由收集需求、定义范围、创建工作分解结构、项目范围确认、项目范围控制五个环节组成。

二、收集需求

需求是指项目干系人（尤其是项目发起人和客户）已确定的需求和期望，它既是项目概念开发阶段的主要任务之一，同时又是后续创建工作分解结构以及规划成本、进度、质量的基础，其目的是确定并管理项目发起人和客户的期望。

完成收集需求通常通过以下步骤实现。

（1）问题及需求说明　清晰地说明组织面临的本质问题是什么，项目打算做什么，以便为项目做好充分准备，方可确保项目符合预先制定的目标；

（2）信息收集　尽可能详尽、全面地收集与项目相关的各种信息，以便加深对项目的理解，提高项目的执行力；

（3）约束分析　准确识别所有可能对项目产生影响的约束因素，例如预算、时间限制、客户的需求调整等；

（4）方案分析　通过将合理、完善地说明了各种问题并确认了项目的本质、目的和目标的多种方案进行比较，从中优选出最佳方案；

（5）项目目标　通过上述分析，逐步确定了准确且清晰的项目目标，为评价项目能否达到预期的要求提供了科学的检验标准；

（6）工作说明书　作为项目概念开发阶段的主要任务，收集需求这一环节的主要输出成果即工作说明书，包括了对项目背景、所需技术、时间里程碑的描述，对项目技术能力和需要解决的技术问题的分析，以及对项目完工并交付项目产品或服务的时间安排。

工作说明书通常由以下几项内容组成：①项目目的。描述做该项目的原因，包括对可交付成果、期望收益、项目不同部分的优先级等各项内容的描述。②方法。描述采取的标准或方法，以及这些标准或方法对项目的影响，包括对项目关键假设、报告项目状态的途径、项目范围变更的控制流程等内容的描述。③资源需求。详细地计划项目所需的资源，包括人力资源，以及期望得到的支持。④风险。评估环境、客户、竞争、技术等各类风险，并提出应对策略。⑤验收标准。详细地描述测试可交付成果的方法、标准及过程。⑥时间和成本估计。估算完成项目所需的时间和成本，以及对可能发生变化的成本的预测。⑦项目相关利益者。明确描述主要利益相关者的角色及其可能对项目产生的贡献或干扰。⑧指挥系统。在明确工作汇报关系的基础上，确定每个角色的上下级关系和决策权限，建立组织结构图。

三、定义范围

项目范围的清晰定义，既可更加合理地分配项目的资源和时间，又能明确项目主交付物的功能和特性，使之成为评估项目的主要依据，还便于对执行出现失误或超出项目范围的任务进行及时有效的修正。因此，清楚地定义项目范围，是执行项目计划并对项目过程实施控制的基本条件之一。

定义项目范围的主要输出成果是项目范围说明书，后者主要描述了项目可交付成果及其完成所需开展的工作，是对项目章程中关于项目总体范围描述的初步细化，便于项目干系人对项目边界达成共识，为后续各种决策和工作奠定基础，也为评价项目变更是否超出项目边界提供了基准。

项目范围说明书的内容通常包括：①产品范围描述。将项目的产品、服务或成果及其功能特性进行详细描述。②产品验收标准。对上述产品、服务或成果的验收过程与标准进行详细描述。③项目工作范围。确定项目为交付上述产品、服务或成果而必须开展的全部工作。④项目可交付成果。除了实际的产品、服务或成果之外，还应包括管理文件、各种报告等辅助性成果。⑤除外责任。对不属于项目范围的产品、服务或成果进行界定，便于管理项目干系人的期望。⑥制约因素。对可能会限制项目团队选择的相关因素进行罗列和说明。⑦主要假设条件。列出假设的前提条件，以防止这些条件不成立时可能出现的不良后果。

四、创建工作分解结构

工作分解结构（work breakdown structure，WBS）是确定项目范围定义并将项目活动进行分解的主要工具,是以可交付成果为导向的工作的逐级分解,其分解对象是可交付成果以及为实现这些可交付成果而开展的工作,将其分解为更细小的、更易于管理的组成部分。工作分解结构可为项目管理提供有效的控制,便于找到最佳层次的控制,为信息沟通奠定了基础并提供了渠道,是系统控制的有效手段之一。

工作分解结构(WBS)主要作用:①确定单项工作与项目整体的关系,方便落实并监督项目工作;②有利于项目计划的制订,使之更加可靠,便于准确估算成本和时间,是成本管理和时间管理的基础;③使项目范围控制更加有效,便于找到控制的最佳层次和监控重心(重心过高会更加耗时、耗资源,重心过低则有可能忽视重要情况,不利于及时发现问题);④定义沟通渠道,利于各部分之间的理解与协作,还有助于对风险的限定。

创建WBS的大致过程:首先确定项目的最终交付物,并将其初步分解为若干主要的交付物(称为主交付物),然后将主交付物逐级划分成更低级的交付物,直到分解至不能再被进一步分解的最低级交付物为止。分解这些交付物有多种基准,并且在同一项目内也可采用多种基准进行工作分解。

基准一:将主交付物作为第一层,再以系统功能或物理分布等因素为基准,进行逐层划分。例如,某制药企业拟针对某一新药品种建设一个新厂,则可将该新厂作为引进该新药品种这一项目的主交付物。根据厂区中各个建筑的不同功能,将新厂这一项目的主交付物划分为原料药生产车间、片剂制剂车间、胶囊剂制剂车间、原料及动力车间、质检车间、行政办公大楼、员工生活区等次级交付物。对次级交付物又可进一步细分,比如将片剂制剂车间划分为原料库房、制粒车间、压片车间、包衣车间、内包车间、外包车间、成品交付区等最低级交付物。

基准二:过程分解结构(process breakdown structure,PBS),即将整个项目生命周期的各个阶段作为第一层,把各阶段内对应的产品或其他可交付成果设置在下面的第二层。各阶段必须按顺序逐步进行,不能超越某环节而提前进入下一环节。例如某化工厂拟引入一套自动化生产控制系统,则可将该项目按照PBS进行分解,如图9-1所示。

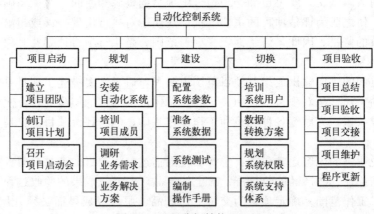

图9-1 过程分解结构(PBS)

基准三:按子项目进行分解。将项目划分成各个子项目,将其作为主交付物,以下各层按具体需要完成的工作一步步细分,直至列出工作包。同样以上述新药品种的引进项目为例,可将新厂建设项目划分为项目前期工作、土建施工、生产设备安装调试、运营筹划四个子项目,将其作为主交付物,在每个主交付物下方根据不同的工作进一步划分成更低级的子项目,直到不能再进一步细分为止。如图9-2所示。

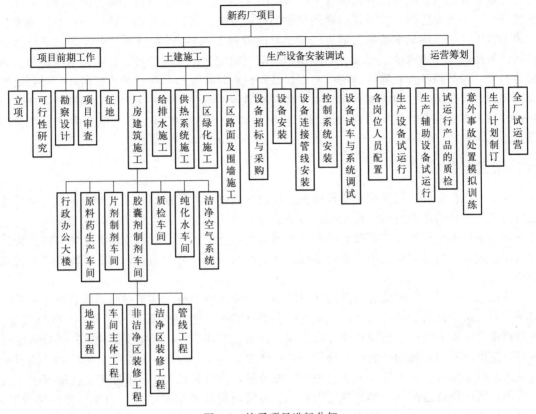

图 9-2 按子项目进行分解

用以实现交付物的一系列工作,称为工作包。若干工作包构成整个项目,即所有工作包完成则项目结束。工作包与交付物是不同的:交付物是多个工作包的产出,不直接消耗资源,也没有时间限制,其所需资源与时间等于其下所属工作包消耗的资源与时间的总和。而工作包是有明确起止时间点的工作集合,需要消耗资源和时间,是制订项目计划和项目管理、控制的基本单位。此外,工作包彼此都是独立的,既不能跨交付物,也不能与其他工作包有任何从属或交叉关系。

选择上述三种基准来创建工作分解结构时,需注意:①一个交付物或一个活动必须被清楚地定义,并且只能出现在 WBS 中的一个地方,不能重复出现;②下一级交付物对上一级交付物而言,必须是充分且必要的;③分解后的交付物或活动必须独立、可管理、可定量检查;④即使某项工作需要多人完成,但每项工作只能由一人负责;⑤交付物或工作活动之间的联系,不一定代表时间顺序关系。

五、项目范围确认

项目范围确认是指项目团队与项目发起人或客户共同检查已完成的可交付成果,确保该可交付成果已按设定的标准圆满完成,并通过项目发起人或客户的正式验收,以便防止项目团队和项目发起人或客户之间出现理解上的偏差,避免对后续未开始或未完成的项目工作产生重大影响,保证项目目标能够最终成功实现,是项目实施过程中的重要管理活动。

项目范围确认通常采用项目范围核查表的形式来完成,后者也是项目范围确认环节的主要输出成果。利用项目范围核查表,能够检查每项内容,确认项目范围是否恰当,并对其进行接受或修改变更。项目范围核查表主要包括以下内容：①项目目标，确定满足客户需要的主要目标；②主交付物，在项目生命周期中的产出成果；③进度要求，确定项目总体进度计划和里程碑计划（详见本章第二节关于项目时间管理的内容）；④技术要求，确保交付物达到制订的性能、功能或技术要求；⑤限制和排除，确定项目范围边界，并明确不应该包含在内的内容；⑥共同检查的确认，明确与客户共同检查，并获得其正式验收。因此，项目范围核查表的意义在于，它能够用来衡量项目交付物是否明确、完善并为项目目标服务，项目约束条件是否真实或符合实际，以及项目工作包是否有具体的度量指标、能否为项目交付物服务。

六、项目范围控制

很少有项目能够自始至终完全严格按照项目计划进行并完成，对最初计划或最终交付物进行变更几乎是无法避免的。技术或人力资源计划错误，客户需求的变更，项目所处环境发生不可预测且不可控的改变，政府法令等不可抗拒的外部约束，设计或预算上的疏忽、失误或错误，或者试图采取倾销手段低价中标、变更盈利的不良分包商等，都有可能造成项目范围的变更。

然而，由于项目范围变更会引起项目其他计划的连锁调整，甚至威胁到项目目标的最终实现，因此对于已确认的项目范围，应当维护其严肃性，避免随意的、不合理的变更发生。项目范围变更主要通过变更控制流程来实现，包括以下环节：①确定变更内容；②分析变更内容对进度和所需资源的影响；③决策是否批准变更；④与客户谈判变更后的计划；⑤明确变更计划的实施责任；⑥分析范围变更的完成情况，执行纠偏工作。利用变更控制流程，项目管理团队可以过滤掉不合理的变更内容，能够清晰地计算变更成本，跟踪预算使用情况，也可以清楚地监控变更内容的实施效果，最终确保项目的顺利进行和完成。

第二节　项目时间管理

一、项目时间管理概述

对于分工精细的复杂项目，往往需要总体的、相互协调的时间管理，以保证对该复杂项目的综合管理，控制整个项目的进度。项目时间管理是指根据项目所规定的工作范围及时间目标，对计划实施的项目的全部活动（项目规划、决策、准备、实施、终止等各个过程的具体活动），按照其工作顺序所作的预期时间安排，即对项目进度计划的管理。

由于有严格的时间限度要求是项目的主要特点之一，项目时间管理在项目管理中占据重要的地位。项目的进度计划在影响项目成功的诸多因素中通常排在首位，因此项目管理的首要工作即是计划。进度计划是做好进度管理的基础，也是进度控制的依据。

时间管理的主要内容是采取适当的时间管理方法和工具，制订严密合理的进度计划，并根据需要对进度计划进行分级编制与管理，同时建立保证进度计划执行的激励与处罚制度，为进度计划配置合理的资源、创造良好的实施环境，并通过项目实施过程中不断收集的关于进度执行的信息，对发现的偏差及时做出合理、科学的纠偏决策。

项目时间管理是项目管理的主要环节之一，其作用至少包括：

(1) 提高资源利用率　资源的有限性要求我们合理安排项目进度，从而能够使各项活动在总工期内稳定而有序地进行。

(2) 提高团队效率　在对项目进行时间管理及规划后，每项活动都会有期限，这将增强团队的积极性、激发创新力及促进工作效率提高,更大程度保障在规定时间内完成任务。

（3）降低项目风险性　项目时间管理的关键是进度控制,该控制有利于在项目进行过程中及时发现问题及隐患,从而降低项目的风险性。

二、项目进度计划编制与分级管理

在项目范围管理中,工作分解结构（WBS）定义了所有项目活动的逻辑关系,在此基础上,项目进度计划则进一步对每一项工作必须在何时完成以及完成每一项工作所需要的时间做出了说明,为项目提供了最佳的时间安排,使项目团队能以最低的成本和最少的资源完成项目,并使项目质量达到预定标准,减少项目的风险。编制进度计划是一个循序渐进的过程,包含在项目范围管理和项目时间管理的过程中,其关键过程包括项目范围的界定、创建工作分解结构、确定项目任务之间的关系、绘制网格图、估计工作包的时间和资源需求、进行网络时间计算等。

（一）项目网络技术（网络图）

项目网络技术又称网络图,是一种可视化的项目进度管理工具,能够揭示项目的关键路径并合理安排计划中的各项工作。常用的网络技术包括计划评审技术（PERT）和关键路径法（CPM）,两者的区别在于:①PERT面向事件,除非项目处于已经完成的里程碑处,否则无法确认项目的完成百分比,而CPM面向活动,可沿着活动路线准确地确定完工百分比;②PERT通常采用三点时间估算法（最乐观、最悲观、最可能）,是一种预先假设的随机偏差,而CPM是针对确定性活动的方法,每个活动仅用到一种时间估算值,估算的偏差则作为计划内偏差来考量;③PERT常用于时间估算风险高、不确定因素众多的项目（例如研发项目）,而CPM则适于定义良好、时间估算准确、资源依赖性较强、不确定性相对较小的项目。

采用PERT或CPM编制进度计划,通常经过以下几个步骤:①创建工作分解结构,确定项目任务和活动;②判断各个任务和活动之间的项目关系,按顺序将其排列至网络图中;③项目经理与直线经理审查网络图,确保活动不多也不遗漏,并确定活动关系安排准确;④确定网络图中各个活动的持续时间,并对关键路径上的活动进行调整;⑤将日期分配给图中的每项活动,使项目进度计划成为有限条件下的计划。

根据以上步骤,最终可绘制出如图9-3所示的项目网络图。网络图可以清晰地展示出所有任务的依赖关系,便于实施监控和协调,也便于项目成员之间的沟通,尽快了解工作环境和内容。此外,网络图还可方便项目组织进行项目资源的科学安排及项目工作人员的统一调度,并且确定了每个任务的起止时间,便于识别出必须按时完工的关键活动和关键路径,以保证项目顺利按时结束。

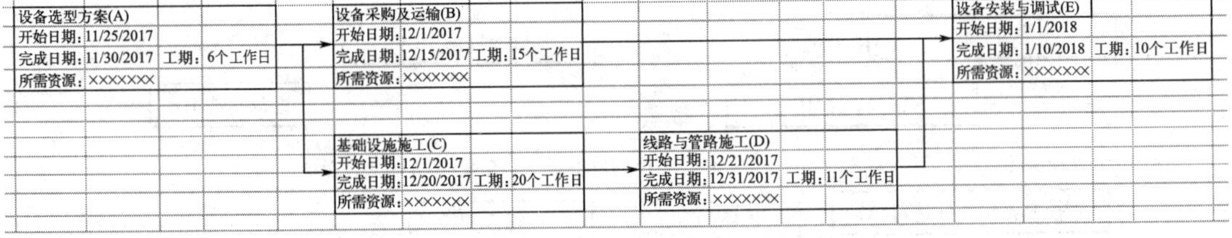

设备选型方案(A)		设备采购及运输(B)				设备安装与调试(E)	
开始日期:11/25/2017		开始日期:12/1/2017				开始日期:1/1/2018	
完成日期:11/30/2017　工期:6个工作日		完成日期:12/15/2017　工期:15个工作日				完成日期:1/10/2018　工期:10个工作日	
所需资源:××××××		所需资源:××××××				所需资源:××××××	
		基础设施施工(C)		线路与管路施工(D)			
		开始日期:12/1/2017		开始日期:12/21/2017			
		完成日期:12/20/2017　工期:20个工作日		完成日期:12/31/2017　工期:11个工作日			
		所需资源:××××××		所需资源:××××××			

图9-3　某厂房的设备建设项目网络图

上述简单的项目网络图包含5个节点和2条路径:每个节点表示一个需要完成的活动,节点之间则通过箭头相互连接,以表示活动之间的先后顺序,两条路径则分别为A→B→E

和 A→C→D→E。从项目网络图中也很容易看出活动的不同类型。

(1) 串行活动　两项活动之间存在前置和后续关系，例如基础设施施工（活动 C）完成后，方可着手进行线路与管路施工（活动 D），故活动 C 和 D 即为串行活动。

(2) 平行活动　两个或多个活动可以同时进行，例如开展设备采购与运输（活动 B）的同时，可进行基础设施施工（活动 C），故活动 B 和 C 即为平行活动。

(3) 汇合活动　一个活动有两个或多个的前置活动，当这些前置活动全部完成后，该活动方可开始，例如必须等待设备采购及运输（活动 B）到位同时管线与管路施工（活动 D）结束后，方可开展设备安装与调试（活动 E），故活动 E 即为汇合活动。

(4) 发散活动　一个活动有两个或多个紧后活动，例如设备选型方案（活动 A）完成后，设备采购及运输（活动 B）与基础设施施工（活动 C）均可开展，故活动 A 即为发散活动。

（二）项目活动顺序的确定

项目工作分解结构创建后，必须紧接着对工作包的先后顺序做出判断，即确定项目活动之间的依赖关系，这也是制订项目进度计划的基础工作之一。项目活动之间的依赖关系通常可分为以下三种：①具有逻辑约束的强制性关系，即两个活动之间的内在关系是严格确定而不可调整的；②自由依赖关系，即两个活动可以并行同时实施，也可根据实际情况确定其先后顺序；③外部依赖关系，即外部关系或因素对项目产生了制约与影响，使项目工作顺序需要改变或调整。

在一条连续的活动链或路径中，某个活动的最早开始时间与其紧前活动的最早完成时间之间，可间隔一定的期限，这种期限称为滞后。项目进度计划编制过程中，项目经理应明确哪些依赖关系需要加入时间的提前量或滞后量，以便准确表示活动之间的逻辑关系。常见的五种滞后方式如图 9-4 所示：①完成-开始关系，即活动 B 必须在活动 A 结束 n 天后开始，这可能是由资源限制、质量控制或风险控制等因素造成的；②开始-开始关系，即活动 B 最早可在活动 A 开始 n 天后开始，这可能是由于紧前活动持续时间较长，而后续活动无须等待其紧前活动全部完成之后才能开展；③完成-完成关系，即活动 B 最晚可在活动 A 完成 n 天之后完成，例如基础设施施工完成后 5d 内，要完成设备的安装工作；④开始-完成关系，即活动 B 最晚可在活动 A 开始 n 天后完成，例如新的生产控制系统开始上线运行之后 20d，方可实现旧控制系统的逐渐切换与淘汰；⑤开始-开始与完成-完成的复合关系，即活动 A 开始 n 天后才能开展活动 B，并且活动 A 结束 m 天后就须结束活动 B。

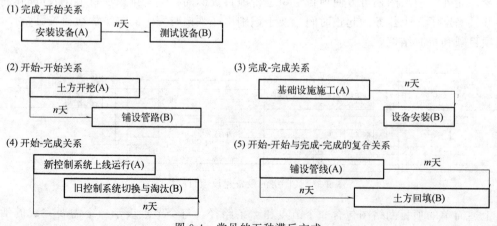

图 9-4　常见的五种滞后方式

当完成前置任务所需时间太长，但其后续工作不需要等到前置工作全部完成即可以开始，这时通常把所需时间过长的前置活动分成若干阶段，使得每个阶段完成后即可尽早开展后续工作，以节省完成这一系列活动所需的总时间，这种方法称为阶梯化。例如，需架设一条长度为300m的蒸汽输送管道，大体上可分为管道梁架建设、管道安装、保温材料铺设等三个活动，它们之间存在先后依次完成的内在逻辑关系。但在实际项目开展中，无需等到300m长的梁架全部建设完毕后再开始铺设管道，也无需等到300m长的管道全部安装完成后再开始进行保温材料的铺设，而通常采用如图9-5所示的阶梯化作业方式，大大节约了整个管道架设的所需时间。

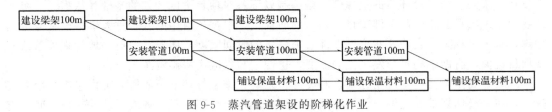

图9-5　蒸汽管道架设的阶梯化作业

（三）项目活动时间的估算

由于项目活动时间受到人力资源、设备条件、成本投入等多种因素的影响，因此活动时间的估算结果精确度是相对的。项目活动时间的估算通常有经验估算法、定额计算法和三点时间估算法三种。活动时间估算的准确性有可能受到估算人员的经验或专业技术水平、项目的不确定性和复杂性以及有效工作时间和法定节假日的影响。

经验估算法是根据过去类似项目活动完成的时间来估算新项目活动所需时间的方法，简单易行，但误差较大，项目特点、项目所处环境、项目活动的相似性以及估算人员的经验都有可能影响到估算结果的准确性。因此，该方法通常仅适于设备与劳动力产出效率基本稳定、完成任务所需工作量相对确定的工程项目，而不适于技术难度与风险较大的研发项目。

定额计算法是以时间定额和产量定额为依据的项目活动时间估算方法。时间定额是指在合理的劳动组织与合理使用生产资料的条件下，某专业人员或班组完成符合质量要求的单位产品所需的时间。将时间定额取倒数，即为产量定额，指的是在单位工作时间内，某专业人员或班组应当完成符合质量要求的产品的数量。根据式(9-1)即可对项目活动时间进行估算：

$$T=\frac{Q}{PSN} \tag{9-1}$$

式中，T 为项目活动的持续时间；Q 为项目活动的总工作量；P 为投入该项目活动的劳动力及设备资源量；S 为单位时间内完成的工作量（即产量定额）；N 为项目活动的工作班次数。

三点时间估算法通常用于采用了新工艺、新方法、新设备或新材料等无重复性、缺乏经验的项目活动，此时需要首先确定项目活动的最乐观历时 a、最悲观历时 b 和最可能历时 m。最乐观历时是指假定一切工作都按计划进行、没遇到困难或只遇到最少困难的活动历时，最悲观历时是指假定一切都不按计划进行、可能存在的潜在困难最大量发生时的活动历时，而最可能历时则是指假设前置活动正常完成的情况下的活动历时，是最常发生的情况。以上述三种情况下的历时估算为依据，根据式(9-2)即可计算该项目活动的期望持续时间。

$$T_e=\frac{a+4m+b}{6} \tag{9-2}$$

式中，T_e 为项目活动的期望持续时间；a 为项目活动持续的最短、最乐观估计时间（最乐观历时）；b 为项目活动持续的最长、最悲观估计时间（最悲观历时）；m 为项目活动持续的最可能、最正常估计时间（最可能历时）。

（四）项目进度计划的分级管理

项目进度计划应满足项目决策层、项目经理、项目小组与团队成员等不同层次的项目干系人对于进度管理的差异化需求，因此在确定项目活动时间和项目工期后，应进一步对项目实施分级管理，使每个层次的项目干系人都有适合自身的项目进度计划。

一级计划是指项目的总体进度计划，确定了项目各阶段的主要进度点和主要活动，定义了设计、采购、施工等环节的里程碑，是编制以下各级项目进度计划的基础和依据。一级计划在确定了项目起止时间（即项目工期）的前提下，根据项目中的各个重大事件设置若干里程碑，每个里程碑代表着这些关键事件必须完成的时间限度，便于客户更好地管理项目或实现项目价值，有助于满足激发士气的需要，也便于与供应商协调资源供应时间。

二级计划是项目的主进度计划，对设计、采购、施工等环节下的所有工作包进行统筹安排，是在一级计划基础上编制的统筹网络计划，侧重于全部项目任务或活动的起止时间设定与项目资源安排的合理性。二级计划的制订，首先要根据一级计划目标分解来获取二级计划的目标，然后通过与相关单位沟通、协商，确定各项目阶段的持续时间，并应当同时考虑一级计划的约束和三级计划的支持：与上级计划冲突时需要向上反馈，又要接受下级计划的反馈而对自身进行局部修正。

三级计划是项目的控制计划，侧重于对资源使用情况的合理性分析与评价，是指导项目设计、采购和施工者制订具体实施计划的基本支撑。三级计划的主要内容包括分解工作包，定义活动关系，计算活动起止日期，加载活动所需资源并进行调配，最终确定具体的时间进度安排。项目经理根据二级计划制订三级计划的里程碑和控制节点计划目标，计划工程师则通过与项目各部分成员讨论而制订更加详细的实施计划。项目三级计划是项目计划与资源计划的结合点，在制订时需要特别慎重。

四级计划是项目的详细进度计划和具体作业计划，将进度计划分解到了全体项目成员身上，实现了进度计划与人的最终结合，保证项目工作有条不紊地进行。四级计划应根据三级计划中的任务来分解，可依据活动的过程顺序来制订，或者依据任务成果的分解来制订，以分解到项目过程不可再分为原则，可直接估算每个项目活动的持续时间，更加清晰地判断该项目活动所需的资源。

三、项目进度计划的优化与控制

（一）项目工期与成本的关系

项目进度变化与成本之间存在复杂的关系，进度加快或减慢都有可能造成项目成本的增加。项目成本包括直接成本和间接成本：前者是指用于项目任务的、可分摊到具体工作包的费用，例如人工费、分包费、设备费、材料费等；后者是指项目运营的必需费用，但无法或难以分摊到特定工作包的费用，例如公用设施费用、办公费用、房屋租赁费用、保险费用等。通常情况下，赶工期将引起人工成本和采购成本等直接成本的上升，工期拖延则将引起间接成本的上升。因此，项目的直接成本随工期的增加而降低，间接成本随工期的增加而上升，项目成本随项目工期变化的曲线，即总成本曲线，则呈 U 形（如图 9-6 所示）。总成本曲线的最低点即为直接成本曲线和间接成本曲线的交点，称为最佳成本-时间点，是项目的最佳工期，即：以最佳成本时间点对应的工期作为项目工期，则项目的总成本最低。在此最佳工期的基础上，无论延长工期或是缩减工期，项目总成本均会增加。

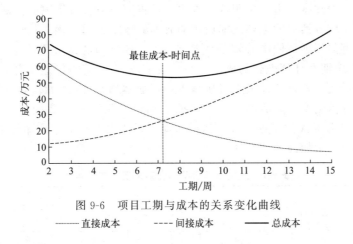

图 9-6　项目工期与成本的关系变化曲线
……… 直接成本　　---- 间接成本　　—— 总成本

（二）成本斜率与工期压缩

在实际的项目开展过程中，有很多因素可能导致项目工期被压缩，例如强制收尾的政治性原因，市场竞争促使项目提前结束，激励性措施促使项目早日交付，前期工作延误导致后期赶工，关键人力和设备资源调离，以及管理费用过高等。工期压缩会对项目进度计划产生巨大的影响，也会对成本带来较大的冲击，还有可能对项目质量带来严峻的挑战。

如果项目建立了工期与成本曲线，面对工期压缩的要求时，项目管理人员可以快速做出成本预测分析。如图 9-7 所示，正常点是指完成某项目活动的基准计划，是正常成本与正常工期的交点，通常以最佳成本-时间点为依据而确定；压缩点是指完成项目活动最短的时间点，是工期压缩后的赶工工期，其对应的成本是加急成本。由于最佳成本-时间点是总成本曲线的最低点，以此为依据估算正常工期，并在此基础上进行工期压缩，必然会使总成本增加，即加急成本高于正常成本。假设项目活动时间压缩后的成本随工期变化呈线性变化，则可将正常点与压缩点之间连线的斜率定义为成本斜率，其计算公式如式(9-3)所示：

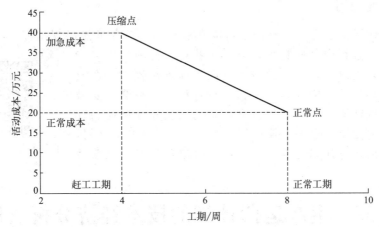

图 9-7　项目活动时间压缩（赶工）后的成本斜率

$$成本斜率 = \frac{加急成本 - 正常成本}{正常工期 - 缩短后的工期} \tag{9-3}$$

成本斜率代表了每缩短一个单位工期所带来的成本增加，成本斜率越高，则意味着压缩工期所带来的成本增加越严重。按照这种方法，可将项目所有可压缩的关键活动的成本斜率计算出来，综合比较各活动的工期压缩后增加成本的程度，即可优先选择成本斜率小的活动进行工期压缩。例如某项目依次分解为活动 A~F，各活动的最大可压缩工期、正常成本/工期、加急成本/工期及计算得到的成本斜率总结于表 9-1。若需压缩 3 周工期，则首先选择成本斜率最小的活动 A，该活动最大可压缩 1 周，成本增加 20 万元；然后再压缩剩下活动中成本斜率最小的活动 C，该活动最大可压缩 4 周，但只需压缩 2 周，成本增加 50 万元。因此，该项目压缩活动 A 的工期 1 周、压缩活动 C 的工期 2 周，总成本增加 70 万元，该工期压缩方案即是成本增加最少的最佳方案。

表 9-1 某项目各活动可压缩工期与成本斜率

活动	最大可压缩工期/周	总成本				成本斜率
		正常		加急		
		工期/周	成本/万元	工期/周	成本/万元	
A	1	3	60	2	80	20
B	2	6	90	4	150	30
C	4	10	40	6	140	25
D	3	8	30	5	150	40
E	2	5	20	3	90	35
F	2	4	30	2	130	50

压缩工期除了考虑成本斜率的因素外，应当认识到，估算的压缩工期与成本变化之间的关系很粗略，并且成本增加与工期压缩之间未必遵循线性关系，不一定能真实反映工期缩短后带来的成本增加水平。此外，还应考虑到压缩工期对项目团队成员的士气和工作积极性的负面影响，以及压缩某些关键活动或不确定性较强的活动所带来的产品质量和项目安全方面的风险。因此，制订工期压缩方案是一个多因素、全方位的综合决策过程。

（三）项目进度控制

项目进度计划发布后，由于计划可能存在缺陷、资源可能出现困境、项目本身的不确定性或者执行过程中某些特殊因素的干扰等，使项目不可能完全按照进度计划进行，实际的进度情况可能偏离预期，造成进度拖延、工期落后。因此，在项目执行过程中，必然需要做出或多或少的进度调整，即对项目进度计划的实施开展控制管理活动。项目进度控制通常包括三个核心环节：制订进度计划、比较计划执行情况与计划是否吻合，以及对出现的偏差采取适当的措施。

拓展阅读：项目进度计划的优化与控制方法

第三节 生产运营计划的技术经济分析及优化

一、项目与运营的区别

如表 9-2 所示，项目（project）与运营（operation）是显著不同的：项目是在有限时间内的临时性活动,有确定的起止时间,而运营是持续不断、周而复始、相对无限的生产或提供相似的产品或服务,没有结束的时间;项目的组织机构是临时建立的项目团队,其管理者是项目经理,而运营的组织机构是长期性的职能部门,其管理者为部门经理;项目的资源需求往往具有较大的不确定性和风险性,而运营的资源需求通常是确定的、固定的。此外,项目和运营在管理方法、任务特性、计划性和考核指标等方面也有所不同。

表 9-2 项目和运营的对比

对比内容	项目(project)	运营(operation)
目标	特定的	常规的
组织机构	项目组织	职能部门
组织的持续性	临时	长期
负责人	项目经理	部门经理
时间	有限时间内	周而复始
持续性	一次性	重复性
资源需求	不确定性和风险性	确定性和固定性
管理方法	风险性	确定性
任务特性	独特性	普遍性
计划性	事先计划性强	计划无终点
考核指标	产出物为导向	效率和有效性为导向

二、生产计划及其优化

(一)生产计划的概念

1. 生产计划的地位及作用

在现代企业中,生产经营活动是社会化大生产。企业内部分工精细、协作严密,任何一部分都不能离开其他部分而单独运行。尤其是生产运作管理活动,它需要调配多种资源,在需要的时候,按所需的量,提供所需的产品。所以,生产计划是生产运作管理中的一个重要部分,它与其他计划的相互关系如图 9-8 所示。

生产计划是关于企业生产运作系统总体方面的计划,是企业在计划期应达到的产品品种、质量、产量和产值等生产任务的计划和对产品生产进度的安排。它反映的并非某几个生产岗位或某一条生产线的生产活动,也并非产品生产的细节问题以及一些具体的机器设备、人力和其他生产资源的使用安排问题,而是指导企业计划期生产活动的纲领性方案。

生产计划一方面为满足客户要求的三要素"交期、品质、成本"而计划;另一方面又使企业获得适当利益,是对生产的三要素"材料、人员、机器设备"适宜准备、分配及使用的计划。

2. 生产计划的内容

在一定规模的工业企业中,生产计划工作由一系列不同类别的计划所组成。这些计划按计划期的长度分为短期、中期、长期三个层次,它们之间相互紧密联系,协调配合,构成企业生产计划工作的总体系。

(1)短期计划 短期计划的计划期长度在三个月以下,一般为月或跨月计划,它包括物料需求计划、生产能力需求计划、总装配计划以及在这些计划实施过程中的车间内的作业进

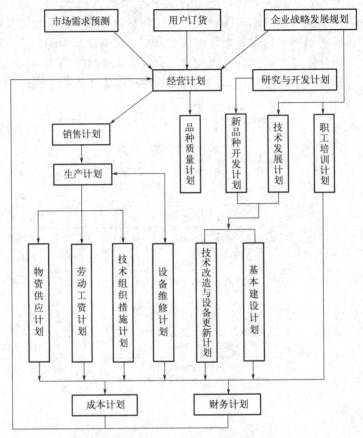

图 9-8 企业各种计划之间的相互关系

度计划和控制工作。

物料需求计划是将产品出产计划分解为构成产品的各种物料的需要数量和需要时间的计划,以及这些物料投入生产或提出采购申请的时间计划。总装配计划就是最终产品的短期产出进度计划。生产能力需求计划即通常所说的设备负荷计划。它根据零件的工艺路线和工时定额,来预计各工作中心（设备组）在各时间周期中应提供的生产能力数量;然后经过与实有能力的平衡,编制出车间的生产作业计划。车间内的作业计划工作中包括作业分派、调度和生产进度的监控与统计工作。对外购的物料则编制物资供应计划,并对其实施进行控制。

(2) 中期计划　中期计划的时间期一般为两年,或更长一些时间。它就是通常的年度生产计划。中期计划主要包括两种计划:生产计划大纲和产品出产进度计划。

生产计划大纲规定企业在计划年度内的生产目标。它用一系列指标表示,以规定企业在品种、质量、产量和产值等方面应达到的水平。其中,产品品种指标是企业在计划年度内生产的产品品名和品种数。它反映了企业在品种方面满足社会需求的能力。在当今的市场环境条件下,增加新产品的品种数已成为企业开拓市场、增强竞争力的主要手段,生产的产品品种数,特别是新产品品种数的目标的制订对促进企业的进步发展有重要作用。

产品质量指标是指企业在计划年度内提高产品质量方面应达到的水平。它反映了产品能够满足用户使用要求的程度,又是企业的技术、生产和管理水平的综合反映。产量指标是计划年度内应当出产的合格产品的数量,包括成品和供销售的半成品的产量两种。产品产量指标反映企业向社会提供的商品数量,代表了企业的生产规模;同时,它又是企业进行产供销平衡，计算实物劳动生产率、产值原材料消耗、成本和利润等指标的基础，因此是企业组织生产活动的重要依据。产值指标是用货币表示的产品的价值量指标。由于它能较确切、较综合地反映企业的生产总成果，并使生产成果具有可比性，因此在各项计划指标中显示出它的特殊意义，成为计算劳动生产率、资金利用率和生产发展速度等许多重要指标的主要依据。

生产计划大纲的编制依据是对产品需求的预测，以及长期计划对当年提出的任务要求。它的作用是通过总量指标来核算检查全年的生产能力能否满足需要，以便对任务与能力进行平衡，并使达到平衡的计划保证应有的经济效益。

产品出产进度计划是将生产计划大纲具体化为按产品品种规格来规定的年度分月的产量计划。这种计划一般每隔半年编制一次，也可以按更短的时间周期进行滚动更新。制订出产品出产进度计划之后，仍需进行生产能力的核算平衡，以保证计划达到可行性。但在这一层上，生产能力核算和平衡都是粗略的，只分车间，或按设备大组（大类）的总台时与人员公众的总工时去检查和校核生产能力。故属于粗能力需求计划。当然，在检查生产能力的同时，也要检查其他资源的供应能力，如原材料、能源、外购配件、运输等的供需平衡情况。

(3) 长期计划 计划期长度一般为3～5年，也可长达10年。它是企业在生产、技术、财务等方面重大问题的规划，提出了企业的长远发展目标以及为实现目标所制订的战略计划。主要包括产品与市场发展计划、资源发展计划及生产战略计划和财务计划等几种计划。

制订长期计划，首先要结合对经济、技术、政治环境的分析，做出企业发展的预测，确定企业的发展总目标，如在总产量、总产值、利润、质量、品种等方面的增长速度和应达到的水平。生产战略计划则要确定企业的经营方向和经营领域、产品门类和系列，体现竞争战略的产品质量和价格水平，以及市场渗透战略，这些就是产品与市场发展计划。其次，制订资源发展计划，即确定为实现企业发展目标和生产战略计划所需要增加的生产资源和相应的生产方式的变革，以及生产能力发展的规划。长期计划中的财务计划将从资金需要量和投资回报等方面对以上各种计划的可行性和经济有利性进行分析，使这些计划在财务上是可行的，并且是有效益的。

3. 生产计划的主要目标

生产计划的主要目标是怎样尽量发挥企业的生产能力，充分利用生产资源，生产适销的产品，满足市场和用户的需求，同时使生产负荷尽可能均衡稳定，控制库存的水平，并最终使生产总成本尽可能低。这些目标可总结如表9-3所示。

表9-3 生产计划的目标

成本最小/利润最大	生产速率的稳定性
最大限度地满足顾客要求	人员水平变动最小
最小库存费用	设施、设备的充分利用

表9-3中目标之间既有一致性，又存在某种相悖的特性。例如，最大限度地满足顾客要求，则要求按时、迅速交货，但这常需通过增大库存来达到。这样又与最小库存费用的目标相悖。又如，当产品需求随季节变化时，很难做到均衡生产和保持人员稳定。诸如此类的问题不少，说明这六个目标之间的相悖性。所以，在制订生产计划时，须权衡上述这些目标因素，作适当的折中，并同时考虑一些定性的因素。

(二) 生产计划的决策

在实现上述有相悖关系的目标过程中，首先须提出一些初步的可选方案，进行比较和综合考虑，再做决策。在做生产计划决策时，可采用两种基本的决策方法。

1. 稳妥应变型

这种方法的基本做法，是根据市场需求制订相应的计划，即把预测的市场需求作为给定条件，通过改变人员水平、加班、安排休假、改变库存水平、外协等方式，来适应市场变化。

2. 积极进取型

用前面稳妥应变型方法处理季节性需求或波动较大需求时，往往不得不付出较高的成本。而积极进取型则通过调节需求模式，影响、改变需求，调节对资源的不平衡要求，来达到有效地、低成本地满足需求的目的。

企业内部不同部门的人员，倾向于采用不同的方法来考虑生产计划的编制。这需要将两种方法有机结合，才可能使综合计划达到较优或最优。

（三）制订生产计划的优化方法

制订生产计划的优化方法有多种，但较常用的有图表法与线性规划法两种。

1. 图表法

这种图表法亦称为运输表法。这种方法的基本思想是：每一单位计划期内正常生产能力、加班生产能力以及外协量均有一定限制；每一单位计划期的预测需求量已知；全部成本都与产量呈线性关系。从而，图表法可给出整个计划内每一单位计划期的最优生产计划。一般可用手算和图表方式进行，但当所涉及的问题较多时，需借助于计算机技术。

用图表法解决这类问题，须应用如表 9-4 所示的格式。表中的每一行表示一个计划方案，该表中有 4 个计划方案。例如，第 1 行表示期初库存，可以满足 4 个单位计划期内任一期的需求；第 2 行则是第 1 期内正常工作时间的生产量，也可用以满足 4 个单位计划期内任一期的需求。

表中的列表示一个计划所包含的计划期，以及尚未使用的生产能力和总生产能力。表中每一格右上方框表示单位产品的相应成本，包括生产成本和库存成本。表中符号×表示生产任务不得积压。一般来说，当期生产并当期销售，是成本最低的方案。但由于生产能力的限制，不一定总能实现。

第 1 期的期初库存费用为零，因为它是前一个计划期如上一年决策方案的函数，又在本计划期内考虑。

这种方法可分为允许生产任务积压和不允许积压两种情况。下面将举例说明后一种情况下的图表法。

表 9-4　图表法模型

计划方案		计划期				未用生产能力	全部生产能力
		1	2	3	4		
单位计划 1	期初库存	0	h	$2h$	$3h$		I_0
	正常生产	r	$r+h$	$r+2h$	$r+3h$		R_1
	加班生产	c	$c+h$	$c+2h$	$c+3h$		T_1
	外协	s	$s+h$	$s+2h$	$s+3h$		S_1

续表

计划方案		计划期				未用生产能力	全部生产能力
		1	2	3	4		
2	正常生产	×	r	$r+h$	$r+2h$		R_2
	加班生产	×	c	$c+h$	$c+2h$		T_2
	外协	×	s	$s+h$	$s+2h$		S_2
3	正常生产	×	×	r	$r+h$		R_3
	加班生产	×	×	c	$c+h$		OT_3
	外协	×	×	s	$s+h$		S_3
4	正常生产	×	×	×	r		R_4
	加班生产	×	×	×	c		OT_4
	外协	×	×	×	s		S_4
需求		D_1	D_2	D_3	D_4+I_4		

【例 9-1】 某化工公司生产各种房屋涂料，其需求具有季节波动的特点，通常第 3 季度是需求高峰期。已知涂料需求预测和相关成本数据分别如表 9-5 和表 9-6 所示。另外，现有的产品库存量为 250t，所期望的期末库存为 300t。该公司每季度的最大加班能力为该季度正常生产能力的 20%，外协厂家在每季度可提供的产品数量均为 200t。公司计划依据表 9-7 所示的生产能力来制订综合生产计划。根据该公司的经营方针，不允许产品积压和库存缺货。试据此制订出较优的综合生产计划。

表 9-5 涂料需求预测（一）

季度	1	2	3	4	合计
需求量/t	300	850	1500	350	3000

表 9-6 涂料需求预测（二）

单位产品的库存成本	单位产品的正常生产成本	单位产品的加班生产成本	单位产品的外协成本
0.3 元/季度	1.00 元	1.50 元	1.90 元

表 9-7 生产能力

季度	1	2	3	4
正常生产量/t	450	450	750	450
加班生产量/t	90	90	150	90
外协生产量/t	200	200	200	200

解 根据题意，不允许产品积压，应用图表法求解的步骤如下。

(1) 将表 9-5 的成本数据，按表 9-4 的规定填入相应的方框中。例如本例 $h=0.30$ 元/季度，$r=1.00$ 元，$c=1.50$ 元，$s=1.90$ 元。填入后得到如表 9-8 所示的结果。

(2) 将已知的各期需求量 D_t（表 9-5）及期望的期末库存 $I_4 = 300t$ 填入图表模型的"需求"行。

(3) 将表 9-8 中每行的各种生产能力数据暂时填入相应行的"未用生产能力"单元。

(4) 在第 1 季度或第 1 单位计划期即第 1 列中，寻找成本最低的单元。对本例，成本最低的方案是使用现有库存。

(5) 尽可能地将任务分配到该单元，但不得超过该单位所在行的未使用生产能力和该所在列的需求。即将期初库存量 $I_0 = 250t$ 分配到该单元。但需求 D_1 为 300t，仍需继续寻找成本最低的可利用单元，即正常生产能力，利用正常生产能力满足另外 50t 的需求。

(6) 由于已使用了 50t 的生产能力，故应从"未用生产能力"列中的"正常生产"行减去 50t，剩余 400t 的未用正常生产能力。注意，剩余的未用生产能力不应该是负值。

表 9-8 用图表法求解例 9-1 的模型表   单位：t

计划方案		计划期				未用生产能力	全部生产能力
		1	2	3	4		
单位计划 1	期初库存	250 0.00	0.30	0.60	0.90	0	250
	正常生产	50 1.00	400 1.30	1.60	1.90	0	450
	加班生产	1.50	1.80	90 2.10	2.40	0	90
	外协	1.90	2.20	20 2.50	2.80	180	200
2	正常生产	×	450 1.00	1.30	1.60	0	450
	加班生产	×	1.50	90 1.80	2.10	0	90
	外协	×	1.90	200 2.20	2.50	0	200
3	正常生产	×	×	150 1.00	1.30	0	750
	加班生产	×	×	150 1.50	1.80	0	150
	外协	×	×	200 1.90	2.20	0	200
4	正常生产	×	×	×	450 1.00	0	450
	加班生产	×	×	×	90 1.50	0	90
	外协	×	×	×	110 1.90	90	200
需求		300	850	1500	650	270	3570

如果负值无法避免，说明在该生产能力的约束条件下无可行解，需增大生产能力。如果第

1列即第1季度或第1单位计划期的需求仍未满足,则应重复步骤(4)~(6),直至该单位计划期需求全部满足。

(7) 后面各单位计划期重复前面步骤(4)~(6),在完成一列之后再继续下列。

对本例,现考虑第2季度。由于已无可用库存,成本最小的方案是利用该季度的正常生产能力 $R_1=450t$。而该季度的需求 $D_2=850t$,尚有400t需求未满足。对未用生产能力进行分析可知,满足该400t需求的成本最小方案是利用上一季度即第1季度的正常生产能力400t。这样图表模型中,第1、2季度的正常生产能力全部用完。

在第3季度,可利用的第1、2季度的生产能力只有加班生产能力和外协能力。首先,将生产任务最大限度地分配给第3季度的正常生产能力,使成本最低,然后按如下顺序分配:第3季度的加班生产能力,第2季度的加班生产能力,第3季度的外协能力,第1季度的加班生产能力,以及第2季度的外协能力;最后,还需分配20t到第1季度的外协能力,才能满足全部要求。这样的分配结果意味着,在第1、2季度必须生产可供以后调节的库存,以满足第3季度的需求。在分配了任务的相应行,还应对原"未用生产能力"的数据作相应的减少。

对于第4季度,与前述类似,重复相同的步骤,其结果列于表9-8中。

(8) 将各季度任务分配结束后,应对最后的总方案是否可行进行检验。检验时应遵循的一个原则是:一行内各单元填入量的总和应该等于该行的总生产能力;一列内各单元记入的总和应该等于该列的需求。

(9) 计算总成本。计划总成本是各单元生产任务乘以该单元单位成本之和。对本例,总成本为401万元。

(10) 一般应在用图表法制订出最优计划后,将该计划由原图表模型方式改写为如表9-9所示的形式,使最优计划一目了然。

表9-9 例9-1的综合生产计划   单位:t

季度	正常生产	加班生产	外协	调节库存
1	450	90	20	510
2	450	90	200	400
3	750	150	200	0
4	450	90	110	300

2. 多方案图表法

在上述举例中为满足需求,使用了不少的加班生产和外协生产。但是,一个更佳的生产计划也许是通过增加人员和扩大设备能力,从而增大正常生产能力。它所产生的总生产成本降低额可能会大于增加人员和设备的支出。因而,可在不同生产能力条件下,分别运用上述的图表法制订多个可选择的生产计划。然后对它们作综合分析和比较,结合本企业的发展规划和中、长期市场需求预测,选择最优生产计划。由于计算量较大,在实际工作中,可借助于常用的计算机软件,如Excel等财务表格计算软件来进行。

另外,需说明的是,用图表法也可以考虑允许任务积压的情况。例如,在例9-1中,第3季度的正常生产能力可用来满足第2季度的需求,这样应当加上相应的产品交货期延迟的违约罚款成本。图表法中有符号×的情况,表示成本很高,通常不考虑这类方案。

3. 线性规划法

线性规划法是一种常用的优化方法。用于制订生产计划的线性规划模型,在给定的线性目标函数和一系列线性约束条件下,可求出最优的生产计划方案。这样的线性规划模型可处理有较多变量和约束条件的生产计划问题。上述介绍的图表法可视为线性规划的一种特殊形式,只能以生产能力为约束条件来制订生产计划,尽管计算较方便,但有其应用的局限性。通常,在制订生产计划时,应充分考虑可利用的各种资源和限制条件才能制订综合成本最低或利润最大的生产计划,即所涉及的约束条件和可变量较多,一般应采用线性规划的方法来解决。

运用线性规划模型进行总生产计划时需要注意的一些问题:

① 线性规划模型考虑的因素可能不全面,实际中有些情况没有被考虑到,这就使得线性规划模型过于理想化;

② 实际运用线性规划模型时,虽然一些因素或约束条件被考虑到了,但是由于这些因素或约束条件不易量化或求得(如进行总生产计划常需考虑到的能源单耗等)时,线性规划模型的运用和有效性因而受到了一定的限制;

③ 对一些基础管理不善的企业而言,模型中的单位产品资源消耗系数 a 很难得到;

④ 目标函数中的产品成本系数实际上是个变量,它随计划的数量结构和品种结构而变。这些问题给化工行业应用线性规划模型带来许多困难。如处理不好,所得结果的可靠性会很低。

线性规划模型的应用,对于原材料单一、生产过程稳定不变、分解型生产类型的企业是十分有效的,如石油化工企业等。对于产品结构简单、工艺路线短或者零件加工企业有较大的应用价值。需要注意的是,对于机电类企业用线性规划模型只适用于做年度的总生产计划,而不宜用来做月度计划。这主要与工件在设备上的排序有关,计划期太短,很难安排过来。

(1) 线性规划图解法 在只有两个决策变量的情况下,其目标函数和约束条件都可以用图形表示,从而可在平面图中用作图的方法求解。该方法比较简单、直观。下面举例予以说明。

【例 9-2】 某企业利用一套生产线可生产 A、B 两种化工产品,其基本数据见表 9-10。已知可供 A、B 两种产品利用的生产工时为:

粗品生产:1300h;精品生产:1400h;干燥:500h

试合理计划两种产品的生产,以使得最大收益。

表 9-10 例 9-2 的原始数据

产品种类	单位产品收益/万元	粗品生产/(h/t)	精品生产/(h/t)	干燥/(h/t)
A	2.0	1.0	0.7	0.5
B	3.0	1.3	2.0	0

解 用图解法求解。在图 9-9 中,以纵坐标 y 表示产品 A 的产量,以横坐标 x 表示产品 B 的产量。从粗品生产来看,若只生产产品 A,则可生产 1300t;相反若只生产产品 B,则可生产 1000t。两点相连得到图 9-9 中的直线 1。

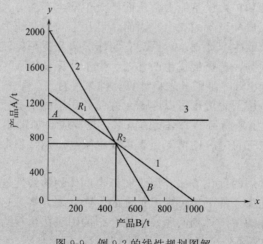

图 9-9 例 9-2 的线性规划图解

再考虑精品生产。可根据 A、B 两产品精品生产的定额及可利用的最大工时 1400h，按上述粗品生产类似的方式，在图 9-9 中画出线 2。类似地，图中的线 3 表示产品的干燥处理。这是一条水平线，因产品 B 精制后不需进一步干燥。

从图 9-9 可见，该题的最优解被限定在 AR_1R_2B 的范围内。计算出 A、R_1、R_2、B 各点的总收益列于表 9-11 中并加以比较，可知 R_2 点的总收益 2780 万元最高，即该题的最优解是生产 715t 的产品 A 和 450t 的产品 B。

表 9-11 例 9-2 的总收益计算结果

点	产品 A		产品 B		总收益 /万元
	产量 /t	单位产品收益 /万元	产量 /t	单位产品收益 /万元	
A	1000	2.0	0	0	2000
R_1	1000	2.0	230	3.0	2690
R_2	715	2.0	450	3.0	2780
B	0	0	700	3.0	2100

(2) 线性规划单纯形法　单纯形法的基本思想是先找出一个基本可行解，对它进行鉴别，看是否为最优解；若不是，则按照一定法则转换到另一改进的基本可行解，再鉴别；若仍不是，则再转换，按此重复进行。因基本可行解的个数有限，故经有限次转换必能得出问题的最优解。如果问题无最优解也可用此法判别。

单纯形法的一般解题步骤归纳如下：

① 把线性规划问题的约束方程组表达成典范型方程组，找出基本可行解作为初始基本可行解。

② 若基本可行解不存在，即约束条件有矛盾，则问题无解。

③ 若基本可行解存在，以初始基本可行解作为起点，根据最优性条件和可行性条件，引入非基变量取代某一基变量，找出目标函数值更优的另一基本可行解。

④ 按步骤③进行迭代，直到对应检验值满足最优性条件（这时目标函数值不能再改善），即得到问题的最优解。

⑤ 若迭代过程中发现问题的目标函数值无界，则终止迭代。

在线性规划模型求解过程中，可变量多于两个时，不能在平面上作图表示，此时需用单纯形法。为简便起见，下面以较简单的两变量线性规划为例，说明单纯形法的求解过程。

【例 9-3】　某化工企业生产 A、B 两种产品，需经合成与提纯两个单元过程。产品 A 生产需用合成与提纯的有效工时分别为 4h 和 2h，而产品 B 则分别为 2h 和 3h。单位产品 A、B 的利润分别为 63 元和 43 元。如在现有条件下，合成单元的总有效工时为 120h，提纯单元总有效工时为 100h，则应如何计划两种产品的生产才能获得最大利润？

解　设 x_A、x_B 分别为产品 A、B 的产量，其目标函数为最大利润，则其数学式为

$$Z_{max} = 6x_A + 4x_B$$

相应的约束条件为：

合成总工时：$4x_A + 2x_B \leqslant 120$

提纯总工时：$2x_A + 3x_B \leqslant 100$

$$x_A, x_B \geqslant 0$$

用单纯形法求解上述线性规划的步骤如下。

(1) 以标准形式来表示原来的目标函数和约束条件，即上述表达式成为：

$$Z_{max} - 6x_A - 4x_B = 0$$
$$2x_A + 3x_B + S_A = 100$$
$$4x_A + 2x_B + S_B = 120$$
$$x_A、x_B、S_A、S_B \geq 0$$

(2) 选择初始基形成初始单纯形表。在（1）中的标准形式及约束条件方程组的各项系数，即构成如下所示的初始单纯形表。

基变量	x_A	x_B	S_A	S_B	解
Z	-6	-4	0	0	0
S_A	2	3	1	0	100
S_B	4	2	0	1	120

(3) 选择调入变量和调出变量进行初等变换，使新基变量所在方程的系数为 1。因目标函数方程中 x_A 的系数为最大负系数，所以选择其作为下一个基本可行解的基。

上表最右列中的数值与所在行 x_A 的系数比值分别为 100/2=50，120/4=30，后者为最小正值，因而该行即第三行的基本量 S_B 作为下一次试算时的调出变量。经初等变换，使第三行中 x_A 的系数变为 1，其他行中 x_A 的系数变为 0，如下面所示。从而得一组新的基本可行解：

$$x_A = 30, S_A = 40, Z = 180$$

基变量	x_A	x_B	S_A	S_B	解
Z	0	-1	0	6/4	180
S_A	0	2	1	-2/4	40
x_B	1	2/4	0	1/4	30

(4) 再对上表第三行中 x_B 的系数进行初等变换，可得如下面所示的一新单纯形表：

基变量	x_A	x_B	S_A	S_B	解
Z	0	0	1/2	5/4	200
x_A	0	1	1/2	-1/4	20
x_B	1	-1/4	3/8		20

从上表可得另一组新的基本可行解：

$$x_A = 20, x_B = 20, Z = 200$$

由于上表第一项中所有非基变量的系数都已大于或等于 0，表明此时已达最优解，即产品 A、B 产量各为 20 单位时，利润达最高为 200 万元。

拓展阅读：TOC 法则在项目时间管理中的应用

三、生产作业计划及优化

（一）生产作业计划概述

1. 生产作业计划的基本含义

在生产计划确定后，企业为便于组织实施，还需编制生产作业计划。生产作业计划是生产计划的继续和具体化，是生产计划的具体实施计划，其实质是要解决如何按照时间顺序，将有限的人力、物力和财力资源分配给不同的工作任务或生产任务，使预定的生产计划目标最优化。

2. 生产作业计划的基本任务

（1）落实生产计划　把企业生产计划的各项指标具体地分配到各车间、工段、班组等，制订出他们在各月、周、日等周期内的具体任务，以及实现该任务的方案，从而保证按数量、质量、品种、成本和期限完成企业的生产计划任务。

（2）合理组织生产过程　一般来说，产品的生产过程都由物质流、信息流和资金流所构成。生产作业计划的任务之一就是要将生产过程中的物质流、信息流和资金流合理组织协调起来，以最小的投入获得最大的产出。

（3）实现均衡生产　其基本含义是生产过程的各个环节做到有节奏地工作，依据计划规定它的数量、质量、品种和交货期的要求，均衡地生产产品。这样有利于充分发挥企业的生产能力，有效利用生产资源，改进企业的经营管理，降低成本，提高效益。

（4）提高经济效益　产品的成本和质量在很大程度上决定产品的经济效益，而产品的成本和质量是在生产过程中形成。作业计划的重要内容就是要严格保证产品质量达到规定的标准，使生产过程中的各种消耗降低，最大限度地降低生产成本，从而求得最佳的经济效益。

（二）化工生产企业生产作业计划的制订

制订生产作业计划的目的是具体落实生产计划，保证年度或季、月生产作业计划的实现。一般可将生产企业的生产作业计划分为两级，即车间生产计划和班组生产作业计划。本书主要介绍车间生产作业计划的制订。

车间生产作业计划应根据不同的生产类型来制订。由于生产类型不同，生产组织方式不同，生产作业计划的制订方法也不相同。

1. 大量流水生产作业计划

基本无机和基本有机及一些石油化工生产属于这种生产类型，是以流水线方式大批量生产单一品种。在制订这类生产作业计划时，主要是依据流水线的正常生产能力和节奏，把生产任务直接分配给各车间。如果生产任务大于或小于正常生产能力，可通过调节流水线生产的节奏，或通过改变流水线生产的有效工作时间，在一定的生产能力弹性范围内，满足生产任务的要求。

对于各品种混合流水线生产，因不同品种大批量轮番连续生产，所以还需合理安排各种产品的投产顺序。

2. 大批量间歇生产作业计划

这种情况下，生产为间歇操作，品种少、各批产量大，车间分工及相互联系稳定，各车间或单元操作流程之间有依次提供中间产品或半成品的关系，因而作业计划在编制时主要应协调好各车间或单元操作流程之间在生产数量上的衔接与平衡。

3. 小批量间歇生产作业计划

这种生产方式的特点是产品品种多、各产品的产量较少,产品成批轮番进行生产,因此,各车间的联系不仅体现在品种上、数量上,还体现在时间的衔接上。在编制生产作业计划时,要同时确定车间生产的产品品种、各品种的投入量和出产量、各品种的投入期和出产期。

(三) 作业排序及评价

1. 作业排序的基本概念

(1) 作业计划与作业排序　作业计划与作业排序一般不是同义语。排序只确定物料在生产过程中的各单元操作顺序,而作业计划还包括确定各单元操作处理物料的开始时间和完成时间,后者的内容包括前者的内容。在编制生产作业计划的实际工作中,关键是要解决物料在各生产单元的最可能投料和出料时间。因此,在大多数情况下当物料的处理顺序及时间确定后,作业计划也就确定了。所以,可将编制作业计划与排序两个术语不予区别。本章即是这样处理。

(2) 作业排序的基本任务及分类　在作业排序工作中,必须满足各种不同功能活动的要求。所以,排序的基本任务应包括以下内容。

① 对计划做的工作设定优先权,使工作任务按最有效顺序排列。

② 以可利用和所需的能力为基础,针对具体的设备装置分配相应的任务及人力。

③ 以实现计划目标来分配工作,以使工作能按期完成。

④ 对实施过程中出现的问题进行处理,因为这些问题有可能改变已排序工作的状况,需予以及时解决。

⑤ 周期性对实施过程进行检查,以保证分配的工作如期完成。

排序作业可有几种不同的分类方式。

① 按排序的对象分类　可分为劳动力作业排序和生产作业排序。前者主要是确定人员何时工作,后者主要是把不同的待处理物料安排到相应的生产单元,或安排不同的人做不同的工作。在化工生产企业,生产排序占主要地位。

② 按使用生产装置的种类和数量分类　可分为单台装置或一个生产单元装置的排序和多台装置或多个生产单元的排序。前者是若干种不同物料在一个生产单元如反应釜中处理的排序,后者则是指若干不同物料在几个生产单元如预处理单元、反应单元、分离提纯单元及成品包装单元的排序。

③ 按加工路线的特征分类　多台装置按这类方式可分为流水型排序和非流水(间歇)型排序。前者是指 M 批不同的物料经 N 个生产单元,且所有不同批次物料的工艺顺序完全相同,因而排序的总方案数为 $M!$。后者即非流水型排序是指 M 批不同的物料经 N 个生产过程,但各批次物料的工艺顺序不完全相同,而排序的总方案多达 $(M!)N$ 个,比前者的排序方案数大得多。

④ 按目标函数的性质分类　可划分为多种类型。例如,对单台(套)设备的排序,目标是使误期或延期生产的产品数最少和使平均生产时间最短,它们实质是两种不同的排序。此外,还可划分为单目标排序和多目标排序等。

⑤ 按加工处理对象到达车间的情况分类　按要加工处理对象到达车间的情况不同,可以分为静态排序和动态排序两种。在静态排序情况下,所有要加工处理的对象都已到达,可以一次性对它们进行排序。在动态排序情况下,要加工处理的对象是陆续到达,需随时安排它们的处理顺序。

从上述讨论可见，依据排序对象、生产装置、加工路线、目标函数和处理对象情况以及其他因素的差别，可形成多种多样的排序问题及相应的排序方法。

2. 排序方案的评价标准

从前述已知，对于 M 批不同的处理对象，每一批要经 N 台（套）装置加工处理，则可能的排序方案将相当多。但由于工艺上的限制及其他约束条件，有些排序方案是不可行的。但仍有多个或不少可选择的方案。选择不同的方案会得到不同的结果。为选择出合理、优化的方案，需对方案进行评价，这应当依据一定的评价标准。下面将分别介绍一些作业排序方案评价常用的标准。

（1）加工对象流程时间　是指从加工对象可以开始加工至完工的时间，这包括加工对象在各生产装置或生产单元之间转移的时间、等待时间、加工时间以及由于设备故障等问题造成的延迟时间。

（2）全部完工时间　是指完成一组工作所需的全部时间。

（3）延迟　可以用比预定完工时间延迟了的时间来表示，也可以用未按预定时间完工的产品数占总产品数的百分数来表示。

（4）在制品库存（WIP）　当加工对象从一个装置移向下一个装置时，因故被推迟移到下一个装置进行处理或放置于中转库中，都可视为在制品库存。在制品库存可用产品数量、货币价值或可供应的周数等来表示。

（5）总库存　是指计划入库量与现有库存量的总库存量。

（6）设备利用率　以一台（套）装置的有效生产时间占总工作时间的百分数表示。

上述这些标准是相互联系的。例如，要使加工对象的流程时间较少，也意味着应减少在制品库存和提高设备利用率。上述标准都可用具有平均值和偏差的统计分布来表示。一般地，设备利用率越大越好，而其余如流程时间、全部完工时间等则应越小越好。

3. 优先调度准则

排序方法有多种，从简单的手工方法如甘特图，到完全用计算机求解的最优数学模型。无论用何种方法，在调度排序工作中，一台（套）生产装置可选择先后处理的待加工对象可能有多种。按何准则来选择，对排序方案的优劣影响很大。为得到合理的排序方案，需借助一些优先顺序准则。下面是最常用的几条准则：

（1）先到先处理（first come first served，FCFS）准则　按到达车间的先后顺序安排生产。

（2）最短加工时间（shortest processing time，SPT）准则　加工时间最短的对象优先安排，最后是加工时间最长的对象。

（3）最早交货期（earliest due date，EDD）准则　对交货期早的产品优先安排，交货期较迟的则排到后面。

（4）临界比最小（smallest critical ratio，SCR）准则　优先选择临界比最小的待处理对象。临界比 CR_i 的计算为：

$$CR_i = \frac{产品\ i\ 交货期 - 生产日历当前日期}{产品\ i\ 所需的生产时间}$$

（5）剩余加工时间（most work remaining，MWKR）准则　优先选择余下加工时间最长的处理对象。

（6）剩余工序数（most operating remaining，MOPNR）准则　优先选择余下工序或单元操作最多的加工对象。

（7）随机安排（RANDOM）准则　随机地挑选下一个加工对象。

上述几种准则各有其特点，应根据待加工对象的特点和目标选择恰当的准则。例如，FCFS 准则对处理的对象较公平；SPT 准则可使产品生产的平均时间最短，从而减少在制品数量；EDD 和 SCR 准则可使加工对象延误的时间最少；MWKR 准则使不同加工时间的产品完工时间尽量接近。有时仅运用某一个准则还不能确定下一个应选择的加工对象，这时可采用多种优先准则组合。例如，采用 SPT＋MWKR＋RANDOM 组合，其含义是首先按 SPT 准则选择加工对象，若有多个待加工对象具有相同的优先权，则应用 MWKR 准则再进行选择。如果仍有一个以上待加工对象满足相同的条件，再运用 RANDOM 准则随机地选择其中之一。

运用上述一类优先准则进行生产调度、排序，可以使编制的方案按预定目标优化。但由于排序、调度是一件很复杂的工作，还需要有大量的信息和熟练的技巧。生产中的信息可能随时改变，也就相应地需运用优先准则等及时予以排序的调整。对于大型流水作业生产或多品种、多装置同时进行的生产作业排序，完全靠人工操作其效率通常不高，效果也难以达到最优。从这个意义上说，应用现代计算机技术才能真正做到高效、优化作业排序或生产调度。

（四）排序优化方法

1. N 个加工对象在一台（套）装置上的作业排序

这是指单一装置、单一工序的排序，是最简单的、最基本的问题。尽管 N 个加工对象用一台装置加工时，可有 $N!$ 种排序方案，但 N 个加工对象的最大生产时间是确定的，即与加工的先后顺序无关。所以，这类情况的优化排序规则是：平均流程时间最短，最大拖期量最小或者为零。

单台（套）装置处理不同加工对象时，可运用以下方法排序。

（1）应用 SPT 准则　按产品生产时间长短，由短到长顺序排列，先短后长进行生产，可使平均流程时间最少，从而减少在制品占用量、节省流动资金。但由于未考虑交货期，有可能造成某些产品交货期延迟的问题。

（2）应用 EDD 准则　按产品预定的交货期，从早到迟顺序排序并生产，可使最大交货拖期量最小，减少交货延误罚款损失，但平均流程时间有所增加。

（3）EDD 准则限制条件下应用 SPT 准则　即首先应用 EDD 准则，如果能使最大拖期量 $D_{max}=0$，再用 SPT 准则进一步调整。其排序可按如下进行。

设在尚未排序的加工对象集合之中，有 J_H 满足下述条件：

① 交货期大于等于各加工时间之和，即 $d_H \geqslant \sum_{i=1}^{n} t_i$。这表示待加工对象放在最后处理也不会延期交货。

② 符合上述条件的所有加工对象 J_H 中，若 $t_H \geqslant t_j$，则表示该加工对象 J_H 在不出现延期交货的各加工对象中，其加工时间最长，从而将其排在最后加工。以类似的方式，反复进行筛选和排序。

【例 9-4】 某企业的一套化工装置要生产 5 种不同的精细化工产品，设已就其生产作了初步的排序，见表 9-12。试按前面介绍的方法进行优化排序。

表 9-12　单一装置生产初步排序　　　　　　　　　　　　　　　　　单位：d

产品编号	J_1	J_2	J_3	J_4	J_5
生产时间 t_i	3	7	1	5	4
交货期 d_i	23	20	8	6	14

解 (1) 最大流程时间 $F_{max}=\sum t_i=20$，与各产品生产的先后无关。按 SPT 准则生产顺序应为
$$J_3 \to J_1 \to J_5 \to J_4 \to J_2$$
这种情况下各产品在车间停留的平均时间为最少，但产品 J_4 会延期交货，最大交货拖期量 $D_{max}=7$，如表 9-13 所示。

表 9-13 按 SPT 准则排序 　　　　　　　　　　　　　　　　　　　单位：d

排序结果	J_3	J_1	J_5	J_4	J_2
生产时间 t_i	1	3	4	5	7
交货期 d_i	8	23	14	6	20
完工时间 C_i	1	4	8	13	20
拖期量 D_i	0	0	0	7	0
最大拖期量	\multicolumn{5}{c}{$D_{max}=7$}				
平均流程时间	\multicolumn{5}{c}{$F=(1/5)(1+4+8+13+20)=9.2$}				

(2) 如果按 EDD 准则，可得如表 9-14 所示的结果，此时 $D_{max}=0$，但 $F=11.6$，比按 SPT 准则排序的 F_{max} 大得多。

表 9-14 按 EDD 准则排序　　　　　　　　　　　　　　　　　　　单位：d

排序结果	J_4	J_3	J_5	J_2	J_1
生产时间 t_i	5	1	4	7	3
交货期 d_i	6	8	14	20	23
完工时间 C_i	5	6	10	17	20
拖期量 D_i	0	0	0	0	0
最大拖期量	\multicolumn{5}{c}{$D_{max}=0$}				
平均流程时间	\multicolumn{5}{c}{$F=(1/5)(5+6+10+17+20)=11.6$}				

(3) 如果在 EDD 准则基础上，应用 SPT 作为第二评价准则，可先选出产品 J_1 和 J_2。产品 J_1 交货期 $d_1 \geq \sum_{i=1}^{5} t_i = 20$。同时产品 J_2 交货期 $d_2=20$，$d_2 \geq \sum_{i=1}^{5} t_i = 20$，由于 $t_2=7>t_1=3$，所以将 J_2 排在最后。再将剩余 4 个产品以类似方式进行排序，可最终找出使平均流程时间 F 最少的生产顺序为：
$$J_3 \to J_4 \to J_1 \to J_5 \to J_2$$
这时的 $F=9.8$，与只按 SPT 准则的排序结果相同。本例在 EDD 准则限制条件下应用 SPT 准则排序的详细结果列于表 9-15。

表 9-15 在 EDD 限制条件下 SPT 准则的排序　　　　　　　　　　　单位：d

排序结果	J_3	J_4	J_1	J_5	J_2
生产时间 t_i	1	5	3	4	7
交货期 d_i	8	6	23	14	20
完工时间 C_i	1	6	9	13	20
拖期量 D_i	0	0	0	0	0
最大拖期量	\multicolumn{5}{c}{$D_{max}=0$}				
平均流程时间	\multicolumn{5}{c}{$F=(1/5)(1+6+9+13+20)=9.8$}				

2. N 个加工对象在两台（套）装置上的作业排序

有 N 个加工对象都需经前、后两台（套）装置或单元操作进行处理。从第 1 个加工对象在第 1 台（套）装置处理算起，到最后一个加工对象经第 2 台（套）装置处理完为止的时间，称为 N 个加工对象的总加工周期。优化排序的目标就是使该总加工周期最短，减少制品停放时间。一般可用约翰逊法较方便地解决这类问题。

用约翰逊法处理这类问题经以下 4 个步骤：

① 列出所有待加工对象在两台（套）装置上的加工时间；

② 找出加工时间最小值者，如果同时出现多个最小值，可从中任选一个；

③ 如果该最小值只在第 1 台（套）装置处理过程中，应将相应的加工对象排在前面，反之若最小值在第 2 台（套）装置上，则排在后面；

④ 去除已安排好顺序的待加工对象，在剩余的加工对象中重复步骤②和③，直到所有的加工对象都安排完为止。

【例 9-5】 某车间有合成和精制两套单元操作装置，要求在本周生产 5 种不同产品。各产品的所需生产时间如表 9-16 所示。试作出总加工期最短的作业排序。

表 9-16 产品在相继两套装置上的处理时间　　　　　　　　　　　　　单位：h

产品编号	J_1	J_2	J_3	J_4	J_5
合成装置 1	2	6	7	1	5
精制装置 2	2	8	6	4	3

解 从表 9-16 可知，最小的加工时间是 1h，该最小的加工时间出现于合成装置 1 上。根据约翰逊规则，应将相应的产品 4 排在第一位，即得：

$$J_4 \to ? \to ? \to ? \to ?$$

去掉 J_4，在剩余的待生产的产品中再找最小值。从表 9-16 可知为 J_1，其时间最小值为 2，出现在设备 2 上，故应将 J_1 排在最后一位，即：

$$J_4 \to ? \to ? \to ? \to J_1$$

再去掉 J_1，在剩余的 J_2、J_3 和 J_5 中重复上述步骤最后得到最优排序结果为：

$$J_4 \to J_2 \to J_3 \to J_5 \to J_1$$

图 9-10 直观地表明优化排序前后的结果。可见优化后，总加工时间由原来的 30 小时减少到 26 小时。

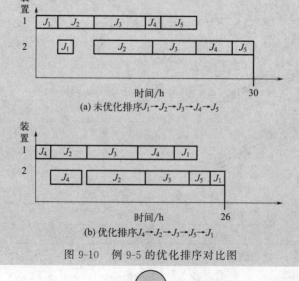

图 9-10　例 9-5 的优化排序对比图

第九章 项目范围与时间管理及生产运营管理

思考题及习题

9-1 生产计划在企业经营工作中的地位和作用如何，生产计划的主要目标有哪些？

9-2 制订生产计划的图表法，其基本原理是什么，有什么优点和不足或应用限制条件？

9-3 生产作业计划与生产计划有何联系，生产作业计划的基本任务有哪些？

9-4 生产作业计划有哪些类型，各有何特点？

9-5 作业排序与生产作业计划有何相互关系？

9-6 作业排序可分为哪几类，评价作业排序方案的标准有哪些？

9-7 在一反应器中发生化学反应 $2A \rightarrow B$，单位时间产物生成量 F_B。其反应速率方程为 $-dc_A/dt = 8.4(c_A)^2 = 8.4[c_A^0(1-x_A)]^2$。式中 c_A 为反应物中 A 的浓度；c_A^0 是原料中 A 的浓度；x_A 为反应物 A 的转化率；t 为反应时间。如果原料溶液的单价 $P_A = 4(c_A^0)^{1.4}$，反应器单位时间的操作费用为 $P = 0.75V^{0.6}$，式中 V 是反应器的容积。设产品 B 的单位售价为 10，试确定供给原料溶液的速率 F_A、浓度 c_A^0，反应器容积 V 和转化率 x_A 的值，以使单位时间的净效益 $P_T = 10F_B - P_A F_A - P$ 最大化。

9-8 一企业以间歇方式生产 4 种产品 A、B、C、D，相关的原料消耗、贮存产品占用面积、生产速度及利润如下表所示。

生产条件	产品品种			
	A	B	C	D
原料/(kg/桶)	200	200	150	250
贮存/(m²/桶)	0.4	0.5	0.4	0.3
生产速度/(桶/h)	30	60	20	30
利润/(元/桶)	10	13	10	11

如果每天可利用的原料总共为 18000kg，仓库总面积为 47.5m²，而每天最多生产 7h。试制订各产品的生产计划，使利润最大化。

9-9 某企业生产Ⅰ、Ⅱ两种产品，使用三种数量有限的资源 A、B、C。该两种产品生产的消耗定额、可利用的资源数量以及单位产品收益列入下表。

资源种类	消耗定额/kg		可利用资源限额/kg
	产品Ⅰ	产品Ⅱ	
资源 A	3	1	90
资源 B	1	2	80
资源 C	1	1	40
单位产品收益/(万元/kg)	4	6	

试求资源利用最优方案。

9-10 某企业生产 A、B 两种产品，要经过 3 个相连续的生产单元。有效生产工时分别是：单元 1 为 1800h，单元 2 为 1500h，单元 3 为 650h，其他数据见下表：

产品品种	单位工时定额/h			单位产品利润/万元
	单元 1	单元 2	单元 3	
A	3.5	1.0	0.7	0.5
B	2.0	1.3	0.3	0.1

试合理计划两种产品的生产,以获得最大利润。

9-11 某企业的生产线由前、后两套生产单元装置构成,生产 A、B 两种产品。前一套单元装置的有效生产工时为 12h,后一套为 8h。生产产品 A 在前、后两套装置中所需的时间均为 2h,而产品 B 则分别为 3h 和 1h。已知单位产品 A、B 的利润分别为 60 和 70 元,生产出来的所有产品均能全部售出。如果企业的目标是追求销售利润最高,试确定产品 A、B 的产量。

9-12 生产 A、B 两种产品的原料可从如下表所示的三种非金属矿石中获取,相应的有效含量等信息列于表中。如果需生产产品 A 50kg 和产品 B 60kg,试求:(1)选用各种矿石多少,可使总费用最低?(2)如果 M_1、M_2 的单价不变,M_3 售价降为 30 元/t,如何最优决策应对这一变化?

产品品种	矿石中的有效成分含量/(g/t)		
	M_1	M_2	M_3
A	60	200	300
B	330	250	200
矿石价格/(元/t)	57	49	61

9-13 项目与运营有何区别?

9-14 项目工作说明书和项目范围说明书分别包含了哪些内容?

9-15 试述如何创建工作分解结构(WBS)。

9-16 项目网络图中的活动关系有哪些类型?

9-17 项目进度计划中的滞后,有哪些常见的形式?

9-18 试述如何对项目进度计划进行分级管理。

9-19 试述成本斜率及其意义。

附 录

附表1 建设投资估算表（概算法）

人民币单位：万元，外币单位：

序号	工程或费用名称	建筑工程费	设备购置费	安装工程费	其他费用	合计	其中：外币	比例/%
1	工程费用							
1.1	主体工程							
1.1.1	×××							
	……							
1.2	辅助工程							
1.2.1	×××							
	……							
1.3	公用工程							
1.3.1	×××							
	……							
1.4	服务性工程							
1.4.1	×××							
	……							
1.5	厂外工程							
1.5.1	×××							
	……							
1.6	×××							
2	工程建设其他费用							
2.1	×××							
	……							
3	预备费							
3.1	基本预备费							
3.2	涨价预备费							
4	建设投资合计							
	比例/%							100

注：1."比例"分别指各主要科目的费用（包括横向和纵向）占建设投资的比例。
2. 本表适用于新设法人项目与既有法人项目的新增建设投资的估算。
3. "工程或费用名称"可依不同行业的要求调整。

附表2　建设投资估算表（形成资产法）

人民币单位：万元，外币单位：

序号	工程或费用名称	建筑工程费	设备购置费	安装工程费	其他费用	合计	其中：外币	比例/%
1	固定资产费用							
1.1	工程费用							
1.1.1	×××							
1.1.2	×××							
1.1.3	×××							
	……							
1.2	固定资产其他费用							
	×××							
	……							
2	无形资产费用							
2.1	×××							
	……							
3	其他资产费用							
3.1	×××							
	……							
4	预备费							
4.1	基本预备费							
4.2	涨价预备费							
5	建设投资合计							
	比例/%							100

注：1. "比例"分别指各主要科目的费用（包括横向和纵向）占建设投资的比例。

2. 本表适用于新设法人项目与既有法人项目的新增建设投资的估算。

3. "工程或费用名称"可依不同行业的要求调整。

附表3　建设期利息估算表

人民币单位：万元

序号	项目	合计	建设期					
			1	2	3	4	…	n
1	借款							
1.1	建设期利息							
1.1.1	期初借款余额							
1.1.2	当期借款							
1.1.3	当期应计利息							
1.1.4	期末借款余额							
1.2	其他融资费用							
1.3	小计(1.1+1.2)							
2	债券							
2.1	建设期利息							

续表

序号	项目	合计	建设期					
			1	2	3	4	…	n
2.1.1	期初债务余额							
2.1.2	当期债务金额							
2.1.3	当期应计利息							
2.1.4	期末债务余额							
2.2	其他融资费用							
2.3	小计(2.1+2.2)							
3	合计(1.3+2.3)							
3.1	建设期利息合计 (1.1+2.1)							
3.2	其他融资费用合计 (1.2+2.2)							

注：1. 本表适用于新设法人项目与既有法人项目的新增建设期利息的估算。
2. 原则上应分别估算外汇和人民币债务。
3. 如有多种借款或债券，必要时应分别列出。
4. 本表与"附表15 借款还本付息计划表"可合二为一。

附表4 流动资金估算表

人民币单位：万元

序号	项目	最低周转天数	周转次数	计算期					
				1	2	3	4	…	n
1	流动资产								
1.1	应收账款								
1.2	存货								
1.2.1	原材料								
1.2.2	×××								
	……								
1.2.3	燃料								
	×××								
	……								
1.2.4	在产品								
1.2.5	产成品								
1.3	现金								
1.4	预付账款								
2	流动负债								
2.1	应付账款								
2.2	预收账款								
3	流动资金(1−2)								
4	流动资金当期增加额								

注：1. 本表适用于新设法人项目与既有法人项目的"有项目""无项目"和增量流动资金的估算。
2. 表中科目可视行业变动。
3. 如发生外币流动资金，应另行估算后予以说明，其数额应包含在本表数额内。
4. 不发生预付账款和预收账款的项目可不列此两项。

附表5 项目总投资使用计划与资金筹措表

人民币单位：万元，外币单位：

序号	项目	合计			1			2		
		人民币	外币	小计	人民币	外币	小计	人民币	外币	小计
1	总投资									
1.1	建设投资									
1.2	建设期利息									
1.3	流动资金									
2	资金筹措									
2.1	项目资本金									
2.1.1	用于建设投资									
	××方									
	……									
2.1.2	用于流动资金									
	××方									
	……									
2.1.3	用于建设期利息									
	××方									
	……									
2.2	债务资金									
2.2.1	用于建设投资									
	××借款									
	××债券									
	……									
2.2.2	用于建设期利息									
	××借款									
	××债券									
	……									
2.2.3	用于流动资金									
	××借款									
	××债券									
	……									
2.3	其他资金									
	×××									
	……									

注：1. 本表按新增投资范畴编制。

2. 本表建设期利息一般可包括其他融资费用。

3. 对既有法人项目，项目资本金中可包括新增资金和既有法人货币资金与资产变现或资产经营权变现的资金，可分别列出或加以文字说明。

附表6 营业收入、营业税金及附加和增值税估算表

人民币单位:万元

序号	项目	合计	计算期					
			1	2	3	4	…	n
1	营业收入							
1.1	产品A营业收入							
	单价							
	数量							
	销项税额							
1.2	产品B营业收入							
	单价							
	数量							
	销项税额							
	……							
2	营业税金与附加							
2.1	营业税							
2.2	消费税							
2.3	城市维护建设税							
2.4	教育费附加							
3	增值税							
	销项税额							
	进项税额							

注:1. 本表适用于新设法人项目与既有法人项目的"有项目""无项目"和增量的营业收入、营业税金与附加和增值税估算。

2. 根据行业或产品的不同可增减相应税收科目。

附表7 总成本费用估算表(生产要素法)

人民币单位:万元

序号	项目	合计	计算期					
			1	2	3	4	…	n
1	外购原材料费							
2	外购燃料及动力费							
3	工资及福利费							
4	修理费							
5	其他费用							
6	经营成本(1+2+3+4+5)							
7	折旧费							
8	摊销费							
9	利息支出							
10	总成本费用合计(6+7+8+9)							
	其中:可变成本							
	固定成本							

注:本表适用于新设法人项目与既有法人项目的"有项目""无项目"和增量成本费用的估算。

附表 7-基 1　外购原材料费估算表

人民币单位：万元

序号	项目	合计	计算期					
			1	2	3	4	…	n
1	外购原材料费							
1.1	原材料 A							
	单价							
	数量							
	进项税额							
1.2	原材料 B							
	单价							
	数量							
	进项税额							
	……							
2	辅助材料费用							
	进项税额							
3	其他							
	进项税额							
4	外购原材料费合计							
5	外购原材料进项税额合计							

注：本表适用于新设法人项目与既有法人项目的"有项目""无项目"和增量外购原材料费的估算。

附表 7-基 2　外购燃料和动力费估算表

人民币单位：万元

序号	项目	合计	计算期					
			1	2	3	4	…	n
1	燃料费							
1.1	燃料 A							
	单价							
	数量							
	进项税额							
	……							
2	动力费							
2.1	动力 A							
	单价							
	数量							
	进项税额							
	……							
3	外购燃料及动力费合计							
4	外购燃料及动力进项税额合计							

注：本表适用于新设法人项目与既有法人项目的"有项目""无项目"和增量外购燃料动力费的估算。

附表 7-基 3　固定资产折旧费估算表

人民币单位：万元

序号	项目	合计	计算期					
			1	2	3	4	…	n
1	房屋、建筑物							
	原值							
	当期折旧费							
	净值							
2	机器设备							
	原值							
	当期折旧费							
	净值							
	……							
3	合计							
	原值							
	当期折旧费							
	净值							

注：本表适用于新设法人项目固定资产折旧费的估算，以及既有法人项的"有项目""无项目"和增量固定资产折旧费的估算。当估算既有法人项目的"有项目"固定资产折旧费时，应将新增和利用原有部分固定资产分别列出，并分别计算折旧费。

附表 7-基 4　无形资产和其他资产摊销估算表

人民币单位：万元

序号	项目	合计	计算期					
			1	2	3	4	…	n
1	无形资产							
	原值							
	当期摊销费							
	净值							
2	其他资产							
	原值							
	当期摊销费							
	净值							
	……							
3	合计							
	原值							
	当期摊销费							
	净值							

注：本表适用于新设法人项目摊销费的估算，以及既有法人项目的"有项目""无项目"和增量摊销费的估算。当估算既有法人项目的"有项目"摊销费时，应将新增和利用原有部分的资产分别列出，并分别计算摊销费。

附表7-基5 工资及福利费估算表

人民币单位：万元

序号	项目	合计	计算期					
			1	2	3	4	…	n
1	工人							
	人数							
	人均年工资							
	工资额							
2	技术人员							
	人数							
	人均年工资							
	工资额							
3	管理人员							
	人数							
	人均年工资							
	工资额							
4	工资总额(1+2+3)							
5	福利费							
6	合计(4+5)							

注：1. 本表适用于新设法人项目工资及福利费的估算，以及既有法人项目的"有项目""无项目"和增量工资及福利费的估算。

2. 外商投资项目取消福利费科目。

附表8 总成本费用估算表（生产成本加期间费用法）

人民币单位：万元

序号	项目	合计	计算期					
			1	2	3	4	…	n
1	生产成本							
1.1	直接材料费							
1.2	直接燃料及动力费							
1.3	直接工资及福利费							
1.4	制造费用							
1.4.1	折旧费							
1.4.2	修理费							
1.4.3	其他制造费							
2	管理费用							
2.1	无形资产摊销							
2.2	其他资产摊销							
2.3	其他管理费用							
3	财务费用							
3.1	利息支出							
3.1.1	长期借款利息							
3.1.2	流动资金借款利息							

续表

序号	项目	合计	计算期					
			1	2	3	4	…	n
3.1.3	短期借款利息							
4	营业费用							
5	总成本费用合计(1+2+3+4)							
5.1	其中:可变成本							
5.2	固定成本							
6	经营成本(5−1.4.1−2.1−2.2−3.1)							

注:1. 本表适用于新设法人项目与既有法人项目的"有项目""无项目"和增量总成本费用的估算。

2. 生产成本中的折旧费、修理费指生产性设施的固定资产折旧费和修理费。

3. 生产成本中的工资和福利费指生产性人员工资和福利费。车间或分厂管理人员工资和福利费可在制造费用中单独列项或含在其他制造费中。

4. 本表其他管理费用中含管理设施的折旧费、修理费以及管理人员的工资和福利费。

附表9 项目投资现金流量表

人民币单位:万元

序号	项目	合计	计算期					
			1	2	3	4	…	n
1	现金流入							
1.1	营业收入							
1.2	补贴收入							
1.3	回收固定资产余值							
1.4	回收流动资金							
2	现金流出							
2.1	建设投资							
2.2	流动资金							
2.3	经营成本							
2.4	营业税金及附加							
2.5	维持运营投资							
3	所得税前净现金流量(1−2)							
4	累计所得税前净现金流量							
5	调整所得税							
6	所得税后净现金流量(3−5)							
7	累计所得税后净现金流量							

计算指标:
项目投资财务内部收益率(所得税前)/%
项目投资财务内部收益率(所得税后)/%
项目投资财务净现值(所得税前)($i_c=$ %)
项目投资财务净现值(所得税后)($i_c=$ %)
项目投资回收期(所得税前)/a
项目投资回收期(所得税后)/a

注:1. 本表适用于新设法人项目与既有法人项目的增量和"有项目"的现金流量分析。

2. 调整所得税为以息税前利润为基数计算的所得税,区别于"利润与利润分配表""项目资本金现金流量表"和"财务计划现金流量表"中的所得税。

附表10　项目资本金现金流量表

人民币单位：万元

序号	项目	合计	计算期					
			1	2	3	4	…	n
1	现金流入							
1.1	营业收入							
1.2	补贴收入							
1.3	回收固定资产余值							
1.4	回收流动资金							
2	现金流出							
2.1	项目资本金							
2.2	借款本金偿还							
2.3	借款利息支付							
2.4	经营成本							
2.5	营业税金及附加							
2.6	所得税							
2.7	维持运营投资							
3	净现金流量(1－2)							

计算指标：
资本金财务内部收益率/%

注：1. 项目资本金包括用于建设投资、建设期利息和流动资金的资金。
2. 对外商投资项目，现金流出中应增加职工奖励及福利基金科目。
3. 本表适用于新设法人项目与既有法人项目"有项目"的现金流量分析。

附表11　投资各方现金流量表

人民币单位：万元

序号	项目	合计	计算期					
			1	2	3	4	…	n
1	现金流入							
1.1	实分利润①							
1.2	资产处置收益分配②							
1.3	租赁费收入③							
1.4	技术转让或使用收入④							
1.5	其他现金流入							
2	现金流出							
2.1	实缴资本							
2.2	租赁资产支出							
2.3	其他现金流出							
3	净现金流量(1－2)							

计算指标：
投资各方财务内部收益率/%

①实分利润是指投资者由项目获取的利润。
②资产处置收益分配是指对有明确的合营期限或合资期限的项目，在期满时对资产余值按股比或约定比例的分配。
③租赁费收入是指出资方将自己的资产租赁给项目使用所获得的收入，此时应将资产价值作为现金流出，列为租赁资产支出科目。
④技术转让或使用收入是指出资方将专利或专有技术转让或允许该项目使用所获得的收入。

注：本表可按不同投资方分别编制。
1. 投资各方现金流量表既适用于内资企业也适用于外商投资企业；既适用于合资企业也适用于合作企业。
2. 投资各方现金流量表中现金流入是指出资方因该项目的实施将实际获得的各种收入；现金流出是指出资方因该项目的实施将实际投入的各种支出。表中科目应根据项目具体情况调整。

附表 12　利润与利润分配表

人民币单位：万元

序号	项目	合计	计算期					
			1	2	3	4	…	n
1	营业收入							
2	营业税金及附加							
3	总成本费用							
4	补贴收入							
5	利润总额(1－2－3＋4)							
6	弥补以前年度亏损							
7	应纳税所得额(5－6)							
8	所得税							
9	净利润(5－8)							
10	期初未分配利润							
11	可供分配的利润(9＋10)							
12	提取法定盈余公积金							
13	可供投资者分配的利润(11－12)							
14	应付优先股股利							
15	提取任意盈余公积金							
16	应付普通股股利(13－14－15)							
17	各投资方利润分配：							
	其中：××方							
	××方							
18	未分配利润(13－14－15－17)							
19	息税前利润(利润总额＋利息支出)							
20	息税折旧摊销前利润 (息税前利润＋折旧＋摊销)							

注：1. 对于外商投资项目由第 11 项减去储备基金、职工奖励与福利基金和企业发展基金（外商独资项目可不列入企业发展基金）后，得出可供投资者分配的利润。

2. 法定盈余公积金按净利润计提。

附表 13　财务计划现金流量表

人民币单位：万元

序号	项目	合计	计算期					
			1	2	3	4	…	n
1	经营活动净现金流量(1.1－1.2)							
1.1	现金流入							
1.1.1	营业收入							
1.1.2	增值税销项税额							
1.1.3	补贴收入							

续表

序号	项目	合计	计算期					
			1	2	3	4	...	n
1.1.4	其他流入							
1.2	现金流出							
1.2.1	经营成本							
1.2.2	增值税进项税额							
1.2.3	营业税金及附加							
1.2.4	增值税							
1.2.5	所得税							
1.2.6	其他流出							
2	投资活动净现金流量(2.1－2.2)							
2.1	现金流入							
2.2	现金流出							
2.2.1	建设投资							
2.2.2	维持运营投资							
2.2.3	流动资金							
2.2.4	其他流出							
3	筹资活动净现金流量(3.1－3.2)							
3.1	现金流入							
3.1.1	项目资本金投入							
3.1.2	建设投资借款							
3.1.3	流动资金借款							
3.1.4	债券							
3.1.5	短期借款							
3.1.6	其他流入							
3.2	现金流出							
3.2.1	各种利息支出							
3.2.2	偿还债务本金							
3.2.3	应付利润(股利分配)							
3.2.4	其他流出							
4	净现金流量(1＋2＋3)							
5	累计盈余资金							

注：1. 对于新设法人项目，本表投资活动的现金流入为零。
2. 对于既有法人项目，可适当增加科目。
3. 必要时，现金流出中可增加应付优先股股利科目。
4. 对外商投资项目应将职工奖励与福利基金作为经营活动现金流出。

附表14 资产负债表

人民币单位：万元

序号	项目	计算期					
		1	2	3	4	...	n
1	资产						
1.1	流动资产总额						
1.1.1	货币资金						
1.1.2	应收账款						
1.1.3	预付账款						
1.1.4	存货						
1.1.5	其他						
1.2	在建工程						
1.3	固定资产净值						
1.4	无形及其他资产净值						
2	负债及所有者权益(2.4+2.5)						
2.1	流动负债总额						
2.1.1	短期借款						
2.1.2	应付账款						
2.1.3	预收账款						
2.1.4	其他						
2.2	建设投资借款						
2.3	流动资金借款						
2.4	负债小计(2.1+2.2+2.3)						
2.5	所有者权益						
2.5.1	资本金						
2.5.2	资本公积						
2.5.3	累计盈余公积金						
2.5.4	累计未分配利润						

计算指标：
资产负债率/%

注：1. 对外商投资项目，表中2.5.3项改为累计储备基金和企业发展基金。
2. 对既有法人项目，一般只针对法人编制，可按需要增加科目，此时表中资本金是指企业全部实收资本，包括原有和新增的实收资本。必要时，也可针对"有项目"范围编制。此时表中资本金仅指"有项目"范围的对应数值。
3. 货币资金包括现金和累计盈余资金。

附表15　借款还本付息计划表

人民币单位：万元

序号	项目	合计	计算期					
			1	2	3	4	…	n
1	借款1							
1.1	期初借款余额							
1.2	当期还本付息							
	其中:还本							
	付息							
1.3	期末借款余额							
2	借款2							
2.1	期初借款余额							
2.2	当期还本付息							
	其中:还本							
	付息							
2.3	期末借款余额							
3	债券							
3.1	期初债务余额							
3.2	当期还本付息							
	其中:还本							
	付息							
3.3	期末债务余额							
4	借款和债券合计							
4.1	期初余额							
4.2	当期还本付息							
	其中:还本							
	付息							
4.3	期末余额							
计算指标	利息备付率							
	偿债备付率							

注：1. 本表与"附表3建设期利息估算表"可合二为一。

2. 本表直接适用于新设法人项目，如有多种借款或债券，必要时应分别列出。

3. 对于既有法人项目，在按有项目范围进行计算时，可根据需要增加项目范围内原有借款的还本付息计算；在计算企业层次的还本付息时，可根据需要增加项目范围外借款的还本付息计算；当简化直接进行项目层次新增借款还本付息计算时，可直接按新增数据进行计算。

4. 本表可另加流动资金借款的还本付息计算。

附表16　项目投资经济费用效益流量表

人民币单位：万元

序号	项目	合计	计算期					
			1	2	3	4	...	n
1	效益流量							
1.1	项目直接效益							
1.2	资产余值回收							
1.3	项目间接效益							
2	费用流量							
2.1	建设投资							
2.2	维持运营投资							
2.3	流动资金							
2.4	经营费用							
2.5	项目间接费用							
3	净效益流量(1-2)							

计算指标：
经济内部收益率/%
经济净现值(i_s/%)

附表17　经济费用效益分析投资费用估算调整表

人民币单位：万元

序号	项目	财务分析			经济费用效益分析			经济费用效益分析比财务分析增减
		外币	人民币	合计	外币	人民币	合计	
1	建设投资							
1.1	建筑工程费							
1.2	设备购置费							
1.3	安装工程费							
1.4	其他费用							
1.4.1	其中:土地费用							
1.4.2	专利及专有技术费							
1.5	基本预备费							
1.6	涨价预备费							
1.7	建设期利息							
2	流动资金							
	合计(1+2)							

注：若投资费用是通过直接估算得到的，本表应略去财务分析的相关栏目。

附表18　经济费用效益分析经营费用估算调整表

人民币单位：万元

序号	项目	单位	投入量	财务分析 单价/元	财务分析 成本	经济费用效益分析 单价/元	经济费用效益分析 费用
1	外购原材料						
1.1	原材料A						
1.2	原材料B						
1.3	原材料C						
1.4	……						
2	外购燃料及动力						
2.1	煤						
2.2	水						
2.3	电						
2.4	重油						
2.5	……						
3	工资及福利费						
4	修理费						
5	其他费用						
	合计						

注：若经营费用是通过直接估算得到的，本表应略去财务分析的相关栏目。

附表19　项目直接效益估算调整表

产出物名称		投产第一期负荷/%				投产第二期负荷/%				…	正常生产年份/%			
		A产品	B产品	…	小计	A产品	B产品	…	小计	…	A产品	B产品	…	小计
年产出量	计算单位													
	国内													
	国际													
	合计													
财务分析	国内市场 单价/元													
	现金收入													
	国际市场 单价/美元													
	现金收入													
经济费用效益分析	国内市场 单价/元													
	直接效益													
	国际市场 单价/美元													
	直接效益													
	合计/万元													

注：若直接效益是通过直接估算得到的，本表应略去财务分析的相关栏目。

附表20　项目间接费用估算表

人民币单位：万元

序号	项目	合计	计算期					
			1	2	3	4	…	n

附表21　项目间接效益估算表

人民币单位：万元

序号	项目	合计	计算期					
			1	2	3	4	…	n

参 考 文 献

[1] 宋航，等．化工技术经济．4版．北京：化学工业出版社，2019．
[2] 王英．工业技术经济学．北京：北京理工大学出版社，1992．
[3] 宋航，付超．化工技术经济．成都：成都科技大学出版社，1997．
[4] [美]斯皮诺思 M，史蒂文 C W．管理预测概论．宋航，等译．北京：大地出版社，1990．
[5] Peters M S, Timmerhaus K D. Plant Design and Economics for Chemical Engineers. 3rd. New York: McGraw-hill Book Company, 1980.
[6] 化学工业部合同预算技术中心站．化工建设工程预测．北京：化学工业出版社，1994．
[7] 国家发展改革委，建设部．建设项目经济评价方法与参数．3版．北京：中国计划出版社，2006．
[8] 毕梦林．技术经济学．沈阳：东北大学出版社，1996．
[9] 阿尔丁夫．技术经济学．北京：中国物资出版社，1994．
[10] 武振业，等．生产与运作管理．成都：西南交通大学出版社，2000．
[11] 李富强，等．知识经济与知识产品．北京：社会科学文献出版社，1998．
[12] 傅家骥，等．技术创新学．北京：清华大学出版社，1998．
[13] 高建．中国企业技术创新分析．北京：清华大学出版社，1997．
[14] 陈关聚．项目管理．北京：中国人民大学出版社，2011．
[15] 孙军，张英奎．项目管理．2版．北京：机械工业出版社，2014．
[16] 毕星．项目管理．2版．北京：清华大学出版社，2011．
[17] 王少文，邵炜星．工程经济学．北京：北京理工大学出版社，2017．
[18] 陆力斌．企业管理学．哈尔滨：哈尔滨工业大学出版社，1999．
[19] 宋航．化工技术经济．4版．北京：化学工业出版社，2018．
[20] 肖鹏．技术经济学．北京：对外经济贸易大学出版社，2013．
[21] 宋航，崔秀明．医药技术经济与项目管理（案例版）．北京：科学出版社，2022．
[22] 王少文，等．工程经济学．北京：北京理工大学出版社，2017．
[23] 陈娟．工程经济学．北京：北京交通大学出版社，2019．
[24] 陈宪．2018注册咨询工程师（投资）职业资格考试教习全书 项目决策分析与评价．北京：机械工业出版社，2017．
[25] 陈娟．工程经济学．北京：北京交通大学出版社，2019．
[26] 万君康，等．技术经济学．武汉：华中科技大学出版社，1996．
[27] 刘燕．技术经济学．成都：电子科技大学出版社，2013．
[28] 陈迅，等．技术经济学．重庆：重庆大学出版社，2010．